JN049931

Gakken

きめる! KIMERU SERIES

WH

［ きめる！共通テスト ］

歴史総合＋世界史探究

Modern and Contemporary History / Advanced World History

著＝新里将平（代々木ゼミナール）

introduction

はじめに

世界史探究という科目がはじまって間もないなか、共通テストではどのような出題がなされるのか、どのような知識を求めているのか、など受験を意識している学生の皆さんには気になることが多いと思います。

また、高校によって世界史探究の授業は様々で、通史の内容を丁寧に学習する授業スタイルや、生徒自身が課題を見つけて探究活動を行ったり、先生から提示された資料をもとにグループワークや発表を行ったりするなど、多様な授業が存在すると思います。どの授業が良くて、どの授業が悪いかという優劣はありません。先生は生徒のことを最優先に考えて授業案を構成しているはずです。皆さんは、いま参加している世界史探究の授業を存分に楽しんでください。

しかし、共通テストという試験がある以上、なんらかの対策をしなければなりません。本書をご覧になっている方の多くは、共通テストの「歴史総合，世界史探究」を受ける予定だと思われます。そこで、本書は共通テストの「歴史総合，世界史探究」を受験する予定の方に、前提となる知識を紹介するというコンセプトで執筆しました。教科書の内容をベースとし、必要な知識をできるだけ皆さんに理解してもらえるように紹介したつもりです。一方で、「読み込んで理解してもらいたい」という思いから、あえて堅苦しい表現を使っている箇所もあります。

また、歴史総合や世界史探究の定期テストの対策にあたっても、必要な知識を網羅できますので、高校１年生や高校２年生の生徒の皆さんや、改めて世界史を学び直してみたい大学生や社会人の方々にも満足いただける内容になっていると信じています。

本書を通じて、一緒に世界史を楽しんでいきましょう！

新里（しんざと） 将平（しょうへい）

how to use this book

本書の特長と使い方

1 基礎を押さえつつ、共通テスト対策にも

本書は、あらゆる大学受験「歴史総合，世界史探究」の基本となる「通史」を、わかりやすくコンパクトにまとめた一冊です。そして、共通テスト対策の土台となる基本的な知識を、覚えやすいよう、また流れをつかみやすいよう整理して解説しています。

さらに、「ここできめる！」では、共通テストでポイントになるであろう事項を示しています。

2 重要ポイントが一目でわかるビジュアル

知識の理解と記憶を助けるイラストや図解、地図をふんだんに盛り込みました。地図については、共通テストに限らず多くの入試問題で、「だいたいこのあたり」というざっくりとした記憶（知識）で解けるようになっています。そのため、地図はわからない地名や都市などを確認するくらいでよいでしょう。また、一見難しい概念も、理解しやすいように、イラストや図版で表しました。

3 取り外し可能な別冊で、文化史のチェック＆復習

共通テストで頻出の文化史の重要事項を一覧で整理しています。流れで覚えにくいような文化史の事柄は、別冊を活用して覚えてください。

contents

もくじ

SECTION 7 中世東西ヨーロッパ世界の動向

SECTION 8 中世西ヨーロッパ世界の変容

SECTION 9 東アジア世界の変質

SECTION 10 大交易時代と「世界の一体化」の到来

SECTION 11 ユーラシア諸帝国の繁栄

SECTION 18 世界恐慌から第二次世界大戦へ

SECTION 19 冷戦の時代

SECTION 20 第二次世界大戦後の重要テーマと地域史

共通テストって、どんなテスト？

地理歴史・公民の出題方法

はじめに、共通テストの地理歴史・公民が、どのようなテストなのかを把握していますか？

私は**「歴史総合，世界史探究」**を受験する予定ですが、ほかにもいろんな科目がありますよね？　正直、それくらいしか知りません…。

なるほど。それでは、共通テストの地理歴史・公民の選択について少し説明しましょう。全体の出題としては、「地理総合，地理探究」、「歴史総合，日本史探究」、「歴史総合，世界史探究」、「公共，倫理」、「公共，政治・経済」、「地理総合／歴史総合／公共」の６科目となり、**最大で２科目の選択が可能**となります。

え!?「地理総合／歴史総合／公共」を選択する場合、３つも解答しなければならないんですか？

そうではありません。**「地理総合／歴史総合／公共」を選択する場合は、３つのうち、２つを選択して組み合わせる**のです。

「地理総合／歴史総合」、「地理総合／公共」、「歴史総合／公共」のどれかになるってことですね？

その通りです。ただし、**「地理総合／歴史総合／公共」を選択する場合**は、**残り１科目は同一名称を含む科目の組み合わせが不可**となります。

なんか急に混乱してきました（笑）。

つまり、こういうことです。次の表をみてください！

1科目め	2科目め
地理総合／歴史総合	「地理総合，地理探究」、「歴史総合，日本史探究」、「歴史総合，世界史探究」は選択不可
地理総合／公共	「地理総合，地理探究」、「公共，倫理」、「公共，政治・経済」は選択不可
歴史総合／公共	「歴史総合，日本史探究」、「歴史総合，世界史探究」、「公共，倫理」、「公共，政治・経済」は選択不可

なるほど！　「歴史総合，世界史探究」を受ける予定の私は、もう1科目に「歴史総合」が入っている組み合わせは選択できないんですね！

そうです。それに、**試験当日は、大学入試センターに事前に申告した科目しか受験できない**ので、当日問題をみて、解答する科目を変更してはいけないんです。

ひぇぇ。いま確認できてよかったです。

POINT

「歴史総合，世界史探究」で受験する場合、「地理総合／歴史総合」と「歴史総合／公共」は選択不可！

「歴史総合，世界史探究」の試験時間

試験時間は把握(はあく)していますか？

「歴史総合」と「世界史探究」でそれぞれ60分だったような気が…。

確認しておいてよかったです（笑）。**試験時間は「歴史総合」と「世界史探究」を合わせて60分**となります。また、**地理歴史・公民をもう1科目受ける場合は、試験時間130分（解答時間は120分）**となります。

「歴史総合，世界史探究」の構成

60分のあいだに「歴史総合」と「世界史探究」を解答するんですね。それぞれ出題の割合はどうなりますか？

現時点（2024年）では試作問題から判断するしかないのですが、「歴史総合，世界史探究」の大問は5つで構成されており、**第1問が「歴史総合」で計9問程度、第2問〜第5問が「世界史探究」で計25問程度**だと予想されます。

おおよそ、どんな感じの問題が出題されると思いますか？

歴史事象の捉え方や歴史的概念（がいねん）などを中心に出題されるのではないかと思います。また、資料の読み取りなど**「思考力・判断力」を試す**出題もあるでしょう。

共通テストの配点

いろいろと心配になってきました…。配点は把握していますか？

あ…。配点は…「歴史総合」が50点で、「世界史探究」が50点かな？
でも問題数のバランスから考えると…え〜っと…。

質問しておいてよかったです（笑）。**配点は、「歴史総合」が25点で、「世界史探究」が75点**です。

なるほど！　「歴史総合」から25点分出題されるということは、やはり対策をしておかないとマズイですか？

その通りです。ただ、**共通テストの場合、語句をひたすら覚えればよいというわけではありません**。

では、どのようなことを意識して学習するとよいのでしょうか？

時代ごとの概観や、歴史の見方、できごと同士の関連性など、**より大きい視点で歴史を理解することが重要**です。一方で、多くの教科書に載っている人物の名や事件・できごとなどの名称も覚えておきましょう。

なるほど。でも、私は「世界史探究」をメインで学習しているので、高校１年生のときに学習した「歴史総合」の内容を覚えているか自信がないです…。とくに日本史の範囲は…。

日本史だって世界史を構成する重要な要素です！ 「世界史探究」の教科書で言及されている日本史の分野が出題されることは十分あり得ます。弱気にならずに、日本と世界の関係を意識しながら学習しましょう！

じゃあ、この本を使って、「歴史総合」の日本史の範囲を学習してみます！

その意気です！

POINT
「歴史総合」は、全体の1/4の配点を占めるので対策は必須！

共通テストの傾向と対策

基本的な内容の出題と考察タイプの出題

共通テストって具体的にどのような問題がこれまでに出題されたんですか？

教科書に記載されている基本的な内容を出題することもあれば、教科書の内容を踏まえたうえで、文字やグラフ・図版などの**資料を読み解いて総合的に考察するタイプの出題**もあります。

イメージがわかないので、実際に例を挙げてもらってもよいですか？

わかりました。それでは、次の問題をみてください。

問2　多くの国や地域を巻き込んだ第一次世界大戦について述べた文として最も適当なものを、次の①～④のうちから一つ選べ。

① オスマン帝国が、協商国(連合軍)側に立って参戦した。
② フランス軍が、タンネンベルクの戦いでドイツ軍の進軍を阻んだ。
③ イギリスが、インドから兵士を動員した。
④ レーニンが、十四か条の平和原則を発表した。

（①～④：教科書に記載されている基本的な内容）

(2023年度　世界史B本試験　第1問A　問2より抜粋)

答えは③ですか？　確か、イギリスはインドに戦後自治の約束をして、戦争協力を要請(ようせい)したと学習しました。

正解です！　選択肢①～④は教科書に記載されている基本的な内容で、①は協商国（連合国）ではなく同盟国、②のタンネンベルクの戦いは、フランスではなくロシアとドイツの戦い、④はレーニンではなくウィルソンとなります。このようなタイプの出題が、先ほど述べた**「教科書に記載されている基本的な内容を出題する」パターンの問題**です。

なるほど。では、「資料を読み解いて総合的に考察するタイプの出題」はどのようなものですか？

次の問題をみてください。

問5　前の文章を参考にしつつ、マラトンの戦いの勝利をアテネに伝えた使者について述べた文として最も適当なものを、次の①～④のうちから一つ選べ。

教科書等では学ばない内容が含まれる

① アテネで僭主となったペイシストラトスは、使者の話を知っていた可能性がある。
② 使者の話は、トゥキディデス(トゥキュディデス)の『歴史』に記されている。
③ プルタルコスは、使者の名前について異なる説を併記している。
④ 使者についての資料２の記述は、ヘロドトスの『歴史』を正確に反映している。

「前の文章」と世界史の知識とをリンクさせて考える

(2023年度　世界史Ｂ本試験　第４問Ｂ　問５より抜粋)

（➡解説は112ページへ）

あの…。マラトンの戦いは知っていますが、その勝利をアテネに伝えた使者については学習した記憶がないです…。

そうですか。ちなみに、僕もそのような使者は知りません（ドヤ顔）。

じゃあ、私に解けるわけがないですね…。

まずは落ち着きましょう。**この問題を知識だけで解ける受験生はおそらく存在しません**。この問題を解くためには、**設問文の冒頭にある「前の文章を参考にしつつ」という表現に注目する**ことが重要です。

「前の文章」を読めば、選択肢を判断する要素があるってことですね!?

その通りです。共通テストでは、提示された文字資料やグラフ・図版などの**資料を使って、世界史の知識とリンクさせて解答する**ような問題が出されます。これが、「資料を読み解いて総合的に考察するタイプの出題」です。

じゃあ、とりあえずその場で読んで考えればよいのですね。

そうですが、テキトーに流し読みをして解答できるほど、甘くはないんですよ。**情報量が膨大(ぼうだい)な場合が多いので、必要・不要な情報を適宜(てきぎ)判断していかなければなりません。**

それって、もはや国語の問題じゃないですか（泣）。

その通りです。でも、**与えられた情報を読み込んで必要な知識とリンクさせて問題解決にあたる**という姿勢は、共通テストに限らず、私たちが日々生きていくにあたって必要な力だと思いますよ。

急にスケールが大きくなっているような（笑）。

資料を読み込んで理解する姿勢を忘れないようにしましょう！

POINT

新傾向対策　資料読解に王道なし！　目の前にある資料や説明文をすべて丁寧(ていねい)に読み込んで、教科書で学んだ知識とリンクさせるべし！

SECTION

人類の誕生

THEME

1　自然環境と人類の進化

THEME

1 自然環境と人類の進化

ここで💪きめる！

- 人類の進化の過程について、大きく理解しよう。
- 化石人類の特徴を、猿人・原人・旧人・新人に分けて押さえていこう。
- 世界史を学ぶための基礎知識を習得しよう。

1 地球の誕生

私たちが暮らす地球は、**およそ46億年前に誕生**したとされています。地球の誕生から5億年という気が遠くなるような年月を経て、生物が誕生しました。以来、地球環境も大きな変化を繰り返し、温暖な時期もあれば地球の全面が氷に覆(おお)われた時期もありました。

こうした地球環境の変化は、生物の進化を促す一方で多くの種(しゅ)を絶滅(ぜつめつ)させました。こうした苛酷(かこく)な環境の変化にも一部の生物はたえしのび、いまからおよそ**700万年前**に人類の祖(そ)が誕生します。

地球の歴史から比べると、人類の誕生はつい最近のできごとなんですね。

そうだね。人類がどのように環境に合わせて進化したのかにも注目してみよう。

2 人類の進化

① 人類の特徴

人類はサルと同じ霊長類(れいちょうるい)に分類されますが、特徴として**直立二足歩行**をあげることができます。直立し、前足が手となったことで、人類は**道具**を使用することができるようになりました。

こうして人類は、脳容積の発達にあわせて道具を使用し、やがて簡易な言語を用いて一種の「コミュニケーション」をとるようになります。また、**生活で狩猟・採集を営む**ために、**石を加工した打製石器という道具をつくるようになります**。おもに打製石器が使用された時期を考古学上の区分で**旧石器時代**といい、地質学上の分類では更新世にあたります。

それでは、人類の進化の過程を４期に分けてみていきましょう。

❷ 猿人

いまからおよそ**700万年前**に誕生した**猿人**は、現在のアフリカ各地でその化石が発掘されており、現在最古とされている化石が**サヘラントロプス**です。なかでも有名な化石は「南のサル」を意味する**アウストラロピテクス**です。猿人が使用した**簡易な打製石器**は礫石器と呼ばれ、そこらへんに落ちている自然の石と区別がつかないほどです。

❸ 原人

240万年前になると、アフリカに**原人**が登場します。原人はやがてアフリカを出てアジアやヨーロッパに分散しました。有名な原人には**ホモ=エレクトゥス**があり、その化石としては**ジャワ原人**や**北京原人**があります。特に北京原人は、**火を使用**したことでも知られています。また、**打製石器の加工**も進み、**ハンドアックス**（**握斧**）が使用されるようになりました。

❹ 旧人

60万年前になると、**旧人**が出現します。代表的な旧人の化石として、ヨーロッパに分布した**ネアンデルタール人**が知られています。旧人は、必要に応じて**打製石器**をつくり、毛皮を身に着けて氷期に適応した生活を営みました。また、**死者を埋葬**するなど、宗教儀式のような行為を行っていたとされています。

⑤ 新人

およそ**20万年前**には、私たち現生人類の直接の祖先にあたる**新人**がアフリカに出現します。新人は、石からそぎおとした剝片を加工して、矢や槍の先端に取り付けました。このような**精巧な打製石器を剝片石器**といいます。また、動物の骨や角を加工して針などの**骨角器**をつくりだしたほか、**鮮やかな洞穴絵画**を残したことでも知られます。

代表的な新人は、南フランスでみつかった**クロマニョン人**や、北京でみつかった**周口店上洞人**などです。また、洞穴絵画の遺跡としては、**フランス**の**ラスコー**や**スペイン**の**アルタミラ**が有名です。

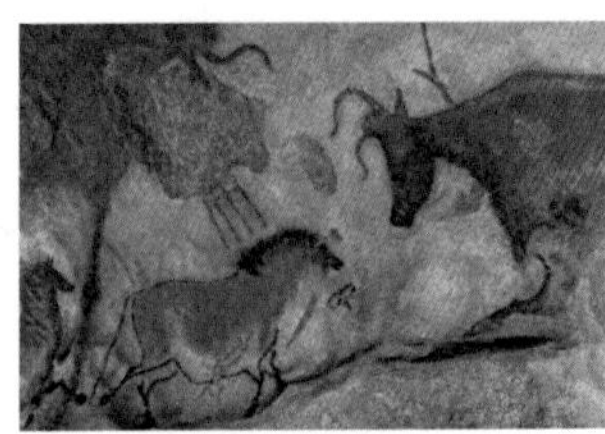

写真提供：アフロ

ラスコーの洞穴絵画

⑥ 世界各地に拡大する新人

新人は、やがてアフリカから世界各地に広がり、それぞれの環境に適応していくなかで、ネグロイド、コーカソイド、モンゴロイド、オーストラロイドといった人類の形質の違いがあらわれたと考えられています。また、**地域によっていくつもの言語が生まれました。**

流れの整理　～化石人類～
人類は「猿人→原人→旧人→新人」の順番で進化したと覚える！

3 世界史を学ぶ前の前提知識の整理

さて！　さっそく世界史を本格的に学びたいところですが、その前に前提知識の確認をしましょう。それが「**西暦**・**世紀**・**千年紀**」についてです。

① 西暦とは？

西暦は、キリスト教の救世主(きゅうせいしゅ)イエスの生誕を基準にしています。**「イエスが生まれた年」を紀元（1年）**とし、「そこから何年目か」をあらわすもので、「**〇〇年**」や「（紀元）後〇〇年」、「A.D.(AD)〇〇年」（☞「A.D.」はラテン語の「Anno Domini」の略で、「主(しゅ)（イエスの）年に」という意味）と表記します。例えば、「2024年」は「イエスが生まれてから2024年目」という意味になります。

一方、**イエスが生まれる以前のできごとは「イエスが生まれる何年前」という数え方**をし、「**（紀元）前〇〇年**」、「B.C.(BC)〇〇年」（☞「B.C.」は「Before Christ」の略で「キリスト以前」）と表記します。つまり、「紀元前600年」は、「イエスが生まれる600年前」という意味になります。

② 世紀とは？

世紀（Century）とは、「**西暦を100年単位で区切る**」表記方法です。「紀元1～100年」は「1世紀」、「301～400年」は「4世紀」、「1201～1300年」は「13世紀」です。

紀元前の場合、「前1300～前1201年」は「前13世紀」、「前400～前301年」は「前4世紀」、「前100～前1年」は「前1世紀」になります。

また、表記の仕方として「世紀」を「C（Centuryの略）」とする場合もあります。メモのときには使用しても良いですが、実際にテストで解答する場合は、使わないようにしましょう。

③ 千年紀とは？

千年紀とは、「**西暦を1000年単位で区切る**」表記方法です。古代史のように、「時期が特定しがたい場合」や「おおよそ、この数百年間のあいだに……」というニュアンスで使いたい場合に使用します。そのため、千年紀は古代史を学んでいるとよくみかける表記だと思っておきましょう。

例えば、「前**4**千年紀」とは、「前**4**000年～前3001年」、「前**3**千年紀」とは、「前**3**000年～前2001年」です。このあたりは「**前○千年紀**」といわれたら、「**前○千年から1000年間**」とざっくり覚えても良いでしょう。

POINT **西暦に直す方法**

- **紀元後の世紀**の場合
  ☞「X世紀」＝「(X－1)01年～X00年」

- **紀元前の世紀**の場合
  ☞「**前**X世紀」＝「**前**X00年～**前**(X－1)01年」

- **紀元後の千年紀**の場合
  ☞「X千年紀」＝「(X－1)千1年～X千年」

- **紀元前の千年紀**の場合
  ☞「**前**X千年紀」＝「**前**X千年～**前**(X－1)千1年」

なんか先生のギャグ並みにわかりにくいなぁ……。

辛辣（しんらつ）なご意見、どうもありがとう。これは公式ではないので、「慣れ」の問題です。西暦をみて世紀へ、世紀をみて西暦へ直す訓練をしていこう！

SECTION

古代文明の出現と地域ごとの特徴

THEME

1　大河と農業
2　古代オリエント文明
3　オリエント世界の統一とエーゲ文明
4　南アジアの古代文明
5　中国の古代文明
6　アメリカの文明

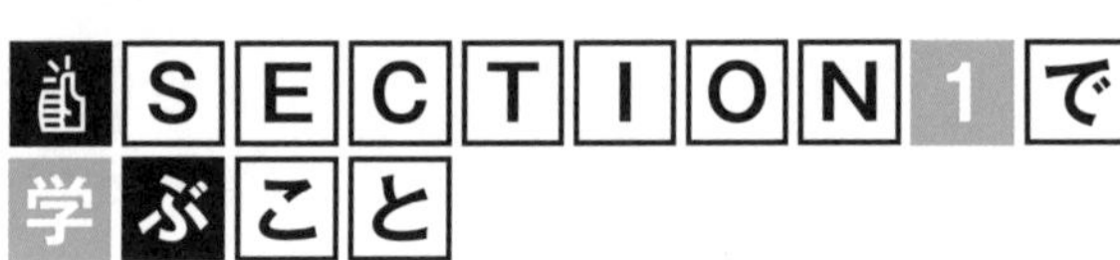

古代オリエント世界は、地域ごとの歴史が頻出！　ごっちゃにならないように、地域ごとに流れを整理しよう。

古代オリエント世界は、「メソポタミアとエジプト」→「シリア・パレスチナ」→「オリエントの統一」と大きく3つの展開に分けて、それぞれどのような展開をみせたのかを整理しましょう。

1　メソポタミアとエジプト

メソポタミアは、開放的な地形をもつため多くの民族が興亡しつつ、合理的な統治体制がつくられます。一方、エジプトは、閉鎖的な地形をもつため、古代エジプト人の王国が展開します。

2　シリア・パレスチナ

フェニキア人は海上貿易に、アラム人は内陸貿易に従事します。一方、ヘブライ人は苦難の歴史のなかで、一神教のユダヤ教を生み出しました。

3　オリエントの統一

オリエントを初めて統一したアッシリアは、被征服民に高圧的な支配を行ったため、短期間で崩壊し、メディア・リディア・新バビロニア・エジプトの4王国が分立します。

文明ごとの特徴を問われることがあるので、地域を意識しながら各文明の特徴を押さえるべし！

南アジア・東アジア・アメリカに興った古代文明の特徴を整理していきましょう。

南アジアの文明

南アジアでは、インダス文明の崩壊後にアーリヤ人が進入します。アーリヤ人は、先住民を征服するなかで、バラモン教やヴァルナといった独自の宗教や観念にもとづく社会を形成していきます。

東アジアの文明

東アジアでは、黄河や長江流域を中心に文明が成立しました。やがて、黄河流域の集落が連合して殷や周を形成します。しかし、春秋・戦国時代に大きな社会変化に直面します。

アメリカの文明

アメリカの文明には、鉄器や牛・馬などの大型家畜は存在しませんが、トウモロコシやジャガイモ栽培を中心に、各地で独自の農耕文明が形成されます。

各地の古代文明は、その地域を意識していないと、情報がごちゃまぜになりやすいので、「どこで、どのような文明が興り、どういった特徴があるのか」を意識して押さえよう！

THEME

1 大河と農業

ここできめる！

- **人類の歴史は、大河を利用した農業を行うことで発展してきた。まずは、大河の名称と位置をしっかり覚えよう！**
- **世界各地の大河では、それぞれどのような暮らしが営まれていたのかを理解しよう。**

1 農耕のはじまり

① 旧石器時代から新石器時代へ

SECTION 0で学んだ**旧石器時代**には、人類は**狩猟**(しゅりょう)**や採集**などによって生活を営んでいました。こうした生活を**獲得経済**といいます。そのため、獲物を捕らえるための「武器」（道具）がたくさん登場しました。

しかし、約1万年前から9000年前に**農業や牧畜**(ぼくちく)がはじまり、**生産経済**に移行すると、**人類の生活に大きな変化がみられるようになりました。**

農業がはじまると、「武器」よりもっと必要な道具がありそうだけど……。

その通り！　どんな道具が使われるようになったのかをみていきましょう。

人類が農業を行うようになると、穀物(こくもつ)**をすりつぶしたり、調理したり、貯蔵するための道具が必要になります。**そこで、石を磨き上げて皿（石皿(いしざら)）や、穀物をすりつぶすための臼(うす)（**石臼**(いしうす)）を新たにつくるようになります。**このような石器を磨製**(ませい)**石器と呼びます。**

また、煮炊きや貯蔵するために、土をこねて火で焼いた**土器**をつくりました。磨製石器や土器が使われた時代を**新石器時代**と呼びます。こうして人類は、「武器」だけでなく、農業に必要な道具を生み出していったのです。

② 灌漑農業のはじまり

人類が農業をはじめた頃は、自然の雨水に頼り、地力が消耗するまで連作を続ける方法が中心でした。そのため、収穫量は毎年安定しない状況でした。**もっと安定して農作物を育てるためには、水を定期的に供給できるシステムが必要になります**。そこで、**人類は川から人工的に水をひく灌漑農業を行う**ようになります。こうした農業は、世界各地の大河の流域にみられるようになり、古代文明が誕生しました。

2 世界各地の古代文明

それでは、世界各地に成立した古代文明について紹介していきます。まずは、古代文明が世界のどのあたりに興ったのか、次の地図をみてください。

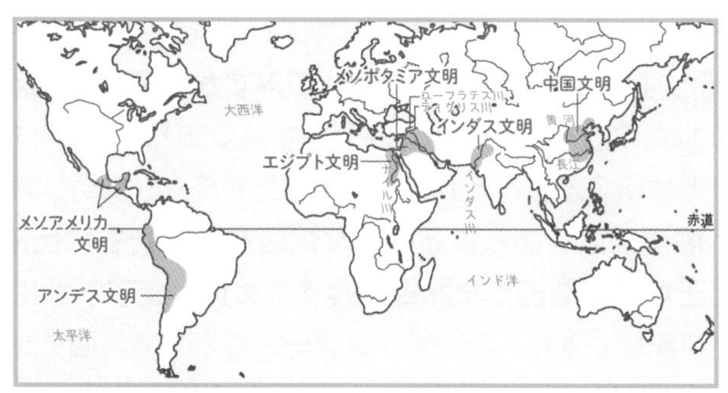

世界各地の古代文明

それぞれの文明については、のちほど解説していくので、ここでは大まかに紹介します。

① 西アジア・エジプト

西アジアでは、大河を利用した農業によって麦などが栽培されました。**ティグリス川・ユーフラテス川**流域では、早くから灌漑農業が行われ、**この2つの川の流域をメソポタミアと呼びます**。メソポタミアからシリア・パレスチナに至る地域を**「肥沃な三日月地帯」**といいます。また、**エジプトのナイル川**でも灌漑農業が発達しました。メソポタミアとエジプトでは、多くの人びとが協同作業によって水路や貯水池などの灌漑施設をつくり、定期的にメンテナンスを行いました。

すごいなぁ！　でも、どうやって多くの人びとが協力しあえたのかな。みんな好き勝手に動いたら…大変なことになりそうです。

良い着眼点ですね！　実は、灌漑工事の現場には強い指導力をもったリーダーの存在が必要不可欠だったのです。

人びとは灌漑施設を中心に**集落をつくる**ようになります。そして、灌漑施設の建設や維持にあたって人びとを指導した**リーダーはやがて王となり、王は宗教を利用してみずからの力を正当化します**。こうした政治を**神権政治**と呼びます。つまり、王は「神」の意志を人びとに伝える存在として、その支配を確立していったのです。そして、**灌漑をはじめとする必要な情報を子孫たちに伝達するため**、また**王が神意を占った記録を残すために、文字が誕生**します。文字などで記録された人類の営みを**歴史**と呼びます。西アジアでは、こうした動きがもっとも早くあらわれたのです。

② 南アジア

南アジアには、**インダス川**と**ガンジス川**という有名な大河が存在します。そのうち、インダス川流域に前2600年頃に都市文明が形成されました。この古代文明を**インダス文明**と呼びます。

③ 中国

中国では、前6000年頃までに、**黄河**を中心に**アワやキビなどの雑穀の栽培を中心とした農業**が行われるようになりました。

一方、**長江流域でも早くから稲作を中心とする農耕文化が開花しました**。以前は、中国の古代文明を黄河文明と呼んでいましたが、黄河だけでなく長江にも文明が形成されていたことが判明したので、現在では**中国文明**という表現を使います。

④ アメリカ大陸

アメリカ大陸では、前２千年紀以降に現在のメキシコ南部の周辺地域に**トウモロコシ**栽培を中心とする農耕文化が栄えました。これを**メソアメリカ文明**と呼びます。また、南アメリカのアンデス地帯（☞現在のペルーのあたり）では、トウモロコシ・**ジャガイモ**栽培を中心とする農耕文化が発展します。これを**アンデス文明**と呼びます。

一方で、北アメリカでは、先住民が狩猟や採集を中心とする生活を営んでいましたが、メソアメリカやアンデスと比べて人口が少なく、高度な文明は発達しませんでした。

⑤ 金属器の発達

これらの古代文明が興った地域を中心に、前４千年紀の後半頃には銅と錫からつくられる**青銅器が使用される**ようになります。**とくに、西アジアでは早くから青銅器の使用がみられ**、やがて鉄器が普及するようになります。

THEME

2 古代オリエント文明

ここできめる!

- メソポタミアとエジプトの地理的な特徴と歴史展開を理解しよう。
- シリア・パレスチナに登場する諸民族の活動を理解しよう。

1 特徴（➡P28「❶西アジア・エジプト」から接続）

オリエントとは、ヨーロッパからみて「**日がのぼるところ**（東方）」を意味します。このSECTIONでは、オリエント世界を地域ごとに分け、それぞれの地域の歴史的展開を紹介していきます。まずは、地名の確認からはじめましょう！

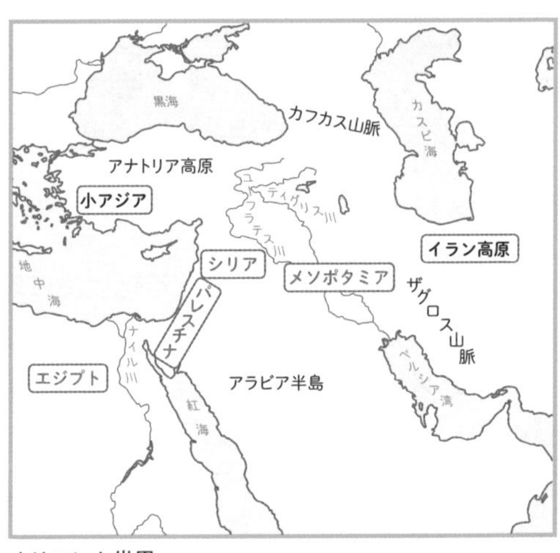

オリエント世界

2 メソポタミア

メソポタミアの地理的な特徴としては、**山岳（さんがく）などの障害物がほとんどなく、外部勢力の侵入が容易である**という点が重要です。外部勢力（異民族）が盛んに侵入したため、**メソポタミアを学ぶときには、まず登場する民族を先に覚えると良い**でしょう。

流れの整理　～メソポタミアに登場する諸民族～
シュメール人→アッカド人→アムル人→ヒッタイト(人)・ミタンニ(王国)・カッシート(人)

❶ シュメール人の都市国家

メソポタミアに登場した最初の民族は、**シュメール人**です。シュメール人は、**前3000年頃**にはメソポタミア南部に**多くの都市国家**(☞「都市サイズの小さな国」とイメージしよう！) **を建設**しました。代表的な都市国家としては、**ウル・ウルク**などが知られています。

❷ メソポタミアの統一

前24世紀頃になると、**アッカド人**が、シュメール人の都市国家を征服して**メソポタミアを初めて統一**します。しかし、軍事力に依存したアッカド人の支配方法には多くの人びとが不満を高め、結局、アッカド人の王国は短期間で崩壊(ほうかい)してしまいました。

その後、メソポタミアを再び統一したのは、**アムル人**が建設した**バビロン第１王朝**でした。バビロン第１王朝の**ハンムラビ王**は、**前18世紀頃**に**メソポタミアを統一**し、**法典（ハンムラビ法典）にもとづく支配方法**を採用したのです。ハンムラビ法典は、シュメール法を集大成したもので、**「目には目を、歯には歯を」に象徴される（同害）復讐法(ふくしゅうほう)**と、**身分によって刑罰(けいばつ)に差をもうけた身分法**を刑法上の特徴とします。なお、ハンムラビ法典の内容は、後世の諸国家の統治(とうち)にも継承されていきます。

どうしてこういう法典がつくられるようになったんだろう。

メソポタミアには多くの民族が混在するので、上手く支配するためには一定のルールが必要だったんだよ。

③ 周辺民族の侵入

バビロン第１王朝は、**アナトリア（小アジア）に建国**した**ヒッタイト人**の侵入を受けて滅亡（めつぼう）します。なお、ヒッタイトは**早くから鉄器を使用したことでも知られます**。

バビロン第１王朝の崩壊後は、**メソポタミア北部**を**ミタンニ王国**が、**南部**を**カッシート王国**が支配します。

前18世紀頃のバビロン第１王朝

前15世紀～前12世紀頃のオリエント

COLUMN ハンムラビ法典にみられる同害復讐法の意味

現代社会に生きる私たちからすると、ハンムラビ法典の（同害）復讐法は、「やられたらやり返す」暴力的なルールだと勘違いしてしまうことがあります。しかし、このルールは「**やられたことだけをやり返し、それで終了**」ということです。つまり、従来みられた過度な私的闘争（終わりのみえない復讐の繰り返し）を防止するという意味があったのです。

写真提供：PIXTA

ハンムラビ法典が刻まれた石碑（せきひ）

2 古代オリエント文明

3 エジプト

エジプトは、ナイル川の定期的な増水によって栄養分たっぷりの土がもたらされました。歴史家**ヘロドトス**は、著書『歴史』のなかで**「エジプトはナイルのたまもの」**という言葉を紹介しています。

一方で、**周囲を砂漠や海などに囲まれた天然の要塞となっている**ため、外部勢力の侵入は少なく、古代エジプト人の王朝の変遷が軸となります。**まずは王朝や国家を、ざっくり覚えると良い**でしょう。

流れの整理　～エジプトにおける諸王国の変遷～

古王国→中王国→ヒクソス→新王国→クシュ王国→アッシリア

❶ エジプトの統一

ナイル川流域には、灌漑農業の本格化とともに多くの村落がつくられましたが、**前3000年頃**になると統一王国の形成が進みます。**エジプトの王はファラオ**と呼ばれ、「**太陽神ラーの子**」とされました。このあと、古代エジプト人を中心とする諸王朝が興亡し、その時期を大きく**古王国**・**中王国**・**新王国**と区分します。「流れ」というよりは、各時代の特徴を覚えておきましょう。

❷ 古王国・中王国の時代

まずは、**メンフィス**を都とした**古王国**です。この時代には、**ピラミッド**が盛んに建設され、ギザにはいわゆる「3大ピラミッド」が建てられました。そのうち、最大規模を誇るのが、**クフ王**のピラミッドです。

写真提供：アフロ

ギザのピラミッド群

次は、**テーベ**を都とした**中王国**です。この時代の末期には、シリア方面から**ヒクソス**の侵入を「例外的」に受けます。エジプトはしばらくヒクソスの支配を受けますが、のちにヒクソスを追放して新王国が成立します。

③ 新王国の時代

テーベをおもな都とした**新王国**には**太陽神ラー**のほかに、各都市の守護神（しゅごしん）が存在しました。**テーベの守護神をアメン（アモン）**といいます。やがて、ラーとアメンが結びついて**アメン=ラー信仰**が盛んになりました。すると、「太陽神ラーの子」であるファラオに対し、アメンの神官（☞アメンの神意（しんい）を占う役人）たちが政治干渉（かんしょう）を行うようになりました。

そこで、**前14世紀**に、**アメンヘテプ4世**は以下の改革を断行しました。

特徴の整理　～アメンヘテプ4世の改革～

- 唯一神（ゆいいつしん）**アテン（アトン）**の信仰を強制
  ☞**アメン神官団の政治介入を排除するため**
- 都をテーベから**テル=エル=アマルナ**に遷都（せんと）
  ☞アメンはテーベの都市神なので、テーベから新都に移る
- みずからを**アクエンアテン（イクナートン）**と称する
  ☞「アテンに有益なる者」という意味をもつ

しかし、アメンヘテプ4世の死後に再び多神教（たしんきょう）信仰が復活し、結局、この改革は一代限りで終わります。

その後、新王国は、**シリアの領有をめぐり**前13世紀頃に**ヒッタイトと抗争**しました。しかし、前12世紀頃には**「海の民（たみ）」の侵入によって衰退**したとされます。

2 古代オリエント文明

④ 新王国の滅亡後

新王国が滅亡したのち、ナイル川中流域の黒人国家である**クシュ王国**が一時的にエジプトを支配しますが、前７世紀に**アッシリア**の侵攻を受けて**クシュ王国はエジプトから撤退**し、やがて**メロエ**を新たな都（☞これ以降、**メロエ王国**と呼びます）として繁栄します。

●メソポタミアとエジプトの文化の比較

	メソポタミア	エジプト
政治	**神権政治**	**神権政治**
宗教	多神教	多神教
暦	**太陰暦**（１年約354日）	**太陽暦**（１年365日）
記数法	**六十進法**	十進法
文字	**楔形文字**（シュメール人考案） →**粘土板**などに記録	**神聖文字**（ヒエログリフ）、 **民用文字**（デモティック）など →**パピルス**などに記録
その他	•**『ギルガメシュ叙事詩』** •**ジッグラト**を各地に建立	•**「死者の書」**の作成（**オシリス**神の審判に備えて副葬） •**測地術**の発達 •**アマルナ美術**（写実的傾向）

メソポタミアのジッグラト（聖塔）

写真提供：アフロ

写真提供：アフロ

ロゼッタ=ストーン

ナポレオンのエジプト遠征中に発見されたロゼッタ=ストーンをもとにして、フランスの**シャンポリオン**が神聖文字の解読に成功した。

「死者の書」

4 地中海東岸の地域（シリア・パレスチナ）

メソポタミアとエジプトという古代文明が生まれた両地域のあいだに位置するのが、シリアとパレスチナです。これらの地域は、メソポタミアとエジプトを結ぶ交易の要衝（ようしょう）として商業活動が盛んに展開された一方、近隣の大国の侵入や支配を受けていました。

しかし、**前12世紀頃に「海の民」と呼ばれる諸集団が、地中海東岸部で活動**したことで、エジプトの新王国は衰退し、ヒッタイトは滅亡したとされています。

こうして、シリア・パレスチナを支配する大国がいなくなり、**フェニキア人・アラム人・ヘブライ人**などの民族が独自の活動を展開することになるのです。

① フェニキア人

フェニキア人は、**シドン**や**ティルス**などの都市を拠点（きょてん）に**海上貿易に従事**し、**レバノン杉**（すぎ）を輸出します。彼らが使用した**フェニキア文字**はギリシアやローマに伝わり、**西方アルファベット**（☞ローマ字）**が生まれました**。

② アラム人

アラム人は、**ダマスクス**を拠点に**内陸貿易に従事**します。彼らが用いた**アラム語**は**オリエント世界の国際商業語**となり、**アラム文字**は**中央アジアや西アジア諸民族の文字の原形**となります。

③ ヘブライ人（自称「イスラエル人」）

伝承によると、**ヘブライ人**はパレスチナに定住していましたが、一部はエジプトに渡ります。しかし、エジプトの圧政（あっせい）に苦しんだヘブライ人は、**モーセ**に導かれて**エジプトを脱出**（☞これを**「出エジプト」**といいます）してパレスチナへの帰還を目指しました。なお、この途上で、ヘブライ人は唯一神ヤハウェから十戒（じゅっかい）（☞「神との契約」のこと）を授かったとされ、ヘブライ人のあいだでヤハウェへの信仰が守られるようになりました。

パレスチナに戻ったヘブライ人は統一王国を形成し、都の**イェルサレム**を中心に、**ダヴィデ王**と**ソロモン王**の時代に繁栄期をむかえました。しかし、ソロモン王の死後、**王国は北のイスラエル王国と南のユダ王国に分かれる**かたちとなり、イスラエル王国は前８世紀にアッシリアによって滅ぼされました。

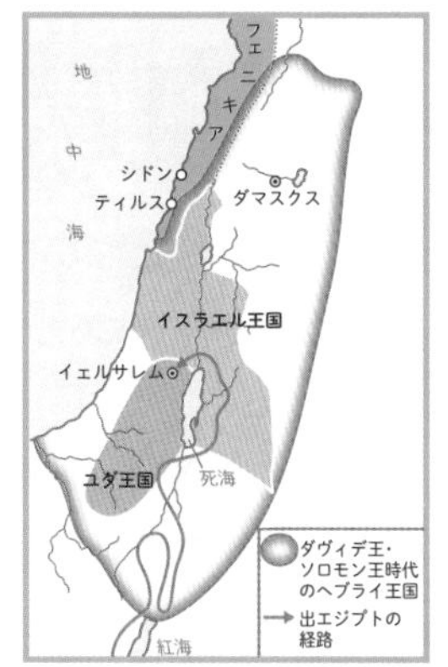

ヘブライ人の統一王国と分裂

一方、南部のユダ王国は、**前６世紀**に新バビロニアによって滅ぼされますが、このときに、**住民の多くはイェルサレムからバビロニアに連行されました**。このできごとを**「バビロン捕囚」**といいます。

その後、新バビロニアを滅ぼした**アケメネス朝によってヘブライ人は解放されてパレスチナに戻り、ユダヤ教を確立していきます**（☞この時期から、「**ユダヤ人**」という名称で呼ばれることが多くなります）。

特徴の整理　～ユダヤ教～

- 唯一神**ヤハウェ**を信仰
- ユダヤ人は、神に選ばれた特別な民族である（**選民思想**）
- この世の終わりに、**救世主**（**メシア**）があらわれて**ユダヤ人のみを救いに導く**
- 経典は**『旧約聖書』**（ヘブライ語で記述される）

過去問にチャレンジ

ユダヤ教について述べた文として適当なものを、次の①～④のうちから一つ選べ。

① 火を尊び、善悪二元論を唱えた。
② 『旧約聖書』と『新約聖書』を聖典としている。
③ 輪廻転生の考え方に立ち、そこからの解脱を説いた。
④ 神によって選ばれた民として救済されるという、選民思想を持つ。

(2017年度　第1回試行調査　世界史B)

これは大学入学共通テスト導入に向けて実施された試行調査世界史Bの問題です。共通テストは「思考力・判断力を試す」考察系の問題が出題されることが特徴の一つですが、この問題のように従来のセンター試験型の知識を問う問題も出題されます。

ユダヤ教には、「我々（ユダヤ人）が受けてきた苦難（☞バビロン捕囚など）は、神によって課された試練なのだ。その試練をのりこえていける我々こそ、神に救済される特別な民族なのだ！」という選民思想がみられます。したがって、**答え ④**となります。

そのほかの選択肢をみていくと、①はゾロアスター教（➡P101）の特徴、③はウパニシャッド哲学（➡P82）の特徴です。②は、ユダヤ教は『旧約聖書』を聖典（せいてん）（経典）としており、『新約聖書』を聖典とは認めていません。『旧約聖書』と『新約聖書』を聖典とするのはキリスト教です。

THEME 3 オリエント世界の統一とエーゲ文明

ここで 畝きめる！

- オリエントを初統一したアッシリアの支配の特徴を理解しよう。
- エーゲ文明は、クレタ文明とミケーネ文明の違いに注目！

1 オリエント世界の初統一

これまで、オリエント世界をメソポタミア、エジプト、シリア・パレスチナと分けて学習してきましたが、いよいよ、オリエント世界を統一する民族（国家）が登場します。それが、北メソポタミアに興ったアッシリア王国です。

アッシリアは、**鉄製の武器と戦車**などを用いて各地に遠征し、**前7世紀**に、**オリエント世界の統一を実現**しました。

アッシリアは、広大な所領をいくつかの**州**に分けて**総督**を任命して統治し、**駅伝制**による交通網の整備を行いました。こうした中央集権的支配体制は、**のちのアケメネス朝などにも継承**されていきます。また、最盛期の**アッシュルバニパル**の時代には、都の**ニネヴェ**にオリエント各地の情報を収集した**図書館**としての機能をもつ施設が建てられました。

しかし、**アッシリアは、支配下の諸民族に対して重税をはじめとする圧政をしいた**ため、各地で反乱が発生し、オリエント世界の統一から1世紀ももたずに崩壊してしまいました。

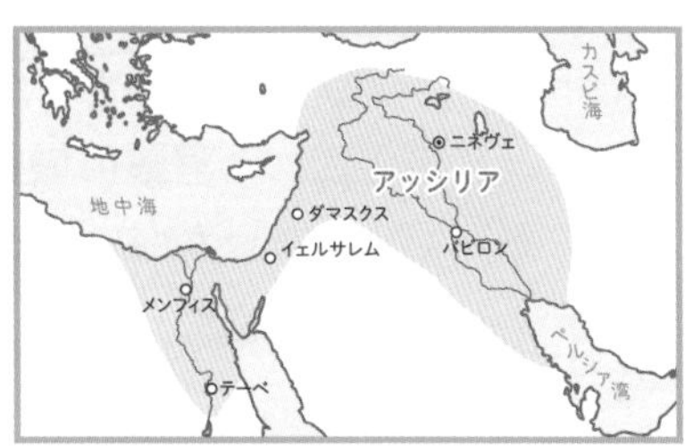

アッシリアのオリエント統一

アッシリアの崩壊後は、**メディア**、**リディア**、**新バビロニア**、**エジプト**の**4王国が分立**します。その後、前6世紀になると、メディアから自立したアケメネス朝によってオリエント世界は再び統一されます。

4王国分立の時代

2 エーゲ文明

エーゲ海に位置するクレタ島や、隣接するペロポネソス半島などでは、オリエントの影響のもとで**青銅器文明**が生まれました。これを**エーゲ文明**といいます。エーゲ文明は、前半のクレタ文明と後半のミケーネ文明の特徴をしっかりと押さえましょう。

エーゲ文明

① クレタ文明

前2000年頃には、クレタ島を中心に**クレタ文明**が発展しました。中心地の**クノッソス**で発掘された宮殿遺跡からは、海洋生物が描かれた壁画が発見され、**宮殿に城壁がなく、明るく開放的で平和な文明**であったことをうかがい知ることができます。

② ミケーネ文明

ペロポネソス半島では、前16世紀頃から**ギリシア人**によって**ミケーネ文明**が形成されました。**ミケーネ**や**ティリンス**などの遺跡からは、**巨大な石を用いてつくられた城塞跡が発掘されるなど、**

戦闘的な性格をもっていたことがわかっています。ミケーネ文明の人びとは、クレタ島を征服し、一部はアナトリアの**トロイア**（**トロヤ**）にまで進出しました。

ところが、ミケーネ文明は**前1200年頃**に突如滅亡（とつじょめつぼう）したとされています。気候変動や「**海の民**（たみ）」などの外部勢力の侵入による破壊活動、内紛など複数の要因が挙げられていますが、明確な要因はいまでもわかっていません。

こうして、エーゲ文明は崩壊し、以後400年間にわたって文字史料に乏しい混乱期（**暗黒時代**）をむかえることになります。

写真提供：アフロ

クレタ文明のクノッソス宮殿

写真提供：PIXTA

ミケーネ城塞の獅子門（ししもん）

人物の整理　～古代オリエント・エーゲ文明関連の考古学者たち～

- ローリンソン（イギリス）
  ベヒストゥーン碑文（ひぶん）から楔形（くさびがた）文字を解読
- **シャンポリオン**（フランス）
  ロゼッタ=ストーンのギリシア文字から、**神聖文字（しんせいもじ）を解読**
- エヴァンズ（イギリス）
  クノッソス宮殿を発掘
- **ヴェントリス**（イギリス）
  ミケーネ文明で使用された**線文字（せんもじ）B**の解読に成功
- **シュリーマン**（ドイツ）
  ミケーネ・トロイアを発掘し、ミケーネ文明の存在を証明

THEME 4

南アジアの古代文明

ここで噛きめる！

- インダス文明は謎が多い文明。遺跡の発掘によって判明した特徴を理解しよう。
- アーリヤ人がつくり出した社会の特徴を理解しよう。

1 インダス文明 （➡P29「❷南アジア」から接続）

インダス文明とは、その名のとおり**インダス川流域**に前2600年頃に興（おこ）った**青銅器（せいどうき）文明**で、この文明の担い手となったのは**ドラヴィダ系**の人びとだとされています。現在でもこの文明で用いられた**インダス文字は解読されず**、滅亡（めつぼう）の要因も諸説あり、実に謎（なぞ）の多い文明です。

インダス文明の遺跡としては、**パンジャーブ地方**（☞インダス川中流域）の**ハラッパー**や**シンド地方**（☞インダス川下流域）の**モエ(ヘ)ンジョ=ダーロ**が知られています。

写真提供：学研写真資料室

モエンジョ=ダーロ

これらの遺跡からは、整然と区画された道路、焼きレンガづくりの建築物や下水道の整備、沐浴場（もくよくじょう）・穀物（こくもつ）倉庫の建設など、計画的な都市建設が行われていたことが判明しています。

そこまで計画的に都市をつくれるということは、オリエントのように強い力をもったリーダーがいたのかな？

いえ、実は宮殿や陵墓（りょうぼ）が発見されず、強い力をもったリーダーはいなかったのではないかと考えられています。

2 アーリヤ人社会の形成

インダス文明は前1800年頃までに衰退し、その後は、中央アジアにいた**アーリヤ人**が、前1500年頃に**パンジャーブ地方**へと入ります。

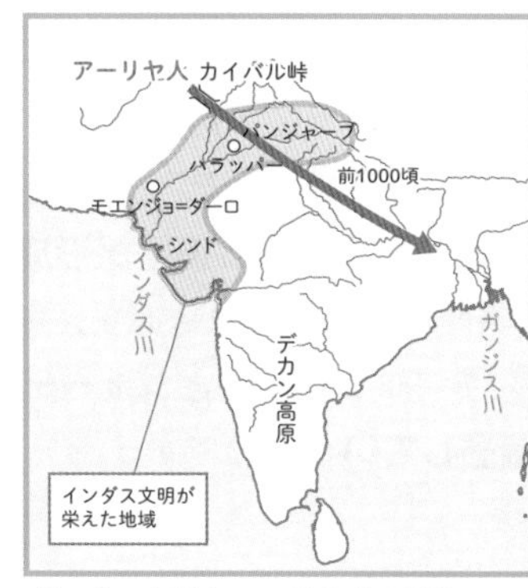

インダス文明とアーリヤ人の進入

アーリヤ人は、前1000年以降になるとインド東北部の**ガンジス川**流域へと進出しました。この頃から、**鉄器を使用した**開墾で土地の拡大が行われたほか、稲作が普及します。そして、ガンジス川流域には**都市国家**が各地に建設されました。

アーリヤ人は、**自然の神々を崇拝し、それらを祀るための儀式を多く生み出してきました**。こうした宗教的な知見がまとめられた文献群を**ヴェーダ**と総称します。ヴェーダには色々な種類がありますが、そのうち最古の『**リグ=ヴェーダ**』は自然の神々にささげられた賛歌集です。

また、アーリヤ人が先住民とまじわって社会形成を進めるなかで、**ヴァルナ**と呼ばれる**身分的上下観念**（☞「身分制度的なもの」とイメージしよう！）も生まれました。ヴァルナは、**バラモン**（司祭）、**クシャトリヤ**（武士）、**ヴァイシャ**（庶民）、**シュードラ**（隷属民）の４階層に分かれています。なかでも、最高位のバラモンは神々に対する複雑な宗教儀式を正確にとり行うことによって、みずからの権威を高めていきました。そのため、バラモンが司る宗教を**バラモン教**といいます。

COLUMN

ヴァルナ、ジャーティ（カースト）って何？

ヴァルナとは、４階層に分かれる身分制度的なもので、あくまで「観念」として存在します。やがて、**各ヴァルナに応じて職業が世襲される**ようになり、**同じ職業の人たちで厳格な身分秩序をもつジャーティ（カースト）と呼ばれる集団が形成**されます。ジャーティ集団は、ほかの集団の人たちとの婚姻や会食を制限しました。

こうして、インド社会では**ヴァルナとジャーティが融合した特有のカースト制度が浸透していった**のです。

THEME

5 中国の古代文明

ここできめる！

- 黄河・長江流域に成立した古代文明の特徴を押さえよう。
- 殷と周の支配体制について理解しよう。
- 春秋・戦国時代は、諸国の興亡や名称よりも、社会変化について理解しよう。

1 中国文明の発生 （➡P29「❸中国」から接続）

① 黄河流域

前5000年から前3000年頃に黄河の中流域で**仰韶文化**が栄え、遺跡からは**彩文土器（彩陶）**が発掘されました。一方、前3000年頃には、西方から麦（☞**麦の栽培が華北に広く普及するのは唐代の頃**）や羊などがもたらされ、**竜山文化**が開花し、遺跡からは**黒陶**がみつかっています。

写真提供：アフロ

彩文土器（彩陶）

また、黄河の中・下流域には、**邑**と呼ばれる**小さな集落**が多くつくられるようになりました。それぞれの邑では、**血縁関係を重視した一族による共同体的な生活**が営まれていました。こうした氏族共同体的な生活は、このあとの殷や周などの王朝を学習するときにも重要になるので、絶対に忘れないようにしましょう！

② 長江流域

長江の中流域では、前7000年頃に**稲作**が定着し、前3000年頃には下流域にまで拡大しました。現在の浙江省で発掘された**河姆渡遺跡**からは、長江流域で営まれた文化の特徴を知ることができます。

2 殷・周の時代

中国における伝説上の最古の王朝は夏とされていますが、実在したことを完全に証明するにはいたっていません。現在確認できる中国最古の王朝は殷とされています。まずは、殷とその次の王朝である周の支配領域について確認しましょう。

殷、周時代の中国

① 殷（前16世紀頃〜前11世紀頃）

黄河流域に点在していた**邑**のなかから、城壁をつくり、周辺の邑を従える**巨大な邑が誕生する**ようになりました。

また、黄河中流域は西方や南方の諸地域との交易の中心となった一方で、北方からの外敵の侵入にも備える必要が出てきました。そこで、**巨大な邑を中心に各地の邑が連合する**形で前16世紀頃に**殷**が成立しました。**こうした邑の連合形態を邑制国家といいます**。

殷の王は、重要事項について神意を占って決定するなど、宗教的権威によって多くの邑を従える**神権政治**を実施しました。こうした占いを記録するために生まれたのが**甲骨文字**（☞漢字の原形）です。また、**殷墟**などの遺跡からは独特の**青銅器**のほかに、**西方や南方の物産が出土する**など、殷が広範囲な交易ネットワークをもっていたことを知ることができます。しかし、殷は**前11世紀頃**になると、西方の**渭水**流域から興った**周によって滅ぼされてしまいます**。

COLUMN　古代中国における王朝交替の理論

古代中国の歴史において、王朝名が変わるときは「君主の姓（名字）が変わるとき」です。周では「徳の高い者には、**天**からの命令（天命）で支配者となる資格が授けられた」と考えられ、その考えにもとづき殷を滅ぼしました。こうした**王朝交替の理論を**「**易姓革命**」といい、「天命が革まり天子の姓が易わる」という意味があります。王朝交替の形式には、**禅譲**（☞平和的な交替）と**放伐**（☞武力による交替）があり、**なかでも禅譲が理想の形式**とされました。こうした王朝交替の方法は、北宋の時代まで主流となります。

② 周（前11世紀頃～前256）

周は都を渭水流域の**鎬京**に置き、**王は、一族や優秀な部下を世襲の諸侯とし、土地と人民の管理を任せて独自の国をつくらせました**。こうした支配体制を**封建（制）**と呼びます。

また、**諸侯などの支配者層は、父系血縁集団（宗族）を形成し、宗法と呼ばれる一族間のルールをつくってその結束を維持しました**。諸侯は、周王に対する貢納と軍役の義務をもち、**礼**（☞上下関係を明確にするための行動規範）によって周王に対する敬意を示しました。

しかし、前８世紀前半になると、周王は黄河中流域の**洛邑**に都を移します。洛邑に遷都して以降の周を**東周**といい、**東周の前半期を春秋時代、後半期を戦国時代と呼びます**。

周王は敵から逃げたっていうこと？　王としては格好がつかない気がしますが…。

洛邑への遷都（東周の成立）を機に、周王の権威は一気に衰え、諸侯の自立化が進みます。

③ 春秋・戦国時代（前770～前221）

春秋時代には、**有力な諸侯が覇者となって「尊王攘夷」を名目に、ほかの諸侯を従えながら従来の秩序を維持**しました。この時期の有力諸侯に、斉や晋などがあります。

戦国時代の中国
（「戦国の七雄」の割拠）

しかし、前5世紀末になると有力諸侯であった晋が**下剋上**によって3国に分裂してしまい、あろうことか周の王はこれらを諸侯として認めてしまいます。これ以降、**諸侯はみずからを「王」と称し、互いに抗争する時代**となりました。これを**戦国時代**といいます。戦国時代には、もはや王朝としての周（東周）は、名前のみの存在で実態がない状態（☞これを「有名無実化」といいます）となってしまったのです。

④ 春秋・戦国時代の社会変化

春秋時代の末期になると、**鉄製農具**や**牛耕**（☞牛に犂をひかせる耕作技術）が普及します。これにより、少ない労働力で効率よく耕作を行うことができるようになりました。すると、それまでのように耕作のために「一族でまとまって生活する必要性がなくなった」のです。こうして、**氏族共同体は崩壊し、小家族経営による農業経営が行われるようになり、中小農民の自立化がみられました。**そして、諸侯らは、**中小農民を直接支配するために中央集権的な支配体制を整備**していきます。従来の邑制国家から領域国家へと国の形が変わっていくきっかけになったのです。

また、農業技術の発展により、それまで収穫していた量よりもはるかに多くの農作物（☞これを「余剰農作物」といいます）が生み出されるようになりました。こうした現象に関するポイントを整理してみましょう。

5 中国の古代文明

特徴の整理　～農業技術の進歩がもたらした変化～

- **食料の増産にともなう人口の増加**
  ☞人口増加による**土地不足→諸国は領土の拡大へ**
- **農業以外の職業が発展**
  ☞農作物の流通や塩・鉄などの生産に従事→農業以外でも生活が可能となり、**商工業が発展**する
- **各地で青銅の貨幣が流通**
  ☞農民は余った作物を**貨幣に交換**する

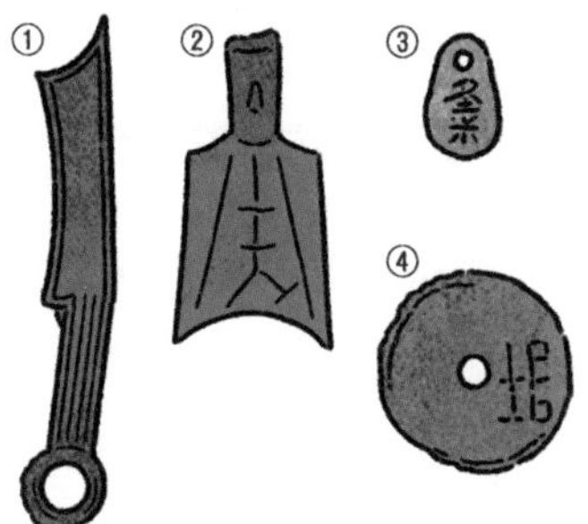

青銅の貨幣（戦国時代）

刀銭（①）は刃物、布銭（②）は農具の形をしている。蟻の顔に似た蟻鼻銭（③）は楚で使用され、円銭（④）は諸国で流通した。

やがて、諸侯の居城を中心に大都市が形成されるようになり、国を越えて**商人による遠隔地交易も盛んに行われる**ようになります。すると、商人を中心に、使用する貨幣や取引方法、長さや重さの単位などを一つに「統合」し、国をまたぐときに行われる検問を廃止するなど、効率よい商業取引を望む声が高まっていきます。こうした時代の流れのなかで、強国化に成功した**秦**が、ほかの6つの国を滅ぼして**前221年**、ついに**中国の統一に成功**します。

5 諸子百家

春秋・戦国時代、**個人の能力が重んじられる風潮**が強まるなかで、**諸子百家**と呼ばれる諸学派や思想家が登場しました（➡別冊P50）。諸子百家の思想は、様々な改革を行う諸国の王にむけた富国強兵策だけでなく、政治思想や哲学など多岐にわたります。

COLUMN 「中国」とは？

春秋・戦国時代以降、諸侯が抗争を繰り返すなかで、次第に**一つの文明圏としての「中国」**という考え方が醸成されました。また、**「中国」を世界の中心（中華）であるとし、周辺の異なる文化をもつ人びとを「夷狄」と蔑む**ようになります。こうした「文化的なマウント（優位性）」をとる考え方を**華夷思想**と呼びます。華夷思想は歴代中国王朝の諸政策、「中国」の周辺諸勢力や周辺諸国との関係性にも大きな影響を及ぼしていきます。

THEME

6 アメリカの文明

ここできめる！

- アメリカの文明に存在しなかったものを押さえよう。
- メソアメリカ文明とアンデス文明の特徴を整理しよう。

1 特徴 （➡P29「❹アメリカ大陸」から接続）

いまから約1万2000年以上前には、**ベーリング海峡**(かいきょう)とユーラシア大陸が陸続きでした。この時期に、モンゴロイド系（黄色(おうしょく)人種）とされる人びと（☞のちにアメリカ大陸を侵略したヨーロッパの人びとが、**「インディアン」や「インディオ」と呼ぶ**ようになります）がアジアからアメリカ大陸に渡りました。

とくに、**中南米地域**（メソアメリカとアンデス地帯）**を中心に高度な文明が形成されました**。これらの文明では、金・銀・青銅(せいどう)などの金属器の使用がみられましたが、**鉄器の使用はみられず**、また、**馬などの大型動物が存在せず、車両も使われません**でした。

農業においても、麦(むぎ)や米は栽培されず、**トウモロコシやジャガイモの栽培が中心**でした。

中南米の文明でも、オリエントのように大河(たいが)を利用した灌漑(かんがい)農業が行われたのかな？

中南米の古代文明が成立した地域には大河がほぼないので、人びとは雨水や泉(いずみ)・湖を利用して農業を行ったんだよ。

2 中南米の文明

① メソアメリカ文明

メソアメリカ（☞現在のメキシコおよび中央アメリカ）を代表する文明が、**ユカタン半島**を中心とする**マヤ文明**（前10世紀頃〜後16世紀）や、**メキシコ高原**に興（おこ）った**アステカ文明**（14〜16世紀）です。

中南米の古代文明

これらの文明では、**ピラミッド状の神殿**がつくられ、独自の**文字**が使用されました。とくに、マヤ文明は**二十進法**や精密な**暦法**（れきほう）を生み出し、アステカ文明は都の**テノチティトラン**を中心に、メキシコ各地に道路網（もう）を整備したことで知られます。

② アンデス文明

アンデス地帯では、現在のペルーを中心に15世紀半ばに**インカ帝国**が成立しました。インカ帝国は都の**クスコ**を中心に**駅伝制**（えきでんせい）を整備し、皇帝は「太陽の子」として神権（しんけん）政治を行いました。**石造建築**（せきぞう）などにすぐれた技術をみることができますが、**彼らは文字を使用せず**、**キープ**と呼ばれる縄の結び方で情報を伝達していました。インカ帝国の遺跡としては、現在のペルーに残されている**マチュ＝ピチュ**が知られています。

写真提供：学研写真資料室
マヤ文明のピラミッド状神殿

写真提供：学研写真資料室
インカ帝国の遺跡
マチュ＝ピチュ

SECTION 2

中央ユーラシアと東アジア世界

THEME

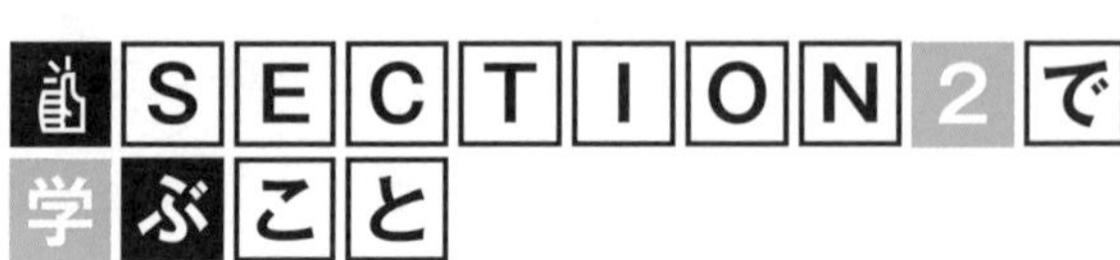

SECTION 2で学ぶこと

始皇帝と武帝の業績、魏晋南北朝の王朝変遷、唐の支配体制は頻出！　語句よりも、時代の概観を重視せよ！

古代中国史を学ぶにあたり、秦漢帝国の統治体制や魏晋南北朝における北朝の諸制度、唐の国内支配と対外関係を理解することは最重要事項といえます。

1　秦・漢

秦の始皇帝の業績と前漢の武帝の業績を入れ替えた正誤問題は頻出です！　また、交易大国である後漢を学ぶ際は、「2世紀の世界」を意識しながら同時代のユーラシア各地の国家に注目しましょう。

2　魏晋南北朝

諸王朝が興亡するなか、九品中正や均田制など、のちの隋・唐に影響を与えた諸制度が登場します。また、儒教にかわって仏教や道教などの宗教が流行するようになります。

3　隋・唐

隋や唐では、政治の中心となった貴族が主体となって国際色豊かな文化が生まれます。唐代までに確立された支配体制や諸制度とともに、それらは周辺諸地域に大きな影響を及ぼします。

中央ユーラシアの騎馬遊牧民(きばゆうぼくみん)や、中国の諸制度は、中国王朝との組合せで出題されやすい！

騎馬遊牧民は対立した当時の中国王朝とセットで、均田制などの諸制度は実施された王朝の名称とセットで覚えましょう。また、各時代の文化の概観も把握(はあく)しましょう。

□ 中央ユーラシアの騎馬遊牧民

匈奴(きょうど)（✕秦・漢）→鮮卑(せんぴ)（✕後漢・魏）→柔然(じゅうぜん)（✕北魏(ほくぎ)）→突厥(とっけつ)（✕隋・唐初）→ウイグル（✕唐）。このように騎馬遊牧民の変遷と中国王朝をセットで覚えましょう。

□ 中国王朝の諸制度

郡県制(ぐんけんせい)（秦）、郡国制(ぐんこくせい)（漢）、九品中正（魏で開始）、均田制（北魏・北朝・隋・唐）。まずは組合せを覚えて、それぞれの制度の内容を理解するようにしましょう。

□ 中国王朝の文化

漢代の文化（儒学の興隆）、魏晋南北朝の文化（仏教や道教の流行）、唐の文化（貴族が担い手となる国際色豊かな文化）。このように、各時代を象徴する文化は、語句よりも時代の概観を優先的に理解しましょう。

このSECTIONでは、多くの騎馬遊牧民や中国王朝、そして中国で実施された諸制度が登場します。「当時の中国の王朝は？」を意識しながら、必ず中国王朝とできごととをセットで覚えるようにしよう！

THEME 1

中央ユーラシア世界の展望

ここで差をつける！

- 中央ユーラシアの地理的な特性を押さえよう。
- 草原地帯やオアシス地帯に住む人びとが、どのような暮らしをしていたのかを理解しよう。

1 中央ユーラシアとは

さっそくですが、次の地図をみてください。まずは、**中央ユーラシア**がだいたいどのあたりなのかというイメージをもつようにしましょう。

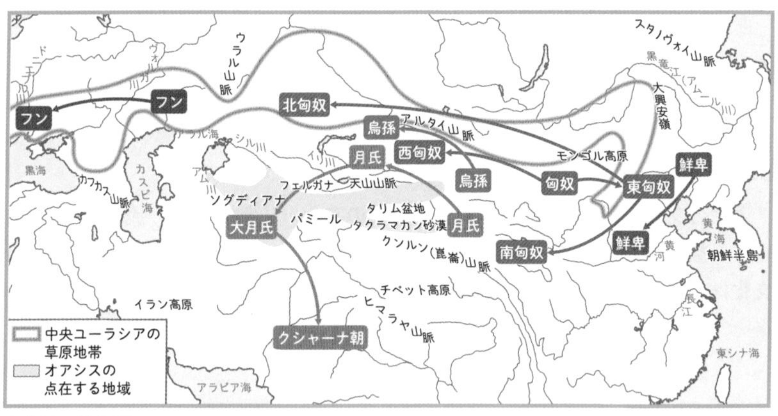

中央ユーラシア

中央ユーラシアは、明確に「〇〇から△△までの範囲」と定義されるものではなく、ユーラシア大陸中央部の草原地帯や、砂漠地帯と点在するオアシス地帯（☞オアシスは河川（かせん）や地下水を利用できる場所）を含めた広大な空間をさす表現で、古くは「内陸アジア」とも呼ばれていました。

2 中央ユーラシアに住む人びとの暮らし

それでは、**草原地帯**と**オアシス地帯**に住む人びとの暮らしと社会についてみていきましょう。

① 草原地帯

草原地帯に住む人びとは、**家畜**（**羊**・**ヤギなど**）**を育てる**ために、エサとなる草や水を求めて**季節によって生活拠点を移動**していました。こうした生活を営む人びとを、**遊牧民**といいます（☞一定の土地に住んで農業を営む人びとのことは**農耕民**といいます）。

遊牧民は、移動に適したテント式の住居をもち、家畜の肉や乳製品を食料に、毛皮を衣服などにして生活していました。また、**馬**は荷物を運ぶだけでなく、人が乗ることにも適していたため、**遊牧民は馬の背に乗って移動したり、戦ったりする技術を身につける**ようになりました。こうした遊牧民を、**騎馬遊牧民**といいます。

騎馬遊牧民は、農耕民のように決まった土地をもつわけではなく、**部族単位で活動**します。ときには、カリスマ的な指導者が登場し、ほかの部族を統合して**遊牧国家**という一大勢力を築きます。

遊牧国家は、草原地帯にある農村や集落の住民を保護下に置いて、**「草原の道」**と呼ばれる東西交易路を支配しました。しかし、カリスマ的な指導者がいなくなると、騎馬遊牧民間の統率は崩れ、その再編や国家の興亡が繰り返されていきました。

写真提供：PIXTA

遊牧民の暮らし（モンゴル）

●代表的な遊牧国家の一部とその特徴

遊牧国家	特　徴
スキタイ	●前７世紀頃：黒海北岸の草原地帯を支配 ●**動物文様をもつ馬具や武器**を使用（**スキタイ文化**の代表例）
匈奴	●前３世紀末：**冒頓単于**が即位（☞**単于**は「君主」の称号） ・月氏を攻撃→中央アジアのオアシス地域を支配 ・**前漢の高祖の軍を撃破** ●前２世紀後半：前漢の武帝の攻撃を受けて衰退 ●前１世紀：匈奴の**東西分裂**→東匈奴は漢に服属 ●後１世紀：東匈奴の**南北分裂**→南匈奴は後漢に服属 北匈奴は西走、ほかの遊牧集団の西進を誘発 （☞北匈奴などが西方で**フン人**になったという説もある）
鮮卑	●五胡の一つとして華北に侵入→のちに**北魏**を建国

② オアシス地帯

中央ユーラシアの砂漠が広がる地域では、**各地に点在するオアシスを利用した農業**が行われていました。

河川や地下水を利用できるオアシスって、自然にできるものなのかなぁ。イメージがわかないや。

オアシスでは、地下水路（カナート）をつくるなどして水を確保しているんだよ。

オアシスを拠点とする諸都市は、古来、**隊商交易**の拠点として機能していました。地理的には、**パミール（高原）**を中心に東部の**タリム盆地**（☞中国の歴史では「**西域**」といいます）と西部の**ソグディアナ**一帯をさします。

こうした**オアシス都市**を中心に、ラクダに荷物をのせた隊商が東西を往来する**「オアシスの道」**が形成されます。「オアシスの道」では、絹（☞中国の特産品）をはじめとする様々な商品を取り扱う、各地域によるリレー式の交易が行われました。そのため、「オアシスの道」は**「絹の道」（シルク=ロード）**とも呼ばれます。

オアシス都市は、まとまって一つの大きな国を形成することはありませんでした。むしろ、**近隣の大国や草原地帯を支配した遊牧国家の支配を受けることが多々ありました。**

オアシス都市に住む人びとは悠々自適(ゆうゆうじてき)な生活をしていたわけではなく、ときには草原地帯の遊牧国家の略奪(りゃくだつ)を受けることもありました。一方で、遊牧国家はオアシス都市の人びととの交易を頼りにすることもあり、オアシス都市の人びとも隊商交易路を遊牧国家に守ってもらうこともありました。

草原地帯に展開する遊牧国家と、砂漠に点在するオアシス都市の人びとは、「持ちつ持たれつ」の関係にあったといえます。

THEME

2 秦・漢

ここで畝きめる！

- 中国を初めて統一した秦の中央集権体制について理解しよう。
- 前漢の武帝の業績は、古代中国史において頻出！　対外遠征や内政について押さえよう。
- 後漢がどのように繁栄したのかを理解しよう。

1 秦（前8世紀頃～前206）
（➡P48「❸春秋・戦国時代（前770～前221）」から接続）

① 始皇帝の支配

秦王の政は、ほかの国々を次々と征服して**前221年**に**中国の統一に成功**し、新たな君主の称号として**皇帝**を称しました。いわゆる**始皇帝**の誕生です。

始皇帝は、もともと秦で実施されていた**郡県制を中国全土に拡大**しました。これは、都の**咸陽**から**官僚を派遣して統治する中央集権的な支配体制**です。また、支配にあたっては、**法家**の思想を採用して法による支配を行い、文字や度量衡（☞「長さ・体積・重さ」の単位）、貨幣（☞統一貨幣を**半両銭**といいます）などの統一を進めました。一方で、言論や思想を統制し、実用書以外の書物を焼き払って儒家を含む学者を生き埋めにした（**焚書・坑儒**）とされています。また、北方の騎馬遊牧民の**匈奴**を討ち破り、戦国時代の諸国が築いた**長城を修築**して北方の防備を強化しました。

しかし、**始皇帝の急激な統一政策は征服された諸国の旧支配層の不満を高め、あいつぐ軍事遠征や土木事業は民衆の負担を増大**させました。

② 秦の滅亡とその後の混乱

始皇帝が死去すると、人びとの不満が各地で爆発しました。中国史上初の農民反乱となった**陳勝・呉広の乱**を契機に、各地で反乱が発生し、こうしたなか、秦は前206年に滅亡しました。(☞始皇帝の墓の周辺には、兵士や馬をかたどった**兵馬俑**が埋められました。)

その後、農民出身の**劉邦**が、楚の名門の出であった**項羽**を破り、**前202年**に**漢**を建てました。なお、漢は途中で途絶えたのちに復興するので、**前漢・後漢と分けて呼びます**。

現在の「漢人(漢民族)」や「漢字」という言葉は、「漢」と関係あるのかな？

いいところに目をつけたね。漢王朝の「漢」は中国を象徴する文字となったのですよ。

2 前漢(前202～後8)

① 初期の支配体制

高祖(劉邦)は、新たな都として**長安**の建設を開始し、基本的には秦の支配体制を受け継いで、**郡県制を採用**します。一方で、秦が滅ぼした戦国の6国では王国を復活させ、**一族や部下を諸侯(王)として統治を任せる封建(制)を併用**したのです。こうした支配体制を**郡国制**といいます。

しかし、高祖の死後、次第に皇帝と各地の諸侯(王)の対立がみられるようになり、やがて**呉楚七国の乱**が発生しました。この反乱が鎮圧されると、皇帝は諸侯(王)の支配への干渉を強化していきました。

COLUMN　中国皇帝って、なぜ別名が多いの？

前漢の建国者の劉邦は、高祖とも表記されます。このような別名は、**皇帝の死後に生前の業績を踏まえて墓や史書に記されるもの**です。例えば、「祖」は建国を、「武」は対外政策や統一戦争を、「文」は国内改革を示します。しかし、教科書では一貫してこういった表記が使われるわけではないので参考程度にとどめておきましょう。

② 最盛期を現出した武帝

武帝（☞前2世紀後半に即位）の対外政策のなかで、もっとも重要なできごとは、**大月氏**と同盟して匈奴を挟撃するために、**張騫**を派遣したことです。

張騫は、**匈奴支配下の地域や中央アジアなどを訪れました**。匈奴の支配下の地を通る途中で捕らえられたり、結婚して子宝にめぐまれたり、その旅は前途多難（？）なものとなりました。張騫は、長安を出発しておよそ13年後に帰国しました。

武帝は、張騫が見聞した情報をもとに、**西域**に支配を拡大して中央アジアの交易路をおさえました。**この交易路がいわゆる「オアシスの道」となり、中国の特産品である絹織物が高値で西方地域に輸出されることになります**。

中国諸王朝にとって、「オアシスの道」は経済的にとても重要な交易路となることを踏まえると、張騫のもたらした情報にはかなりの価値があったといえるでしょう。なお、**武帝は周辺地域に積極的な遠征を行い**、**匈奴**を討ち破っただけでなく、南方の**南越**を征服したほか、東方の**衛氏朝鮮**を滅ぼして**楽浪郡**を設置するなど、広大な支配領域をつくりあげました。

一方、武帝は国内改革も積極的に行いました。武帝は、諸侯（王）の支配に干渉するために官僚と監察官を各地に派遣するなど、**郡県制的な支配体制を確立**しました。また、積極的な対外遠征によって生じた財政難を打開すべく、経済政策も積極的に行いましたが、財政再建の成功にはつながりませんでした。

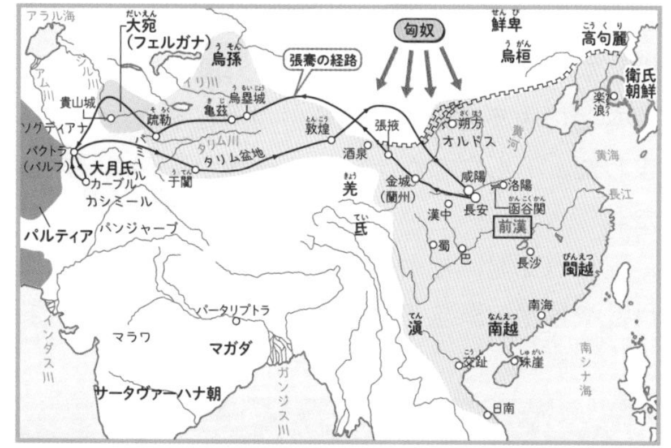

武帝の時代の支配領域

特徴の整理　～武帝の国内政策～

- 地方長官の推薦によって官僚を登用する**郷挙里選**を実施
- 需要の高い**塩**・**鉄**（・**酒**）などを政府による専売品とする
- **均輸**と**平準**で物資流通と物価の安定化を狙う
- 統一通貨として**五銖銭**を発行

武帝の対外遠征で徴兵された中小農民は経済的に疲弊していき、やがて土地を手放して没落してしまいました。一方で、こうした**土地を買い集めて没落農民を小作人や私兵として使役**し、**地方の有力者（豪族）**になる人たちがあらわれました。

豪族は、郷挙里選を通じて中央政界に進出し、国政における影響力を拡大するようになったのです。

豪族の台頭の何が問題なのかなぁ。

彼らに協力してもらうために、皇帝が妥協するようになっていくことだよ。土地と軍事力を豪族がもっている状態は、皇帝にとっては脅威なんだよ。

3　新（8～23）

前漢末期になると、皇后の一族である**外戚**や皇帝の世話役などを務める**宦官**などによる宮廷内での争いが激化するようになり、政局は混乱しました。そんななか、外戚の**王莽**が皇帝に即位し、**新**を建国しました。

しかし、王莽の支配は社会の実情に合わず、**赤眉の乱**にはじまる全国的な反乱や各地の豪族の挙兵で、新は短命に終わります。

4　後漢（25～220）

新の滅亡後、漢の一族の**劉秀**（**光武帝**）が**漢を復活**させ、**洛陽**に都を置きました。復活した漢を**後漢**といいます。しかし、後漢は、**各地の豪族による連合政権**としての性格をもち、皇帝の権力は限定的なものでした。

後漢は**「オアシスの道」**を利用し、西方世界との交易を盛んに行いました。**班超**は西域都護としてタリム盆地一帯を支配し、その部下である**甘英はシリア方面まで到達**し、西方世界の情報をもたらしました。また、倭の奴国の使者の来訪（☞このとき、「**漢委奴国王**」と刻んだ**金印**を授けたとされます）や、**大秦王安敦**（☞ローマ皇帝のマルクス=アウレリウス=アントニヌスとされます）の使者を名乗る一行が**日南郡**（☞ベトナム中部）を訪れるなど、後漢には多くの使節が訪れました。

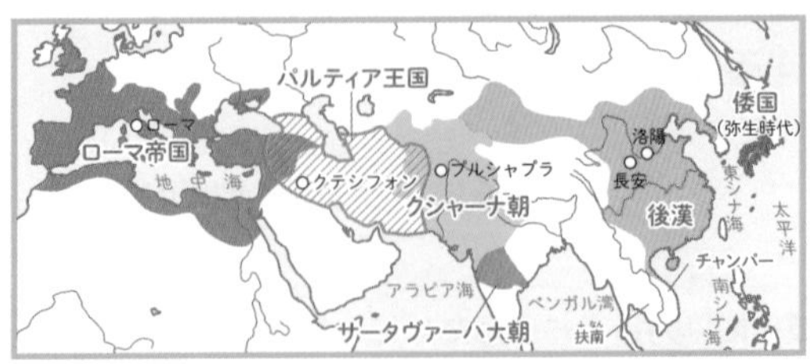

2世紀の世界

2世紀の後半になると、**宦官が官僚を弾圧する党錮の禁が発生**し、外戚や宦官の抗争も激化し政局は不安定になりました。また、飢饉があいついで発生し、こうした社会不安を背景に、**太平道**などの宗教結社が貧困化した民衆の支持を集めるようになり、太平道の**張角**は**黄巾の乱**を起こしました。この反乱は豪族らによって鎮圧されたものの、**各地で豪族らが自立するようになり、後漢は実質的に名目上の存在**となってしまいました。

5 漢の文化 （➡別冊P50）

秦の急激な中央集権化にともなう失敗を活かし、前漢の初期には、**法による統制を緩めて君主の無欲さと公平さを重視する政治思想**が重んじられました。しかし、武帝の時代には儒家の**董仲舒**が活躍するなど、**次第に儒家の思想が影響力をもつ**ようになり、前漢末頃までには学問（**儒学**）としての地位が確立され、儒学にもとづく国家体制も整備されました。**こうした体制は、中国歴代諸王朝にも継承**されます。

また、漢代に編纂された歴史書は、**帝王や皇帝の年代記と重要人物の伝記で構成される紀伝体の形式**をとり、この形式は中国における歴史書の模範とされました。

THEME 3

魏晋南北朝

ここで きめる！

- 魏晋南北朝の王朝の変遷を押さえよう。
- 魏・西晋・北魏の土地制度の狙いを理解しよう。
- 魏晋南北朝の社会や文化について理解しよう。

1 魏晋南北朝（220～589）

魏晋南北朝は、多くの王朝が興亡したので、人物名や諸制度がごちゃごちゃになりがちです。そこで、本書では、諸王朝の興亡を軸に整理していこうと思います。また、みなさんにイメージをもってもらうことを重視し、中国を□であらわして図解していきます。正確な地図は、教科書や図説で確認しましょう。

① 三国時代と晋（西晋）の統一

後漢の最後の皇帝が**220年**に禅譲したことで成立した**魏**は、華北一帯を支配しました。この魏に対抗して四川では**蜀**が、**江南**（☞長江下流域）では**呉**が成立し、**三国時代**をむかえました。

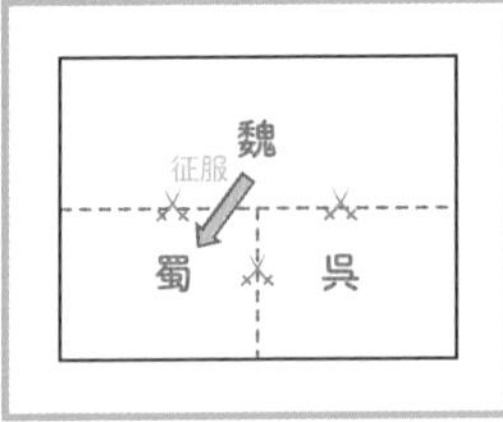

三国時代

三国の抗争のなかで、魏が蜀を滅ぼしてその支配地を併合しました。その直後に魏の武将が実権をにぎり、事実上、帝位をのっとる形で**晋**（**西晋**）を建国しました。そして、**晋は280年に呉を滅ぼして中国の統一に成功**します。

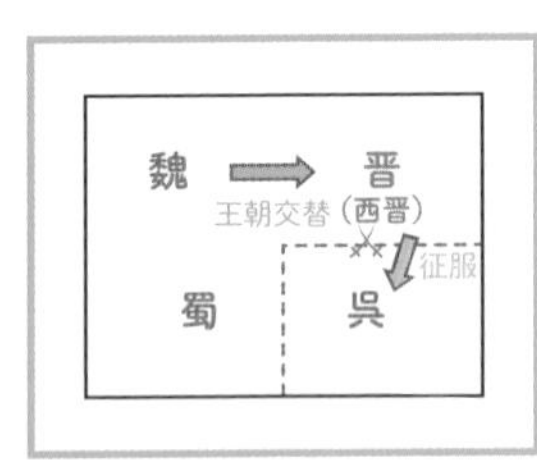

晋（西晋）の統一

しかし、晋では内紛に加えて**八王の乱**といった皇帝一族による争いが発生し、次第に衰退します。中国は再び混乱に陥り、こうした混乱のなかで、316年に**晋は滅亡**しました。

晋の衰退期に、華北では**五胡**（☞**匈奴**・**鮮卑**・**羯**・**氐**・**羌**）と呼ばれる遊牧系集団が蜂起し、晋滅亡後は五胡を中心とする諸国家が興亡する**五胡十六国**の時代に突入しました。

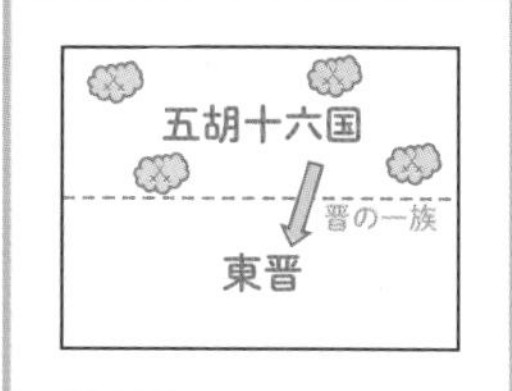

五胡十六国と東晋

一方、**晋の一族は江南に逃れて東晋を建て、華北の戦乱を避けて逃げてきた人びとを使って水田開拓を進めました。**

② 南北朝の対立

五胡十六国の抗争が続く華北では、4世紀後半に**鮮卑**の一派が**北魏**を建国しました。北魏にはじまり隋が成立するまでの華北の諸王朝を**北朝**といいます。北魏は、**5世紀に華北の統一に成功**して五胡十六国の時代を終わらせます。その後、のちの隋や唐に継承された土地制度である**均田制**が施行され、**漢人王朝の制度や風俗をとりいれる漢化政策**が行われました。しかし、こうした政策によって固有の部族制度が崩れていくことに反発した人びとが反乱を起こし、北魏は6世紀前半に東西に分裂しました。その後、華北は再び混乱の時代をむかえましたが、6世紀後半に隋によって再度統一されます。

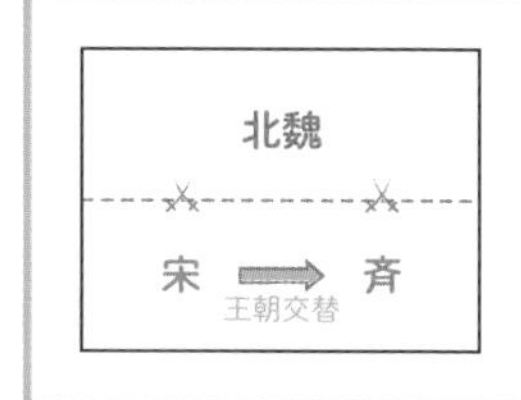

北魏の華北統一

一方、東晋の滅亡後、江南の**建康**（☞現在の南京）を拠点に**宋**・**斉**・**梁**・**陳**の短命王朝が興亡します。これらの王朝を総称して**南朝**といいます。

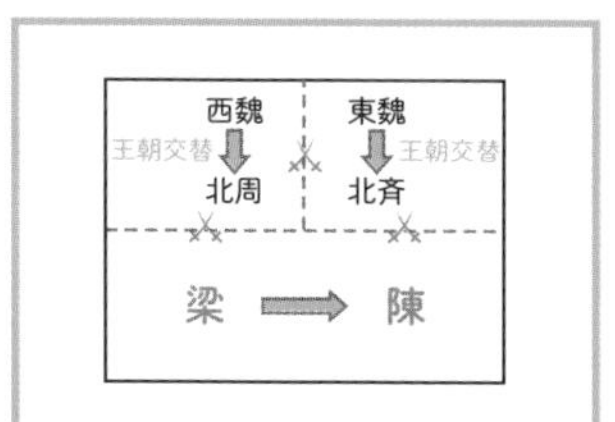

北朝の東西分裂

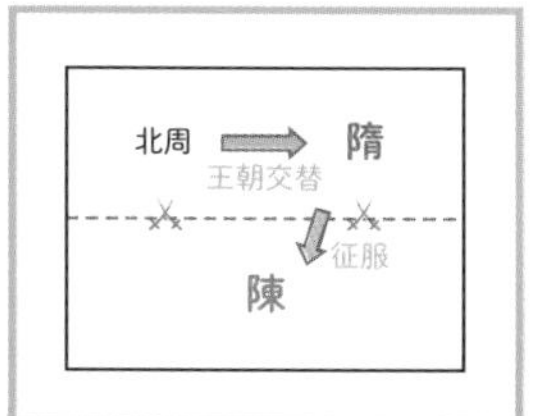

南北朝の終焉

人物の整理　～魏晋南北朝の主要人物～

①三国時代

曹丕（**文帝**）：魏を建国→都は**洛陽**、**九品中正**を実施

②晋（西晋と東晋）

司馬炎（**武帝**）：晋（西晋）を建国→都は**洛陽**

司馬睿：東晋を建国→都は**建康**

③北魏

拓跋氏：鮮卑の一派、北魏を建国→都は**平城**

太武帝：華北の統一を達成、遊牧国家の**柔然**と抗争

孝文帝：**均田制**・**漢化政策**を実施、**洛陽**に遷都

COLUMN

魏・晋（西晋）・北魏の土地制度の狙いとは？

魏では建国以前に、**曹操**（☞魏を建国した曹丕の父）が**屯田制**を実施し、晋（西晋）では司馬炎が**占田**・**課田法**を、北魏では孝文帝が**均田制**を実施しました。

名称こそ違いますが、これらの土地制度にはある狙いがあります。それは、「**自作農を創出（維持）して、豪族の大土地所有に対抗する**」**という点**でした。やはり、税の根源となる土地や兵隊となる農民を政府の管理下に置くことが、いかに重要であったかを知ることができます。

③ 魏晋南北朝の社会と文化

三国時代の魏では、曹丕（文帝）が新たな官僚登用制度として**九品中正**を実施しました。これは、地方に置かれた**中正官**(ちゅうせいかん)**が、地方の人材を９つのレベルに分けて中央政府に推薦**(すいせん)**する制度**です。

しかし、**豪族は中正官と癒着**(ゆちゃく)**して自分の子どもや部下を推薦してもらう**ようになります。やがて、**上級官職は特定の豪族によって独占される**ようになり、**門閥貴族**(もんばつきぞく)（☞以下、「**貴族**」と表記）となります。

貴族は政府の政策決定に多大な影響力をもち、とくに**江南では貴族が水田開発をおし進めた**ことで、広大な**荘園**(しょうえん)と大きな経済力をもつようになります。こうして、**皇帝の権力は次第に制限**されていき、貴族中心の社会が形成されます。

一方、魏晋南北朝の文化で注目すべきポイントは、**仏教**(ぶっきょう)や**道教**(どうきょう)といった新しい宗教が流行したことと、**貴族好みの芸術が発達**したことです。諸王朝の興亡のなかで、**上下関係や秩序**(ちつじょ)**を重視する儒学**(じゅがく)**は停滞**していきます。こうしたなか、魂(たましい)の救済を説く仏教や、現世利益(げんせりやく)（☞「この世での幸せ」のこと）を求める道教が盛んに信仰されるようになりました。

そのほかには、貴族好みの芸術分野が江南を中心に発展していきます（➡別冊P51）。

④ 中国周辺諸地域～朝鮮と日本～

中国東北地方の**高句麗**(こうくり)は４世紀になると朝鮮半島の北部に進出し、楽浪郡(らくろうぐん)を征服します。一方、高句麗に対抗すべく、南部では**百済**(ひゃくさい／くだら)や**新羅**(しんら／しらぎ)などの国が成立し、朝鮮半島には**高句麗・百済・新羅が並び立ち**ます。三国は、中国皇帝への**朝貢**(ちょうこう)を盛んに行いましたが、７世紀に**唐と結んだ新羅**によって高句麗や百済は滅ぼされ、**新羅が朝鮮半島を統一**します。

一方、日本は**邪馬台国**(やまたいこく)の女王であった**卑弥呼**(ひみこ)が、239年に魏に使節を派遣(はけん)しました。この時期の日本は、小国があちこちに存在している状況でしたが、やがて**ヤマト政権のもとで統合が進んでいき**、「倭の五王」の時代には、南朝の皇帝への朝貢が行われました。

朝貢とは、中国皇帝に貢物を献上して、「挨拶」をするって感じですか？

そうですね。中国と外交関係を築くとともに、皇帝から返礼品をもらえるので、交易としての役割もありました。

COLUMN 中国を中心とする東アジア固有の国際関係

中国周辺の国々の君主は、みずからの支配の正統性を得るために、中国皇帝に対する**朝貢を行って外交関係を構築**しました。一方、北朝や南朝の皇帝は、朝貢した国々の君主に対して官位や爵位を与えて形式的な部下とし、自国の影響下に置くことで皇帝たる威厳を保とうとしました。このように、**中国皇帝を「君」とし、周辺諸国の君主を「臣」として成り立つ国際関係を冊封体制といいます**。

過去問にチャレンジ

エリさんは、1世紀に中国からもたらされた金印について、パネルを用意して発表した。

金印は、1784年に、現在の福岡市に属する志賀島の土中から発見された。
印文は「漢委奴国王」の5文字。
金印に関係する『後漢書』東夷伝の記事：

建武中元二年（57年）、倭奴国が貢ぎ物を奉じ、朝賀してきた。使者は大夫であると自称した。（その国は）倭国の極南の界にある。光武帝は印と綬（じゅ）*とを賜った。

＊綬：印を身に帯びる際に用いた組みひも。

当時、倭には多くの国があり、それぞれ世襲の王がいた。A『後漢書』は楽浪郡からの距離や方角によって、倭人の居住地の位置を示している。

問 下線部Aは、金印がもたらされた当時の東アジアの状況を反映していると考えられる。その状況を述べた文として適当なものを、次の①～④のうちから一つ選べ。

① 当時、倭の諸国が中国に往来するには、朝鮮半島を経由することが多かった。

② 光武帝は、外交交渉を担当させる組織として楽浪郡を設置した。

③　当時、倭国は、百済と結んで朝鮮半島に出兵するなどしていた。

④　当時の朝鮮半島における倭人の活動が、「好太王碑」（「広開土王碑」）に記されている。

（2017年度　第1回試行調査　世界史B）

これが共通テストで出される典型的な問題です！　教科書の知識に加えて掲示された資料を読み込む読解力が必要になるパターンです。

選択肢の①は、知っている知識だけで判断するのは難しいかもしれません。資料（パネル）の下線部Aには「『後漢書（ごかんじょ）』は楽浪郡（☞前漢が設置した朝鮮4郡の一つ）からの距離や方角によって、倭人の居住地の位置を示している」とあります。すると、後漢は当時、倭の情報を楽浪郡から得ていたと推測できるので、「倭の諸国が中国に往来するには、朝鮮半島を経由することが多かった」という記述は適切だと考えることができます。また、②は楽浪郡を設置したのは光武帝（こうぶてい）ではなく、前漢の武帝なので誤りです。③は朝鮮半島に百済が成立するのは、中国が魏晋南北朝の時代なので、『後漢書』に記載されるはずがありません。したがって時期が違うので誤りとなります。④は、「好太王碑（こうたいおうひ）（広開土王碑（こうかいどおうひ））」は高句麗の時代につくられた碑文で、高句麗が中国東北地方から朝鮮半島北部に進出して勢力を拡大するのは、中国の魏晋南北朝の時代なので、これも時期が違うので誤りとなります。

答え　①

①は資料をもとに推測し、②・③・④は教科書の知識をベースに誤りと判断することができました。共通テストでは、このような出題が多く登場しますので、「資料を読んで考える」習慣をつけましょう！

THEME

4 隋・唐

ここで創きめる!

- **隋で確立された土地制度・税制・兵制と、唐代における諸制度の変化を理解しよう。**
- **唐の文化の特徴を時期ごとに理解しよう。**
- **隋や唐の時代における近隣諸国や周辺諸民族の歴史を押さえよう。**

1 隋（581～618）

① 隋の中国統一と滅亡

楊堅（**文帝**）は、**581年**に**隋**を建国し、都を**大興城**に置きました。文帝は、北方にいた遊牧国家の**突厥**を**東西に分裂**させると、南方の**陳を征服**し、589年に中国の統一を成し遂げました。そして、魏晋南北朝期に**江南の開発**が進んでいたことを受け、**大運河の建設**に取り組みました。

大運河は第2代の**煬帝**の時代に完成し、**穀物生産力が高い江南と、政治・軍事の中心であった華北を接続することに成功**します。ところが、土木工事で徴用された農民は疲弊し、さらに煬帝は数回にわたって中国東北地方から朝鮮北部を支配していた**高句麗への遠征**を行いますが、いずれも失敗に終わりました。これをきっかけに民衆の不満は爆発して各地で反乱が起き、この混乱のなかで煬帝は部下に殺害されました。

② 隋で実施された諸制度

隋では、新たな官僚登用制度として**科挙**がはじまります。これは儒学的教養をはかる筆記試験で、**ほぼすべての男性に受験資格が与えられました**。しかし、**高級官職を独占する貴族らは科挙を免**

除され、その地位を世襲（☞父の職や地位を子が継承すること）できたため、貴族を中心とする支配体制を崩すことはできませんでした。

また、土地制度としては、北朝から**均田制**を継承します。隋では、**一定年齢に達した男性**に対し、死後返還義務のある土地を「均等」に配分していきます。

土地を与えたり返還させたりするって、面倒な気がするんだけどなぁ。

「誰がどこに住んでいるか」という戸籍を把握する狙いもあったんだよ。

隋は、**土地を与えられた農民（均田農民）に対し、一律に税を課す租調庸制**をしき、農閑期には軍事訓練を行って戦争のときに**徴兵**（☞武器や防具を自費で負担し、従軍にあたって給料は出ない）する**府兵制**を実施しました。

また、**貴族の荘園はそのまま温存**されたため、隋が国土のすべてを管理することはできませんでした。

2 唐（618～907）

① 支配体制の構築

隋の武将であった**李淵**（**高祖**）は、**618年**に隋を倒して**唐**を建国し、都を**長安**に定めました。その後、第2代の**李世民**（**太宗**）の時代には、唐の支配体制が整っていきます。

唐では、中央官制として**三省**が整備されます。三省とは、詔勅（☞「皇帝の命令」だと思っておこう）の原案をつくる**中書省**、その原案を審議する**門下省**、詔勅の実行にあたる**尚書省**のことです。詔勅の具体的な実行にあたっては、尚書省に属する**六部**が担当しました。

官僚の監視役として**御史台**も置かれました。

皇帝の下に設置された三省ですが、**詔勅の決定にあたってもっとも影響力をもつ門下省は貴族によって独占**され、貴族に不利な詔勅は採用されませんでした。

また、隋の時代から唐にかけて、**律令が整備**されます。**律**は**刑法**を、**令**は**民法や行政法**をさします。こうして、法治国家としての形が出来上がり、全国に**州県制**（☞郡県制と仕組みは同じ）を実施して中央政府の意向が各地に届くようにしました。

② 均田制の実施とその実態

唐は、**隋で実施された土地制度である均田制を継承**し、均田農民に対して税制として**租調庸制**や、兵制として**府兵制**を実施しました。しかし、均田制の「土地を均等に配分する」という理想通りにはならず、兵役も一部の地域の農民にのみ課されていました。**こうした状況は、均田農民の間に格差を生み出してしまった**のです。

一方、**貴族は、隷属農民を使って荘園を経営していました**が、唐は荘園の存在を認めたため、貴族の経済基盤は維持された状態でした。

③ 最大領土の形成と異民族支配

唐は積極的な対外遠征を実施し、第３代の**高宗**の時代には最大領土を形成しました。

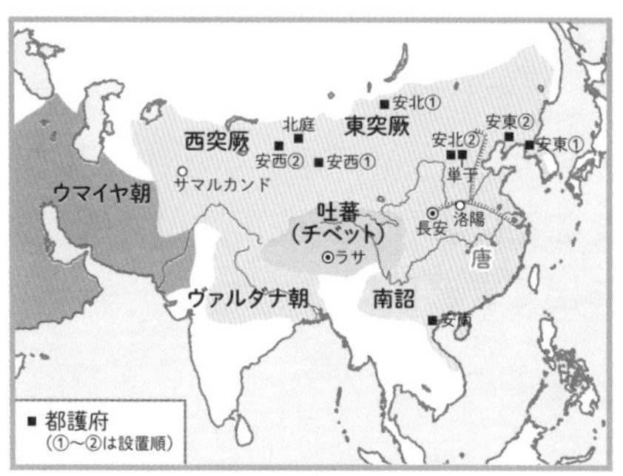

唐の最大領域（７世紀末）

唐は、支配下に入った異民族に対して自治を与え、各地に都護府を置いて監督しました。つまり、異民族はこれまで通りの生活を送ることができたのです。こうした間接統治を**羈縻政策**といい、唐だけではなく実は**歴代王朝でも実施**されました。

唐は中央アジア一帯まで勢力を拡大し、**「オアシスの道」**の拠点の多くをおさえました。唐の繁栄は、こうした東西交易によってもたらされる利益によって支えられていたともいえます。しかし、この時期には、**農民間の格差が拡大し、生活苦にたえられなくなった人びとは土地を捨てて逃げだす**ようになっていました。

④ 転換期（８世紀）

高宗の皇后であった**則天武后**（**武則天**）は、高宗の死後にみずから皇帝に即位しました。

則天武后は、国号を**周**と改称したほか、**科挙官僚を積極的に登用**して**貴族に対抗**しました。貴族たちにとっては都合の悪い皇帝だったともいえます。

８世紀初頭に皇帝となった**玄宗**は立て直しをはかり、農民から徴兵する方法をやめて**辺境の騎馬遊牧民などを傭兵としてお金で雇い**（**募兵制**）、辺境防衛にあたらせました。こうした募兵軍団の指揮官を**節度使**といいます。ソグド系の武将であった**安禄山**は、その才覚を発揮して節度使を３つも務めあげました。

しかし、玄宗が**楊貴妃**を寵愛し、その一族を政治の中枢にすえると、安禄山は盟友の**史思明**とともに**安史の乱**を起こしました。この反乱は大規模化し、唐は自力で鎮圧できず、北方の遊牧国家の**ウイグル**の軍事力を借りてようやく鎮圧することができました。**唐の弱体化が露呈したことにより、支配下にいた異民族たちが唐から離れていく動きも出てきました。**

⑤ 税制改革と唐末の状況

均田制の再建がもはや不可能であると判断した唐は、財政の再建にあたって780年から**両税法**を実施しました。両税法は、夏（☞麦の収穫期）と秋（☞米やアワの収穫期）に徴税することが名の由来となっていますが、**最大のポイントは、現住地の資産に応じて課税するようにした、ということ**です。つまり、「持っている土地の大きさによって税率を変えていく」ということです。両税法の実施は、均田制の完全放棄を意味するとともに、国家が土地を直接管理することをあきらめたことになります。

また、財政再建策の一つとして、生活必需品である**塩の政府専売制**を行いました。塩の専売は、重要な財源となった一方で、高価な塩が民衆を苦しめ、９世紀後半には塩の密売人らによって**黄巣の乱**が発生しました。この反乱は、全国に拡大し唐の崩壊を決定的なものにしました。反乱の鎮圧にあたって唐に協力した**朱全忠**は、節度使に任命されたものの、**907年**に唐を滅ぼして**後梁を建国**しました。（☞唐の文化については別冊P52）

3 唐代における周辺諸国や諸勢力

① 近隣諸国

ここでは、「唐と同時代にあった国々」を覚えていきましょう。

●東アジア文化圏

国名	おもな動き
新羅	唐と結んで百済・高句麗を滅ぼしたのち、唐の勢力を排除して**朝鮮半島で最初の統一国家**をつくる（676）。唐の**律令体制・仏教文化**を受容。都の金城（慶州）では仏教文化が栄え、**仏国寺**が建立された。骨品制とよばれる氏族的身分制度が成立。
渤海	**高句麗滅亡**（668）ののち、**大祚栄**が高句麗の遺民と靺鞨人を統合して中国東北部に建国（698）。唐の律令体制などを導入し、日本とも交流があった。都の上京竜泉府は長安をモデルに建設。

日本	**遣隋使**・**遣唐使**により隋・唐の律令体制・仏教文化を受容。**大化改新**以後、**律令国家体制**を確立。７世紀には、唐文化を輸入した**白鳳文化**が栄え、さらに**平城京**では貴族的な**天平文化**が花開いた。なお、百済滅亡に際しては、百済に援軍を派遣し、**白村江の戦い**で唐・新羅の連合軍に大敗（663）。
吐蕃	７世紀初め、**ソンツェン=ガンポ**がチベットに建国。都は**ラサ**。インド文字から**チベット文字**をつくる。チベットの民間信仰と仏教が融合した**チベット仏教**が成立。
南詔	チベット=ビルマ系民族が中国南西部の**雲南**に建国。

❷ 中央ユーラシアの諸勢力

中央ユーラシアを舞台に活躍した遊牧国家としては**突厥**と**ウイグル**をあげることができます。

これらの遊牧国家は、中国王朝と**絹馬貿易**を行うようになります。これは、**遊牧国家にとって貴重な財産である馬と、中国の特産品である絹織物を交換する貿易**のことです。

遊牧国家は、中国から入手した絹織物を、**オアシス地帯に住むソグド人を介して**西方世界に輸出して莫大な利益をあげました。ソグド人は西方の文化を遊牧国家に伝える役割ももち、**突厥やウイグルでは独自の文字がつくられた**ほか、ウイグルではイラン世界から伝わった**マニ教**やネストリウス派キリスト教なども広まりました。

中央ユーラシアを舞台とする遊牧国家と、オアシス地帯に住むソグド人はまさに共生の関係を構築していたといえるでしょう。

SECTION

南アジア世界と東南アジア世界

THEME

1　南アジア世界の古代国家と仏教文化の発展
2　インド古典文化の成熟
3　東南アジア世界の形成

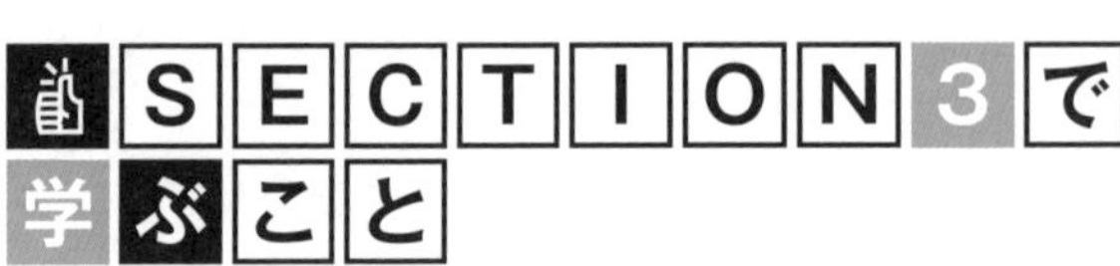

南アジアで生まれた宗教の特徴や、北インドの諸王朝の変遷、インド古典文化は頻出！

仏教やジャイナ教が生まれた背景、マウリヤ朝からヴァルダナ朝までの北インド諸王朝の変遷、インド古典文化が成熟したグプタ朝をそれぞれ整理しましょう。

1 仏教とジャイナ教

ガンジス川流域に成立した都市国家間の交易活動や抗争によって、クシャトリヤやヴァイシャが台頭し、バラモン支配に対して不満が強まります。こうしたなか、誕生した新宗教が仏教やジャイナ教でした。

2 マウリヤ朝とクシャーナ朝

マウリヤ朝やクシャーナ朝では、国家が積極的に仏教を保護します。クシャーナ朝の時代には従来の仏教とは異なり、新しく大乗仏教が生まれたほか、仏教美術も発展しました。

3 グプタ朝とヴァルダナ朝

グプタ朝の時代には、純インド的な仏教美術やサンスクリット文学などのインド古典文化が開花しました。また、バラモン教に各地の民間信仰が融合したヒンドゥー教が社会に定着します。

東南アジアは、王朝とその位置（河川・半島・島など）の組合せや、おもに信仰された宗教が出題される！

東南アジアに関する問題は、川や半島・島などの名称がからんで出題されやすいので、必ず地名とセットで各王朝の歴史を学ぶようにしましょう。

□ ２世紀頃の東南アジア

２世紀頃、南アジア世界と東アジア世界を結ぶ交易は、マレー半島を陸路で横断するルートが主流でした。メコン川下流域やインドシナ半島の東部では、こうした交易の要衝として港市国家が繁栄します。

□ ７世紀頃の東南アジア

７世紀以降、マラッカ海峡を通過する交易ルートが主流になると、マラッカ海峡周辺のスマトラ島やジャワ島を中心に新しい港市国家が興隆します。

□ 東南アジアの宗教

東南アジアでは、南アジア世界から伝わった仏教やヒンドゥー教が浸透します。とくに、仏教は、インドシナ半島などの大陸部に上座部仏教が広まり、ジャワ・スマトラなどの諸島部に大乗仏教が浸透します。

南アジア世界や東南アジア世界を学ぶときは、地名を地図でしっかり確認することが重要です。また、「海の道」がインド南部や東南アジアの港市国家の繁栄にかかわっていることを理解しましょう。

THEME 1

南アジア世界の古代国家と仏教文化の発展

ここで働きめる!

- 仏教とジャイナ教が生まれた背景と、それぞれの宗教の特徴を整理しよう。
- マウリヤ朝とクシャーナ朝における仏教文化の特徴を理解しよう。
- 南インドの諸王朝がどのような交易を行っていたのかを押さえよう。

1 仏教・ジャイナ教の成立

(➡P43「アーリヤ人社会の形成」から接続)

① 都市国家の成立と発展

アーリヤ人は、ガンジス川流域に前6世紀頃から**マガダ国**や**コーサラ国**をはじめとする**多くの都市国家を形成**しました。都市国家内やほかの都市国家との交易(こうえき)も盛んになり、ときには都市国家どうしの戦争も起こりました。

こうしたなか、商工業や交易に従事する**ヴァイシャ**(庶民(しょみん))や、戦争の主力となる**クシャトリヤ**(武士)の勢力が拡大していきます。彼らは、やがて**バラモン**(司祭(しさい))**の支配に不満をもつ**ようになりました。しかし、バラモンの支配を否定するには、そもそもバラモン教の信仰や価値観から離れる必要があります。このような状況のもとで、南アジア世界には新しい思想や宗教が生まれました。

② ウパニシャッド哲学

バラモンの支配に対する不満が高まるなか、バラモン教内部ではこれまでのバラモン教のあり方を見直す改革が行われました。

バラモン教は、複雑な儀式(ぎしき)を正確に行うことを重視していました。これを祭式至上主義といいます。しかし、やがて、「宇宙の本質とはなにか？」「人間とはなにか？」など**内面の思索を重視するようになっていきます**。こうした思索を、**ウパニシャッド哲学**といいます。

ウパニシャッド哲学は、「人間の迷いの道からどうやって脱出するか」を模索します。人間は死後、生前の行いにもとづいて次の新たな生き物に生まれ変わると考えられていました。これを**輪廻転生**といいます。

そこで、ウパニシャッド哲学では、輪廻転生からいかにして「脱出」するか（☞これを**解脱**といいます）が模索されたのです。

③ 仏教とジャイナ教の誕生

バラモン教内部で改革が行われるなか、**ガウタマ=シッダールタ**（☞尊称「**ブッダ（仏陀）**」）は**仏教**を開きました。仏教では、「正しい行いを実践し続ければ解脱ができる」として、**個人の内面部分からの救済**が説かれました。

一方、**ジャイナ教**を開いた**ヴァルダマーナ**（☞尊称「**マハーヴィーラ**」）は、みずからの**苦行と不殺生**によって解脱ができると説きます。

仏教やジャイナ教は、**バラモンの権威やヴァルナ（制）を否定する立場をとった**ため、バラモン教に不満をもっていたクシャトリヤやヴァイシャなどの支持を得ました。

2 マウリヤ朝とクシャーナ朝

① マウリヤ朝

前4世紀頃には**マガダ国のもとでガンジス川流域一帯の統一が行われました。**

チャンドラグプタ王はマガダ国を滅ぼして**マウリヤ朝**を建国し、都を**パータリプトラ**に置いてインダス川流域のギリシア勢力を排除していきました。

マウリヤ朝は、**前3世紀**の**アショーカ王**の時代に最盛期をむかえました。アショーカ王は、各地への征服戦争を行って広大な支配領域を形成し、**ダルマ**（☞法、倫理、道徳など民衆が守るべき規範）による支配を掲げ、王の勅令を刻んだ**石柱碑**や**磨崖碑**を各地に建設していきます。また、仏教を保護して**仏典の結集**（☞仏教教典の編纂）を行い、**スリランカ（セイロン島）に仏教**を布教したとされています。

マウリヤ朝の最大領域

② クシャーナ朝

紀元後1世紀になると、中央アジアからイラン系の人びとが進出して**クシャーナ朝**を建国します。

クシャーナ朝は、**2世紀**の**カニシカ王**の時代に全盛期をむかえ、都をプルシャプラに置きます。また、カニシカ王は、仏教を保護したことでも知られ、**仏典の結集**を行ったとされています。

クシャーナ朝とサータヴァーハナ朝

クシャーナ朝は西北インドや中央アジアの一部など、「**オアシスの道**」**の要衝をおさえて東西交易によって繁栄**しました。

また、クシャーナ朝では西方から伝わった**ヘレニズムの影響**を受け、**ギリシア彫刻の特徴をもつ仏像**が多くつくられました。こうした仏教美術は**ガンダーラ美術**と呼ばれ、クシャーナ朝で保護された大乗仏教とともに「オアシスの道」を介して中央アジアや東アジア世界にも伝わりました。

ガンダーラ美術の仏像

③ 上座部仏教と大乗仏教

ガウタマ=シッダールタの死後、仏教教団は解釈をめぐって多くの部派に分裂していきました。こうして誕生した仏教をまとめて部派仏教といいます。

部派仏教のなかでも、厳格に戒律を守ろうとする**保守的な仏教**は**上座部仏教**と呼ばれ、紀元前後には新たに**大乗仏教**が生まれました。

● 上座部仏教と大乗仏教

	上座部仏教	大乗仏教
特徴	• 僧侶は**個人修行**に励む →自己の悟りを得て、**自己の救済**（解脱）を目指す • 大乗仏教側から、「**小乗**」という蔑称で呼ばれる	• **多くの人びとの救済**を重視 →悟りや知恵を求める修行者を菩薩として信仰（**菩薩信仰**） • **ナーガールジュナ**（**竜樹**）が2世紀頃に理論を確立
伝播	• **スリランカ（セイロン島）** • **東南アジアの大陸部**（ミャンマー・タイ・カンボジアなど）	• 中央アジア • **東アジア**（中国・朝鮮・日本） • **東南アジアの諸島部**（スマトラ・ジャワ）

過去問にチャレンジ

次の文章を読み、後の問いに答えよ。

アユタヤ朝の歴代の王は［ア］を奉じており、地図はその世界観に基づいて描かれた。(中略) ブッダの説話に基づくシンボルと、チェンマイ、アユタヤといったタイの実際の地名が一連の地図の中に描かれている。

※著者注：18世紀のタイの地図について述べた文章。

問 文章中の空欄［ア］に入れる語あ・いと、［ア］のタイへの伝播に関する説明として最も適当な文X・Yとの組合せとして正しいものを、後の①～④のうちから一つ選べ。

ア に入れる語

あ　上座仏教（上座部仏教）　　い　大乗仏教

タイへの伝播に関する説明

X　インドから、中央アジアと中国を経由して、タイに伝わった。

Y　インドから、セイロン（スリランカ）を経由して、タイに伝わった。

①　あ―X　　②　あ―Y
③　い―X　　④　い―Y

（2023年度　本試験　世界史A）

これは上座部仏教と大乗仏教に関する出題です。問の ア に入れる語のあ・いから、タイに伝わった仏教を推測しつつ、X・Yからその伝播に関する説明を考える必要があります。知識と推察を組み合わせた性質をもっており、共通テストらしい出題といえます。

大乗仏教は東アジアを中心に広まり、上座部仏教は東南アジアの大陸部（ミャンマーやタイ）などに広まったことを理解しているかが問われています。

短文XとYを比べ、「どちらがタイに伝わる方法として現実的なのか」を考えます。Xの経路だと、「オアシスの道」を通して仏教が広まるので、その伝播先は中国であると推測できます。Yの経路だとセイロン（スリランカ）から東南アジアに広まるのは地理的にも十分推測できるでしょう。そのため、答え ② と判断できます。

タイに伝わった仏教とその伝播についての知識でも解けますが、共通テストは「知識でも解けるが、知識がなくても推測によって解答に近づける」という特徴をもちます。

3 南インドの諸王朝

さて、これまでマウリヤ朝やクシャーナ朝など、インド半島の北部を拠点(きょてん)とした王朝をみてきましたが、ここでいったん目を南インドに向けてみたいと思います。ここは「南アジア」とか「南インド」という言葉に混乱しやすいので、以下のように覚えてから学習を進めましょう！

POINT
南アジア・インド半島・南インドとは？

- **南アジア**
  ☞**現在のインドとその周辺の国々**をまとめて呼ぶ表現
- **インド半島**（インド亜(あ)大陸）
  ☞南アジアよりは狭い範囲
- **南インド**
  ☞インド半島の南部

① 南インドの役割とは？

1世紀頃になると、インド洋で**季節風（モンスーン）**を利用した交易（**インド洋交易**）が行われるようになりました。エジプトに住んでいたギリシア人が著したとされる**『エリュトゥラー海案内記』**には、この時期の交易の様子が記されています。

「季節風」って、「季節によってふく風」という意味ですか？

そうです。インド洋では、4月から10月頃に南西から、11月から3月頃に北東から季節風がふくのです。

季節風を利用して、**アラビア半島から南アジアの沿岸部に直航する航海方法**が生み出されると、南アジアは西方（☞おもに地中海世界）との交易を盛んに行うようになります。南アジアからは西方に胡椒や綿布が輸出され、西方からはローマ金貨やガラス、金属細工などがもたらされました。

一方、同じ1世紀頃には、**南アジアから東南アジアを経由し、中国に至る航路**も生まれました。こうして、南アジアは西方の地中海世界と東方の中国を結ぶ海上交易路（☞これを**「海の道」**といいます）の結節点となりました。

② 南インドの諸王朝

南インドには**ドラヴィダ系**の人びとが多く住んでおり、**タミル語**による文化が成熟しました。前1世紀頃になると、**デカン高原**を中心に**サータヴァーハナ朝**（➡P84図）が成立しました。この王朝は、その後、インド洋沿岸部に勢力を拡大し、**「海の道」による交易で繁栄**しました。

そのほかにも、南インドには、ドラヴィダ系の**チョーラ朝**が「海の道」による交易で繁栄をとげ、10～11世紀には最盛期をむかえて**スリランカや東南アジアの諸島部に軍事遠征**を行いました。

THEME

2 インド古典文化の成熟

ここで働きめる!

- グプタ朝の時代に開花したインドの古典文化を押さえよう。
- ヒンドゥー教とは、どのような宗教なのかを理解しよう。
- ヴァルダナ朝崩壊後の南アジア世界を押さえよう。

1 グプタ朝の時代~インド古典文化の開花~

4世紀に成立した**グプタ朝**は、都をパータリプトラに置き、**チャンドラグプタ2世**の時代には最大領土を形成しました。グプタ朝の時代には、インドのオリジナルな文化(☞インド古典文化)が開花します。それでは分野別に確認していきましょう。

グプタ朝の領域(5世紀)

① 文学など

グプタ朝の時代には、公用語の**サンスクリット語**による文学(☞**サンスクリット文学**)が発展し、都市国家が分立した時代に原形ができた『**マハーバーラタ**』や『**ラーマーヤナ**』が完成します。この2つの作品は、**インド2大叙事詩**(じょじし)とも謳(うた)われ、東南アジアなどの諸地域に伝わって現地の文化に多大な影響を及ぼします。また、詩人の**カーリダーサ**によって戯曲(ぎきょく)『**シャクンタラー**』がつくられました。

そのほかには、天文学や数学なども発達し、**ゼロの概念**(がいねん)が生まれました。

❷ 仏教関連

写真提供：PIXTA
グプタ様式の仏像（アジャンター石窟寺院の壁画）

グプタ朝では、5世紀に**ナーランダー僧院**が創建され、学者たちによる**仏教教義の研究**が盛んに行われました。

また、仏教美術においても、従来の**ヘレニズムの影響から脱却**し、**純インド的**（☞「インドで生まれたオリジナル」ということ）な**グプタ様式**が完成し、**アジャンター石窟寺院**の壁画やマトゥラーの仏像などにその特徴をみることができます。

❸ ヒンドゥー教の確立

仏教の話ばっかりだけど、バラモン教はもう完全に消滅しちゃったのかな。

バラモン教は、各地の民間信仰や冠婚葬祭と結合して生き残りを図ったんだよ。

グプタ朝の時代には、**バラモン教が南アジア各地の民間信仰と融合して形成された新しい宗教**が社会に定着していきます。これを**ヒンドゥー教**といいます。「ヒンドゥー」とは「インダス川流域の人びと」や「インド人」という意味です。つまり、「インド特有の宗教」というイメージをもちましょう。

ヒンドゥー教は、破壊と創造の神である**シヴァ神**や世界維持の神である**ヴィシュヌ神**をはじめとする**多神教**を特徴とし、ヴァルナ（制）を前提とする社会を肯定します。また、**『マヌ法典』**は、各ヴァルナが守るべき社会規範などを示しており、人びとの日常生活や価値観などにも大きな影響を及ぼしました。

シヴァ神の像

2 6世紀以降の南アジア世界

① 北インド

7世紀になると、**ハルシャ王**によって**ヴァルダナ朝**が建てられました。ハルシャ王は、ヒンドゥー教や仏教、ジャイナ教などの諸宗教を保護したことでも知られます。しかし、ハルシャ王の死後、ヴァルダナ朝は崩壊(ほうかい)しました。

その後、北インドでは、各地で**ラージプート**と総称される**ヒンドゥー諸勢力が分立・抗争する時代**をむかえ、しばらくのあいだ統一王朝の成立はみられず、分裂の時代となりました。

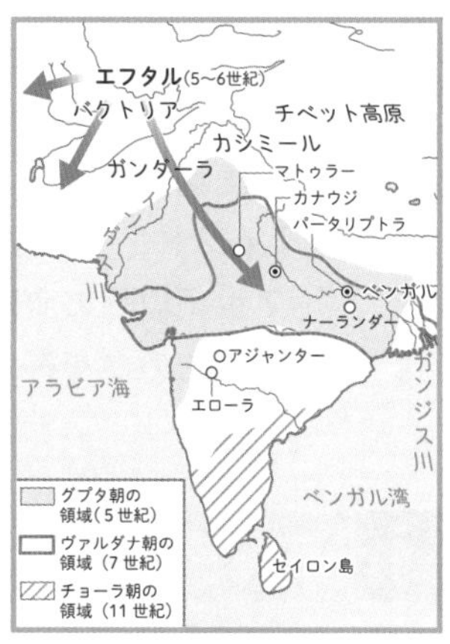

ヴァルダナ朝の領域

② 仏教・ジャイナ教の衰退

グプタ朝の末期に商業活動が停滞すると、仏教の支持基盤(きばん)であった商人層が没落(ぼつらく)してしまいます。また、**ヒンドゥー教徒のバクティ運動によって、仏教やジャイナ教は排撃(はいげき)されて衰退**し、南アジアではヒンドゥー教の優位が確立していきます。

それでは最後に、仏教を学びに中国から訪れた僧を整理しておきましょう。

● インドを訪れた中国僧

人名	中国の王朝	インド王朝	経路	おもな著書
法顕(ほっけん)	五胡十六国(ごこじゅうろっこく)・東晋(とうしん)の時代	グプタ朝	往路：陸 復路：海	『仏国記(ぶっこくき)』
玄奘(げんじょう)	唐(とう)(太宗(たいそう))	ヴァルダナ朝	往路：陸 復路：陸	『大唐西域記(だいとうさいいきき)』
義浄(ぎじょう)	唐(則天武后(そくてんぶこう))	分裂時代(ラージプート時代)	往路：海 復路：海	『南海寄帰内法伝(なんかいききないほうでん)』

THEME 3

東南アジア世界の形成

ここで创きめる!

- 2世紀頃の東南アジアを舞台とする交易と、各地に繁栄した国家を整理しよう。
- 「インド化」とは一体何なのかを理解しよう。
- 7世紀以降の東南アジアを舞台とする交易がどのように変化したのかを押さえよう。

1 東南アジアの地理

東南アジアの地理を苦手とする受験生が多いので、まずは次の地図を使って河川(かせん)や島、半島などの名称を覚えましょう！

東南アジアの地形

2 東南アジアの古代国家

東南アジア世界は、南アジアと中国のあいだに位置する海上交易の要衝であったことから、古来、**香辛料**をはじめとする豊富な産物の取り引きを行っていました。

そのため、南アジアや中国の影響を受けつつ、東南アジア独自の古代文明が育まれてきました。

① 北ベトナムの文化

北ベトナムは中国に近いという地理的な要素もあり、古くから中国文化の影響を強く受けてきました。前4世紀頃になると、ベトナム北部を中心に**青銅器**や**鉄器**を用いた**ドンソン文化**が栄えました。ドンソン文化を代表する**銅鼓**は、ベトナム北部だけでなく東南アジアの広い範囲で出土していることから、当時の交易ネットワークの広さをうかがい知ることができます。

② 2世紀頃の東南アジア

東南アジアでは、紀元前後から中国や南アジアとの交流が活発になるなかで、多くの**港市国家**（☞海上貿易の拠点として栄えた都市を中心とする国家やその連合体）が成立しました。

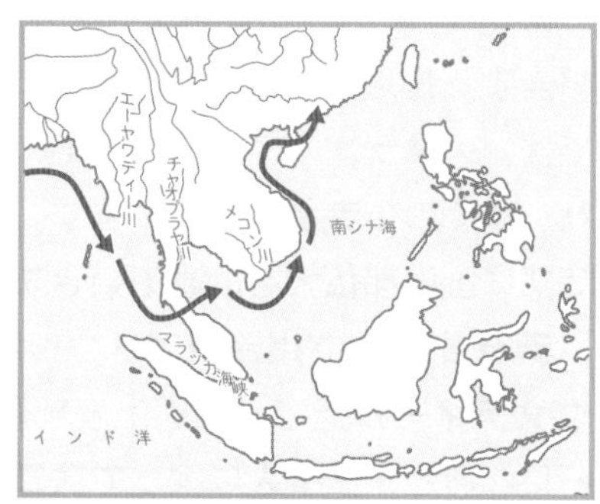

2世紀頃の主要な航路

1～2世紀頃は、**マレー半島を陸路で横断する交易路が一般的**でした。すると、メコン川下流域やインドシナ半島の東部は、南アジアと中国を結ぶ交易の要衝となり、港市国家が形成されました。

1世紀末、**メコン川**下流域には**扶南**が成立します。扶南の外港の**オケオ**遺跡からは、**ローマの金貨や漢の鏡、インドの神像などが出土**しています。また、2世紀末には、**チャム人**が**インドシナ半島東部**に**チャンパー**を建国しました。

③ 東南アジアの「インド化」

4世紀に北インドでグプタ朝が成立すると、南アジアからは多くの商人が船舶(せんぱく)で東南アジアに来訪しました。すると、インドの宗教や文化がもたらされ、**東南アジアの大陸部・諸島部にわたる地域に「インド化」と呼ばれる現象が発生**しました。

「インド化」って言われてもイメージがわかないなぁ。

東南アジアに、ヒンドゥー教や大乗(だいじょう)仏教、インド神話、王権概念(おうけんがいねん)、インド式の建築様式などが伝わったんだよ。

④ 大陸部の展開(6～13世紀頃)

エーヤワディー(イラワディ)川流域(☞現在のミャンマーに相当する地域)では、11世紀に**パガン朝**が成立します。パガン朝では、スリランカ(セイロン島)から伝わった**上座部(じょうざぶ)仏教が保護**され、多くの仏寺が建立(こんりゅう)されます。また、パガン朝は東南アジアの大陸部に上座部仏教を広めていきます。

チャオプラヤ川流域では、モン人によって7世紀に**ドヴァーラヴァティー**が建てられ、上座部仏教を保護します。その後、13世紀になると、**タイ人**によって**スコータイ朝**が建てられますが、**引き続き上座部仏教が保護**されていきます。

メコン川流域では、**クメール人**によって6世紀に**カンボジア**(真臘(しんろう))が建国されます。エーヤワディー川やチャオプラヤ川流域の国家と異なり、カンボジアには**ヒンドゥー教の影響**が強くみられました。カンボジアは、扶南を滅ぼしたのちに分裂してしまいますが、9世紀に**アンコール朝**によって統一されます。アンコール朝のもとで**12世紀**には、**アンコール=ワット**が建設されました。

写真提供：学研写真資料室

アンコール=ワット

アンコール=ワットは**ヒンドゥー教や仏教の影響を受け**つつも、クメール人独自の建築様式をもち、現在のカンボジアの国旗に描かれています。

現在のベトナムに相当する地域では、前2世紀末に**前漢の武帝**によって**南越**が征服されます。その後、唐代に至るまで中国諸王朝の支配をほぼ受けることになりますが、唐の衰退・滅亡にあわせて**北ベトナム**では自立の動きが強くなりました。そして、11世紀初頭には**李朝**が成立して国号を**大越**（**ダイベト**）とします。13世紀には**陳朝**が成立し、**漢字の影響を受けた独自の文字**である**チュノム**（**字喃**）がつくられるなど、北ベトナムには中国文化の影響が色濃くあらわれました。

⑤ 諸島部の展開（7～13世紀頃）

7世紀になると、それまで**航海の難所とされていたマラッカ海峡**が、インド洋と南シナ海を結ぶ交易での主要ルートになりました。そのため、スマトラ島、ジャワ島などを中心とする港市国家が登場しました。

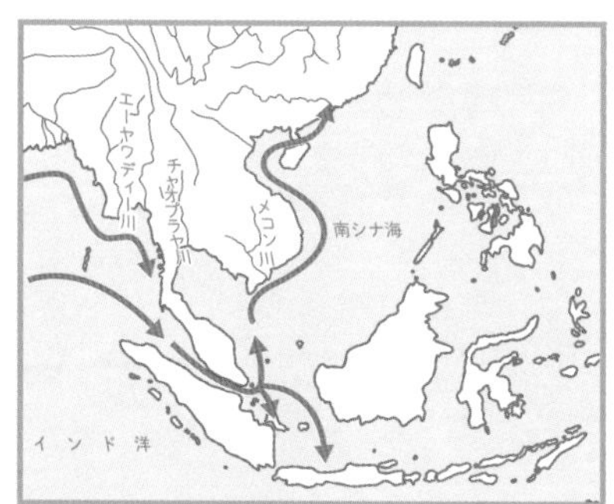

7世紀頃の主要な航路

スマトラ島のパレンバンを拠点に、7世紀には**シュリーヴィジャヤ**が成立します。その後、シュリーヴィジャヤ中心の港市国家連合を引きついだ**三仏斉**(さんぶっせい)が繁栄し、中国の宋(そう)に朝貢(ちょうこう)使節を送りました。

ジャワ島では、**大乗仏教**を奉(ほう)じる**シャイレンドラ朝**と、**ヒンドゥー教**を奉じる**マタラム朝（古マタラム）**が8世紀に成立します。シャイレンドラ朝の時代には、仏教寺院の**ボロブドゥール**が造営されました。

写真提供：学研写真資料室

ボロブドゥール

SECTION

西アジア世界と地中海世界

THEME

1　古代イラン世界の展開
2　古代ギリシア世界
3　ヘレニズム時代
4　共和政ローマ
5　帝政ローマとキリスト教

アテネ民主政治とローマ身分闘争の展開、ギリシア文化とローマ文化の比較は頻出(ひんしゅつ)！

「古代ギリシア」→「ヘレニズム」→「古代ローマ」という大きな展開のなかで、アテネとローマの政治展開や内乱期の社会の変質、ギリシア・ローマ文化の特徴をしっかり押さえましょう。

1　古代ギリシア・ヘレニズム

アテネでは平民(へいみん)の政治参加が進むなか、ペルシア戦争を経て民主政治が完成します。その後、ギリシア世界の混乱から台頭(たいとう)したマケドニアは、オリエント世界とギリシア世界を一つに統合した時代を築きます。

2　共和政ローマ

ローマでは、身分闘争を経て貴族と平民の法的な平等が実現しました。しかし、ポエニ戦争をはじめとする対外戦争によって、ローマ社会は変質し、やがて共和政から帝政へと移行していきます。

3　帝政ローマ・キリスト教の成立

ローマの帝政は、共和政の伝統を尊重する元首政(げんしゅせい)からはじまりますが、「3世紀の危機」を経て専制(せんせい)君主政へと移行します。また、皇帝はキリスト教を利用して皇帝権力の正統化を図ろうとします。

アケメネス朝とササン朝、それぞれの時代のできごとを入れ替えた正誤問題が頻出！

アケメネス朝によるオリエント世界の支配体制は、まさに中央集権体制の典型といえます。また、パルティアやササン朝は、「オアシスの道」を利用した交易（こうえき）で繁栄します。

□ アケメネス朝の支配

広大な領土を整備したアケメネス朝の支配体制は、中央集権体制のモデルとして、広範囲な地域で模倣（もほう）されます。また、支配下の諸民族に対する寛容（かんよう）な支配は、アッシリアの支配とは対照的です。

□ パルティアとササン朝の繁栄

イラン高原を中心としたパルティアやササン朝は、「オアシスの道」による交易で繁栄します。そのため、両王朝を学ぶときは、この交易に関する情報を中心に整理しましょう。

□ ササン朝の文化

ササン朝で国教化されたゾロアスター教や、マニ教などの宗教、新たに誕生したササン朝美術は、東西交易によって東アジア世界や地中海世界に伝わり、各地の文化形成に大きな影響を及ぼします。

アケメネス朝の支配体制をアッシリア（➡P39）と比較してみましょう。また、古代ギリシアと古代ローマは、人物の名前がごっちゃになりやすいので注意しよう！

THEME

1 古代イラン世界の展開

ここで差をつける！

- アケメネス朝がオリエント世界をどのように支配したのか、アッシリアの支配と比較してみよう。
- パルティアとササン朝の歴史は、必ず分けて整理しよう。
- 古代イラン世界では、どのような文化が発展したのかを理解しよう。

1 アケメネス朝 （➡P39「オリエント世界の初統一」から接続）

① オリエント世界の統一

前6世紀の半ば、**キュロス2世**が**イラン人（ペルシア人）**を率いてメディアから自立し、**アケメネス朝**を建国して都を**スサ**に置きます。アケメネス朝は、4王国を次々と征服して**前6世紀後半**には**オリエント世界を統一**し、**ダレイオス1世**の時代にはエーゲ海北岸からインダス川流域にいたる広大な支配領域を形成しました。

アケメネス朝の最大領域

アケメネス朝は、**全国を州に分割**して**知事（サトラップ）**を任命し、**「王の目」「王の耳」**と呼ばれる監察官（かんさつかん）を巡回させて各地の情勢を把握（はあく）しました。また、**「王の道」**と呼ばれる国道をつくり、**駅**（えき）

伝制を整備して領域内の交易網を整えていきます。新たに建設した**ペルセポリス**には大規模な宮殿が造営され、各地からは貢納のための使節が多く訪れました。

アケメネス朝は、**支配下に入った諸民族に対して自治のほかにその民族の文化や宗教などを容認するなど、寛大な支配を行いました**。圧政をしいたアッシリアとは対照的な支配です。また、支配下のフェニキア人の交易活動を保護してギリシア人と対立し、**ペルシア戦争**（➡P108）を引き起こし、敗北してしまいます。

アケメネス朝は、ペルシア戦争の敗北後もギリシアに干渉しましたが、**アレクサンドロス大王**（➡P116）の侵攻を受けて**前330年**に滅亡しました。

② 文化

アケメネス朝の時代には、イランの民族宗教である**ゾロアスター教**（**拝火教**）が信仰されました。ゾロアスター教は、この世を**善神アフラ=マズダ**と**悪神アンラ=マンユ**（**アーリマン**）の絶えまない闘争と捉え、最後に善神が勝利して人びとに幸福をもたらす（☞これを「**最後の審判**」といいます）と説きました。こうしたゾロアスター教にみられる思想は、**ユダヤ教をはじめとする一神教に影響を与えた**とされています。

2 パルティア

アケメネス朝の滅亡後、イラン世界はアレクサンドロス大王の支配下に入り、大王の死後は彼の部下が建てた**セレウコス朝**の支配を受けました。

前３世紀になると、**アルサケス**がイラン系の人びとを率いて**パルティア**を建て、セレウコス朝の支配から自立します。パルティアの特徴は何といっても東西交易の要衝をおさえたということです。

パルティアは「**オアシスの道**」**による交易で繁栄**します。そのため、パルティアの名は交易相手の中国にも伝わり、建国者の名を漢字にあてて**安息**と表記されます。前２世紀半ばには、交易の要衝であったメソポタミアを併合し、その後**クテシフォン**を都と定めます。しかし、メソポタミアをめぐっては**ローマと抗争**を繰り広げました。文化面では、パルティアは**当初ヘレニズム文化を継承**していましたが、次第に民族意識が高まり、**イラン文化の復興**を目指しました。

パルティアの領域

3 ササン朝

① 建国

３世紀になると、**アルダシール１世**がパルティアを滅ぼして**ササン朝**を興します。ササン朝は**クテシフォン**を都とし、イランの民族宗教といえる**ゾロアスター教を国教**とします。

また、ササン朝は「オアシスの道」の要衝であるメソポタミアと中央アジアの確保を目指します。そのため、**ササン朝の歴史をみるときは「メソポタミアや中央アジアで対立した敵」に注目**しましょう。

② 東西世界との抗争

ササン朝は、**３世紀**の**シャープール１世**の時代に、**クシャーナ朝**を攻撃して中央アジアに勢力を拡大する一方、メソポタミアの支配をめぐって**ローマの軍人皇帝ウァレリアヌス**を撃破します。

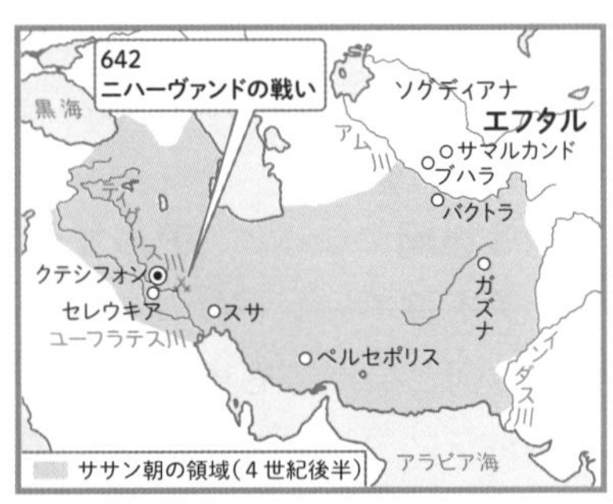

ササン朝の領域

6世紀の**ホスロー1世**の時代には、**突厥（とっけつ）と結んでエフタルを攻撃**し、中央アジアの支配を維持します。また、西方では**ビザンツ皇帝のユスティニアヌス1世**（➡P146）**との抗争**を有利に進めました。

ササン朝とビザンツ帝国の抗争はその後も続き、ササン朝はアラビア半島から勢力を拡大したイスラーム勢力との**ニハーヴァンドの戦い**に敗れ、その後滅亡（めつぼう）します。

③ 文化

ササン朝は、**「オアシスの道」を通じて東西世界から文化的な影響を受けました**。その一方で、**ササン朝で生まれた文化もまた交易を通じて東西世界に伝わっていきます**。

宗教面では、西方世界から伝わった**キリスト教**や東方世界から伝わった**仏教**が、**ゾロアスター教と融合（ゆうごう）**して**マニ教**が誕生しました。しかし、ゾロアスター教を国教とする**ササン朝で迫害（はくがい）を受け**、マニ教は「オアシスの道」を介して東西世界に伝わっていきます。一方、ホスロー1世の時代にはゾロアスター教の経典**『アヴェスター』**が編集されました。

芸術面では、西方の**ギリシア世界**や東方の**南アジア世界**の美術・工芸を取り入れた**ササン朝美術**が発展します。こうした美術は、中国や日本にももたらされ、**法隆寺（ほうりゅうじ）**の**「獅子狩文錦（ししかりもんきん）」**や**正倉院（しょうそういん）**の**漆胡瓶（しっこへい）**などにその影響をみることができます。

THEME 2

古代ギリシア世界

ここで畝きめる！

- ポリスの特徴、ギリシア人の同胞意識、アテネとスパルタの対照的な特徴を理解しよう。
- アテネの古代民主政治完成までの流れを整理しよう。
- ギリシア文化は、哲学を中心に押さえよう。

1 ポリスの成立とその特徴

（➡P40「エーゲ文明」から接続）

ギリシア人は、方言の違いによって、**イオニア人**・**ドーリア人**・**アイオリス人**などに分かれていきます。彼らは、エーゲ文明崩壊（ほうかい）後、ペロポネソス半島やその周辺地域に移動して多くの都市国家を建設しました。

① ポリスの成立

エーゲ文明が前12世紀頃に崩壊すると、ギリシア世界は**文字史料に乏しい混乱期**（**暗黒時代**）をむかえます。

暗黒時代って、先生の学生生活のことですか？

……間違ってはいませんが、この場合は「よくわからない」という意味だよ。

暗黒時代は約400年続きますが、この時期にギリシア世界には**鉄器が普及（ふきゅう）**していったと考えられています。

前8世紀頃、ギリシア各地では、**有力者のもとで人びとは軍事的・経済的な要地に集住（しゅうじゅう）**（**シノイキスモス**）し、**ポリス**と呼ばれる都市国家が形成されます。その数はおよそ1000以上です！

各ポリスは、**アクロポリスと呼ばれる丘**に神殿を築き、**アゴラと呼ばれる広場**で市場(いちば)や集会を開きました。また、周囲の農村地帯を支配し、**オリーヴ**や**ブドウ**などの果樹を栽培しました。

それぞれの**ポリスは政治的に独立した状態**ですが、ギリシア人たちは共通の祖先と文化をもち、「自分たちは同じギリシアの人間なのだ」という同胞(どうほう)意識をもっていました。

特徴の整理　～ポリスの人びとの同胞意識～

- ギリシア人は自分たちを**ヘレネス**、異民族を**バルバロイ**と呼ぶ
- 神々に捧(ささ)げる競技祭として、**オリンピアの祭典(さいてん)**を実施
- 重要事項の決定に際し、**デルフォイの神託(しんたく)**を参考にする

② ポリス社会の特徴

ポリスには、オリエントの国々のような強大な権力をもった王はいません。**君主政でない政治形態を共和政といい**、住民は**市民（貴族と平民）**と**奴隷(どれい)**（戦争捕虜(ほりょ)や債務(さいむ)奴隷などで**市民の所有物**）で構成されます。ここで重要となるのは、国防を誰がつとめるかです。

戦争でケガしたくないし、死にたくないから国防は奴隷に担ってもらおうと考えた市民は多くいたと思います。

でも国防という重要な任務を、奴隷に任せても良いのかな？

国防への参加は市民の義務（市民皆兵(かいへい)の原則）であり、**武器や防具も自分たちで調達**しなければなりません。また、国防に参加しても**給料は出ません**。**命をかけてポリスを守る者が、政治参加の資格を得る**という考えでした。

当初は市民のなかでも、**貴族と呼ばれる有力者が国防の中心**となっていたので**貴族が政治を独占**しました。

③ 植民活動と富裕(ふゆう)平民の登場

ポリスでの生活が安定してくると、次第に人口が増えて土地が足りなくなります。すると一部のギリシア人は、**地中海や黒海(こっかい)の各地に進出して植民市(しょくみんし)をつくります**。代表的な植民市には、**ビザンティオン**（☞現在の**イスタンブル**）などがあります。もともと住んでいたポリスから進出した形なので、**植民市はポリスと対等な関係**のもとで交易(こうえき)を行いました。

交易活動のなかで、フェニキアから伝わった文字をもとに**アルファベット**がつくられ、**金属貨幣(かへい)**も使われるようになりました。また、金属器が伝わって武器の価格が下がると、**交易活動で富裕化した平民は、武器や防具を買う**ようになりました。武装化した平民は**重装歩兵(じゅうそうほへい)**となって国防の主力になっていきます。

国防に参加できるようになった平民は、貴族に対して政治参加の権利を求めるようになり、ついには平民の政治参加が実現します。こうした**典型的ともいえる歴史を歩んだポリスが、アテネ**です。「ほかのポリスもアテネのような展開になる」と理解してよいでしょう。一方、**例外的なポリスがスパルタ**です。

2 アテネとスパルタ

まずは、アテネとスパルタの特徴を比較してみましょう。

	アテネ	スパルタ
民族	**イオニア系**	**ドーリア系**
成立方法	**集住（シノイキスモス）**	**征服**
産業	果樹栽培（オリーヴ・ブドウ） **商工業**が主体☞**開放的**な性格	農業（例外的に麦(むぎ)の栽培が可） ☞**閉鎖的**・**鎖国(さこく)的**な性格
住民構成	• 市民（人口の過半数） • 在留(ざいりゅう)外人（少数派） • 奴隷（人口の3～4割）	• 完全市民（ドーリア系の少数派） • **ペリオイコイ**（商工業に従事） • **ヘイロータイ**（農業に従事）

2 古代ギリシア世界

❶ スパルタ

スパルタでは、戦士である**完全市民の数がかなり少ないため、その団結と結束は何よりも重要になります**。伝説的な立法者とされる**リュクルゴス**は、完全市民間の貧富(ひんぷ)の差が拡大しないように、貴金属貨幣の使用を禁止し、外部との交流や接触を禁止する鎖国を行い、**軍国主義的な体制**を築いていきました。

❷ アテネ

それでは、アテネの歴史を詳しく学ぶ前に、まずは大きく流れを押さえましょう。

人物の整理　～アテネの改革者たち(前7世紀～前6世紀)～

- **ドラコンの立法**（前7世紀）
  慣習法を成文化(せいぶんか)→法による秩序(ちつじょ)の維持を目指す
- **ソロンの改革**（前6世紀初）
  貴族と平民の調停(ちょうてい)→**財産政治**の実施や**債務奴隷の禁止**
- **ペイシストラトスの僭主(せんしゅ)政治**（前6世紀半ば）
  僭主（☞独裁者(どくさいしゃ)のこと）となり、中小農民を保護
- **クレイステネスの改革**（前6世紀末）
  陶片(とうへん)追放（オストラキスモス）の制度、**部族制改革**を実施

アテネにおける古代民主政治の進展という点では、**前6世紀**にソロンとクレイステネスが行った改革が重要です。

ソロンが実施した財産政治は、「財産をもっている人は、貴族・平民に関係なく国防に参加できるわけだから、彼らの政治参加を認める」というものです。一方で、**借金を返せなくなって奴隷になった人びと**（**債務奴隷**）を解放し、借金を返済できない市民を奴隷として売ることを禁止しました。

そして、**クレイステネス**は**陶片追放（オストラキスモス）**を定め、**僭主になりそうな人物を市民投票の結果を受けて一定期間ア**

テネから追放するシステムをつくりました。また、部族制改革に着手して貴族の勢力基盤(きばん)となっていた血縁を重視するシステムを解体し、**住んでいる地域ごとに新たな行政区（デーモス）をつくりました**。10の行政区からは、それぞれ代表者が50人ずつ選出されて五百人評議会を組織し、これが民会(みんかい)を補佐する実質的な審議機関となるなど、この時期に民主政治の基礎が確立されたといえます。

3 アテネの繁栄と諸ポリスの抗争

① ペルシア戦争（前５世紀前半）

アケメネス朝の圧力に反発し、**ギリシア人諸都市（イオニア地方）の反乱**が前500年に起きました。この反乱をアテネが支援したことから、アケメネス朝の**ダレイオス１世**は、ギリシア本土にペルシア軍を派遣(はけん)し、**ペルシア戦争**がはじまります。ペルシア戦争における主要なできごとは以下の表を参考にしてください。

年	できごと
前490	**マラトンの戦い**☞アテネの**重装歩兵**がペルシア軍に勝利
前480	**サラミスの海戦**☞アテネ（将軍**テミストクレス**）の勝利 アテネの**無産市民**が**三段櫂船(かいせん)の漕(こ)ぎ手(て)として活躍**
前479	**プラタイア（プラタイアイ）の戦い** ☞アテネとスパルタの連合軍がペルシア軍に勝利
前478頃	ペルシア軍の再侵攻に備えて、**デロス同盟**（盟主(めいしゅ)アテネ）を結成

およそ50年にわたって行われた戦争は、実質的にギリシア諸ポリス側の勝利に終わりました。

過去問にチャレンジ

あるクラスで、資料を用いた古代ギリシアについての授業が行われている。(引用文には、省略したり、改めたりしたところがある。)

先生：陸上競技のマラソンという種目名が、マラトンの戦いに由来しているという話を聞いたことがある人もいるかもしれません。その話を伝えている次の**資料1・2**を読んで、何か気付いたことはありますか。

資料1

> ヘラクレイデスは、テルシッポスがマラトンの戦いについて知らせに戻ったと記している。しかし、今の多くの人々は、戦場から走ってきたのはエウクレスだと言っている。エウクレスは到着してすぐ、「喜べ、私たちが勝利した」とだけ言って、息絶えた。

資料2

> 言われているところでは、長距離走者のフィリッピデスがマラトンから走ってきて、勝敗についての知らせを待っていた役人に、「喜べ、私たちが勝利した」と言った後、息絶えた。

松山：**資料1**と**資料2**では、使者の名前が違っています。なぜでしょうか。

先生：明確な理由は分かりませんが、資料が書かれた時代が手掛かりになります。**資料1**を書いたのは『対比列伝』を著した人物で、**資料2**は別の文人によるものです。二人とも、五賢帝の時代を中心に活躍しました。

松山：**資料1**と**資料2**は、いずれもマラトンの戦いからかなり後になって書かれたので、正確な情報が伝わっていなかったのかもしれませんね。

先生：その可能性はあるでしょう。ただし、**資料1**で紹介されているヘラクレイデスはアリストテレスの下で学んでいた人物だと言われています。

松山：ということは、［ア］ことになりますね。マラトンの戦いに時代が近い人物が信頼できるとしたら、使者の名前は［イ］というのが、この中では一番あり得そうだと思います。

先生：その考え方は、筋が通っていますね。

竹中：でも、もっと古い資料はないのでしょうか。

先生：同じ内容を伝える資料は**資料1・2**のほかに知られていません。マラトンの戦いを含む［ウ］を主題とした紀元前5世紀の歴史家の著作には、**資料2**にあるフィリッピデスという名前が、マラトンの戦いの後ではなく、その前にスパルタに派遣された使者として言及されています。

竹中：もしかしたら、勝利を伝えるために使者が走って戻ってきたという話は史実ではなく、後世に作られた可能性があるんじゃないでしょうか。

先生：鋭い指摘ですね。現存する資料から分かるのは、五賢帝の時代よりも前のある段階でその話が成立していたということです。

問1　文章中の空欄［ア］に入れる語句**あ・い**と、空欄［イ］に入れる人物の名**X～Z**との組合せとして正しいものを、後の①～⑥のうちから一つ選べ。

［ア］に入れる語句

あ　資料1・2の著者は二人とも、ヘラクレイデスよりもマラトンの戦いに近い時代に生きていた

2

古代ギリシア世界

い　ヘラクレイデスは、**資料1・2**の著者たちよりもマラトンの戦いに近い時代に生きていた

イ に入れる人物の名

X　エウクレス　　Y　テルシッポス　　Z　フィリッピデス

① あ―X　② あ―Y　③ あ―Z
④ い―X　⑤ い―Y　⑥ い―Z

問2　文章中の空欄 **ウ** の戦争について述べた文として最も適当なものを、次の①～④のうちから一つ選べ。

① イオニア地方のギリシア人の反乱が、この戦争のきっかけとなった。

② この戦争でギリシア人と戦った王朝は、エフタルを滅ぼした。

③ この戦争の後に、アテネを盟主としてコリントス同盟（ヘラス同盟）が結成された。

④ ギリシア軍が、この戦争中にプラタイアイの戦いで敗北した。

問3　前の文章を参考にしつつ、マラトンの戦いの勝利をアテネに伝えた使者について述べた文として最も適当なものを、次の①～④のうちから一つ選べ。

① アテネで僭主となったペイシストラトスは、使者の話を知っていた可能性がある。

② 使者の話は、トゥキディデス（トゥキュディデス）の『歴史』に記されている。

③ プルタルコスは、使者の名前について異なる説を併記している。

④ 使者についての**資料2**の記述は、ヘロドトスの『歴史』を正確に反映している。

（2023年度　本試験　世界史B）

問1　資料1と資料2の著者は、会話文に「二人とも五賢帝(ごけんてい)の時代を中心に活躍」とあるので、古代ローマ時代の文人であることが判断できます。一方で、ヘラクレイデスは、会話文に「アリストテレスの下で学んでいた人物」とあるので、古代ギリシアの人物であることがわかります。すると、マラトンの戦いに近い時代に生きていたのは、**資料1・2**の著者ではなくヘラクレイデスであると判断できるので、空欄［ア］に入れる語句は**い**となります。また、会話文の「マラトンの戦いに時代が近い人物が信頼できるとしたら、使者の名前は［イ］」から、**資料1**のヘラクレイデスの証言にある「テルシッポス（Y）」が［イ］に入れる人物の名となります。

答え ⑤

問2　会話文の「マラトンの戦いを含む［ウ］」から、空欄［ウ］にはペルシア戦争が入ると判断できます。①イオニア地方のギリシア人の反乱がペルシア戦争のきっかけとなるので正文です。②ペルシア戦争でギリシア人と戦った王朝はアケメネス朝ですが、エフタルを滅ぼした王朝は、アケメネス朝ではなくササン朝です。③コリントス同盟（ヘラス同盟）の盟主は、アテネではなくマケドニアです。アテネが盟主となった同盟は、デロス同盟です。④ギリシア軍は、プラタイアイの戦いで、敗北ではなく勝利しています。

答え ①

問3　①ペイシストラトスがアテネで僭主政治をしていた時期（前6世紀）は、ペルシア戦争が勃発(ぼっぱつ)する前なので、ペイシストラトスが使者の話を知っていた可能性はないといえます。②会話文の「マラトンの戦いを含む［ウ］（ペルシア戦争）を主題とした紀元前5世紀の歴史家の著作」から、使者の話は、トゥキディデスではなくヘロドトスの『歴史』に記されていると判断できます。ヘロドトスはペルシア戦争を主題とした『歴史』を著し、トゥキディデスはペロポネソス戦争を主題とした『歴史』を著しています（➡別冊P40）。③**資料1**の著者は、会話文の「『対比列伝(たいひれつでん)』を著した人物」から、プルタルコス（➡別冊P41）だと判断できます。そして、**資料1**には使者の名前として「テルシッポス」と「エウクレス」の名が挙げられているので、「使者の名前について異なる説を併記している」といえます。④会話文の「マラトンの戦いを含む［ウ］（ペルシア戦争）を主題とした紀元前5世紀の歴史家（ヘロドトス）の著作には、資料2にあるフィリッピデスという名前が、マラトンの戦いの後ではなく、その前にスパルタに派遣された使者として言及されています」から、「資料2の記述は、ヘロドトスの『歴史』を正確に反映している」とはいえません。

答え ③

❷ アテネの民主政治

ペルシア戦争において、**アテネの男性市民は、財産があるないに関係なく国防で活躍**しました。これを受け、アテネでは将軍**ペリクレス**の時代に、**男性市民を中心とする民主政治が完成**しました。アテネの民主政治の特徴を以下に整理します。

特徴の整理　～アテネの民主政治～

- **民会**（最高機関）：**成年男性市民が参加**（**直接民主政**）
- 将軍職を除く、ほぼすべての官職は市民のなかから抽選（ちゅうせん）
- **奴隷制度**に立脚：鉱山（こうざん）開発などの実務労働は奴隷が担当

アテネの政治システムは、デロス同盟を通じてほかのポリスにも伝わりました。しかし、**アテネはデロス同盟に集められた軍資金を勝手に流用**し、同盟を通じてほかのポリスに指示を出すようになりました。

❸ 諸ポリスの抗争

アテネに対する諸ポリスの不満が高まるなか、ついに**スパルタを盟主とするペロポネソス同盟**とデロス同盟のあいだで戦争が勃発しました。この戦争を**ペロポネソス戦争**といいます。

アテネは当初優勢でしたが、疫病（えきびょう）の流行によって**将軍ペリクレスを失う**と、戦争をあおるデマゴーゴス（扇動（せんどう）政治家）にのせられて衆愚政治に陥っていき、前５世紀末には**ペロポネソス戦争に敗北**しました。

ペロポネソス戦争でアテネを破った**スパルタがギリシアの主導権を掌握**しますが、やがて前４世紀半ばにはスパルタに代わって**テーベ（テーバイ）が一時的に主導権を掌握**しました。しかし、その後も有力ポリス間の抗争が続き、**アケメネス朝もこの抗争をあおって**いきます。

長期の戦乱でポリスの市民人口は減少し、市民間の貧富の差も拡大していきます。こうして、**市民の結束は崩壊してポリス世界は衰退**傾向に入るなか、北方のマケドニア王国が次第に勢力を拡大していきました。

4 ギリシア文化（➡別冊 P40）

ギリシア人は**オリンポス12神**を信仰し、神々を題材とした神話や文学作品を多く生み出しました。また、神々は人間と同じような容姿をもち、喜怒哀楽の感情をもつものだと考えられていました。

古代ギリシアでは**叙事詩**や叙情詩など多くの作品が残されたほか、演劇も盛んになり**悲劇作家**や**喜劇作家**が活躍しました。歴史分野では、**ペルシア戦争**や**ペロポネソス戦争**を題材として歴史の編纂が行われました。

また、ギリシア人は、**自然現象を神話的な解釈ではなく理性によって合理的に解釈**しようと試みます。これを**自然哲学**といい、イオニア地方を中心に「**万物の根源はなにか？**」を考察しました。

民主政期のアテネでは、市民に弁論術を教える**ソフィストと呼ばれる先生**が登場し、「人によって価値観は異なるものだ！」と**相対主義的**な見方をしました。

しかし、**ソクラテス**は、ソフィストのものの見方に反対し、**普遍的・客観的な真理の存在を主張**しました。ソクラテスの弟子である**プラトン**や、プラトンの弟子である**アリストテレス**の思考方法は、西洋哲学の根幹になっていきます。

ギリシアの建築は、**柱の装飾**に特徴があります。彫刻では、肉体美を表現した像や神話に出てくる神々の像がつくられました。

写真提供：学研写真資料室

アクロポリスの丘に立つ
パルテノン神殿

ギリシア建築の柱の３様式
(左からドーリア式、イオニア式、コリント式)

THEME 3

ヘレニズム時代

ここで 勘きめる!

- アレクサンドロス大王がどのような支配を行ったのかを理解しよう。
- アレクサンドロス大王の死後、3つに分裂した王朝を整理しよう。
- ヘレニズム文化は、自然科学を中心に押さえよう。

1 アレクサンドロス大王の帝国とその分裂

ギリシアでポリス間の抗争が続くなか、北方の**マケドニア王国**が勢力を拡大しました。

マケドニアの**フィリッポス2世**は、ギリシア世界に進出し、前4世紀後半に**カイロネイアの戦い**でアテネとテーベの連合軍を破ります。その後、スパルタを除くポリスを集めて**コリントス同盟（ヘラス同盟）**を結成し、**実質的なギリシアの支配組織**としました。

フィリッポス2世の死後、王位をついだ**アレクサンドロス大王**は、ポリス間抗争に干渉（かんしょう）するアケメネス朝を討伐すべきだと考え、前334年に**東方遠征**を開始し、ついに**アケメネス朝は前330年に滅亡（めつぼう）**します。

写真提供：学研写真資料室

アケメネス朝との戦い（イッソスの戦い）

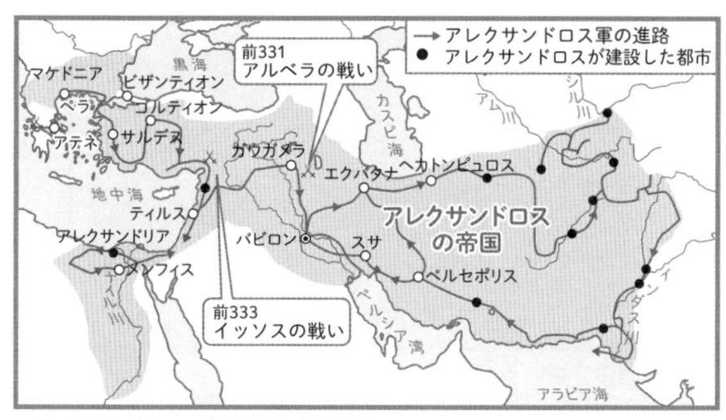

アレクサンドロス大王の東方遠征

さらに、大王は中央アジアや西北インドにも遠征して、アケメネス朝の領土を実質的に継承しました。

それでは、ここでギリシア世界とオリエント世界を統合した大王の支配の特徴についても確認しておきましょう。

特徴の整理　～アレクサンドロス大王の支配～

- 帝国内の各地に都市**アレクサンドリア**を建設する
- **アケメネス朝の支配を継承／ペルシア風の宮廷儀礼**を実施
- 共通語をギリシア語（**コイネー**と呼んだ）とする

しかし、アレクサンドロス大王は突如熱病に苦しんで亡くなりました。部下たちは、大王の**後継者**（**ディアドコイ**）を称して抗争を繰り広げました。

抗争の結果、大王が築いた領土は、**アンティゴノス朝マケドニア**、**セレウコス朝シリア**、**プトレマイオス朝エジプト**などに分裂してしまいました（➡P118図）。

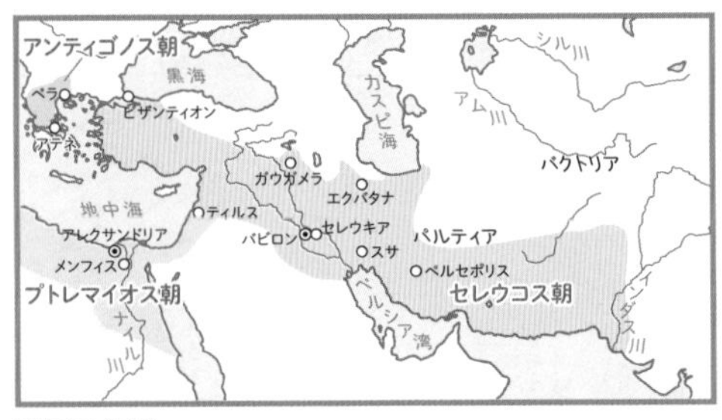

帝国の分裂

2 ヘレニズム文化（➡別冊P41）

大王の遠征からプトレマイオス朝が滅亡するまでの**およそ300年**にわたる時代は、オリエントとギリシアが融合して「オリエントがギリシア化（ヘレネス化）する」という意味で**ヘレニズム時代**と呼ばれます。

ヘレニズム時代には、ギリシア人の価値観が大きく変化しました。従来、ギリシア人はポリスで生活を営み、その生活は共通の価値観や同胞意識によって支えられていました。しかし、ポリス世界が衰退していくなかで、それまでの価値観から脱却し、ポリスの枠組みにとらわれない**世界市民主義（コスモポリタニズム）**や、「**自分」はどう生きるべきなのか、どうすれば幸せになれるのかといった個人主義的な傾向がみられる**ようになりました。そのため、ヘレニズム時代の哲学には「個人の幸福」を追求する傾向があらわれました。

一方で、**プトレマイオス朝の都アレクサンドリア**には**ムセイオン**（王立研究所）が建てられて、自然科学の研究が進みました。この時代には現代科学に直結する多くの知見が得られます。

THEME

4 共和政ローマ

ここで前きめる!

- 都市国家ローマの政治体制の仕組みを理解しよう。
- 貴族と平民との身分闘争の過程とその結果を押さえよう。
- 対外戦争によるローマ社会の変質を理解しよう。
- 「内乱の1世紀」の流れを整理しよう。

1 都市国家ローマの支配体制

さて、今度は地域が変わってローマの歴史です。ローマは小さな都市国家として成立しますが、やがて周辺勢力やヘレニズム諸国を征服し、地中海を取り囲む広大な帝国を形成します。

① 都市国家ローマの成立

前8世紀頃、**ティベル川**のほとりに古代イタリア人の一派である**ラテン人**によって**都市国家ローマ**が建設されました。

ローマは、はじめ**エトルリア人**（☞イタリア半島の先住民）**の王の支配を受ける**ことになります。エトルリア人による支配のなかで、ローマは政治体制や建築技術などを吸収していきました。

そして、前6世紀末頃になると、ローマは**エトルリア人の王を追放し、共和政時代をむかえました**。共和政期の歴史展開は、アテネの歴史と似ています。まずは、以下の仕組みを思い出してください。

POINT **古代共和政国家**

- **住民構成**：**市民**（**貴族**と**平民**）と**奴隷**（どれい）（市民の所有物）
- **市民の義務**：**武具を自弁し、国防に参加**（**市民皆兵**（かいへい））
  ☞国防に参加する者が政治参加の資格を得る
- **政治**：**貴族政治**☞当初は貴族が国防を担い、政治を独占共和政ローマの開始期は、騎兵となった**貴族（パトリキ）**が政治を独占しますが、**平民（プレブス）**はアテネと同じように**重装歩兵**として国防に参加します。

ローマの周辺には、エトルリア人をはじめとする多くの民族が存在し、周囲はまさに「敵」だらけでした。国防という観点から、兵隊として従軍する平民の存在は大きかったといえます。

❷ 貴族と平民との身分闘争

まずは、共和政期の主要機関や官職について確認しましょう。

主要機関・官職	特　徴
元老院	**最高諮問機関**／当初は任期終身の**貴族**のみで構成
コンスル（執政官・統領）	行政・軍事の最高官職 定員２名、任期１年／当初は**貴族**が担当
独裁官（ディクタトル）	**非常時**における臨時職 定員１名、任期半年／多くはコンスルの１名が担当
平民会	平民のみで構成／当初、議決は平民のみを拘束
護民官	元老院やコンスルの決定に**拒否権**を有する

前５世紀半ばには、**十二表法**が制定され、従来の慣習法が成文化されます。その後、前４世紀から前３世紀にかけて、**ローマは周辺諸勢力の征服戦争に着手**します。これを半島統一戦争といいます。この戦いを機に、**重装歩兵として従軍する平民の発言力は高まっていきます**。一方で、征服戦争の過程で土地を獲得した市民と土地を獲得できなかった市民とのあいだに格差が生じることになります。

こうしたなか、**前４世紀前半**に**リキニウス・セクスティウス法**が制定され、**コンスルの１名は平民から選出**されることや、**公有地の占有を制限する**ことが決まりました。そして**前３世紀前半**には**ホルテンシウス法**が制定され、**平民会の議決が元老院の承認を経ずに国法となる**ことが決まりました。こうして、**ローマにおける貴族と平民の法的な平等が実現**しました。

その後、ローマは**イタリア半島の統一に成功**し、半島内の諸都市の待遇に格差をもうけることによって、都市相互を牽制させて、反ローマとしての団結を防ぎました。こうした支配を**分割統治**といいます。このように、ローマの身分闘争は半島統一戦争と並行して行われたのです。

ローマによるイタリア半島の統一

COLUMN

アテネの民主政とローマの共和政

当初は**貴族が政治を独占していたこと**や、**平民が国防の主力となるなかで政治参加の権利を獲得していくこと**など、アテネとローマの歴史には似ている点があります。

しかし、アテネの場合、貴族と平民という**身分が消滅**し、**財産の有無に関係なく男性市民が政治参加の資格をもつ**ようになります。そして、最高議決機関の民会は男性市民による**直接民主政**の形がとられました。

一方、ローマの場合、貴族と平民という**身分は消滅することなく、両者の法的な平等**が達成されました。しかし、**一部の富裕な平民と貴族が結合**し、**新貴族（ノビレス）**と呼ばれる新しい支配層が形成され、国政の最高機関である**元老院の実権を掌握**します。そのため、共和政時代のローマの政治形態を「民主政治」と呼ぶことはできないのです。

2 ローマの対外征服戦争

① ポエニ戦争

イタリア半島を統一したローマは、**西地中海の覇権**をめぐって**フェニキア人**の建てた都市国家**カルタゴ**と開戦します。これが、**前3世紀半ば**からはじまった**ポエニ戦争**（前264～前146）です。ちなみに、「ポエニ」とはラテン語で「Phoenicians（フェニキア人）」を意味します。

回　数	できごと
第1回	**ローマ**の勝利 ☞**シチリア島**を獲得→**ローマ初の属州**
第2回	• 前216年：カンネーの戦い ☞ローマはカルタゴ（名将**ハンニバル**）に敗北 • 前202年：ザマの戦い ☞ローマ（**スキピオ**将軍）が**ハンニバルを破る**
第3回	**ローマ**の勝利☞カルタゴは完全に滅亡

② ヘレニズム諸国の征服

ローマは、**ポエニ戦争と並行してヘレニズム諸国の征服**にも乗り出します。

ポエニ戦争が終結した頃、ローマは**アンティゴノス朝**を滅ぼし、**ギリシア**も制圧して**東地中海に覇権を拡大する**など、イタリア半島以外の領土（**属州**）を急速に拡大していったのです。

③ ローマ社会の変質

長期間にわたって戦争が行われたことで農地が荒廃したほか、**重装歩兵として従軍していた中小農民は疲弊**し、**土地を手放して無産市民になる人びとが続出**しました。

無産市民は、ローマをはじめとする都市部に流入し、**「パンと見世物」**を要求するようになります。有力者のなかには、無産市民に食料や娯楽を提供してみずからの支持基盤にしていく者もあらわれました。**属州からもたらされた安価な穀物**は、無産市民の食料源となり、属州のさらなる拡大を求める声が高まりました。

「財産の無い市民」である無産市民には何の権利もなかったのかなぁ。

無産市民は、「市民」なので平民会に参加できるんだよ！

一方で、**征服戦争の過程で土地の拡大に成功した富裕平民**も存在します。富裕平民は、**騎士（エクイテス）**となり、元老院から**属州の徴税を請け負って**、集めた税を着服するなどして富を拡大していきます。

貴族や富裕平民らは、没落していく中小農民の土地を買い集め、ラティフンディアと呼ばれる大土地経営を行います。ラティフンディアでは、戦争捕虜などを**奴隷**として使役し、オリーヴやブドウなどの果樹栽培が行われました。

3 「内乱の１世紀」

① グラックス兄弟の改革

中小農民の没落は、重装歩兵となる兵隊の減少につながります。領土を急速に拡大したローマにとって国防軍が手薄になるのはなんとしても避けたいことでした。

そこで、**前２世紀後半**になると**グラックス兄弟**が改革に立ち上がり、**無産市民に土地を分配して武具自弁による重装歩兵の再建**を目指します。しかし、貴族や富裕平民は自分たちの利益を守りたかったので改革に反対し、結局、**グラックス兄弟の改革は失敗**に終わりました。

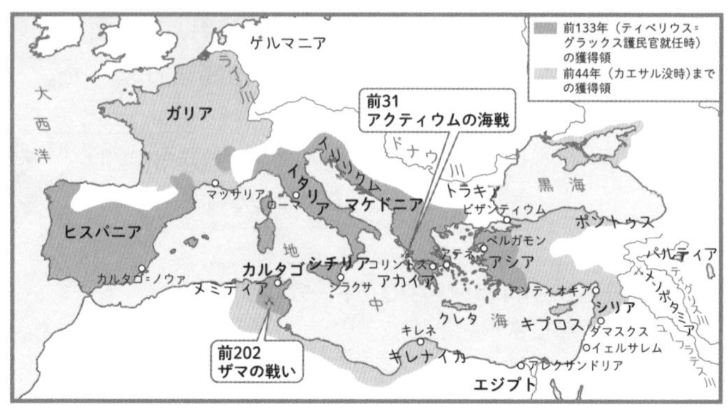

共和政ローマの領土拡大

❷ 権力闘争と内乱の激化

市民間の経済格差が拡大していくと、**元老院と結びついた閥族派**（ばつぞくは）や、**無産市民を利用して台頭**（たいとう）**した平民派**があらわれます。**彼らは無産市民に武器や給料を与えて私兵とし、権力闘争を行っていきます**。それではここで、「内乱の１世紀」で生じたおもな戦争や反乱について整理しておきましょう。

特徴の整理　～「内乱の１世紀」で生じた戦乱～

- **同盟市戦争**（前91～前88）
  ☞イタリア半島内の同盟市がローマ市民権を求めて反乱
  ☞**イタリア半島の全自由民にローマ市民権を付与**
- **スパルタクスの反乱**（前73～前71）
  ☞**剣闘士**（けんとうし）（**剣奴**（けんど））が起こした大規模な奴隷反乱
  ☞ポンペイウスやクラッススによって鎮圧（ちんあつ）される

③ 三頭政治

前1世紀半ば頃には**ポンペイウス・クラッスス・カエサル**による**第1回三頭政治**が行われました。

カエサルは、**ガリア遠征**の成功によって名声を博し、クラッススの死後にはポンペイウスを破って**独裁政治**を行い、ローマ社会の秩序回復と安定化につとめました。「内乱の1世紀」のさなか、元老院を中心とする政治体制は崩れ、**特定の個人に権力が集中する**ようになっていったのです。しかし、独裁を快く思わない元老院派の人びとによって**カエサルは暗殺されてしまいます**。

カエサルの死後には、**アントニウス・レピドゥス・オクタウィアヌス**が**第2回三頭政治**を行い、レピドゥスが失脚したあとはアントニウスとオクタウィアヌスの対立が顕著になります。オクタウィアヌスは、**エジプトのクレオパトラと結んだアントニウス**を前31年の**アクティウムの海戦**で破り、**翌年にはエジプトを併合**して地中海世界を統合しました。

THEME 5

帝政ローマとキリスト教

ここできめる!

- 元首政と専制君主政の違いを理解しよう。
- 「3世紀の危機」によってローマ社会がどのように変わったのかを押さえよう。
- キリスト教の迫害から公認までの流れを整理しよう。
- ローマ文化の模倣性と独自性を、それぞれ理解しよう。

1 帝政ローマ

① 元首政(げんしゅせい)(プリンキパトゥス)

アウグストゥス
写真提供:アフロ

内乱を収束させた**オクタウィアヌス**は、**前27年**に元老院(げんろういん)から**アウグストゥス**(**尊厳者(そんげんしゃ)**)の称号を授かります。これ以降、オクタウィアヌスのことを、アウグストゥスと表記します。

アウグストゥスは、**プリンケプス**(**市民のなかの第一人者**)と称し、みずからは「市民」であることを強調します。また、**属州(ぞくしゅう)支配を元老院と分担**するなど、**共和政の形式を尊重**しつつも、**要職を次々と兼任**して**事実上の帝政**を開始します。こうして、アウグストゥスにはじまるローマの帝政を**元首政**(**プリンキパトゥス**)といいます。

1世紀末から**2世紀**後半にかけては、**五賢帝(ごけんてい)**(☞**ネルウァ帝、トラヤヌス帝、ハドリアヌス帝、アントニヌス=ピウス帝、マルクス=アウレリウス=アントニヌス帝**)の時代をむかえ、**トラヤヌス帝の時代にローマ帝国は最大領土を実現**しました。

ローマ帝国の領域

アウグストゥスの時代から五賢帝時代までにみられたローマ社会の安定と繁栄の時期は、**パクス=ロマーナ（「ローマの平和」）**と呼ばれます。この時期には、ローマ風の都市が各地に建設されました。他方で、**季節風（モンスーン）貿易**や**「オアシスの道」による交易（こうえき）**も盛んに行われ、中国や南アジア世界の物産がローマにもたらされました。

五賢帝時代が終わったのち、３世紀になると、**カラカラ帝**は**帝国領内のすべての自由民にローマ市民権を与えます**。こうして、ローマは名実ともに「世界帝国」となりました。

❷「３世紀の危機」と帝国の変容（へんよう）

３世紀になると、北方から**ゲルマン人**の侵入や東方の**ササン朝**との抗争が激化したことで、帝国の防衛が重要な課題となっていき、**軍隊の影響力が拡大**していきます。

そのさなか、各地の軍隊は自分たちの司令官を皇帝に擁立（ようりつ）しはじめ、およそ50年間に26人もの皇帝が即位する**軍人皇帝の時代**をむかえました。このような対外的危機や国内情勢の混乱を**「３世紀の危機」**といいます。

COLUMN

3世紀におけるローマ社会の変容

ゲルマン人やササン朝との抗争のなかで**軍事費が増大**した結果、**都市部を中心に重税が課される**ようになり、**商業活動が衰退**していきます。また、**都市の富裕層らは、重税を避けるために郊外に逃れて、そこで大土地経営を行う**ようになります。

大土地経営のおもな労働力は、**奴隷に代わってコロヌス**（☞イメージとしては「小作人」）になります。奴隷は「使い捨て」なのでその数は減っていく一方です。そこで、解放奴隷や没落農民をコロヌスとして使役するようになります。こうした大土地経営を**コロナトゥス**と呼び、**自給自足的な生活**が営まれるようになります。**これらは中世西ヨーロッパ世界における荘園や農奴の原形**ともいえます。

③ 専制君主政（ドミナトゥス）

最後の軍人皇帝となった**ディオクレティアヌス帝**は、**共和政の伝統を払拭して強権的な統治**を開始しました。こうした支配体制を、**専制君主政（ドミナトゥス）**といいます。

ディオクレティアヌス帝は、皇帝を神格化して、**皇帝崇拝を人びとに強要**します。しかし、これに強く反発する人びとがいました。それが**キリスト教徒**です。ディオクレティアヌス帝は、**キリスト教徒の大迫害**を行いますが、キリスト教徒は迫害を逃れて信仰を維持しました。

次の**コンスタンティヌス帝**が即位すると、**313年**に**ミラノ勅令**が発せられ、**キリスト教が公認**されました。コンスタンティヌス帝は**教会組織を帝国支配に利用しよう**と画策し、ここに皇帝権力とキリスト教が融合する政教一致の形が生まれました。

ディオクレティアヌス帝とコンスタンティヌス帝の業績は混同しやすいので、キリスト教関連以外の内容をまとめておきましょう。

皇帝名	おもな業績など
ディオクレティアヌス帝	• **四帝分治制**（テトラルキア）の実施 ☞帝国を東西に分け、それぞれ正帝・副帝を置く
コンスタンティヌス帝	• **コロヌスの移動禁止令**を発布 • **ビザンティウム**へ遷都 ☞**コンスタンティノープル**と呼ばれる • **ソリドゥス金貨**（ノミスマ）の発行

４世紀後半になると、北方にいた**ゲルマン人の大移動**が本格的にはじまりました。とくに西方領土への侵入が激しく、帝国の維持は困難になります。

テオドシウス帝は、392年に**キリスト教を国教**とし、**キリスト教以外の信仰を禁止**しました。そして395年、テオドシウス帝の死に際して**ローマ帝国は東西に分割**されました。**東ローマ帝国**（**ビザンツ帝国**）は1453年まで存続しますが、ゲルマン人の大移動の影響を強く受けた**西ローマ帝国**の衰退は激しく、**476年**にゲルマン人傭兵隊長の**オドアケル**によって滅ぼされました。

2 キリスト教の成立と拡大

① イエスの活動とキリスト教の成立

ローマ支配下の**パレスチナ**では**ユダヤ教が信仰**されていました。しかし、１世紀に**イエス**は**神の絶対愛**や**隣人愛**を説いて、新しい教えを説くようになり、次第にその信者を拡大していきました。

イエスの活動を警戒したユダヤ教の主流派（**パリサイ派**）の司祭たちは、彼を反逆者として密告し、総督の**ピラトゥス**（**ピラト**）は、**イエスを十字架の刑に処しました**。

その後、弟子たちのあいだではイエスが復活したと信じられるようになり、**イエスをキリスト（救世主）である**としました。これが、**キリスト教**の成立とされ、**使徒**と呼ばれるイエスの弟子たちは布教活動に取り組みました。使徒の**ペテロ**や、「異邦人への使徒」といわれる**パウロ**らの布教活動を通して、キリスト教は発展していきました。

❷ キリスト教の迫害から公認まで

カタコンベの一例
写真提供：PIXTA

キリスト教徒は、その信仰を理由に迫害を受けることもありました。とくに皇帝による迫害は、１世紀後半の**ネロ帝**にはじまり、４世紀初頭の**ディオクレティアヌス帝**は大規模に行いました。しかし、キリスト教徒は**カタコンベ**と呼ばれる**地下墓所に避難して信仰を維持**しました。

キリスト教は「３世紀の危機」による社会不安のなかで上流層に信者を拡大していきます。そして、各地に教会が建てられ、４世紀末頃までに現在の**『新約聖書』**（☞共通ギリシア語のコイネーで記述、**のちにラテン語訳**）ができあがり、**『旧約聖書』**とともにキリスト教の経典となりました。

❸ 正統教義の確立と異端の追放

コンスタンティヌス帝は**キリスト教を公認**し、正統教義を決めるために、**ニケーア公会議**を開催します。

「公会議」って初めてみる表現だなぁ。ただの会議ではないのかな？

「公会議」とは、カトリック教会の教義を決める最高会議のことだよ。

ニケーア公会議では、**神とイエスを同質とするアタナシウス派が正統教義とされ**、イエスの人間としての性質を強調する**アリウス派は異端**とされました。４世紀にはアタナシウス派の説をもとに、「父なる神、子なるイエス、聖霊の三者は同質で不可分」とする**三位一体説**が生まれます。

その後も教義をめぐる論争は続き、５世紀前半には**エフェソス公会議**で、イエスの神としての性質と人間としての性質を分けて考える**ネストリウス派が異端**とされました。その後、**カルケドン公会議**では、イエスにおける神性と人性の融合を説く**単性論派が異端**とされます。

●キリスト教の異端の行方

異　端	おもな伝播先など
アリウス派	ローマ領外の**ゲルマン人**に広まる
ネストリウス派	ササン朝時代の西アジアに伝わり、**唐代の中国**へ（**景教**）
単性論派	**コプト教会**や**アルメニア教会**などに継承される

この間、キリスト教の教義や教会の権威確立に貢献した**教父**があらわれました。その一人である**アウグスティヌス**は、**『神の国』**を著して、**教会の存在意義と権威の確立に寄与**しました。

3　ローマ文化（➡別冊P41・42）

ローマ文化において、哲学や芸術などの分野ではギリシアの模倣的な性格が強く出ますが、土木・建築やローマ法など、帝国支配にあたっての実用的な分野にその独創性があらわれます。

ローマは帝国各地に舗装道路を整備し、円滑な交易と軍隊の派遣を可能にしました。**ローマ最古の軍道**としては、南イタリアに向けてのびる**アッピア街道**が有名です。

都市には、**水道**も整備され、豊富な水を都市に供給できるようにし、**公共浴場**など市民の娯楽センターがつくられたほか、**コロッセ**

ウム（円形闘技場）や**パンテオン**（万神殿）、**凱旋門**なども建設されました。

写真提供：学研写真資料室

コロッセウム

写真提供：学研写真資料室

ガール水道橋

写真提供：PIXTA

コンスタンティヌス帝の凱旋門

写真提供：PIXTA

ローマのパンテオン

共和政時代に**ローマ市民権をもつ人びとに適用する市民法が整備されました**。しかし、領土の拡大とともに多くの民族や市民権をもたない人びとを支配領域に含むようになり、**法の普遍性が求められる**ようになりました。こうして、**ローマ法は万民法としての性格をもつ**ようになります。

SECTION

イスラーム世界と中世ヨーロッパ世界の成立

THEME

1　イスラーム教の成立と拡大
2　ローマ帝国分裂後の東西世界の展開
3　中世西ヨーロッパ世界の成立
4　フランク王国の分裂とノルマン人の移動

SECTION 5 で学ぶこと

ここが問われる!

6世紀のビザンツ帝国、フランク王国のカール大帝の業績、ノルマン人の大移動は頻出(ひんしゅつ)!

ゲルマン人の大移動から中世西ヨーロッパ世界が成立する過程や、ビザンツ帝国の変質、フランク王国分裂後に盛んになったノルマン人の移動を押さえましょう。

東西分裂後のローマ

ゲルマン人の大移動の影響を強く受けた西ローマ帝国が短期間で滅亡(めつぼう)したのに対し、東ローマ(ビザンツ)帝国は1000年以上存続します。西ローマ帝国滅亡後の世界には、ゲルマン諸国家が乱立します。

2

フランク王国の台頭(たいとう)

アタナシウス派に改宗したクローヴィス、イスラーム勢力の侵入を防いだカール=マルテル、教皇(きょうこう)に接近したピピン、そして、「西ローマ皇帝」として戴冠(たいかん)されたカール大帝など、フランク王国の歴史は人物に注目しましょう。

ノルマン人の移動

9世紀にフランク王国が3つに分裂するなか、ノルマン人が海上や河川(かせん)を移動して各地に分散していきます。こうした第2次民族移動は、中世西ヨーロッパ社会の形成に多大な影響を及ぼしていきます。

イスラーム教の特徴や、アラブ帝国からイスラーム帝国への変遷(へんせん)は頻出！

イスラーム教の特徴を押さえたうえで、「ムハンマド時代」→「正統カリフ時代」→「ウマイヤ朝」→「アッバース朝」と時代の変遷を軸に、それぞれの時代のできごとを整理しましょう。

□ ムハンマド時代

ムハンマドは、7世紀前半にイスラーム教を創始し、やがてアラビア半島をゆるやかに統一します。イスラーム教が生まれた背景や、その特徴を押さえ、イスラーム教がなぜ民衆に支持されたのかを理解しましょう。

□ 正統カリフ時代とウマイヤ朝

正統カリフ時代からウマイヤ朝にかけて征服戦争が積極的に行われ、イスラーム勢力は広大な領土を形成します。税などの面でアラブ人が優遇されたことから、これらの時代を「アラブ帝国」といいます。

□ アッバース朝

ムスリム（イスラーム教徒）の社会的な平等を実現したアッバース朝を「イスラーム帝国」といい、その支配は後世のイスラーム王朝に継承(けいしょう)されます。しかし、10世紀にはブワイフ朝やファーティマ朝などのシーア派王朝の圧力を受け、アッバース朝カリフの権威は低下していきます。

SECTIONの前半では「イスラーム教の成立と拡大」期のできごとを、後半では「中世東西ヨーロッパ世界の成立」期のできごとを取り上げます。地域・年代・世紀に注目しながら、それぞれの歴史展開を押さえることを心がけよう！

THEME 1

イスラーム教の成立と拡大

ここできめる！

- イスラーム教が生まれた背景とその特徴を理解しよう。
- ウマイヤ朝とアッバース朝の支配の違いを整理しよう。
- イスラーム世界における10世紀がどういう時代だったのかを押さえよう。

1 ムハンマド時代

① 6世紀後半の西アジア情勢

6世紀後半の西アジア世界は、**ビザンツ帝国**（東ローマ帝国）と**ササン朝**が勢力を競って抗争を繰り広げていました。両国の抗争は、**「オアシスの道」をはじめとする東西交易路を麻痺させ、やがてアラビア半島**（☞**アラブ人**が居住）**の西方**（ヒジャーズ地方）**を中心とする交易路が活況を呈する**ようになりました。

6世紀後半の西アジア情勢

こうしたなか、アラビア半島西方の**メッカやメディナなどの都市が交易の拠点として発展**するようになります。

② イスラーム教の誕生

メッカでは、**クライシュ族**という商業貴族によって交易の富と政治が独占され、**貧富の差が拡大するなど社会の矛盾が深刻化**していました。

このままだとメッカでは内乱が起きてしまうのではないですか？

その通り！　こうした事情を背景に、ムハンマドがイスラーム教を創始します。

クライシュ族出身の**ムハンマド**は、隊商交易を行うなかで**ユダヤ教やキリスト教にふれてその影響を受け**、610年頃にはみずからを**唯一神アッラー**から言葉を授けられた**預言者**であると自覚し、メッカの人びとにアッラーの教えを説くようになりました。この時期を**イスラーム教の成立**期とします。それでは、イスラーム教の特徴を確認しましょう。

特徴の整理　～イスラーム教～

- **唯一神アッラー**への「絶対的な帰依（イスラーム）」
- **イスラーム教徒（ムスリム）の平等**
- **偶像崇拝の禁止**
- ムハンマドは**最後の預言者**
  ☞ユダヤ教徒やキリスト教徒を「**啓典の民**」として保護
- **六信五行**を日常の義務行為とする
  ☞六信：アッラーや預言者の言葉を信じることなど
  ☞五行：富裕者が貧者への「ほどこし」を行うことなど
- **聖典『コーラン（クルアーン）』**を**音読**すること
  ☞**アラビア語**で記述、翻訳は禁止

ムハンマドはメッカで布教しますが、当時のメッカは多神教信仰であったこともあり、大商人らの迫害を受けてしまいます。そこでムハンマドは、**622年に信者とともにメッカの北方に位置するメディナに移住**しました。これを**ヒジュラ（聖遷）**といい、**622年**はのちに**イスラーム暦（ヒジュラ暦）元年**となりました。

メディナでの部族抗争を平定し、**ウンマ**（☞ムスリムの共同体）を創設したムハンマドは、再びメッカに戻ってきます。そして、630年には**メッカを征服**して古来多神教の神殿をイスラーム教の聖殿（**カーバ神殿**）とし、やがて**アラビア半島はゆるやかに統合**されました。

2 正統カリフ時代とウマイヤ朝

① 征服戦争の本格化

「最後の預言者」であったムハンマドは、632年にメディナで亡くなりました。その後、残されたムスリムやウンマの指導者として**ムハンマドの「代理人」であるカリフ**が選出されます。

カリフは、**教義の変更など宗教的な権力はもっていません**でしたが、**ウンマの政治的・社会的な指導者として君臨**(くんりん)します。**ムスリムの「選挙」により選出**されたカリフを**正統**(せいとう)**カリフ**と呼び、初代正統カリフにはムハンマドの義父であった**アブー=バクル**がつきました。

正統カリフ時代（☞アブー=バクルから第4代アリーまで）には、**ジハード**（**聖戦**(せいせん)）が行われ、イスラーム勢力は積極的な対外遠征を通じて領土を拡大していきます。

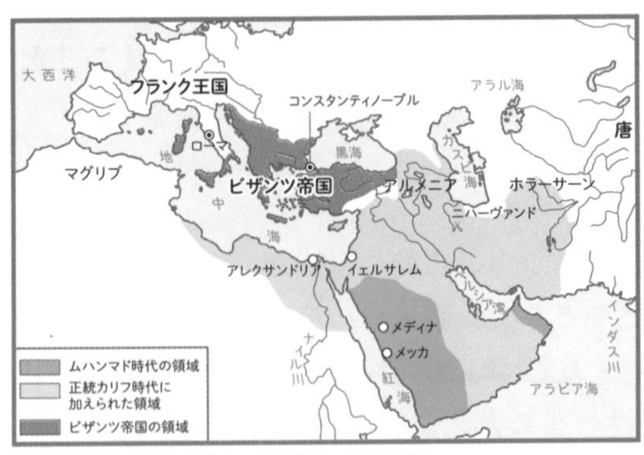

イスラーム世界の拡大（正統カリフ時代）

カリフは支配下に入った異教徒に対し、納税を条件に信仰の自由を認めて保護します。異教徒にとってみれば、「税さえ払っていれば理不尽なことはされない」ことになるので、ビザンツ帝国領内のキリスト教信者（☞単性論派の影響を受けたシリアやエジプトのキリスト教徒）の多くは、イスラーム勢力の支配を歓迎しました。

❷ ウマイヤ朝の成立

第４代正統カリフのアリーが暗殺されると、シリア総督であった**ムアーウィヤ**（☞ウマイヤ家の出身）がカリフを称して**661年**に**ウマイヤ朝**を開き、**ダマスクス**に都を置きました。その後、**カリフの地位はまるで王位のようにウマイヤ家によって世襲**されます。

ムアーウィヤはクライシュ族ウマイヤ家の出身ですが、預言者ムハンマドはクライシュ族ハーシム家の出身です。ムスリムのなかには、「ムハンマドと血筋の近い人物が指導者になってほしい！」と考える人もいたのです。こうして、代々のカリフを正統な指導者とするスンナ派に対し、シーア派が分派してしまいました。

特徴の整理　～イスラーム教の宗派～

- **スンナ派（約９割）**
  ☞預言者の言行（スンナ）に従う人びと
- **シーア派（約１割）**
  ☞第４代正統カリフの**アリーとその子孫**を指導者とする

❸ アラブ帝国

ウマイヤ朝の時代にも征服戦争は盛んに行われました。西方では、**イベリア半島の西ゴート王国を滅ぼし**、ピレネー山脈をこえてフランク王国に侵入しますが、**732年のトゥール・ポワティエ間の戦いに敗れ**、ピレネー山脈以南に撤退します。東方では、**中央アジア**や**西北インド**方面に勢力を拡大しました。

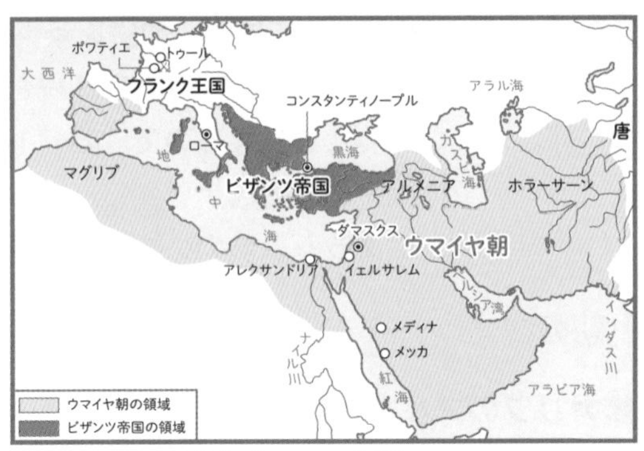

イスラーム世界の拡大（ウマイヤ朝期）

しかし、ここでウマイヤ朝の支配に不満をもつ勢力があらわれました。それが、**マワーリー**と呼ばれる**イスラーム教に改宗した非アラブ人**（☞おもに**イラン人**）たちです。彼らの不満の原因を図解して説明する前に、まずは当時の税であった**ジズヤ**（**人頭税**）と**ハラージュ**（**地租**）、この２つの語句を覚えてください。ジズヤは、「おもに成人男性に課される税」だと思っておきましょう。ハラージュは土地所有者に課される税です。それでは、正統カリフ時代からウマイヤ朝の末期ごろにかけての徴税方法について図解します。

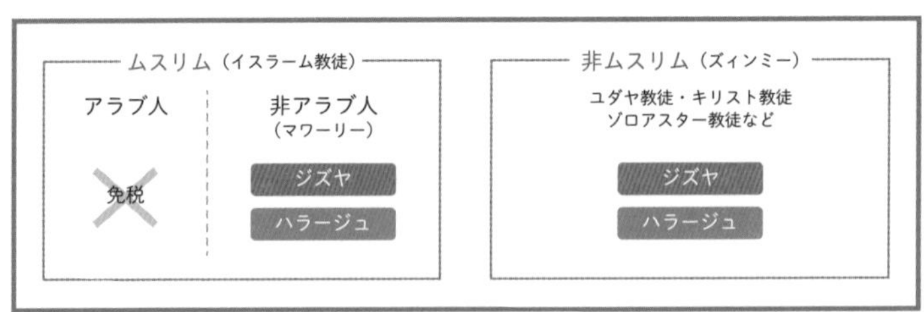

徴税方法（正統カリフ時代からウマイヤ朝末期まで）

もともと、ジズヤとハラージュは、アラブ人が征服した地域の住民に課した税でした。やがて、マワーリーは「同じムスリムなのに、なんでアラブ人と待遇が違うんだよ！」と、不満を高めます。

このように、**アラブ人が優遇されていた正統カリフ時代からウマイヤ朝までの時代を「アラブ帝国」**といいます。

3 アッバース朝

① 建国から全盛期まで

ウマイヤ朝の支配に不満をもつマワーリーやシーア派などを利用して、アッバース家による反ウマイヤ運動が行われ、ついに**8世紀半ば**にはウマイヤ朝を打倒して**アッバース朝**が成立します。

一方、ウマイヤ朝の滅亡後、ウマイヤ家の一族はイベリア半島に逃げて、8世紀半ばに**後ウマイヤ朝**を建国し、**コルドバ**に都を置きました。

アッバース朝は、成立直後に**タラス河畔の戦い**に勝利し、**唐**から西トルキスタン一帯を奪いました。これにより、アッバース朝は「オアシスの道」の要衝をおさえました。また、この戦いを機に**製紙法がイスラーム世界にもたらされました**。

アッバース朝は、建国運動に協力したシーア派を弾圧したほか、ティグリス川西岸の地に**新都バグダードを造営**し、**8世紀末から9世紀初め**の**ハールーン=アッラシードの時代に全盛期をむかえました**。しかし、広大な領土を維持することは困難で、彼の治世末期には、地方総督の自立がみられるようになります。

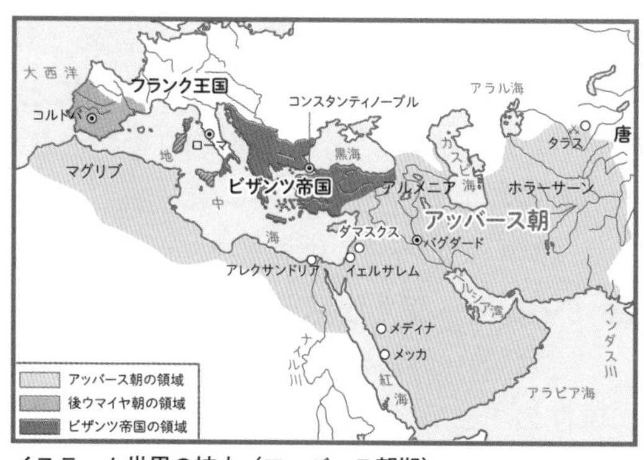

イスラーム世界の拡大（アッバース朝期）

❷ イスラーム帝国

アッバース朝は、「アラブ帝国」の反省点を活かし、**民族に関係なく、ムスリムの待遇を平等**にします。**すべての土地所有者に対して、ムスリム・非ムスリムに関係なくハラージュを課し、ジズヤは非ムスリムに対してのみ課されました。**

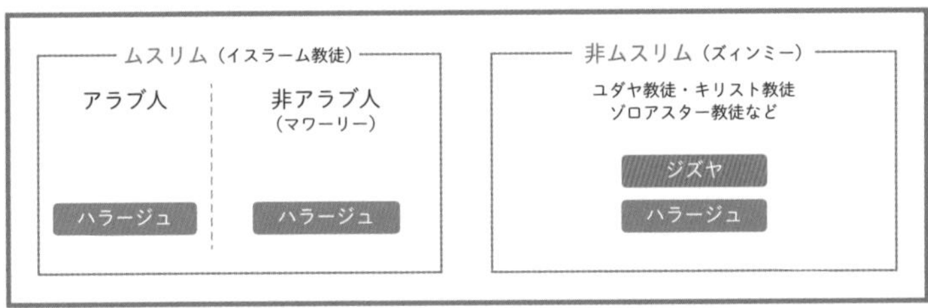

徴税方法（アッバース朝期）

また、税制のみならず、例えば軍部の指導者や官僚なども、優秀な人材をすべてのムスリムのなかから抜擢していきます。このように、アッバース朝は、「**ムスリムであれば民族を問わずに平等とする**」**社会を実現したことから「イスラーム帝国」と呼ばれます。**

❸ 10世紀の「苦難」

９世紀後半になると、アッバース朝から自立する王朝が本格的に登場します。とくに**10世紀には、アッバース朝にとってまさに「苦難」の時代**をむかえます。それでは、10世紀の３つの「苦難」についてみていきましょう。

１つめは、アッバース朝カリフの親衛隊として重用された**トルコ系の軍人奴隷（マムルーク）が台頭**し、カリフを廃立したことです。

２つめは、現在のチュニジアで**シーア派を奉じるファーティマ朝が成立**したことです。ファーティマ朝の君主は、**建国当初からアッバース朝カリフの権威を否定し、みずからをカリフと称した**ほか、北アフリカに勢力を拡大するなかでエジプトに進出して首都

カイロを建設します。ファーティマ朝はカイロに**アズハル学院**を創建し、シーア派理論の研究を振興（しんこう）してスンナ派を奉じるアッバース朝に対抗するなど、敵対心をむきだしにします。**ファーティマ朝の君主がカリフを称したことを受け、後ウマイヤ朝の君主もカリフを称して王朝の権威を主張**し、後ウマイヤ朝・ファーティマ朝・アッバース朝がカリフを称する**3カリフ時代**をむかえました。

3つめは、**シーア派**を奉じるイラン系の軍事政権である**ブワイフ朝**が成立したことです。ブワイフ朝は、**バグダードに入城**してアッバース朝のカリフから**大アミール**の称号を授かり、イスラーム法を施行する権限など**カリフがもつ政治的な実権を奪いました。**

こうして、アッバース朝のカリフは10世紀に急速に衰退し、**宗教的な権威のみをもつ存在**となってしまいました。

10世紀後半のイスラーム世界

THEME 2

ローマ帝国分裂後の東西世界の展開

ここで 働きめる!

- ゲルマン人の大移動が起きた背景を理解しよう。
- ゲルマン人の大移動を経て「どの民族がどの地域に建国したのか」を、地図を使って確認しよう。
- ビザンツ帝国にとって、6世紀・7世紀・8世紀がどういう時代だったのかを押さえよう。

1 ゲルマン人の大移動

(➡P128「❸専制君主政(ドミナトゥス)」から接続)

① 大移動前のゲルマン社会

ゲルマン人は、ローマ帝国とはライン川とドナウ川を境にして居住していました。大移動前のゲルマン人については、**カエサル**の『**ガリア戦記**』や**タキトゥス**の『**ゲルマニア**』に記されています。

人口が増加して土地不足に悩まされたゲルマン人は、家族単位でローマ領内に移住し、コロヌスや傭兵(ようへい)となることもありました。

② ゲルマン人の大移動

4世紀後半になるとアジア系の遊牧民(ゆうぼくみん)である**フン人**がゲルマン人を圧迫(あっぱく)しはじめました。すると、ゲルマン人の一派である**西ゴート人が移動を開始**し、ついにドナウ川をこえてローマ領内に侵入しはじめ、ほかのゲルマン人らもローマ領への侵入を本格化しました。これが、**ゲルマン人の大移動**です。

とくにローマの西方領土への侵入が激しく、ローマ社会の混乱は加速していきます。

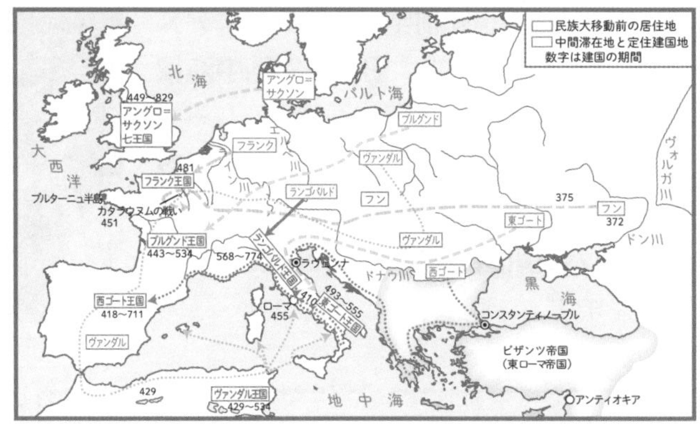

ゲルマン人の大移動

ゲルマン人の大移動による混乱のなかで、西ローマ帝国は**476年**にゲルマン人傭兵隊長の**オドアケルによって滅ぼされ、旧西ローマ帝国領にはゲルマン諸国が複数展開**します。

一方、ゲルマン人は、自然崇拝（すうはい）のほかに**ローマ帝国で異端（いたん）とされたキリスト教のアリウス派を信仰**していることもあり、正統教義のアタナシウス派を奉（ほう）じるローマ系住民や有力者たちとのあいだに対立が生じるなどしたため、ゲルマン諸国の多くは短命に終わりました。(☞ゲルマン諸国が建てられた場所は上の地図で確認しましょう。)

2 ビザンツ(東ローマ)帝国

東ローマ帝国を、都の**コンスタンティノープル**の旧名であるビザンティウムにちなんで**ビザンツ帝国**と呼ぶことがあります。ここからは、ビザンツ帝国という表記で統一したいと思います。

① 地中海帝国の再建へ(6世紀)

ビザンツ帝国は、ゲルマン人の大移動による影響をほぼ受けることがなく、**皇帝は政教一致の最高権力者として君臨（くんりん）**し、都のコンスタンティノープルは東西交易（こうえき）の拠点（きょてん）として繁栄しました。

ビザンツ帝国では**6世紀**前半に**ユスティニアヌス1世（大帝）**が即位すると、**旧ローマ地中海領土の回復**にむけて対外遠征を行ったほか、ローマ帝国で発行された金貨が流通しました。また、**多様な民族を支配するためにローマ法を再編**するなど、**ビザンツ帝国はローマ帝国の延長にあたる国家**といえます。

ユスティニアヌス帝

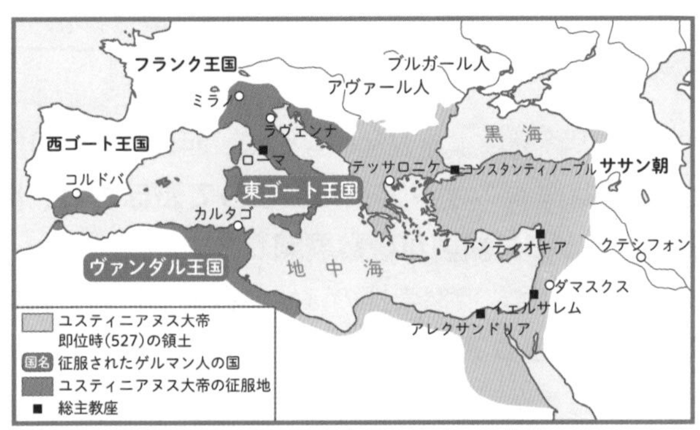

ユスティニアヌス帝時代のビザンツ帝国（6世紀半ば）

特徴の整理　～ユスティニアヌス1世(大帝)の業績～

- 地中海帝国の再建と支配
  - ☞**ヴァンダル王国**や**東ゴート王国**を征服
  - ☞西ゴート王国からイベリア半島の南端部を奪取
  - ☞**『ローマ法大全』**(たいぜん)の編纂(へんさん)、ノミスマ(金貨)の発行
- コンスタンティノープルに**ハギア=ソフィア聖堂**を再建
- **中国の養蚕(ようさん)技術**を「導入」→**絹織物(きぬおりもの)産業**を振興(しんこう)
- **ササン朝**の**ホスロー1世**と抗争→ビザンツ側の劣勢

❷ 帝国の「ギリシア化」（７世紀）

７世紀になると、ビザンツ帝国にいくつもの危機が降りかかります。

ランゴバルド人やスラヴ人などの諸民族の侵入により、**イタリア半島やバルカン半島の領土を失い**、イスラーム勢力には**シリアやエジプトなどの東方属州を奪われる**など、急速に領土は縮小していきました。

こうした事態を受け、ビザンツ帝国では**軍管区制**（**テマ制**）が実施され、軍管区の司令官は行政と軍事の権限を与えられて帝国領土の防衛にあたりました。また、**兵士に土地を与えるかわりに兵役を課す屯田兵制**も行われます。

一方、領土の縮小により帝国内ではギリシア系の人びとの人口比が高くなり、「**帝国のギリシア化**」が進みました。**公用語はラテン語から**ギリシア語**となり、キリスト教の典礼もギリシア語で行われるようになります。ビザンツ帝国独自に発展したキリスト教を**ギリシア正教**（東方正教）と呼び、教会内の論争には政教一致の権力をもつビザンツ皇帝がしばしば介入しました。

❸ 東西教会の対立へ（８世紀）

８世紀前半に皇帝となった**レオン３世**は、726年に**聖像禁止令**を発布しました。これにより、ビザンツ帝国内にあるイエスや聖母マリアなどのすべての聖像の禁止と破壊が命じられます。

しかし、ビザンツ帝国内では聖像の使用をめぐる論争が発生したほか、**ゲルマン人への布教活動に聖像を使用していたローマ教皇も反発**しました。こうして、ビザンツ帝国内のキリスト教会（東方教会）と、ローマ=カトリック教会（西方教会）の対立が本格化し、最終的に**11世紀半ばには東西教会は分裂**してしまいました。

THEME 3

中世西ヨーロッパ世界の成立

ここで直きめる!

- 西ローマ帝国滅亡後、ローマ=カトリック教会（ローマ教会）が自立化していく過程を押さえよう。
- トゥール・ポワティエ間の戦いが、ローマ教会にとってどのような意味をもったのかを理解しよう。
- 「カール戴冠」がもつ歴史的意義について理解しよう。

1 フランク王国の成立と発展 （➡P145から接続）

① ローマ=カトリック教会の動向

フランク王国の発展をみる際に、ローマ=カトリック教会との関係を無視することはできません！　フランク王国の歴史を学ぶ前に、ローマ教会と皇帝の関係をここで確認しておきましょう。

そもそも、**4世紀のローマ帝国では、皇帝がキリスト教を利用してみずからの権力を正当化**しました。「**皇帝は地上における神の代理**」として君臨（くんりん）します。そのため、皇帝はキリスト教の保護や教義の整備にも力をつくしました。次の図でローマ皇帝がどのように帝国を支配していたのかを確認しましょう。

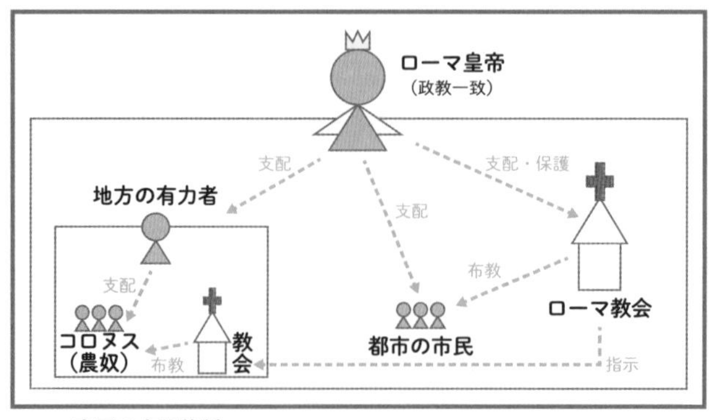

ローマ帝国の支配体制

ローマ皇帝は、ローマ教会を支配・保護する存在であり、ローマ教会は各地の教会に対し、皇帝の意向を、布教活動を通して民衆に伝えていきます。皇帝は、**教会組織を利用することで皇帝権力の強化を狙った**ことがわかります。そのため、ローマ帝国が４世紀末に東西に分裂した後も、**東西それぞれのローマ帝国では同様の支配体制**がとられます。西ローマ帝国ではローマ教会が、東ローマ帝国ではコンスタンティノープル教会が、それぞれの中心となります。

しかし、476年には西ローマ帝国が滅亡してしまいました。**ローマ教会を保護してきた皇帝という政治権力者を失った**ローマ教会は、独自に信者を管理して教会組織を整備していくことになりました。そのため、旧西ローマ帝国領では、**ローマ教会のリーダーである教皇**（**ローマ教皇**）の影響力が徐々に拡大していきます。

かつてローマ帝国では、**五本山**と呼ばれる有力な教会が存在しました。そのうち、**ローマ教会は首位権を主張**するようになり、ほかの教会に対する優位性を主張するようになります。そのさなかに西ローマ帝国が滅亡してしまったので、**ローマ教会は西ローマ皇帝に代わる新たな政治的な保護者を求める**ことになったのです。

まず、ローマ教会はビザンツ皇帝に接近しました。**ローマ教会は、ビザンツ皇帝の保護を受けつつ、各地にいるゲルマン人に対してキリスト教正統教義の布教につとめます**。このとき、ローマ教会は**聖像**と呼ばれるイエスやマリアの像を使って**ゲルマン人の布教**につとめました。６世紀末に即位した**教皇グレゴリウス１世**は、ブリテン島のアングロ=サクソン人の布教に成功しました。

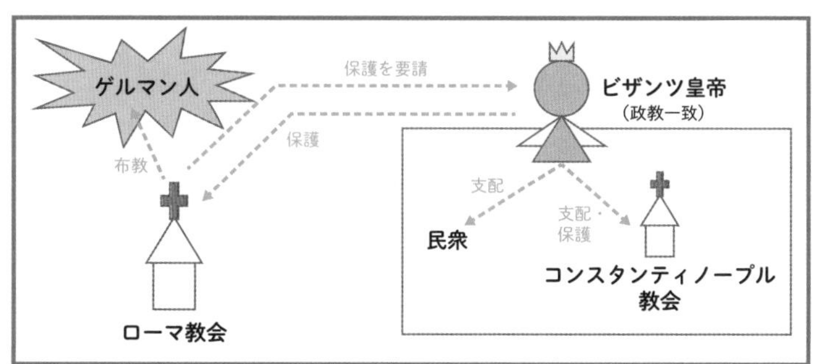

ビザンツ皇帝とローマ教会とのかかわり（６世紀頃）

しかし、**ビザンツ皇帝のレオン３世は、726年に聖像禁止令を発布**して、キリスト教会に対して聖像の使用を禁止するように命令しました。**ローマ教会はゲルマン人への布教に聖像を使っていた**ため、聖像禁止令を受け入れることはできません。そこで、**ローマ教会はビザンツ皇帝に代わる新しい政治的な保護者を求める**ようになります。

❷ メロヴィング朝の時代

それでは、フランク王国の歴史を学んでいきましょう。ローマ教会が自立の傾向を強めるなか、**ガリア北部**では、**クローヴィス**によってフランク人の統合が進み、５世紀後半には**メロヴィング朝**が建てられました。

クローヴィスはもともと自然崇拝（すうはい）者であったとされますが、**やがてキリスト教の正統教義であるアタナシウス派に改宗**しました。これにより、フランク王国は**ローマ系の地方有力者や住民との関係性を維持**するようになります。

クローヴィスの死後は、内紛などによってメロヴィング朝は混乱期をむかえます。この時期に、**宮宰（きゅうさい）**（マヨル=ドムス）という王の補佐役をつとめるカロリング家が力をつけてきました。

こうしたなか、イスラーム勢力がイベリア半島方面からピレネー山脈をこえてフランク王国の所領内に侵入してきました。**732年、宮宰カール=マルテルは侵入したイスラーム勢力をトゥール・ポワティエ間の戦いで破りました。**

結果的にフランク王国は、西ローマ帝国なきあとのキリスト教世界を、イスラーム勢力から防衛することとなりました。ローマ教会は、ビザンツ皇帝と対立中で、新たな政治的保護者を求めているさなかでしたので、**フランク王国に接近**することになります。

❸ カロリング朝の成立

カール=マルテルの子であった**ピピン**は、メロヴィング朝の国王を廃してみずから即位し、**８世紀半ば**に**カロリング朝**を建てました。その後、ピピンは**ローマ教会を圧迫していたランゴバルド王国を攻撃して**ラヴェンナ地方**を奪い、この土地をローマ教会に献上**しました。これを**「ピピンの寄進」**といい、このとき献上した土地は**教皇領**の起源となります。これで、ローマ教会の経済的な自立が進むことになりました。

❹「西ローマ帝国」の復活

ピピンのあとをついだのは、子の**カール大帝（シャルルマーニュ）**です。カール大帝は、北イタリアの**ランゴバルド王国を滅ぼし**、北ドイツの**ザクセン人**を平定してキリスト教を布教します。また、**アヴァール人**の侵入を撃退したほか、**後ウマイヤ朝と抗争**してイベリア半島の一部を奪回します。こうして**カール大帝は、旧西ローマ帝国領の主要部を統合**します。文化面では**カロリング=ルネサンス**が展開され、イギリスから神学者の**アルクイン**を招いて**ラテン語を普及させるなど、古代ローマ文化の復興**につとめました。カール大帝の業績は、まさに**「西ローマ皇帝」としての業績**ともいえるのです。

カール大帝時代のフランク王国

800年、教皇レオ3世は、カール大帝に西ローマ皇帝の帝冠を授けました。これを**「カール戴冠」**といいます。こうして、**名目上の「西ローマ帝国」が復活**し、ローマ教会はカール大帝を政治的な保護者とし、**ビザンツ皇帝から政治的な自立を達成**します。また、**ゲルマン文化・ローマ文化・キリスト教が融合した中世西ヨーロッパ世界が成立**しました。

一方で、**ビザンツ帝国とは異なり、中世西ヨーロッパ世界には「（西ローマ）皇帝」と「教皇」という2人の権力者が並び立つ**ことになります。

❺ カール大帝の支配

カール大帝は、広大な帝国を支配するために、**おもに各地の有力者を伯に任命して統治を任せます**。そして、**巡察使**と呼ばれる監察官を派遣して各地の様子を報告させました。

ここで気をつけてほしいことがあります。それは、**伯は各地の有力者**（☞中国史でいう豪族のイメージ）**であり、カール大帝が派遣した官僚ではない**のです。

つまり、カール大帝は伯にお願いして統治を任せる形になります。カール大帝は伯のもとを訪れてはその関係性を強め、離反しないようにつとめなければならなかったのです。フランク王国に「都」が存在しないのは、一定の行政中心地が存在しなかったからです。

そのため、「**カール大帝といえども、君主権力は強くなかった**」と覚えておきましょう。こうした状況は、カール大帝の死後、そして、フランク王国が分裂したあとも変わりません。「**各地の有力者**（☞これ以降、**諸侯**と表記します）**の力が強く、王権は強くない**」**というのが中世西ヨーロッパ世界をみる重要な視点**となります。

THEME 4

フランク王国の分裂とノルマン人の移動

ここでつかめる!

- フランク王国が３つに分裂したあと、それぞれどのような歴史をたどったのかを理解しよう。
- ノルマン人の移動と建国を、地図を使って確認しよう。

1 フランク王国の分裂

① フランク王国の分裂とイタリア

カール大帝の死から数十年後、**ヴェルダン条約**が843年に結ばれてフランク王国は東・西・中部に分裂します。さらに**870年**には、**メルセン条約**が締結されて中部フランクの北部の領土が東西フランクに割譲されます。**こうしてフランク王国は、のちのドイツ、フランス、イタリアの原形となる３つの国家に分断**されました。

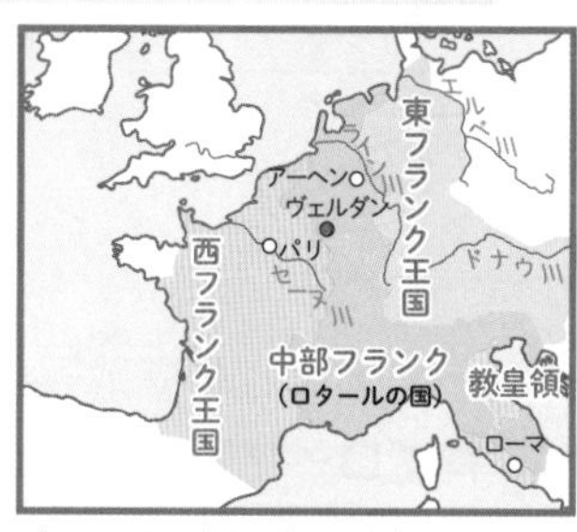

ヴェルダン条約（843年）

メルセン条約（870年）

フランク王国が３つに分かれても、「**各地の諸侯の力が強く、王権は強くない」という事実に変わりはありません**。これを念頭に置いておきましょう。

イタリアでは９世紀末までにカロリング家が断絶し、都市の自立化や周辺勢力の侵入などを受けて**政治的に分裂する状態が続きます**。

② 西フランク（フランスの原形）

西フランク（フランス）では、10世紀末にカロリング家が途絶えると新たな王に**パリ伯**の**ユーグ=カペー**が選出され、**カペー朝**が成立しました。カペー朝の王は、パリとその周辺部のみを領有する程度で、**王に匹敵する諸侯がたくさん存在**し、王の支配がフランス全土に及ぶことはありませんでした。

③ 東フランク（ドイツの原形）

東フランク（ドイツ）では、10世紀初めにカロリング家が断絶した後、諸侯の選挙によって新たな王を選出しました。10世紀前半に国王となった**オットー１世**は、周辺のスラヴ人を制圧したほか、侵入したウラル語系の**マジャール人を撃退**します。すると、教皇はオットー１世に注目し、みずからの保護を要請します。オットー１世はこれを受けて北イタリアに遠征し、教皇を政治的に保護しました。

ローマ教皇にとって、政治的な保護者は必要ですからね！

その通り。オットー１世はみごとにその役割を果たしたといえますね。

教皇は、**962年**にオットー１世をローマ皇帝として戴冠しました。これを「オットー戴冠」ともいい、**神聖ローマ帝国の成立の起源**となりました。しかし、皇帝になったからといって、オットー１世の権力が強化されたわけではありません。諸侯が地方有力者としてあちこちに存在するので、**彼らをどうやって抑えつけるかを考えなければなりません**でした。

そこでオットー１世は、**帝国内の聖職者を統治に利用しようと考え、皇帝が聖職者を任命する形にしてみずからの支持基盤としました**。また、ローマ教会（☞カトリック教会の総本山）があるイタリアの支配を画策して、イタリアへの遠征と介入を行う**イタリア**

政策を実施しました。聖職者の任命とイタリア政策という２つの政策はしばらくの間、歴代神聖ローマ皇帝に受け継がれていきます。

2 ノルマン人の移動と建国

① ノルマン人の特徴

フランク王国が分裂し、中世西ヨーロッパ世界の政治的な分裂が進むなか、**ノルマン人**の侵入が激しくなっていきます。

ノルマン人は**ユトランド半島**や**スカンディナヴィア半島**を原住地とし、**デンマーク・ノルウェー・スウェーデン**などの王国を建国する一方で、優れた航海技術を利用して海や河川（かせん）を移動します。商業活動のほか、略奪（りゃくだつ）行為も行ったことから、**ヴァイキング**として恐れられました。やがて、ノルマン人は移動先に定住してキリスト教を受け入れ、現地の人びとと同化していきました。

② ノルマン人の移動：北フランス・イギリス

ノルマン人を率いた**ロロ**は、10世紀初めに**北フランスにノルマンディー公国（こうこく）を建国**しました。その後、**ノルマンディー公ウィリアム**が、1066年にイギリスに侵攻してアングロ=サクソン人を征服し、**ノルマン朝**を開きました。

● **ノルマン朝成立までのイギリス**

年代・世紀	できごと
5～9世紀	**アングロ=サクソン七王国（ヘプターキー）**の成立
829	ウェセックス王エグバートが七王国を**統一（イングランド）** ☞便宜（べんぎ）上、イングランドを「イギリス」と表記します
9世紀末	**アルフレッド大王**が**デーン人**（☞ノルマン人の一派）を撃退
11世紀前半	デーン人を率いた**クヌート（カヌート）**によって征服される ☞デーン朝の成立：一時期は、ノルウェーやデンマークも支配
11世紀半ば	**アングロ=サクソン系**の支配が復活
1066	**ノルマンディー公ウィリアム**による征服：**ノルマン朝**の成立

❸ ノルマン人の移動：東ヨーロッパ・地中海方面

ノルマン人の一派である**ルーシ**（☞「ロシア」の語源となります）は、**リューリク**に率いられて９世紀後半に**ノヴゴロド国**を建国しました。その後、ノヴゴロド国の人びとは**黒海（こっかい）方面に南下**して、**ドニエプル川**流域に**キエフ公国**を建国しました。こうして、バルト海から東欧を縦断する形で黒海方面に接続する東欧商業圏ができあがります。

一方、北フランスのノルマンディー公国からは大西洋を経て地中海に進出する人びともあらわれ、**12世紀前半**に彼らは南イタリアとシチリア島を占領し、**両シチリア王国**（ノルマン=シチリア王国）を建国しました。

ノルマン人の移動と建国

SECTION

イスラーム世界の拡大

THEME

1　諸地域におけるイスラーム諸王朝の展開
2　東南アジアとアフリカのイスラーム化

セルジューク朝時代のできごと、地域ごとの王朝のタテの変遷、イスラーム社会と文化は頻出！

地域ごとにイスラーム諸王朝の変遷をタテに（時代順に）押さえたうえで、それぞれの王朝の特徴を整理しましょう。また、イスラーム社会の特徴を押さえ、文化は概要を押さえましょう。

1 西方イスラーム世界

「イベリア半島・マグリブ地方」では、後ウマイヤ朝・ムラービト朝・ムワッヒド朝・ナスル朝が興亡し、「エジプト」では、ファーティマ朝・アイユーブ朝・マムルーク朝が興亡します。

2 東方イスラーム世界

「中央アジア・西アジア」では、支配層がイラン系・トルコ系・モンゴル系と変遷することを踏まえましょう。また、「アフガニスタン・西北インド」では、ガズナ朝・ゴール朝・デリー=スルタン朝が興亡します。

3 イスラーム社会と文化

ムスリム商人の活動により、各地でイスラーム都市が発展し、スーフィー（神秘主義者）の布教活動も盛んになります。また、ギリシア世界や南アジア世界の知見がもたらされ、高度なイスラーム文化が繁栄します。

東南アジア・アフリカでイスラーム教を受容した王朝や国家と、その地図上の位置は頻出！

イスラーム教は、ムスリム商人の交易(こうえき)活動やスーフィーの布教活動を通じて、東南アジアやアフリカに拡大します。イスラーム教を受容した王朝や国家とそのあらましを押さえましょう。

東南アジアのイスラーム化

ムスリム商人が、マラッカ海峡(かいきょう)を航行して南シナ海に進出するなか、海峡の周辺地域ではイスラーム教が浸透します。マレー半島のマラッカ王国を中心に、スマトラ島やジャワ島にもイスラーム教が浸透します。

アフリカのイスラーム化

ニジェール川流域には、ガーナ王国・マリ王国・ソンガイ王国が興亡します。一方、アフリカ東岸部では、アラビア語などの外来語の影響を受けてスワヒリ語が生まれます。

地域ごとに興亡したイスラーム諸王朝を学習する際は、どの王朝がどのあたりを支配したのか、大まかに理解するために、必ず地図をみながら学習を進めましょう。

THEME 1

諸地域における イスラーム諸王朝の展開

ここで 畄きめる!

- 数多くの王朝が登場するので、まずは王朝の名前とその王朝が支配した地域名をセットで覚えよう。
- 各地域に興亡したイスラーム諸王朝の歴史を理解しよう。
- イスラーム文化は、「どの地域の影響を受けたのか」「どの地域に影響を与えたのか」に注目してみよう。

1 イベリア半島・北アフリカ

まずは、次の地図でこれから学ぶ地名とその大まかな位置を覚えておきましょう。ここからは、多くの王朝や国家が登場するので、地名が頭に入っていないと混乱しやすいので注意してください！

イスラーム諸王朝の展開地域

① イベリア半島・マグリブ地方

イベリア半島では、**アッバース朝によって滅ぼされたウマイヤ家の一族**が、８世紀半ばに**後(こう)ウマイヤ朝**を建国しました。後ウマイヤ朝は**コルドバの大モスクを建立(こんりゅう)**し（☞スペイン支配下でカトリック教会に転用され、「メスキータ」となります）、コルドバは西方イスラーム世界の文化的な中心地として発展しました。

しかし、後ウマイヤ朝は11世紀前半に滅亡し、その後、イベリア半島には小さな国家がいくつも乱立する状態となりました。

一方、**西北アフリカのマグリブ地方**（☞アラビア語で「日のしずむところ」という意味）では、11世紀になると先住民の**ベルベル人**のあいだで急速にイスラーム教が拡大しました。

イスラーム化したベルベル人は、11世紀半ばには**ムラービト朝**を建国し、12世紀には**ムワッヒド朝**を建てました。いずれも、都はモロッコの**マラケシュ**に置かれましたが、同時期にはカトリック勢力がイベリア半島をイスラーム勢力の支配から奪回しようと国土回復運動（☞これを**レコンキスタ**といいます）を活発化させたので、**ムラービト朝もムワッヒド朝もイベリア半島に進出してキリスト教勢力に対抗**しました。

13世紀にイベリア半島に成立した**ナスル朝**は、都の**グラナダ**に壮麗な**アルハンブラ宮殿**を建設したことで知られますが、カトリック勢力の侵攻を受けて1492年に滅亡しました。

写真提供：PIXTA

コルドバの旧モスク（現メスキータ）

写真提供：PIXTA

アルハンブラ宮殿

② エジプト

10世紀にチュニジアに興った**シーア派**の**ファーティマ朝**は、エジプトを征服して、シリアなどにも進出し、**北アフリカの沿岸部一帯に広大な勢力を形成**しました。

しかし、ファーティマ朝は、12世紀に**サラーフ=アッディーン**（**サラディン**）によって滅ぼされ、エジプト・シリアは、彼が建国した**アイユーブ朝**の支配下となりました。アイユーブ朝は、カイロの**アズハル学院をスンナ派研究機関へと転換**し、ヨーロッパから襲来した十字軍と衝突したほか、西アジア世界で整備された**イクター制**（➡P166）を導入しました。

13世紀半ばには、アイユーブ朝に仕えていた**マムルーク**（☞トルコ系などの奴隷軍人）が自立し、**マムルーク朝**が成立しました。マムルーク朝では、**イクター制**によって軍人に農村部の徴税権が与えられ、農業生産やナイル川の治水管理が進展して農業生産力が向上しました。また、**十字軍の侵攻を撃退**し、シリアに侵入した**モンゴル軍を破り**ました。都のカイロを拠点に活躍した**カーリミー商人**は、インド洋世界からもたらされた**香辛料など**をイタリア商人に販売しました。

ところが、14世紀半ば頃になると、中央アジアで発祥したとみられる疫病のペスト（黒死病）が流行し、マムルーク朝は深刻な打撃を受けることになりました。

過去問にチャレンジ

次の資料1・2は、ファーティマ朝のカリフについて、後の王朝の二人の歴史家がその正統性を論じた文章の概略である。

資料1

> 私はファーティマ朝のカリフをこの『カリフたちの歴史』では採り上げなかった。彼らがクライシュ族ではないため、A<u>カリフ</u>の資格がないからである。
>
> ある法官によると、彼らの王朝の開祖が北アフリカで王朝を建てた時、アリーの子孫であると自称したが、系譜学者たちは誰一人彼を知らなかったという。また伝えられるところによると、ファーティマ朝の支配者の一人が、［ア］の支配者に対して侮辱する手紙を送った時、［ア］の支配者は、「あなたは私たちウマイヤ家の系譜を知っていて、私たちのことを侮辱した。しかし、私たちはあなたたちのこ

となど知らない」と返答したという。
　このようなことから、私は彼らをカリフと認めず、記さなかったのである。

資料２

　多くの歴史家に受け取られている愚かな情報の中には、ファーティマ朝カリフがアリーの子孫であることを否定するものがあるが、それは競争相手を非難してアッバース朝カリフに取り入る目的で作られたものである。アッバース朝カリフに仕える人々にとっては、ファーティマ朝にシリアやエジプトを奪われたまま奪還できない無能力を取り繕うのに好都合だったからである。
　しかし、アッバース朝カリフがファーティマ朝成立当初に地方総督へ送った手紙の中には、ファーティマ朝カリフの系譜について言及があり、その手紙が、彼らがアリーの子孫であるということをはっきりと証明している。

　カリフは、中世のムスリムによって、イスラーム共同体の指導者としてただ一人がその地位に就くとみなされていた。しかし10世紀にファーティマ朝や［ア］の支配者もカリフを称し、複数のカリフが長期間並立したことで、ムスリムが従うべき正しい指導者は誰かという問題は、さらに複雑なものとなった。
　資料１・２の著者を含め、スンナ派の学者たちは、カリフになるための資格に関して、ムスリムであることに加えて、７世紀初頭にメッカに住んでいたクライシュ族の子孫であることも必要な条件であると考えていた。ここで言及されているウマイヤ家もアリー家も、そしてアッバース家も、クライシュ族である。

問1　文章中の空欄 ア の王朝が10世紀に支配していた半島の歴史について述べた文として最も適当なものを、次の①～④のうちから一つ選べ。

① トルコ系の人々が、この半島においてルーム＝セルジューク朝を建てた。
② ムラービト朝が、この半島における最後のイスラーム王朝となった。
③ ベルベル人によって建てられたムワッヒド朝が、この半島に進出した。
④ この半島で成立したワッハーブ王国が、ムハンマド＝アリーによって一度滅ぼされた。

問2　資料１・２を参考にしつつ、ファーティマ朝の歴史とそのカリフについて述べた文として最も適当なものを、次の①～④のうちから一つ選べ。

① ファーティマ朝はアッバース朝成立以前に成立した王朝であり、**資料１**は伝聞や逸話に基づいてそのカリフの正統性を否定している。
② ファーティマ朝はスンナ派の一派が建てた王朝であり、**資料１**と**資料２**はともに系譜を根拠としてその支配者がカリフであると認めている。
③ ファーティマ朝はカイロを首都としたが、**資料２**はシリアやエジプトを取り戻せないという無能力によってカリフの資格がないと判断している。
④ ファーティマ朝はアッバース朝の権威を否定していたが、**資料２**はアッバース朝カリフの手紙を証拠としてファーティマ朝のカリフをアリーの子孫だと認めている。

（2023年度　本試験　世界史B）

問1　資料1には[ア]の支配者の言葉として、「あなた（注：ファーティマ朝の支配者の一人）は私たちウマイヤ家の系譜を知っていて、私たちのことを侮辱した」とあり、あとに続く文章に「10世紀にファーティマ朝や[ア]の支配者もカリフを称し」とあるので、空欄[ア]にあてはまる王朝は、後ウマイヤ朝だと判断できます。そして、設問文には「空欄[ア]の王朝が10世紀に支配していた半島」とあるので、後ウマイヤ朝が支配したイベリア半島について問われています。①トルコ系の人びとがルーム=セルジューク朝を建てた半島は、イベリア半島ではなく小アジア（アナトリア）です。「セルジューク」からセルジューク朝の分派であることが推測できるうえに、セルジューク朝は中央アジアから西アジアにかけて支配した王朝なので、イベリア半島ではないと判断できます。②イベリア半島における最後のイスラーム王朝は、ナスル朝です。③ベルベル人は、マグリブ地方にムラービト朝やムワッヒド朝を建て、両王朝ともにイベリア半島に進出してキリスト教勢力のレコンキスタに対抗しました。④ワッハーブ王国は18世紀に、イベリア半島ではなくアラビア半島に成立しました。　答え ③

問2　①**資料2**に「アッバース朝カリフがファーティマ朝成立当初に地方総督へ送った手紙」とあるので、ファーティマ朝はアッバース朝成立以前に成立した王朝ではないと判断できます。②ファーティマ朝はスンナ派ではなく、アリーとその子孫のみをムスリムの正統な指導者とするシーア派を奉じる王朝です。③**資料2**に「ファーティマ朝にシリアやエジプトを奪われたまま奪還できない」とあり、「シリアやエジプトを取り戻せない」のは、ファーティマ朝ではなくアッバース朝のことです。④文章には「カリフは、……イスラーム共同体の指導者としてただ一人がその地位に就くとみなされていた」とあるのに対し、ファーティマ朝の支配者はカリフを称しているので、「アッバース朝の権威を否定していた」と判断できます。また、**資料2**には「アッバース朝カリフが……送った手紙の中には、……彼ら（注：ファーティマ朝カリフ）がアリーの子孫であるということをはっきりと証明している」とあります。　答え ④

2 中央アジア・西アジア

① イラン系王朝の時代

9世紀後半になると、中央アジアを中心に**イラン系イスラーム王朝のサーマーン朝**が成立し、ペルシア語による文学など**イラン=イスラーム文化の基礎**が生まれました。この時期には、モンゴル高原を中心とした遊牧国家の**ウイグルが崩壊**し、**トルコ系の人びとが中央アジアに多く移住し、定住**するようになりました。そのため、中央アジア一帯を「トルコ人の土地」を意味する「**トルキスタン**」ということもあります。

サーマーン朝は、**騎馬遊牧民であったトルコ系の人びとを奴隷軍人（マムルーク）として**、アッバース朝をはじめとする西アジア各地に供給しました。**マムルークは、当初はアッバース朝カリフの親衛隊として重用されました**が、やがてカリフの即位や廃位にかかわるなど政治的な干渉を行うようになりました。

一方、10世紀前半に成立した**イラン系軍事政権のブワイフ朝は、アッバース朝カリフから政治的な実権を奪い**、イランやイラクなどの西アジアを支配しました。ブワイフ朝のバグダード入城とその混乱により経済活動が停滞すると、**軍人や官僚に対する俸給として、土地と徴税権を与えるイクター制が実施されました**。また、従来の**ペルシア湾を経由する交易路が衰退し、紅海を経由する交易路が活況をむかえる**ようになり、エジプトのカイロやアレクサンドリアが繁栄しました。

10世紀のイスラーム世界

② トルコ系王朝の時代

10世紀になると、中央アジアから西アジアにかけてトルコ系の人びとが自立するようになりました。中央アジアでは、初のトルコ系イスラーム王朝とされる**カラハン朝**が自立し、やがて**東西トルキスタンを統合**します。

一方で、中央アジアから進出したトルコ系の人びとを率いた**トゥグリル=ベク**は、11世紀前半に**セルジューク朝**を建てました。**セルジューク朝は、バグダードに入城してブワイフ朝を倒し**、アッバース朝カリフから「**支配者**」**の称号**である**スルタン**の地位を授かります。もはやアッバース朝のカリフは名目的な存在となり、支配地域もバグダードとその周辺部のみとなります。

また、セルジューク朝は、ブワイフ朝時代に実施された**イクター制を整備**して領域内に普及させます。対外的には、**ビザンツ帝国を破ってアナトリアに進出**しますが、ビザンツ皇帝が西欧世界に救援を求めたことから、十字軍遠征が開始されます。

11世紀後半のイスラーム世界

セルジューク朝の**宰相ニザーム=アルムルク**は各地に**ニザーミーヤ学院**を創建し、スンナ派の神学研究を振興したほか、**ウラマー**と呼ばれるイスラーム法学者・知識人の養成を行います。

ニザーミーヤ学院で教鞭をとり、スンナ派神学の確立に貢献した**ガザーリー**は、唯一神アッラーとの一体化を模索し、**神秘主義**（**スー**

フィズム）**の理論を確立します**。日常生活の行動よりも、**内面的な信仰を重視するスーフィズム**は、アラビア語圏から離れた中央アジア、南アジア、東南アジアなどの広範囲にわたるイスラーム教の普及に貢献しました。

その後、セルジューク朝の支配から自立した**ホラズム=シャー朝**は、各地に遠征して13世紀初頭には中央アジアや西アジア、アフガニスタンに勢力を拡大しました。

③ モンゴル系王朝の時代

12世紀になると、中国方面からモンゴル系のキタイ（契丹、遼）の一族が**中央アジア**に移動して、非イスラーム国家の**カラキタイ**（**西遼**）を建てました。しかし、13世紀初頭にはトルコ系遊牧民のナイマンに王朝をのっとられ、その後、**チンギス=カンによって征服**されました。

中央アジアや西アジアをはじめとするユーラシア大陸の広範囲が、13世紀半ばまでにモンゴル人の支配下に入りました。**中央アジア一帯はチャガタイ=ハン国の支配下**に入り、**西アジアはイル=ハン国の支配下**に入ります。イル=ハン国では、第７代**ガザン=ハン**の時代にイスラーム教の受容が進んだほか、**宰相ラシード=アッディーン**がペルシア語で『**集史**』を編纂しました。

13世紀後半のイスラーム世界

3 アフガニスタン・西北インド

① アフガニスタン

サーマーン朝に仕えていたマムルークが、10世紀後半に**アフガニスタンで自立してガズナ朝を建てました**。12世紀にはガズナ朝にかわって、**ゴール朝**が興ります。

これらのイスラーム王朝は、**積極的に北インドへ遠征し、ヒンドゥー諸勢力と抗争**します。一方で、スーフィーの布教活動を通して、北インドにイスラーム教が浸透していきました。

●インドのイスラーム化

ガズナ朝の最大領域

ゴール朝の最大領域

② 西北インド

13世紀初頭には、ゴール朝から自立した奴隷軍人出身の**アイバク**が**奴隷王朝**を建て、都を**デリー**に置きました。奴隷王朝以降は、**ハルジー朝**、**トゥグルク朝**、**サイイド朝**、**ロディー朝**と続き、これら5つのイスラーム王朝をまとめて**デリー=スルタン朝**と呼びます。これらの王朝では**ペルシア語が公用語**とされました。

奴隷王朝の領域

写真提供：PIXTA

アイバクが建てたクトゥブ=ミナール

4 イスラーム社会と文化

① イスラーム社会と商業活動

写真提供：PIXTA

ムスリム商人がおもに使用したダウ船

イスラーム教を創始したムハンマドは、メッカの商人でした。そのため、**イスラーム教は商業活動を前提とした教義**をもち、イスラーム諸王朝の支配者も、おおむね商業活動を保護します。

陸路では「オアシスの道」を介した交易活動が活発化し、各地に**隊商宿**（**キャラヴァンサライ**）が置かれました。一方、海路では、ムスリム商人が**ダウ船**をもちいて「海の道」を利用し、南アジアや東南アジアなどにおもむいて、**香辛料をはじめとする東方の物産**を西方へもたらしました。また、**ムスリム商人は、『コーラン』の言葉であるアラビア語を共通語としているため、言葉の壁がなく、商取引を円滑に行う**ことができました。

こうして、各地には**市場**（アラビア語で**スーク**、ペルシア語で**バザール**）が栄え、富を得た富裕層は、**ワクフ**と呼ばれる財産寄進制度によって**モスク**（礼拝所）や**マドラサ**（学院）をはじめとする公共施設を整備するなど、イスラーム社会の発展に貢献しました。

ムスリム商人が商業ネットワークを拡大するなか、**スーフィー**（**神秘主義者**）も同行し、**イスラーム教の布教に貢献**しました。

② イスラーム文化（➡別冊P56）

イスラーム世界は、支配領域を拡大していくなかで、征服地や周辺地域から文化的な影響を多く受けました。

例えば、**ビザンツ帝国から奪ったシリアやエジプトを通して、ギリシア語の文献がもたらされました**。アッバース朝の都バグダードに建てられた**知恵の館**（バイト=アルヒクマ）では、ギリシア語文献を**アラビア語に翻訳**する作業が行われ、**アリストテレス哲学**

やギリシアの医学・数学などがイスラーム世界にもたらされました。また、**インドからは十進法やゼロの概念**が伝わり、イラン世界からはペルシア語文献が伝わります。

こうして、イスラーム教やアラビア語を中心に、ギリシア・ペルシア・インドなどの文明が融合し、バグダードやコルドバ、カイロなどの都市を基盤にイスラーム文化が発達しました。

THEME 2

東南アジアとアフリカのイスラーム化

ここで動きめる!

- 東南アジアやアフリカでイスラーム教が広まった背景を理解しよう。
- 東南アジアのイスラーム国家は、地図でその位置を確認しながら学習しよう。
- アフリカは地域ごとにどのような国が興ったのかを押さえよう。

1 東南アジア

① ムスリム商人と中国商人の交易

ムスリム商人は、8世紀頃から**東南アジアに進出**しましたが、すぐにイスラーム教が広まったわけではなく、東南アジアでは、ヒンドゥー教や仏教などのインドに起源をもつ宗教が社会に根付き、信仰されていました。

ムスリム商人は、南シナ海を経て唐代の中国に到達しました。唐代の広州には、ムスリム商人をはじめとする外国人の居留地がつくられましたが、**唐末に起きた黄巣の乱で、広州の外国人居留地が破壊**されてしまったため、**ムスリム商人はマレー半島まで撤退**せざるをえなくなりました。

一方、10世紀に**ジャンク船**の普及や**羅針盤の実用化**にともない、遠洋航海が可能になったことから、**中国商人**が東南アジアを訪れるようになりました。こうして、ムスリム商人と中国商人を中心に、東南アジアは交易の場として活況をむかえることになります。

写真提供：PIXTA

中国商人がおもに使用したジャンク船

13世紀後半にモンゴル人国家の**元**が成立し、中国南部まで支配すると、海上交易圏の拡大を狙って東南アジア諸地域に遠征を行いました。ビルマの**パガン朝は元の攻撃を受けて衰退**し、その後滅亡しますが、ベトナムの**陳朝は元の侵攻を数回にわたって撃退**し、また、ジャワ島では**元を撃退してヒンドゥー教を奉じるマジャパヒト王国が成立**しました。その後、元は海上交易を奨励したため、ムスリム商人と中国商人の交易は活発に行われました。

② イスラーム化の進展

13世紀になると**ムスリム商人に同行したスーフィーが布教活動を行い**、諸島部を中心にイスラーム教が浸透していきました。

14世紀末、マレー半島に成立した**マラッカ王国**は、マラッカ海峡をおさえて中継貿易で繁栄しました。また、**明に朝貢**してその保護を受けることで周辺諸勢力の干渉を排除し、独立を維持しました。

しかし、東南アジアにおける明の影響力が低下すると、15世紀半ば頃に、**マラッカの王はイスラーム教に改宗**してムスリム勢力を味方につけました。こうしてマラッカを中心に、近隣の諸島部にもイスラーム教が伝わり、**スマトラ島ではアチェ王国**が、**ジャワ島ではマタラム王国やバンテン王国**が成立しました。

東南アジアのイスラーム諸国

2 アフリカ

① イスラーム化以前

アフリカでは、ナイル川中流域に興(おこ)った**クシュ王国**（➡P35）のほかに、紀元前後には**エチオピア高原**を中心に**アクスム王国**が成立します。

アクスム王国の王は、４世紀頃に単性論(たんせいろん)派の流れをくむ**キリスト教を受容**し、ナイル川流域と紅海(こうかい)を結ぶ交易で繁栄し、一時はアラビア半島の南岸地域もその影響下に置きました。

② アフリカ東岸部

アクスム王国よりもさらに南の地域では、**季節風を利用**してインド洋諸地域との交易が行われ、やがてムスリム商人が**マリンディ**や**キルワ**などの港市(こうし)を訪れ、なかには移住する者もあらわれました。こうして、**現地のバントゥー諸語に、ムスリム商人が使うアラビア語などの外来語が混ざり、スワヒリ語が生まれました。**

ザンベジ川以南の地では、**モノモタパ王国**が14世紀に金や象牙(ぞうげ)などの輸出で繁栄し、ムスリム商人もこの交易に積極的に関与しました。また、モノモタパ王国より南方では、**巨大な石造(せきぞう)建築遺跡群の大ジンバブエ**が発見されており、遺跡からはこの地域の交易による繁栄ぶりをうかがい知ることができます。

③ 西アフリカ

西アフリカの**ニジェール川流域**では、古来、**豊富な金が産出**され、**サハラ北部で採取される岩塩(がんえん)**との取り引きが行われていました。７世紀頃に成立した**ガーナ王国**は、イスラーム勢力と交易を盛んに行い、北アフリカなどには金が大量にもたらされました。

しかし、11世紀になると、マグリブ地方に興った**ムラービト朝の攻撃を受けてガーナ王国は衰退**し、こうした軍事征服を機に、**西アフリカのイスラーム化が進展**しました。

その後、ニジェール川流域に成立した**マリ王国**は、14世紀の**マンサ=ムーサ**の時代に全盛期をむかえました。マンサ=ムーサは、メッカ巡礼（じゅんれい）の際に滞在地で大量の金を奉納したことでも知られます。

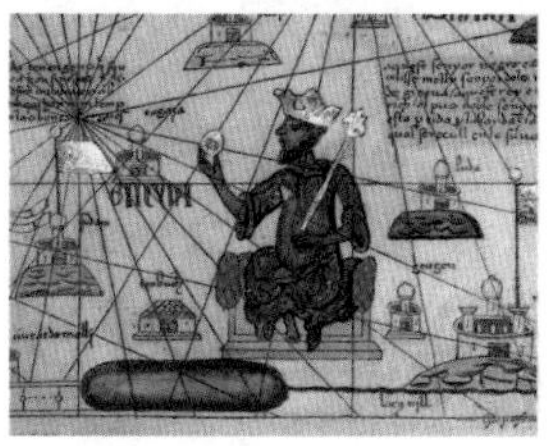
マンサ=ムーサ

マリ王国の滅亡後は、**ソンガイ王国**がニジェール川流域を支配しました。マリ・ソンガイ両王国のもとでは、交易都市である**トンブクトゥ**が繁栄し、西アフリカにおけるイスラーム経済・文化の中心地となりました。

●アフリカ史の展開

2世紀頃のアフリカ

11世紀頃のアフリカ

14世紀頃のアフリカ

15～16世紀頃のアフリカ

SECTION

中世東西ヨーロッパ世界の動向

THEME

1　中世西ヨーロッパの封建社会とカトリック教会
2　「商業の復活」と中世都市の発展
3　中世東ヨーロッパ世界

SECTION 7で学ぶこと

荘園における農奴の負担や教皇権の伸張、十字軍運動の影響、中世ヨーロッパの商業圏は頻出！

中世西ヨーロッパ世界を象徴する封建社会の仕組みや、世俗権力を抑えて伸張する教皇権を理解し、十字軍運動の影響や中世ヨーロッパの商業圏について整理しましょう。

1　封建社会の成立

中世西ヨーロッパ世界では、領主が個人の土地や財産を守るために封建的主従関係をつくりあげました。また、領主の荘園で暮らす農奴には、様々な負担がのしかかりました。

2　教皇権の伸張と十字軍運動の影響

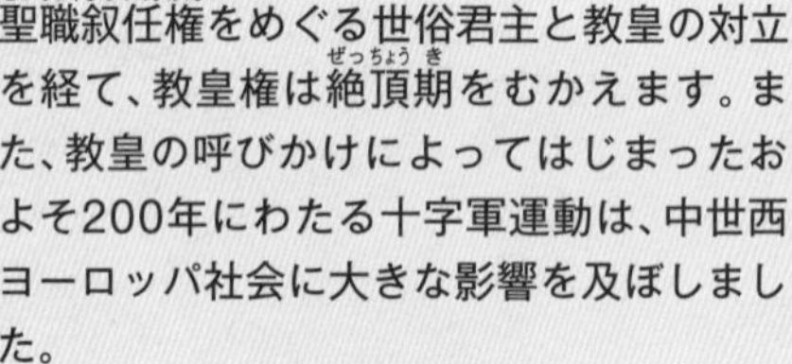

聖職叙任権をめぐる世俗君主と教皇の対立を経て、教皇権は絶頂期をむかえます。また、教皇の呼びかけによってはじまったおよそ200年にわたる十字軍運動は、中世西ヨーロッパ社会に大きな影響を及ぼしました。

3　中世都市と商業圏

中世都市は、自治権を獲得して領主の封建的な支配から自立しました。また、中世都市を主体とする遠隔地貿易により、地中海商業圏や北ヨーロッパ商業圏、内陸商業圏が形成されました。

東西教会の分裂、ビザンツ帝国の統治体制の転換、各地のスラヴ人が受容した宗教は頻出！

東西教会が分裂した背景や、ビザンツ帝国の衰退から滅亡までの過程を押さえ、各地に展開したスラヴ人や非スラヴ人が、それぞれどのような宗教を受容したのかを整理しましょう。

□ 東西教会の東西分裂

ゲルマン人への布教に際し、ローマ教会は聖像を使用しましたが、ビザンツ皇帝が聖像禁止令を出したことで東西教会の対立が顕著になりました。最終的には、東西教会が双方を破門するかたちで分裂しました。

□ ビザンツ帝国の衰退・滅亡

イスラーム勢力の圧迫を受け、ビザンツ帝国は11世紀に統治体制を転換して帝国の防衛につとめましたが、最終的にオスマン帝国によって征服されます。一方、文化においては、教会建築に代表されるビザンツ文化が開花しました。

□ スラヴ人と周辺諸民族

西スラヴ人やマジャール人はカトリックを、東スラヴ人やブルガール人はギリシア正教を受容します。一方、南スラヴ人の場合、クロアティア人はカトリックを受容しますが、セルビア人はギリシア正教を受容しました。

このSECTIONでは、前半が中世西ヨーロッパ世界の内容で、後半が中世東ヨーロッパ世界の内容になっています。どちらの話をしているのか混乱しないように注意しましょう。

THEME 1 中世西ヨーロッパの封建社会とカトリック教会

ここで動きめる!

- 封建的主従関係が君主権力の強化につながらなかった理由を理解しよう。
- ローマ=カトリック教会の権力がどのように拡大していったのかを理解しよう。
- 十字軍運動の背景と影響について押さえよう。

1 封建社会の成立 (➡P153「フランク王国の分裂」から接続)

①「包囲」される西ヨーロッパ世界

ゲルマン人の大移動によってもたらされた混乱により、**中世西ヨーロッパ世界では商業活動や都市が衰退し、自給自足的な農業社会が形成**されるようになりました。一方で、フランク王国のカール大帝の時代に一時的な統合が進みましたが、カール大帝の死後、9世紀半ば以降にはフランク王国は3つに分裂し、**中世西ヨーロッパ世界は政治的な分裂の時代**をむかえます。

また、この時期には、**ノルマン人**(➡P155)が、ヨーロッパ沿岸一帯で略奪(りゃくだつ)を行ったほか、地中海をはさんで北アフリカ一帯とイベリア半島には、**イスラーム諸王朝**が割拠(かっきょ)します。さらに、東方からは**スラヴ人**(➡P195)や**マジャール人**が侵入してきます。このように、9世紀後半以降、西ヨーロッパ世界は諸勢力の脅威(きょうい)に悩まされることになったのです。

② 封建的主従関係(ほうけんてきしゅじゅう)

周辺諸勢力の侵入と脅威を受け、君主や諸侯(しょこう)などの領主(☞土地を所有する支配層)は、**「いかにして自分の財産(土地)を守るか」**といった課題に直面します。

そこで、**古代ローマに起源をもつ恩貸地制度**に、**ゲルマン社会に起源をもつ従士制**があわさって**封建的主従関係**が構築されました。封建的主従関係について、まずは語句の確認をしましょう。

特徴の整理　～国王・諸侯・騎士～

- 国王：諸侯のなかから国王に選出される
  ☞国王の**支配は自分のもつ所領にしか及ばない**
- 諸侯：**広大な土地をもつ**大領主／多くの騎士を家臣とする
- 騎士：武器と軍馬をもち、**戦争の主力**となる小領主

この3つの用語を知らないと、ここから先の話は理解できないので、まずはイメージをしっかりともちましょう。封建的主従関係はおもにこの3つの階層のあいだで結ばれます。

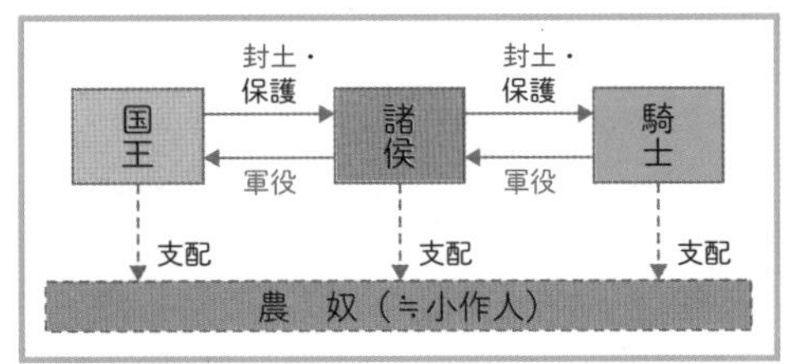

封建的主従関係

封土を与える人のことを主君といい、封土を与えられる人を家臣といいます。**主君は家臣に封土（領地）を与えて保護し、家臣は主君に対して忠誠を誓い、軍役の義務をもちます**。こうして生まれた個人間の結びつきは、当初は一代限りの個人間契約でしたが、次第に世襲化されるようになります。

また、封建的主従関係では、**主君と家臣の双方(そうほう)に契約を守る義務**があります。これを**双務的契約(そうむてきけいやく)**といい、家臣が「助けて！　外部民族に土地を荒らされている！」とSOSを出したら、主君は契約を結んでいるほかの諸侯や騎士に対し、「おまえたち急いで救援に向かいなさい！」と命じて、保護をしなければなりません。

このように、**血のつながっていない他人同士が、力を合わせてお互いの土地を守るための工夫として生まれたのが封建的主従関係**なのです。そして、これは「契約」なので、義務を履行(りこう)できるのであれば**複数の主君と契約を結ぶこともできます**。ただし、万が一、契約を履行できない場合は、封土を取り消されることがあります。つまり、「**もうその土地はお前のものではない**」**ということで没収されてしまう可能性もあった**のです。

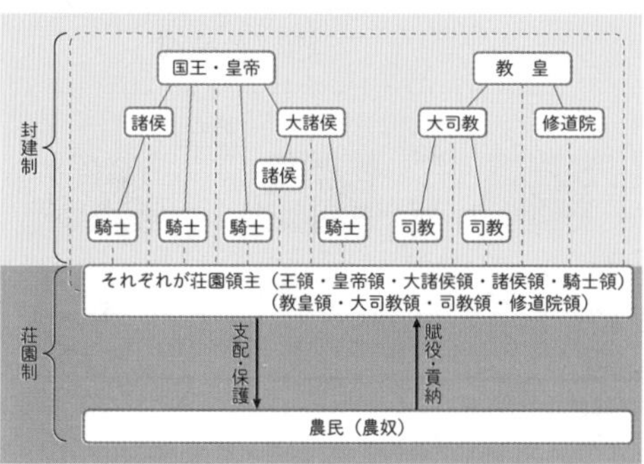

封建社会の構造

③ 荘園(しょうえん)

封建的主従関係を結ぶ**国王・諸侯・騎士**は、自分の土地（☞これを**荘園**といいます）をもち、そこに住む農民を支配します。**こうした支配層を領主といい**、領主には教会も含まれます。一方、荘園に住む農民の多くは**農奴(のうど)**（☞小作人(こさくにん)のイメージ）と呼ばれる不自由な身分の人びとです。

それでは、農奴は荘園でどのような生活をおくっていたのかを図解してみます。彼らがいかに苦しい生活をしていたのかがわかると思います。

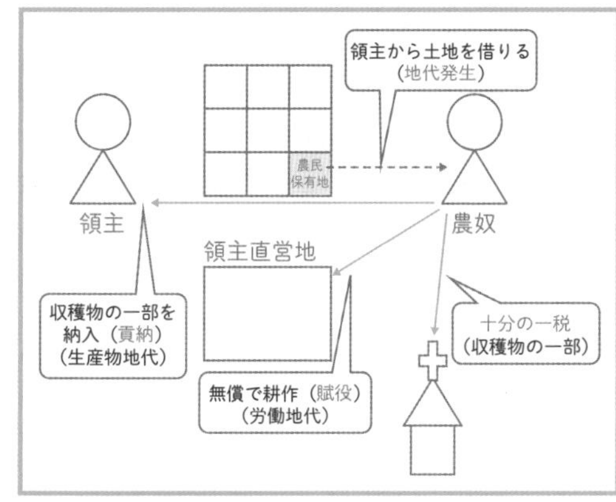

農奴の経済的な負担

また、農奴には上記以外にも、**結婚税**（☞荘園外に結婚で移住する際に負担）や**死亡税**（☞一種の相続税）が課せられます。

荘園には農奴のほかに、手工業者なども住んでおり、荘園内で生活が完結する自給自足的な現物経済で、貨幣の使用はみられませんでした。

そして、領主は国王の役人が荘園に立ち入ったり、課税したりすることを拒否できる**不輸不入権**（インムニテート）をもち、**領主は荘園内の絶対的な支配者として、領主裁判権を行使して住民を支配**しました。

このように、領主は荘園内の絶対的な支配者となったため、**国王の権力や支配は各地の荘園には及びません**でした。そのため、**中世西ヨーロッパ世界は、地方分権的な政治状況が長く続く**ことになります。

2 ローマ=カトリック教会の権威拡大

① ローマ教会の階層制（ヒエラルキー）

中世西ヨーロッパ世界は、国王権力が限定的で、諸侯が政治的に自立するなど地方分権的な傾向にありましたが、そのなかでカトリックを奉(ほう)じる**ローマ=カトリック教会**（☞以下、ローマ教会とします）の権威は西ヨーロッパ世界全体に及んでいきました。

ローマ教会では、**使徒(しと)ペテロの後継者(こうけいしゃ)を自任する教皇(きょうこう)**を頂点に、大司教(だいしきょう)や修道院長、司教、司祭(しさい)などからなる**ピラミッド型の階層制組織**がつくられました。

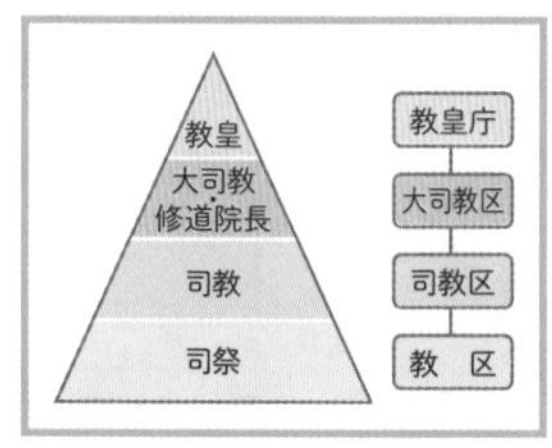

ローマ=カトリック教会の階層制

また、荘園などの農村部には教会が置かれ、その司祭が教区内の住民の布教(ふきょう)活動を担当します。こうして、教皇の命令が各地に広く及ぶようになり、その権威は拡大していきました。

② 叙任権(じょにんけん)闘争の展開

神聖(しんせい)ローマ皇帝（☞ここからは、**皇帝**と表記します）や国王は、**自分に都合の良い人間を聖職者(せいしょくしゃ)に任命し、教会組織をみずからの統治(とうち)に利用する**こともありました。とくに神聖ローマ帝国では、世俗(せぞく)の諸侯に対抗するために、**皇帝は「地上における神の代理」であるみずからの地位を利用して、聖職者の任命を行って皇帝の権力基盤(きばん)に据えよう**としました。これを帝国教会政策といいます。

しかし、こうした政策により、**聖職売買**や**聖職者の妻帯(さいたい)**などが横行(おうこう)してしまいます。こうした**教会の腐敗(ふはい)化**に対し、10世紀以降、フランスの**クリュニー修道院**が中心となって**教会改革運動**を展開します。

教会改革の精神を継承した**教皇グレゴリウス7世**は、聖職売買や聖職者の妻帯を禁止し、聖職者を任命する権利（☞**聖職叙任権**といいます）を皇帝などの世俗権力から教会に移すことによって、教皇権力の強化を図りました。しかし、**ドイツ王ハインリヒ4世**（☞のちに**神聖ローマ皇帝**に即位）は教皇の改革に反発し、**叙任権闘争**が勃発しました。ハインリヒ4世からすると、聖職者を味方にできないということは、君主権力の弱体化を招いてしまうのでどうしても納得できなかったのです。これに対して**教皇グレゴリウス7世は、教会改革を無視するハインリヒ4世を破門**（☞キリスト教徒でなくなるということ）しました。

ハインリヒ4世は、ドイツの諸侯から猛反発を受け、「破門が解除されなければ、お前を国王の座から引きずり下ろすぞ！」と言われてしまいます。そこで、**ハインリヒ4世は、1077年に教皇に謝罪して破門を解除**されました。これを**カノッサの屈辱**といいます。**世俗権力が教皇に屈服した象徴的なできごと**でした。

③ 教皇権の絶頂

カノッサの屈辱後も、皇帝と教皇のあいだで叙任権闘争が展開されました。最終的に、1122年に当時の皇帝と教皇のあいだで**ヴォルムス協約**が結ばれ、**西ヨーロッパ世界の聖職叙任権は教皇が保持**することになり、ここに叙任権闘争は一応収束しました。

そして、**13世紀初頭**の**教皇インノケンティウス3世**のとき、教皇に従わない皇帝や国王を破門して屈服させるなど、**教皇権の絶頂期**をむかえました。インノケンティウス3世は、「**教皇は太陽、皇帝は月**」と表現し、皇帝権力に対するみずからの優位性を説きました。

3 十字軍運動

① 西ヨーロッパ世界の安定

11世紀からおよそ200年にわたり、西ヨーロッパは比較的温暖な気候が続きました。また、**耕地を秋耕地・春耕地・休耕地の3つに分けて3年かけて一巡する三圃制**や、**鉄製の農具**を牛や馬にひかせる**重量有輪犂**が普及し、森や荒れ地の開墾が進みました。

こうして、**西ヨーロッパ世界では農業生産力が向上し、余剰農作物が生まれ**ました。食料生産の増加にともない、**人口も飛躍的に増加**します。人口が増えたことにより、土地不足が問題となり、11世紀以降、修道院が主体となった**大開墾運動**や、オランダの干拓、イベリア半島の**レコンキスタ**、エルベ川以東への**東方植民**など、西ヨーロッパ世界の「膨張」がみられるようになりました。

また、ローマ教会の権威拡大にともない、**民衆のあいだでは巡礼熱が高まります**。イベリア半島のサンティアゴ=デ=コンポステーラや、カトリック教会の総本山であるローマ、イエスにゆかりのあるイェルサレムが三大巡礼地として知られます。

② 十字軍運動

11世紀後半、**セルジューク朝**（➡P167）が、地中海東岸部に進出して**聖地イェルサレムを占領**すると、「わたしたちキリスト教徒の聖地をイスラーム勢力から取り返したい！」という情熱が高まりました。また、セルジューク朝の進出に直面したビザンツ皇帝は、ローマ教皇に救援を求めました。

要請を受けた**教皇ウルバヌス2世**は、1095年に開かれた**クレルモン宗教会議**の際、**聖地奪回のための十字軍の派遣**を呼びかけます。これが十字軍運動のはじまりで、**土地不足に悩んでいた諸侯や騎士などは海外領土の拡大を期待**しました。

●十字軍運動

十字軍	期　間	特　徴
第1回	1096～99	フランスの諸侯が主体 ☞**聖地の奪回に成功**→**イェルサレム王国**の建国
第3回	1189～92	• 背景：**アイユーブ朝**がイェルサレムを占領 • **イギリス王・フランス王・神聖ローマ皇帝**が参加 ☞聖地奪回に失敗
第4回	1202～04	• 教皇**インノケンティウス3世**が提唱 • **ヴェネツィア商人**が運搬(うんぱん)を担当 • **コンスタンティノープル占領**☞**ラテン帝国**の建国
第5回	1228～29	**フリードリヒ2世**の交渉→聖地を一時的に回復

十字軍運動を受け、聖地に巡礼するキリスト教徒を保護するために、**ドイツ騎士団をはじめとする宗教騎士団**が組織されました。

およそ**200年**にわたって行われた十字軍運動ですが、13世紀末に最後の拠点(きょてん)であったアッコンがマムルーク朝によって落とされ、**聖地回復の目的を達成することはできません**でした。

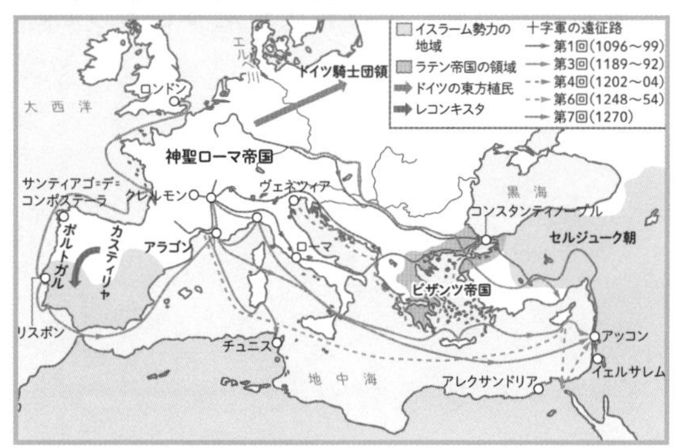

中世西ヨーロッパ世界の膨張

SECTION 7 中世東西ヨーロッパ世界の動向

③ 十字軍運動が西ヨーロッパ世界に与えた影響

十字軍のあいつぐ失敗は、その提唱者である教皇の権威を動揺させました。

また、**十字軍の主力となったのは諸侯や騎士**でした。海外領土獲得の狙いは失敗に終わり、諸侯・騎士の没落が進みます。とくに**フランスでは、戦死した諸侯や騎士の土地（封土）を国王が没収して王領の拡大に成功し、フランス王の支配が及ぶエリアが拡大していく**など、相対的に**国王の権力は強化**されました。

一方、**十字軍の海上輸送を担当したイタリアの商人らは、地中海東岸地域のムスリム商人と交易を行う**など、**東方貿易**（**レヴァント貿易**）が活発化し、**北イタリアの諸都市が繁栄**します。また、**ビザンツ帝国やイスラーム世界から多くの知見がもたらされ、西ヨーロッパの文化形成に大きな影響を与えます。**

こうして、十字軍運動は聖地奪回にこそ失敗しましたが、西ヨーロッパ世界を変容させる多くの影響をもたらしました。

THEME 2
「商業の復活」と中世都市の発展

ここで直きめる！

- 中世ヨーロッパ世界の３つの商業圏について、その特徴を理解し、代表的な都市を覚えよう。
- 中世都市は、現在の都市とどのような違いがあるのかを理解しよう。
- 中世都市の人びとが、どのような暮らしをしていたのかを理解しよう。

1 商業圏の形成

① 貨幣(かへい)経済の浸透

ムスリム商人やノルマン人の商業活動は、次第に**貨幣経済が浸透**するきっかけになりました。また、**三圃制(さんぽせい)や重量有輪犂(ゆうりんすき)の普及(ふきゅう)にともない、農業生産力が向上すると余剰(よじょう)農作物が生まれ**、こうした作物は**貨幣**に交換されるようになり、荘園(しょうえん)をはじめとする西ヨーロッパ社会には貨幣経済が浸透していきました。

他方で、**十字軍の海上輸送にたずさわった商人を中心に、遠隔(えんかく)地(ち)貿易が発達**し、11世紀から12世紀にかけて商業活動が急速に発展していくことになります。

② 地中海商業圏

地中海商業圏では、**イタリア商人**が**東方貿易（レヴァント貿易）**を行い、エジプトやシリアなどの地中海東岸地域を訪れ、現地のムスリム商人（☞カーリミー商人など）と取り引きをします。

イタリア商人は、毛織物(けおりもの)や銀をもちこんで**エジプトの産品**（小麦や砂糖）、**南アジア・東南アジアの産品**（**香辛料(こうしんりょう)・宝石**）、**中国の産品**（**絹織物(きぬおりもの)・陶磁器(とうじき)**）などを購入し、ヨーロッパに持ち込みます。アジアの産品はヨーロッパでは希少価値が高く、**奢侈品**（☞高級品・ぜいたく品）として高値で取り引きされました。

地中海商業圏を代表する都市は、**ヴェネツィア**（☞「アドリア海の女王」の異名）・**ジェノヴァ**・**ピサ**などの海港都市と、**ミラノ**や**フィレンツェ**（☞大富豪の**メディチ家**が支配）などの内陸都市です。また、地中海を舞台とする広域商業ネットワークの発展により、イスラーム世界から高度な農業技術がイベリア半島に伝わります。

③ 北ヨーロッパ商業圏

北海・**バルト海**での交易を舞台とする**北ヨーロッパ商業圏**では、地中海商業圏とは対照的に、**生活必需品**が取り引きされました。

北ドイツの**リューベック**や**ハンブルク**などの諸都市を中心に、**海産物**・**穀物**・**木材**や、**フランドル地方**（☞ほぼ現在のベルギーに相当します）の諸都市（**ガン**・**ブリュージュ**など）でつくられる**毛織物**が取り引きされ、イギリスのロンドンからは、フランドル地方に毛織物の原料となる羊毛が輸出されました。

④ 内陸商業圏とその他

ヨーロッパの内陸部では、地中海商業圏と北ヨーロッパ商業圏を結ぶ要衝に都市が発達します。例えば、フランスの東北部に位置する**シャンパーニュ地方**では、年に**数回の大定期市**が開催されました。また、南ドイツの**アウクスブルク**（☞大富豪の**フッガー家**が支配）で**産出された豊富な銀**は、イタリア諸都市に送られました。

ノルマン人が建てたノヴゴロド国やキエフ公国は、中世東ヨーロッパ世界における主要な交易路の形成に貢献しました。**バルト海からノヴゴロドに接続し、ノヴゴロドから南下してドニエプル川とキエフを経て、黒海に接続するルート**が発達しました。

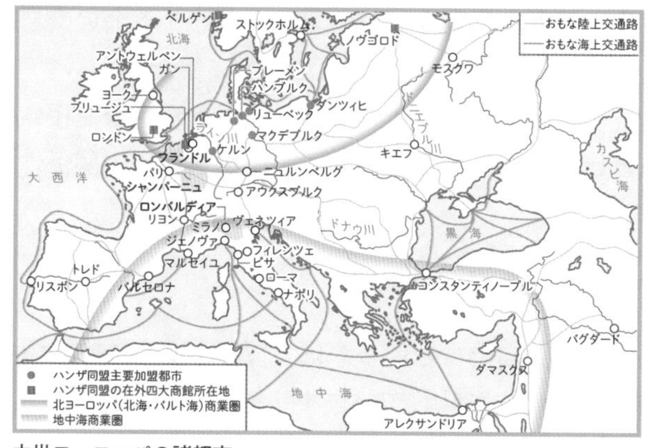

中世ヨーロッパの諸都市

2 中世都市の成立と発展

① 中世都市の自治権獲得

中世都市の起源は、地域や場所によって異なるものの、カトリック教会の司教(しきょう)が管轄(かんかつ)する教会が置かれている都市を中心に発達する場合が多くありました。中世都市は、**はじめは諸侯(しょこう)などの封建(ほうけん)領主の支配や保護を受けていました**が、11世紀以降に本格化する商業活動のなかで政治的な自由を求めるようになり、闘争や買収などを通じて**封建領主から自治権を獲得し、自治都市**へと成長しました。

北イタリア諸都市のうち、自治権を獲得した自治都市を**コムーネ**といい、やがてコムーネは、**都市周辺の農村地域をも支配して都市国家**へと成長していきます。一方、**神聖(しんせい)ローマ帝国**では、諸都市が諸侯勢力に対抗する皇帝から特許状(とっきょじょう)を得て自治都市となり、**諸侯と対等の権利をもつ帝国都市**（☞あるいは**自由都市**ともいいます）となります。

こうして自治権を得た諸都市は、商業上・防衛上などの共通の利害にもとづいて**都市同盟**を結成しました。**北イタリア**では、神聖ローマ皇帝のイタリア政策に対抗し、**ロンバルディア同盟**が結成されました。また、**北ドイツ**の**リューベック**を**盟主(めいしゅ)とする**ハンザ同

盟は、共通の軍隊や貨幣を有し、北海からバルト海の交易圏を支配しました。

一方で、イギリスやフランスでは、国王から特権（とっけん）を授かって独自の発展をとげる都市もあらわれ、国王権力と都市の関係性は密接でもありました。

② 中世都市の人びとの暮らし

中世都市がもつ自治権というのは、「**諸侯などの封建領主の支配が及ばない**」ことを意味しています。そのため、都市は「独立した状態」に近いと言えるでしょう。

こうした自治の性質を示したドイツのことわざがあります。**「都市の空気は（人を）自由にする」**です。これは、「荘園にいた農奴（のうど）が逃げ出して都市に入り、1年と1日住めば正式に都市の住民となるので、自由の身になれる」という意味です。

このように、中世都市の自治権とは、封建領主に対する都市の自立性を示すものですが、一方で、**都市内部では規則や身分制でガチガチ**にされており、**市民が平等に暮らしているわけではなかった**のです。

中世都市の内部には、**ギルドとよばれる同業組合**が存在しました。ギルドは、**組合員の利益を最優先とし、商品の販売価格などを統制して自由競争を徹底的に排除**していきます。

富を蓄えた**大商人を中心とする商人ギルドが都市の市政を運営**していましたが、やがて商人ギルドに対抗するかたちで**手工業者による同職ギルド（ツンフト）が結成**されました。同職ギルドは、**商人ギルドに対するツンフト闘争を経て次第に市政に参加**する権利を獲得していきます。一方で、手工業者のあいだには、**親方・職人・徒弟（とてい）という身分制のような上下の序列**があり、ギルドに正規に参加できるのは親方だけでした。

過去問にチャレンジ

中世ヨーロッパにおいて東方貿易に従事し、香辛料の取引で栄えた都市の名と、その位置を示す次の地図中のａまたはｂとの組合せとして正しいものを、下の①～④のうちから一つ選べ。

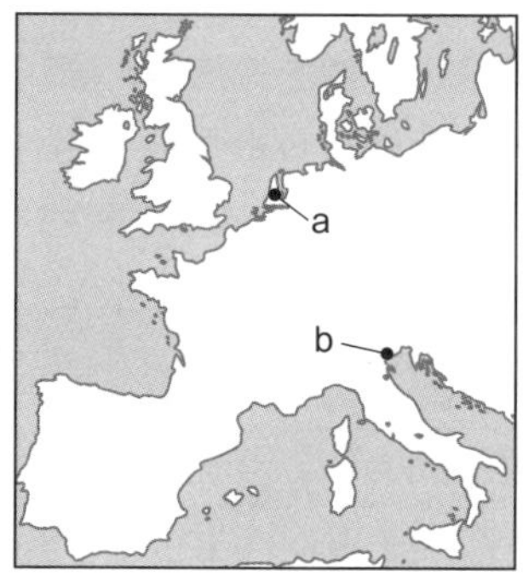

① ヴェネツィア ― a
② ヴェネツィア ― b
③ アムステルダム ― a
④ アムステルダム ― b

(2017年度　本試験　世界史B)

東方貿易による香辛料の取り引きで栄えたのは、イタリア諸都市です。その代表的な都市は、ヴェネツィア・ミラノ・ジェノヴァ・ピサ・フィレンツェなどです。したがって、都市名はヴェネツィアで、その位置としては北イタリアのｂであるため 答え ② となります。アムステルダムは、オランダの都となった都市で、香辛料貿易や中継貿易などで17世紀前半に繁栄しました。

これは、センター試験時代の問題ですが、出題傾向としては共通テストとほぼ同じです。共通テストでは、地図を用いた問題が出題されますが、正確な都市の位置や国家の勢力図などを覚えておく必要はなく、「だいたいこのあたり」というざっくりとした位置などが頭に入っていれば十分です。本問も、都市の正確な位置を問うているのではなく、「イタリア」がわかれば正解を選択できる問題です。

THEME 3

中世東ヨーロッパ世界

ここで 固める！

- ビザンツ帝国衰退期の支配体制の特徴を理解しよう。
- スラヴ人やその周辺の非スラヴ人が、それぞれ受容した宗教を覚えよう。
- ビザンツ帝国滅亡後、ローマ皇帝の地位を継承した国（モスクワ大公国）を覚え、その背景を理解しよう。

1 ビザンツ帝国の衰退期（➡P147から接続）

ビザンツ帝国は、10世紀末から11世紀初頭にかけて、ブルガリア帝国を征服して領土を拡大しましたが、11世紀後半以降になると、外部勢力の侵入に再び苦しめられることになります。

ビザンツ帝国を圧迫（あっぱく）したのは、**イスラーム勢力の一つであったセルジューク朝**です。セルジューク朝は、11世紀後半にビザンツ帝国を破って**アナトリアに進出し、現地のトルコ化を進めました。**現在のトルコ共和国がアナトリアを中心としている要因の一つです。

9～11世紀頃のビザンツ帝国

国を立て直すため、ビザンツ帝国では**プロノイア制**がとられました。この制度は、**各地の有力者に一定の土地の管理を委ねる代わりに軍役（ぐんえき）を課す**ものです。その実態は定かではありませんが、少なくともビザンツ帝国は現状の領土を、これ以上減らさないように苦慮したと考えられます。

しかし、13世紀初頭には、**第4回十字軍**によってビザンツ帝国は**都のコンスタンティノープルを奪われ**、一時アナトリアに亡命(ぼうめい)政府を樹立しました。その後、13世紀後半には都を奪回して帝国を復活させたものの、その勢力が回復することはありませんでした。

ビザンツ帝国は、アナトリアからバルカン半島に勢力を急速に拡大していたイスラーム国家の**オスマン帝国**（☞スルタンの**メフメト2世**）の侵攻を受けて**1453年に滅亡(めつぼう)**しました。

2 スラヴ人や周辺諸民族の自立

① スラヴ人の分類

スラヴ人は、**カルパティア山脈**北方を原住地とし、ゲルマン人の大移動後に空白となっていたビザンツ帝国領の北方の地域に分布していきました。

スラヴ人は、**西スラヴ人・南スラヴ人・東スラヴ人の3つに大きく分かれます**。彼らはフランク王国や神聖(しんせい)ローマ帝国、ビザンツ帝国といった文化大国の影響を強く受け、**カトリックやギリシア正教に改宗**していきます。

それでは、右の地図を使いながら「〇〇人は、▲▲（カトリックorギリシア正教）を受容した」と覚えていきましょう。「こんなこと覚えて何の役に立つのさ！」と思っている受験生もいると思います。しかし、中世東ヨーロッパ世界の複雑な信仰形態が、近現代史になると様々な問題を引き起こすのです。

スラヴ人と周辺諸民族の展開

② 西スラヴ人：ポーランド人・チェック人

ポーランド人は、10世紀にポーランド王国を建国します。ポーランド王国は、ドイツ騎士団(きしだん)の東方植民に悩まされて**リトアニア大(たい)公国(こうこく)と同君連合(どうくんれんごう)**（☞1人の君主が複数の国の君主を兼ねる状態）をなし、14世紀後半には**ヤゲウォ朝**（ヤゲロー朝）（☞リトアニア＝ポーランド王国ともいいます）が成立します。ヤゲウォ朝は、ドイツ騎士団を破って勢力を拡張し、16世紀には**北のバルト海と南の黒海(こっかい)を接続する広大な支配領域を形成**しました。

チェック人は、10世紀に**ベーメン（ボヘミア）王国**を建国しました。これが現在のチェコの母体となりますが、11世紀以降は神聖ローマ帝国に編入されてしまいます。

10～11世紀の東ヨーロッパ世界

③ 南スラヴ人：スロヴェニア人・クロアティア人・セルビア人

スロヴェニア人や**クロアティア人**は、フランク王国のカール大帝の影響を受けて**カトリックを受容**しました。

セルビア人はビザンツ帝国の支配下にあり、**ギリシア正教を受容**しましたが、12世紀には自立しました。しかし、オスマン帝国がバルカン半島の制圧に乗り出したことで、南スラヴ人の多くはオスマン帝国の支配下に置かれました。

④ 東スラヴ人：ロシア人

そもそもロシアの起源は、ノルマン人が建国したノヴゴロド国にあります。その後、ノルマン人の一派はノヴゴロド国からさらに南下し、ドニエプル川流域にキエフ公国を建国しました。これらの国では、東スラヴ人との同化が進みました。

キエフ公国は黒海を介した交易の要衝(ようしょう)として繁栄し、大公**ウラディミル１世**は、ビザンツ帝国から**ギリシア正教を受容**しました。しかし、キエフを含む近隣の諸侯国(しょこうこく)は、13世紀にモンゴル人により征服され、ロシアはモンゴルの支配下に置かれました。これを**「タタール（モンゴル）のくびき」**といいます。

15世紀になると、**モスクワ大公国**が勢力を拡大し、大公**イヴァン３世**の時代に、**モンゴルの支配から脱しました**。また、イヴァン３世の妻は、最後のビザンツ皇帝の姪(めい)でした。そのため、イヴァン３世は、**ビザンツ皇帝の地位を継承(けいしょう)し、ギリシア正教の守護者を名乗り**、**ツァーリを自称**しました。ツァーリ（Czar）とは、「カエサル」のこと、すなわち「ローマ皇帝」の称号を意味します。

その後、**イヴァン４世**の時代には、**イェルマーク**（☞コサックという武装集団の首領）を派遣(はけん)して**シベリア方面への進出**を積極的に行いました。そして、イヴァン４世は**ツァーリを正式な称号**として採用します。ここにロシア帝国の基礎がつくられました。

イヴァン４世は、貴族などを力でおさえつけて専制(せんせい)支配体制を構築し、農奴制(のうどせい)を強化していきました。こうした支配体制を、ロシアでは**ツァーリズム**といいます。

⑤ その他：非スラヴ人

それでは最後に、**スラヴ人以外の諸民族**をみていきましょう。

まずは、トルコ系の**ブルガール人**です。ブルガール人は、７世紀にバルカン半島の北部にブルガリア帝国を建国し、やがてスラヴ人と同化していくなかで**ギリシア正教を受容**しました。帝国はビザンツ帝国に併合(へいごう)され、その後復活しました（☞第２次ブルガリア帝国といいます）が、14世紀にはオスマン帝国によって征服されました。

つぎに、ウラル語系の**マジャール人**です。マジャール人は、10世紀半ばに東フランクのオットー1世に撃退されたことでも知られます。その後、マジャール人は、10世紀末に**パンノニア平原にハンガリー王国を建国**し、**カトリックを受容**しましたが、16世紀前半にはオスマン帝国の支配を受けます。

最後に、**ルーマニア人**です。ルーマニア人が居住するドナウ川下流域一帯は、ローマ帝国では属州（ぞくしゅう）ダキアと呼ばれた地域で、「Rumania」は「ローマ人の土地」という意味です。ルーマニア人は近隣のビザンツ帝国の影響を受けて**ギリシア正教を受容**しますが、15世紀にはオスマン帝国に服属（ふくぞく）しました。

14～15世紀の東ヨーロッパ世界

SECTION

中世西ヨーロッパ世界の変容

THEME

1　封建社会の衰退と教皇権の失墜
2　中世西ヨーロッパ世界の各国史

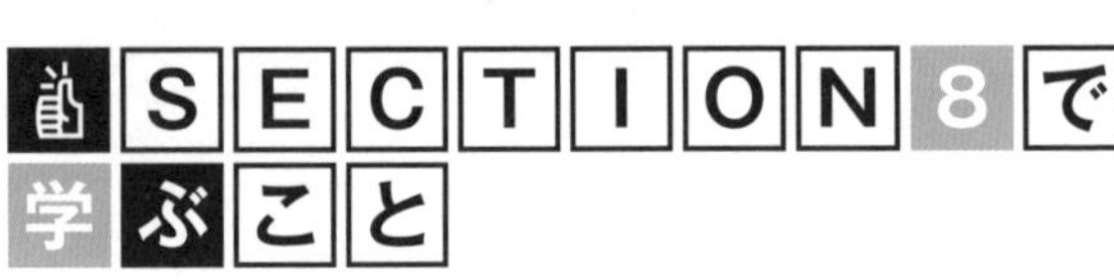

イギリス・フランス両国の王権の推移やドイツ・イタリアの分権化は頻出！

結果的に中央集権化が進んだイギリス・フランスと、それとは対照的に分権化が進んだドイツ・イタリアを軸に、それぞれの国でどのような歴史的な展開があったのかを整理しましょう。

1 中世のイギリス・フランス

当初、イギリスの王権は強く、フランスの王権は弱体的でしたが、その後、イギリスでは王権が制限され、フランスでは王権が強化されていきます。最終的に、15世紀末には両国ともに中央集権化が進みました。

2 中世のスペイン・ポルトガル

中世のイベリア半島では、カトリック勢力がイスラーム勢力を駆逐するレコンキスタ（国土回復運動）が展開されます。そして、この過程で誕生したスペインやポルトガルでは、中央集権化が進んでいきました。

3 中世のドイツ・イタリア・北欧３国

神聖ローマ帝国では諸侯の自立化が進み、イタリアでは北部を中心に都市国家が乱立するなど、両地域では分権化が進みました。また、北欧３国は同君連合によってバルト海貿易の利権を狙います。

14世紀は中世西ヨーロッパ世界の転換期。農民解放の動きと教皇権の失墜は頻出！

14世紀に封建社会の崩壊が進んだ背景や、教皇権失墜にかかわるできごとを整理しましょう。また、中世の文化は、「12世紀ルネサンス」に至る背景を優先的に押さえましょう。

□ 封建社会の崩壊

14世紀には、貨幣経済の発達にともなって農民解放が進展しました。また、ペスト（黒死病）の流行で農民人口が激減したことによる領主の農民に対する待遇改善、各地で発生した農民一揆などにより、領主層の没落が加速しました。

□ 教皇権の失墜

14世紀に起きたアナーニ事件や「教皇のバビロン捕囚」、教会大分裂を通して教皇の権威は低下します。また、この時期には教皇や教会の批判が行われるなど、宗教改革の先駆的な動きが発生しました。

□ 中世ヨーロッパ文化

イスラーム世界から中世西ヨーロッパ世界に伝わった様々な知見は、「12世紀ルネサンス」として現れ、その影響は神学や教会建築、大学や騎士道文学など多岐にわたってみられました。

封建社会の崩壊と教皇権の失墜は、ともに14世紀に顕著にみられました。ここは同時代の動きであることを意識しましょう。また、中世西ヨーロッパ世界の各国史は、イギリス・フランスを優先的に学習しよう！

THEME 1

封建社会の衰退と教皇権の失墜

ここで畝きめる！

- 貨幣経済が、荘園にどのような変化をもたらしたのかを理解しよう。
- 農奴解放の進展と領主が没落した背景を理解しよう。
- 教皇権の衰退にかかわる具体的なできごとと、その内容を押さえよう。

1 封建社会の衰退 （➡P189から接続）

① 貨幣経済の浸透

11世紀以降にみられた**農業生産の拡大により、農奴は余った穀物を貨幣に交換して貯蓄する**ようになり、荘園に貨幣経済が浸透すると、荘園を経営する領主が農奴から取り立てていた地代の形態にも変化がみられるようになります。

自給自足的な現物経済のころは、貨幣が使われていないので「お金で土地代を払う」ということができませんでした。そこで農奴は、**領主直営地を無償で耕作**する**賦役**（☞これを**労働地代**といいます）を行いました。

しかし、農業生産が拡大して**貨幣経済が浸透する**につれて、領主は効率よく地代を得るため、みずからの直営地を解体してその土地をさらに農奴に貸与しました。農奴は、**農民保有地で収穫された穀物の一部を地代として納入**する**貢納**（☞これを**生産物地代**といいます）や、市場で穀物と交換した**貨幣を地代として支払いました。**

② 農奴解放の進展

農奴は、地代を支払うと余った貨幣を貯蓄するようになり、やがて領主に対して自由になるための権利を得るため、いわゆる解放金を支払うようになります。こうして、**領主から自立性を強める農奴が登場**する一方で、従来「支配者」だった領主のなかには、農奴から地代を受け取るだけの「地主(じぬし)」に転落する者もいました。とくに貨幣経済の浸透が早かった**イギリス**では、農奴身分から解放された**ヨーマン（独立自営農民）**が登場します。

また、**14世紀**半ばには、中央アジアで発祥(はっしょう)したとみられる**ペスト（黒死病(こくしびょう)）**が**ヨーロッパに伝わり**、猛威をふるいました。諸説ありますが、このときのペストの流行により、西ヨーロッパ人口の3分の1が失われたといわれています。

荘園で暮らす**農奴の人口が激減**したことで、農奴の価値が上がり、領主は**農民の待遇改善**をせまられます。こうして、**農奴解放**は西ヨーロッパ世界を中心にじわじわと拡大していきました。

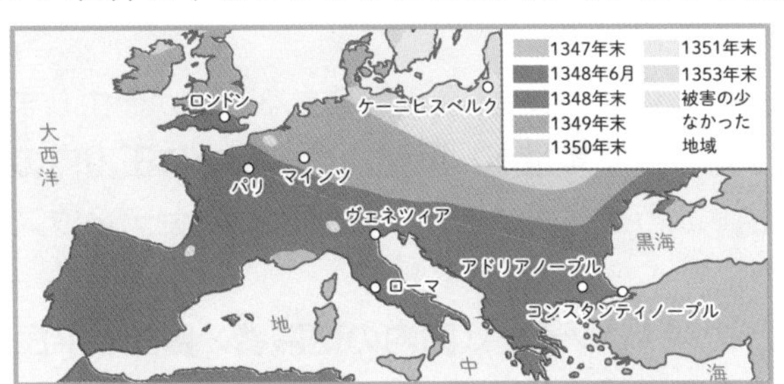

ペスト（黒死病）の流行した地域

③ 諸侯(しょこう)・騎士(きし)の没落(ぼつらく)

農奴解放の進展にともない、領主は次第に経済的に困窮化(こんきゅうか)していきます。とくにイギリスとフランスは、14世紀前半から百年戦争をはじめており、領主である諸侯・騎士は戦費(せんぴ)を負担しなければなりませんでした。

そこで、**困窮化した領主は、地代の値上げなどを行い、領主権**

力が強かった昔の支配体制に戻そうとします。これを封建反動といいます。しかし、解放された農民や解放途上にあった農奴は反発し、**フランスではジャックリーの乱**が発生しました。その後、**イギリスではワット=タイラーの乱が発生**し、**ジョン=ボール**は**「アダムが耕しイヴが紡いだとき、だれが貴族であったか」**と身分制を否定し、この反乱を思想的に指導しました。これらの農民一揆はいずれも鎮圧されますが、**領主の困窮化はさらに進む**結果となりました。

こうして、**没落しつつある諸侯や騎士は、国王の廷臣となってその保護を受ける代わりに、国王の支配に協力するようになります**。こうした事例は、地域によって異なりますが、フランスの場合、中世初期に弱体的だった国王権力が強化されていきました。

2 教皇権の衰退

① アナーニ事件

14世紀初頭、教皇権の衰退を象徴する事件が発生しました。**フランス王フィリップ4世**が、**戦費調達のために王国内の教会や修道院に課税**しようとしたことに、**教皇ボニファティウス8世**が反発しました。

すると、フィリップ4世は**国内の聖職者・貴族・平民の代表者を招集して全国三部会を開催**し、課税の承認を得ることで国内の支持をとりつけました。強硬な態度を崩さなかったボニファティウス8世でしたが、1303年にローマ郊外のアナーニでフランス王派に捕らえられてしまいました。これを**アナーニ事件**といいます。教皇は市民によって救出されますが、心身ともに疲弊したのか、その直後に亡くなります。

❷「教皇のバビロン捕囚」

教皇ボニファティウス8世の死後、教皇の選出に介入した**フィリップ4世**は、フランス人教皇を擁立しました。そして、1309年に**教皇庁は、ローマから南フランスのアヴィニョンに移されます**。これをユダヤ人の故事になぞらえて**「教皇のバビロン捕囚」**といいます。

❸ 教会大分裂

教皇庁は、14世紀後半には**再びローマに戻りました**が、当時のフランス王は、ローマの教皇に対抗してアヴィニョンに教皇を擁立し、その後も**教皇が複数登場する**形になります。西ヨーロッパ各地の教会も、それぞれが支持する教皇に分かれて対立しました。これを**教会大分裂（大シスマ）**といいます。

この時期には、「教皇や教会に従う必要はない！　信者は聖書を読めばいいんだ！」と主張した人たちが登場します。それがウィクリフとフスです。**イギリスのウィクリフは、聖書をキリスト教の教えの原点であるとして重視**（☞これを**聖書主義**といいます）し、人びとが聖書を読めるように**聖書の英訳**を行います。また、ウィクリフの説に影響を受けた**ベーメンのフス**も、聖書主義の立場にたって**教皇や教会の権威を否定**しました。

15世紀前半には、当時の神聖ローマ皇帝が**コンスタンツ公会議**を開催して新たな教皇をローマに1人だけ擁立し、**教会大分裂を終わらせました**。また、教会批判を行った**ウィクリフとフスの説を異端**とし、**フスは火刑**に処されてしまいます。しかし、ベーメンでは、フスを支持する人びと（フス派）がドイツの支配やカトリック教会に反発し、**フス戦争**が勃発しました。

COLUMN 「教皇のバビロン捕囚」は悲劇なのか？

「教皇のバビロン捕囚」は、従来、教皇権の衰退という文脈のなかで「フランス王によってフランス人教皇（クレメンス５世）がたてられ、**教皇はフランス王権の監視下に置かれた**」という視点で説明されることがありました。

しかし、実際には、当時のローマでは教皇クレメンス５世の即位をめぐる対立が起きており、クレメンス５世はローマにおもむかず、**あえて南フランスのアヴィニョンに滞在**しました。アヴィニョン一帯は、教皇に忠実なナポリ王国の支配下にあるため、**教皇はアヴィニョンで「保護を受けた」とみることができます**。

実際、教皇庁はアヴィニョン時代に組織改革を推進し、**教会内部の集権体制を整える**ことに成功しました。また、交通の要衝（ようしょう）に位置するアヴィニョンには優秀な人材が各地から集まり、華やかな文化が育まれました。

まさに、教皇が「捕囚」されたというよりは、組織体制を「補修」したと言えるでしょう（絶対にウケないことはわかっています）。

THEME 2

中世西ヨーロッパ世界の各国史

ここで削きめる！

- イギリス・フランスの王権の推移を押さえよう。
- イベリア半島のレコンキスタが、ポルトガルとスペインの王権にどう影響を与えたのかを理解しよう。
- 神聖ローマ帝国とイタリアでは、なぜ中央集権化が進まなかったのかを理解しよう。

1 イギリスとフランス

① イギリス

イギリス（☞便宜上、イングランドを「イギリス」と表記します）では11世紀後半、**ノルマンディー公ウィリアムの征服**（➡P155）により、**ウィリアム1世**が即位して**ノルマン朝**が成立しました。

ウィリアムの、ノルマンディー公の地位はどうなったんですか？

維持されました。ウィリアムは、ノルマンディー公としてはフランス王の「臣下」という立場です。

ウィリアム1世が**イギリスを武力で征服して国王に即位したので、フランスなどの大陸諸国に比べるとイギリス王の権力はかなり強く**、イギリス内の多くの貴族（☞国王に廷臣化した諸侯や騎士のこと）は国王に従うことになりました。

ノルマン朝の領土

12世紀半ばになると、**ヘンリ２世**が即位して**プランタジネット朝**を創始しました。ヘンリ２世は、**フランスの諸侯**（アンジュー伯）ですが、母親がノルマン朝の王女だったので**イギリス王位を継承**しました。また、彼の**妻は、フランスの諸侯**（アキテーヌ侯）**の娘**で、その遺領は妻を経てヘンリ２世にわたされます。つまり、**ヘンリ２世はイギリス王でありながら、フランスの諸侯としては西部に広大な所領をもつ**ことになります。

プランタジネット朝の領土

しかし、**ジョン王**は、**フランス王フィリップ２世と争って敗北**し、**フランス西部の広大な所領の大部分を失い**、ギュイエンヌ（ギエンヌ）地方のみを保持する状態になりました。

ジョン王の時代の
イギリス領土

また、ジョン王はカンタベリ大司教の叙任問題をめぐって**教皇インノケンティウス３世**と対立し、破門されたうえ、フランスとの戦費を調達するために課税を試みます。

すると、**国内の貴族や聖職者**はジョン王の横暴に立ち向かうため、「今後、イギリス国内で課税する際には、我々貴族や聖職者の会議の同意を得ること！　そうでなければ我々は応じません！」という要求をジョン王につきつけ、**1215年**に**大憲章**（**マグナ=カルタ**）を認めさせました。これにより、「**国王といえども法に従う**」の慣習が生まれます。国王権力が強いイギリスだからこそ、国内の貴族や聖職者が一致団結して王権を制限する動きがみられたのです。

ジョン王の死後に即位した**ヘンリ３世**が、大憲章を無視すると、貴族の**シモン=ド=モンフォール**によって貴族や聖職者、都市や騎士の代表者による**諮問議会**が開かれました。これが**イギリス議会の起源**となります。また、これをもとに、**エドワード１世**の時代の13世紀末に**模範議会が招集**されました。模範議会は現代とは異なり、身分ごとに代表者を招集した議会でした。このような議会を**身分制**

議会といいます。

そして、14世紀半ばの**エドワード3世**の時代には**二院制議会へと整備**され、高位聖職者と貴族の代表者は**上院**（**貴族院**）に、州や都市の代表者は**下院**（**庶民院**）に集まって、**課税**（**予算**）**の審議や、のちに法案の審議も行う**ようになり、国王は下院の承認なしには新たな課税や法律の制定ができなくなりました。また、**地方の地主であるジェントリ**（**郷紳**、☞かつて戦場で活躍した騎士など）は、**州を代表する存在として下院に参加**しました。このように、イギリスでは、**13世紀から14世紀半ば頃にかけて、王権を制限する動き**がみられました。

② フランス

フランスの**カペー朝**の場合、広大な所領をもち国王に匹敵する諸侯が多く、**王権は弱体的**でした。

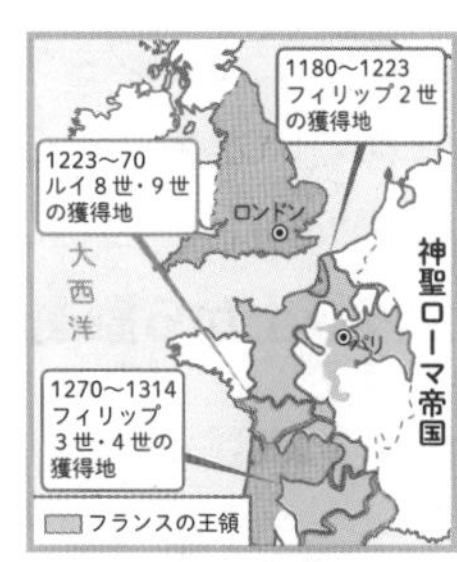

フランス王の王領拡大（13世紀）

しかし、フランス王**フィリップ2世**は、イギリスの**ジョン王を破ってその所領を奪い、王領の拡大に成功**します。フランス王は、不輸不入権をもつ諸侯の所領には介入できませんが、**国王が直接支配する所領を拡大することでその影響力を強めていった**のです。

また、**ルイ9世**の時代には、**南フランスに勢力を拡大していた異端アルビジョワ派**（**カタリ派**）の討伐を口実に遠征（☞アルビジョワ十字軍といいます）し、**王領を南フランスにまで拡大**しました。

フィリップ4世は、聖職者への課税をめぐって教皇と対立すると、**全国三部会**を開催して国内の支持をとりつけました（➡P204）。

③ 百年戦争（1337/39～1453）

フランスでは、フィリップ4世の死後、しばらくして**カペー朝が断絶**し、新たに**ヴァロワ朝**が成立します。ヴァロワ朝の王は、**毛織**

物の産地であるフランドル地方の支配をめぐってイギリス王と対立したほか、1337年にはギュイエンヌ地方（☞イギリス王がフランス王から封土され、フランスの諸侯として支配していた所領）の没収を宣言しました。すると、**イギリス王エドワード３世**は、母親がカペー朝の王女であることを口実に**フランス王位継承権を主張**し、1339年にはフランスに軍事侵攻しました。

百年戦争の緒戦は、イギリス軍が優勢で、フランス内部の諸侯は、イギリス王派とフランス王派に分かれて対立し、戦局をみてつく相手を変えたりもしました。

しかし、**ジャンヌ=ダルク**の登場により、戦局は一変します。農民の娘であったジャンヌ=ダルクは、神のお告げを信じてフランス王を助けることを決心し、国王**シャルル７世**のもとを訪れます。その後、ジャンヌ=ダルクはフランス軍を率いて、イギリス軍に包囲されていた**オルレアンを解放**します。これを機に、フランス軍は劣勢を挽回し、ついに**1453年**、**イギリス軍はカレーのみを残して大陸領土から撤退**しました。

④ 百年戦争後のイギリス・フランス

イギリスでは、**ランカスター家**と**ヨーク家**による**王位をめぐる内乱が起き、国内の有力な貴族も両派に分かれて抗争**しました。これを**バラ戦争**といいます。およそ30年間にわたる内乱により、**貴族たちが没落**していきました。1485年には、ランカスター派の**ヘンリ７世**が即位して**テューダー朝**を創始し、**バラ戦争を終わらせて貴族を抑圧するなど、国王権力の強化につとめました**。また、16世紀前半には、イギリスはウェールズを併合しました。

一方、フランスでは、**百年戦争のあいだに没落しつつあった貴族を抑圧**し、シャルル７世のもとで国王直属軍（☞のちに常備軍と呼ばれます）が整備されるなど中央集権化が図られました。

百年戦争ののち、その勝敗にかかわりなくイギリス王もフランス王も国王権力を強化することに成功しました。

COLUMN 百年戦争は「イギリスvsフランス」なのか？

百年戦争は、よく「イギリスとフランスの対決」として語られることが多いのですが、主権(しゅけん)国家の概念(がいねん)があらわれる以前の中世後期の戦争を説明するには、やや無理があります。

①イギリス王は、ギュイエンヌの封建(ほうけん)諸侯としてフランス王の臣下の立場にあったこと。②フランス王のギュイエンヌ没収宣言を機に、在仏所領をめぐる王と臣下（イギリス王）の争いにつながったこと。③フランス王位継承権をめぐる争いが加わったこと。この3点に加え、フランス国王派の諸侯と対立したブルゴーニュ公などが、戦争中にイギリス王と同盟を結ぶなど、フランスの諸侯が二手に分かれて抗争した点も考慮すると、百年戦争はフランスの「内戦」としての性格をもっています。

しかし、ジャンヌ＝ダルクの出現に象徴されるように、フランスの人びとのあいだには国家意識が芽生えるとともに、敗れたイギリスも王がフランス諸侯としての立場を失っていったので、フランスとは異なる「イギリス」としての国家意識をもつようになります。こうした状況下で、両国では国王を中心とする国家統合が進んでいくことになります。

写真提供：PIXTA

ジャンヌ＝ダルク

ジャンヌ＝ダルクは、「救国の英雄(えいゆう)」として評価されている。

過去問にチャレンジ

次の資料１～３は、ブリテン島の修道士であったベーダが、731年頃に執筆した著作の一部である。（引用文には、省略したり、改めたりしたところがある。）

資料１

マルキアヌス(注1)が即位した年、有力なゲルマンの三つの民が、三艘(そう)の船でブリテン島を訪れた。彼らはサクソン人、アングル人、そしてジュート人（ユート人）であった。

（注１）カルケドン公会議を開いた皇帝。

資料２

私ことベーダが執筆している今のブリテン島には、五つの言語がある。すなわち、アングル人の言語、ブリトン人(注2)の言語、スコット人(注3)の言語、ピクト人(注4)の言語、そしてラテン語である。

（注２）ここでは、ウェールズに住み、ケルト語派の言語を話した人々を指す。

（注３）ここでは、アイルランドやスコットランドに住み、ケルト語派の言語を話した人々を指す。

（注４）スコットランドに住み、ケルト語派の言語を話したとされる。

資料３

ある日ローマの市場において、若き日の教皇グレゴリウス１世は、色白で端正な顔立ちの、美しい髪をした少年たちが、売りに出されているのを見かけた。グレゴリウスが彼らはどこから連れてこられたのかと尋ねたところ、ブリテン島からであり、そこの住人は皆このような容姿をしているという。彼は再び尋ねた。その島の住人はキリスト教徒か、それとも異教徒なのかと。彼らは異教徒であるとの返事であった。彼らは何という民なのかと、グレゴリウスはさらに尋ねた。アングル人と呼ばれているということであった。これを聞いてグレゴリウスは言った。「ちょうど良い。彼らは天使の顔をしている。彼らのような人々は天にいる天使を継ぐ者であるべきだ。」(注5)

(注5) 発音の類似性から、「アングル人」と「エンジェル(天使)」が掛けられている。

資料1は[X]と呼ばれる歴史的出来事に関する記述である。そこに登場する「ゲルマンの三つの民」は、出身地とされる北西ドイツとその周辺に由来する言語、すなわち英語(注6)を共通の言語としつつ、ブリテン島で多数の政治的共同体を形成した。それらの統合が進んだのは10世紀半ば、西サクソン人の王によってであった。**資料2**は、ブリテン島の言語集団についての説明である。ここで注目したいのが、**資料1**と**資料2**とでは、「アングル人」の意味する内容に違いがあることである。こうした違いの歴史的背景を教えてくれるのが、**資料3**である。そこでは若き日にグレゴリウス1世が、ローマで出会ったアングル人に天使を重ね合わせて、彼らへの布教を決意したとされている。ⓐもとの意味に「布教対象の民」という別の意味が加わった結果、「アングル人」は、ベーダの生きた時代には、教会に導かれるキリスト教徒の共同体であると同時に、英語を話す人々を包括的に表す際の用語ともなっていった。彼らの住む地域は、10世紀末には「アングル人の土地」、すなわちイングランドと呼ばれるようになる。

(注6) 1100年頃まで話されていた古英語のことを指す。

問1　文章中の空欄 X に入れる語句と、資料1と資料2が示す「アングル人」について述べた文あ・いとの組合せとして正しいものを、後の①～④のうちから一つ選べ。

資料1と資料2が示す「アングル人」について述べた文

あ　大陸から渡来してきた民の一つで、サクソン人やジュート人（ユート人）と並置される集団のことである。

い　サクソン人やジュート人（ユート人）をも含めた、共通の言語を話す集団の総称である。

	X	資料1	資料2
①	東方植民	あ	い
②	東方植民	い	あ
③	ゲルマン人の大移動	あ	い
④	ゲルマン人の大移動	い	あ

問2　資料1～3で記されている出来事や事柄の年代が、古いものから順に正しく配列されているものを、次の①～⑥のうちから一つ選べ。

① 資料1 → 資料2 → 資料3
② 資料1 → 資料3 → 資料2
③ 資料2 → 資料1 → 資料3
④ 資料2 → 資料3 → 資料1
⑤ 資料3 → 資料1 → 資料2
⑥ 資料3 → 資料2 → 資料1

（2023年度　本試験　世界史B）

問1　資料1に「有力なゲルマンの三つの民が……ブリテン島を訪れた」とあるので、空欄 X には、「ゲルマン人の大移動」があてはまります。東方植民は、ドイツ人のエルベ川以東のスラヴ人地域への植民活動で、12世紀から14世紀にかけて行われました。資料１と**資料２**が示す「アングル人」については、**あ**の「大陸から渡来してきた民の一つ」であることは、**資料１**の「有力なゲルマンの三つの民」のなかに、「サクソン人、アングル人、そしてジュート人（ユート人）」とあることから確認できます。また、**い**の「サクソン人やジュート人（ユート人）をも含めた、共通の言語を話す集団の総称」であることは、**資料２**で紹介されている五つの言語のうち、「アングル人の言語」以外が、ゲルマン人の言語ではない（ケルト語派とラテン語）ので、サクソン人、アングル人、ジュート人（ユート人）は「アングル人の言語」を話していると判断できます。

答え ③

問２　共通テストでは、年代配列や時期を問う出題でも「知識」のほかに「推測」が使えることが多く、本問はその典型といえます。今回は「推測」で解いてみましょう。まずは、大問導入文→資料→資料の補足解説文を、くまなく読んでみます。すると、資料の３つは次のように大別されます。**資料１**は「サクソン人やアングル人がブリテン島に入ってきた話」、**資料２**は「ブリテン島にある言語の紹介の話」、**資料３**は「教皇グレゴリウス１世がアングル人と出会った話」となります。**資料１**が３つのなかでもっとも早い時期のものだと推測できます。ここで注意したいのが**資料２**の「ラテン語」です。ラテン語とは、古代ローマ人の言葉ですが、『新約聖書』がラテン語に翻訳(ほんやく)されて以降は、カトリック教会の聖職者や知識人のあいだで使われるようになります。そのため、「ブリテン島でラテン語が使われているということは、カトリックがすでに広まっている」と考えられます。また、説明文のなかに、**資料３**の補足解説として「若き日にグレゴリウス１世が、ローマで出会ったアングル人に天使を重ね合わせて、彼らへの布教(ふきょう)を決意した」とあるので、**資料２**は**資料３**よりもあとの内容だと考えることができます。そのため、**資料１**→**資料３**→**資料２**となります。

答え ②

2 スペインとポルトガル

11世紀以降に本格化した西ヨーロッパ世界の拡大運動のなかで、イベリア半島では**キリスト教勢力による**レコンキスタ（☞英語では「Re conquest」と表記します）と呼ばれる**国土回復運動**が展開されます。そうしたなか、イベリア半島にはキリスト教国家の**アラゴン王国**と**カスティリャ王国**が成立し、12世紀にはカスティリャ王国から**ポルトガル王国**が自立しました。**ポルトガル王国は、いち早くレコンキスタを完成させる**と、15世紀後半に国王**ジョアン2世**のもとで王権が強化され、**積極的なアジア進出**が行われました。

一方、**アラゴン王子**フェルナンド**とカスティリャ王女**イサベル**の結婚**を経て、1479年に**両国は合併して**スペイン（イスパニア）**王国となりました**。そして、スペイン王国は、イベリア半島最後のイスラーム王朝となる**ナスル朝の都グラナダを**1492年**に陥落（かんらく）させ、レコンキスタを完成させます**。また、国内の貴族の勢力をおさえて中央集権化を推し進めました。

こうして、レコンキスタという戦争を通じ、**スペイン王国とポルトガル王国では、国王を中心とする中央集権体制が整えられました**。

● レコンキスタの進展

12世紀後半のイベリア半島

15世紀中頃のイベリア半島

3 その他の国々

① 神聖ローマ帝国（中世ドイツ）

神聖ローマ帝国では、**皇帝権力に匹敵する諸侯**の存在に加え、**自由都市**（**帝国都市**）**が各地に割拠**（かっきょ）するなど、政治的な分裂が進んでいました。

また、皇帝は、**叙任権闘争**（じょにんけんとうそう）（➡P184）**を経て聖職叙任権を実質的に放棄**（ほうき）せざるをえず、**イタリア政策**を積極的に行って国内の統合を疎（おろそ）かにしたことで、**諸侯の自立に拍車をかけてしまいました。**

こうしたなか、13世紀半ばにシュタウフェン朝が断絶すると、**事実上の皇帝不在となる大空位時代**（だいくうい じだい）**をむかえました。**大空位時代はおよそ20年で収束しましたが、帝国内の政治的な分裂は加速する一方でした。**諸侯は、その所領内の統合を進めて皇帝権力からの自立を進め、事実上の独立国状態**となりました。こうした諸侯の所領を**領邦**（りょうほう）といいます。領邦では身分制議会が整備され、諸侯を中心とする支配体制が構築されました。

14世紀半ばになると、**皇帝カール4世**によって**「金印勅書」**（きんいんちょくしょ）が発布され、皇帝選挙の手続きが整えられるとともに、**皇帝の選出権が聖俗**（せいぞく）**7人の諸侯**（☞**七選帝侯**（せんていこう）といいます）**に与えられました。**15世紀前半以降には、皇帝の地位は**ハプスブルク家**によってほぼ世襲（せしゅう）されることになりましたが、**分権的な体制が変わることはありません**でした。

神聖ローマ帝国の七選帝侯

一方、12世紀から14世紀にかけて、**エルベ川以東のスラヴ人地域への植民活動**（☞これを**東方植民**といいます）が盛んになり、**ドイツ騎士団領**（きしだんりょう）や**ブランデンブルク辺境伯領**（へんきょうはくりょう）が形成されるなど、ドイツ人の生活圏は拡大していきました。

❷ イタリア

イタリアの北部では、**ヴェネツィア共和国・ジェノヴァ共和国・フィレンツェ共和国・ミラノ公国**などの**都市国家**が政治的・経済的な自立を強めていました。また、神聖ローマ皇帝のイタリア政策を支持する**皇帝党（ギベリン）**と支持しない**教皇党（ゲルフ）**の対立が発生し、都市間および都市内部での抗争が続きました。

イタリアの中部では**教皇領**（きょうこうりょう）が展開し、また、**イタリアの南部**では**両**（りょう）**シチリア王国**が、民衆の反乱などによって**ナポリ王国とシチリア王国に分裂**しました。

❸ 北欧諸国

デンマーク・スウェーデン・ノルウェーの北欧３国は、バルト海貿易をめぐって**北ドイツ諸都市のハンザ同盟に対抗**する必要がありました。そこで、**デンマークの王女**である**マルグレーテ**のもとで、３国の**同君連合**（どうくんれんごう）による**カルマル同盟**が結成されます。デンマークが主導権を握ったので、デンマーク連合王国とも呼ばれます。

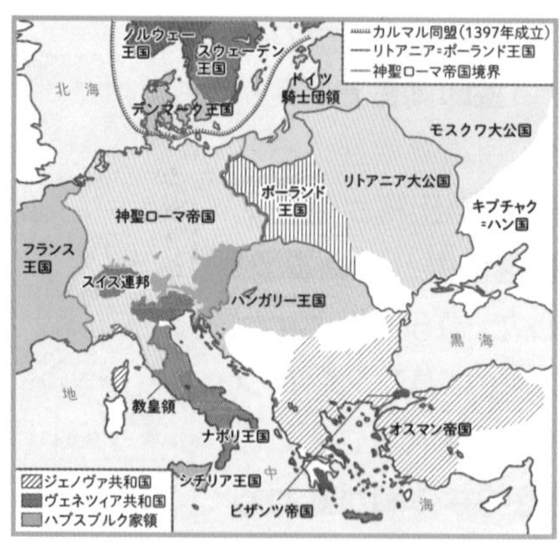

15世紀後半のヨーロッパ

2 中世西ヨーロッパ世界の各国史

4 中世西ヨーロッパ世界の文化（➡別冊P42）

① 修道院運動

中世西ヨーロッパ世界において、カトリック教会はミサを通じて民衆の信仰を管理し、冠婚葬祭（かんこんそうさい）などの儀式（ぎしき）によって民衆生活に着実に浸透していきました。その結果、教会の権威は絶大となり、その頂点にたつ教皇は、ときに国王や諸侯などの世俗（せぞく）権力を圧倒するほどの力をもちました。

教会の権威拡大には、**修道院**が果たした役割も大きいといえます。中世西ヨーロッパ世界では、6世紀に**ベネディクトゥス**が**モンテ=カシノ**に開いた修道会（☞これを**ベネディクト修道会**といいます）を中心にその活動が本格化します。ベネディクト修道会は、修道士（☞キリスト教の教えに向き合って禁欲的に生活する人のこと）に対して「清貧（せいひん）・純潔（じゅんけつ）・服従（ふくじゅう）」の戒律（かいりつ）を課し、修道士は**「祈り、働け」をモットー**に、**農業を中心とする自給自足的な生活を送る**など、カトリック信仰が生活の中心となります。修道士は、教皇から各地への布教を任され、カトリックの普及（ふきゅう）に貢献（こうけん）しました。

そのほかには、**教会改革運動の先頭にたったクリュニー修道院**、**大開墾（だいかいこん）時代に森林開拓に尽力したシトー修道会**があります。また、**13世紀**には都市部での活動を中心とし、**財産を所有せずに信者からの施（ほどこ）しで生活する托鉢（たくはつ）修道会**が成立しました。托鉢修道会の代表的な組織としては、布教活動に尽力した**フランチェスコ修道会**や、神学（しんがく）研究を盛んに行い、異端派の説得で活躍した**ドミニコ修道会**が知られています。

②「12世紀ルネサンス」

12世紀には、**ビザンツ帝国やイスラーム世界との交流**のなかで様々な文献(ぶんけん)が伝わり、**イベリア半島のトレドやシチリア島のパレルモ**では、**ギリシア語・アラビア語の文献をラテン語に翻訳**する作業が行われました。こうして、ギリシアの古典文化や先進的なイスラーム文化などの知見が西ヨーロッパ世界にもたらされ、学問・芸術が発展しました。これを**「12世紀ルネサンス」**といいます。

アリストテレス哲学は神学の発展を促し、12世紀頃に成立した**大学**（☞教授と学生による組合が教皇や皇帝などから自治権を認められて成立）では、神学が学問の中心となります。

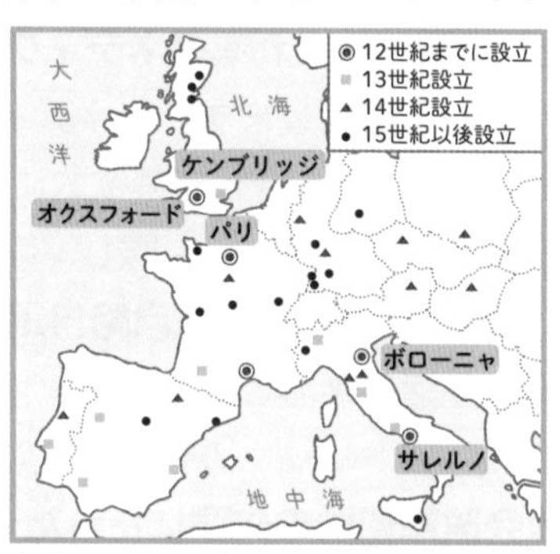

中世の大学の分布図

聖職者や知識人は、カトリック世界の共通語となったラテン語を使いましたが、**各地の人びとが日常生活で使う口語(こうご)で伝承された文学**がありました。それが**騎士道(きしどう)物語**です。

カトリック信仰と教会の権威拡大にともなって教会建築も発達し、**ロマネスク様式**や**ゴシック様式**が生まれました。

●ロマネスク様式の建築

写真提供：学研写真資料室

ピサ大聖堂と「斜塔」

写真提供：PIXTA

シュパイアー大聖堂

●ゴシック様式の建築

写真提供：学研写真資料室

シャルトル大聖堂

写真提供：学研写真資料室

シャルトル大聖堂のステンドグラス

SECTION 9

東アジア世界の変質

THEME

SECTION9で学ぶこと

王安石の新法、金と南宋の関係、大モンゴル国の形成過程と元の中国支配は頻出！

五代十国の混乱を平定した北宋は文治主義を採用します。北宋が金に滅ぼされると、帝室は江南を中心に南宋を建てました。13世紀には、モンゴルによってユーラシア大陸の大部分が統合されます。

1
五代十国と北宋

唐の滅亡後、五代と総称される節度使らの短命な王朝が続きました。北宋は文治主義をとって皇帝独裁体制を築き、中国を統一します。一方で、膨大な官僚の維持費が北宋の財政を圧迫し、王安石は新法による改革を試みました。

2
金と南宋

金が北宋を滅ぼすと、宋の一族は南宋を建て、中国は金と南宋に二分されます。南宋では、金に対する和平派が主戦派を抑えて和議を結びました。

3
大モンゴル国とティムール朝

モンゴルは、ユーラシア大陸の大部分を統合した広大な領域を形成します。この時代には、人・モノの移動が活発化し、東西世界の交流が活況をむかえました。大モンゴル国の崩壊後は、中央アジアでティムールが台頭します。

北宋と同時期の東アジア世界、キタイや金の支配体制、宋代に興った朱子学は頻出！

北宋の周辺諸国については地図を使って位置を確認し、また、キタイと金に共通する支配体制を押さえましょう。一方、宋代に興った朱子学が、従来の訓詁学とどのような点で異なるかに要注目！

□北宋と同時期の東アジア世界

朝鮮半島では高麗が興り、日本では鎌倉幕府が成立します。いずれの地域でも、文人を抑えて武人が政権を掌握しました。また、雲南では大理が勢力を拡大し、北ベトナムでは李朝が成立しました。

□キタイ・西夏・金

キタイと金は、領内に居住する漢人などの農耕民を中国式の統治体制で支配したのに対し、遊牧民には部族制で支配する二重統治体制を実施します。漢化政策によって漢人への同化を試みた北魏とは対照的な支配です。

□宋代に興った新儒学

北宋では、哲学的な要素の強い宋学が誕生し、南宋の時代に朱熹（朱子）によって大成されたことから朱子学ともいいます。経典として、唐代までは五経が重視されましたが、朱子学は四書を重視します。

北宋や南宋は国内政治に注目し、大モンゴル国は対外遠征を、元は中国支配の仕組みを押さえましょう。また、宋・元の社会経済については、明・清時代の社会経済と正誤問題で入れ替えられることが多いから注意しよう！

THEME 1

宋と中国周辺諸地域

ここで　きめる！

- 唐末から宋の成立期にみられた周辺諸民族や国家の自立の動きを地域ごとに整理しよう。
- 宋代に整備された政治体制と、北方諸勢力との関係を理解しよう。
- 宋代の社会・経済・文化の特徴を、唐と比較し理解しよう。

1 唐滅亡後の周辺諸地域

（➡P77「唐代における周辺諸国や諸勢力」から接続）

① 五代十国

907年に唐の節度使であった**朱全忠**は、**唐を滅ぼして後梁を建国**しました。後梁の建国以降、黄河流域を中心に興亡した**後唐**・**後晋**・**後漢**・**後周**をあわせて**五代**といいます。また、五代の周辺には大小合わせて10の国が興亡しました。こうした、**唐の滅亡から宋（北宋）の中国統一までの時代を五代十国**といいます。

五代十国（10世紀後半）

五代は、後唐をのぞく4王朝が汴州（現在の**開封**）を都としましたが、**節度使による武断政治**が行われたことで覇権争いが絶えず、すべて短命に終わりました。

また、**こうした戦乱の時期に、従来の支配層であった貴族が没落し、かわって新興地主層（形勢戸）が台頭する**ようになりました。

② 中国周辺諸地域の自立

中央ユーラシアでは、9世紀半ばに**ウイグルが崩壊**すると、やがて**モンゴル系のキタイ（契丹）が台頭**します。キタイは、10世紀初頭に**耶律阿保機**（太祖）のもとで国家形成を進め、**中国東北地方の渤海を征服**しました。キタイの勢力は、中国東北地方からモンゴル高原一帯にわたって拡大しました。また、キタイは、五代の一つである後晋の建国を援助した見返りに**燕雲十六州**（☞長城の一部を含む華北の地）を獲得し、**長城を越えて中国内部に進出**しました。

えっ!?　長城の一部をキタイにあげてしまったんですか？

そうです。長城は本来、北方の遊牧民の侵入を防ぐ役割があったのですが……。

朝鮮半島では、**王建**が**高麗**を建国して**開城**を都とし、やがて新羅を滅ぼして朝鮮半島を統一しました。**雲南**では、南詔が滅亡して**大理**が興り、**ベトナム**は10世紀に中国支配からの自立を強め、**日本**では**武士が自立**して天皇を中心とする国家体制が動揺しました。

③ 文化的再編

唐の崩壊に連動するかのように、かつて冊封体制下にあった地域や、交流の盛んであった地域でも諸勢力の興亡がみられました。また、**それぞれの地域では、中国文化をベースにしながら独自の要素が加わって新しい文化が生み出されました。**

キタイは、**支配下の遊牧民には部族制をしきつつ、華北の漢人などの農耕民には州県制をしく二重統治体制を採用**しました。生活スタイルの異なる遊牧民と農耕民を無理矢理一緒に支配するのではなく、それぞれにあった形で支配したのです。また、漢字をもとにしながらウイグル文字の要素も加えて**契丹文字**を作成し、宗教では仏教を奉じました。国号についても、民族名に由来する「キタイ」や中国風の「**遼**」が用いられました。

日本では、9世紀末に**遣唐使の派遣を停止**し、中国との文化的な交流が下火になるなか、漢字をもとに**仮名文字**がつくられたほか、大和絵など独自の**国風文化**が生み出されました。**朝鮮**の高麗では、木版印刷による**高麗版大蔵経**の作製や**高麗青磁**の製造が行われました。**ベトナム**で11世紀に興った**李朝**（☞国号は**大越**）は、中国王朝から自立を強めつつも、**仏教や儒学を受容**します。また、**中国西北部**では、**チベット系タングート**によって**西夏**が建てられ、西夏は漢字をモデルに、より複雑な**西夏文字**をつくったほか、仏典の独自翻訳を行いました。

2 宋（960～1276/79）

① 北宋の建国

五代の最後の王朝である後周の武将であった**趙匡胤**（**太祖**）は、960年に**宋**（**北宋**）を建国し、都を**開封**に置きます。**開封は、黄河と大運河の結節点にあたる都市**で、北方の遊牧民に対する防衛と、経済の中心地である江南への接続を意識した立地といえます。

太祖は、節度使（軍人）による武断政治を改め、**文人官僚を主体とする文治主義**をとります。また**唐末から五代の戦乱のなかで、旧支配層であった貴族が没落**したことを受け、官吏登用制度として**科挙を整備**し、最終試験には皇帝が直接面談をする**殿試**を創設しました。

官僚は皇帝の手となり足となって働き、皇帝独裁体制を支える柱となっていきます。**科挙は、原則として男性であれば家柄を問わずに受験することができ**、皇帝は儒学や詩文を学んで儒学的な教養を身につけた官僚（☞**士大夫**ともいいます）を実力にもとづいて採用することができました。

② 北宋と周辺諸民族の関係

北宋は、第2代の**太宗**の時代に中国の大部分を統一しましたが、キタイが領有する**燕雲十六州を奪回することはできませんでした**。北宋は、軍人の権限と規模を削減する一方で、対北方民族への防御壁である長城の一部をキタイに支配されてしまっているので、キタイとの戦闘はなんとしても避けなければなりません。そこで、11世紀初めには北宋を兄、キタイを弟とし、北宋がキタイに毎年**銀**10万両と**絹**20万匹を贈る約束で**澶淵の盟**という和約を結びます。その後、北宋は中国西北部で勢力を拡大していた**西夏とも同様の和約**を結びました。

北宋と周辺諸国

③ 王安石の改革

北宋の財政は、膨大な官僚を維持するための人件費や、キタイや西夏に対する毎年の巨額な贈り物により、圧迫されます。そこで、**11世紀後半**に**神宗**の宰相となった**王安石**は、**新法**と呼ばれる一連の改革を試みます。

王安石の新法のコンセプトとしては、**大商人や大地主の富の独占を制限、中小農民や商人の保護、財政の節約**、この3点に集約されます。具体的な内容は次ページの表で確認しましょう。その際、**新法のコンセプトを頭に入れたうえで、それぞれの名称の漢字の意味を考えてみる**と、おおよその内容を推測することができます。例えば、「青苗法」は「苗」の字が入っているので「貧しい農民を救済する政策かな？」と推測できるでしょう。

●王安石の新法

	新　法	内　容
富国	青苗法	貧しい農民に対して金銭や穀物を貸し付ける
	市易法	中小商人に対して低利で融資を行う
	募役法	労役免除の代わりに徴収した金銭で働き手を募集する
	均輸法	物資流通の円滑化と物価安定を図る
強兵	保馬法	一部の地域で軍馬を民衆に貸し与えて養育させる
	保甲法	農村組織をつくらせて治安維持や民兵の訓練を行わせる

しかし、王安石の改革に反対する人びともいました。**改革に反対する人びとは旧法党**と呼ばれ、その一人であった**司馬光**はのちに宰相となり、王安石の新法を次々と廃止しました。その後も、王安石の改革を支持する**新法党と旧法党の政争は続きました**。

④ 北宋の滅亡と南宋の成立

12世紀前半になると、キタイの支配下にあった**ツングース系女真**（ジュシェン、ジュルチン）が、**完顔阿骨打**（太祖）を指導者として**中国東北地方**に**金**を建てて自立します。

すると金は、北宋と結んでキタイを挟撃してこれを滅ぼしました。ところが、金はそのあと北宋に侵入し、都の開封を占領して**徽宗・欽宗親子をはじめとする皇族を連行**してしまいました。これを**靖康の変**といいます。この変により、北宋は滅亡しますが、皇族の**高宗**は江南に逃れて**宋を再建**（☞この王朝を**南宋**といいます）し、**大運河の南端に位置**する**臨安**（現在の**杭州**）に都を置きます。

南宋では、その後、金への対応をめぐって主戦派と和平派の対立が起きますが、和平派の宰相である**秦檜**が主戦派の**岳飛**を抑えて、金と和議を結びました。この和議により、**淮河**を両国の国境とし、南宋は金の臣下に位置づけられ、毎年、金に貢ぎ物を贈ることとなりました。

華夷思想の強い漢人王朝の南宋にとってみれば、夷狄としていた女真人の金に屈することは屈辱的でしたが、金と和平を結んだことで北方の安全を確保し、「**海の道**」**による海上貿易が活況をむかえた**南宋は、経済的に繁栄しました。

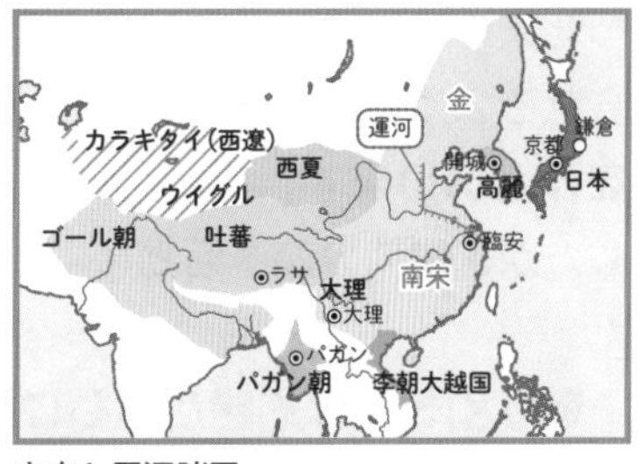

南宋と周辺諸国

一方、金は、キタイと同様に**二重統治体制**をとり、**女真人などの遊牧民を猛安・謀克という部族制を基盤とする軍事・社会制度**によって支配しつつ、華北に住む漢人などの農耕民には中国式の統治システムを採用しました。また、漢字や契丹文字の影響を受けて**女真文字**をつくりました。

北宋が金に滅ぼされた12世紀には、**近隣の朝鮮や日本では軍人（武人）の影響力が拡大**し、高麗では武人が政権を掌握し、日本では武士によって**鎌倉幕府**がつくられました。

3 唐末から宋代における社会・経済

① 江南の発展

江南（☞長江の下流域一帯）は、魏晋南北朝時代から開発が盛んに行われ、唐の時代になると塩や**茶**（☞唐代には**飲茶の習慣**が広範囲に普及します）の産地となったほか、「**海の道**」**による海上貿易の拠点**として高い経済力を誇るようになっていました。

北宋から南宋にかけて、江南を中心に**干拓地が拡大**したことに加え、**ベトナムから日照りに強い占城稲が伝わった**ことで、江南は中国一の穀倉地帯となり、「**蘇湖（江浙）熟すれば天下足る**」といわれるようになりました。

② 商業活動と都市の発展

唐代に商業活動が盛んになると、都市の外や交通の要衝に**草市**などの商業拠点が生まれ、やがてこれは**鎮**という地方都市に発展します。

北宋の時代に民間の商業活動が大規模化すると、**同業組合**もつくられるようになりました。**商人の組合を行、手工業者による組合を作といいます**。また、政府による**塩や茶などの専売**も行われましたが、民間の商業活動による収益が政府の重要な財源となりました。

取り引きには銅銭がおもに使用されましたが、交易範囲が広域になるなか、金や銀なども直接使用され、**交子や会子などの手形が紙幣として使用される**ようになりました。

③ 貿易

北宋の時代、**従来の「オアシスの道」の交易路がキタイや西夏に支配されてしまった**ので、唐代に比べると陸上交易による収入は減少してしまいます。一方で、10世紀には大型の**ジャンク船**が利用されるようになったことや、**羅針盤**（☞「コンパス」のイメージ）の実用化により、**中国商人が南シナ海からマレー半島に進出できる**ようになりました。

陸上交易から海上交易に重点が置かれるようになり、交易品にも変化はみられたのでしょうか。

陸路では絹織物などの「軽い」商品が運ばれましたが、海路では陶磁器などの「重たい」商品が運ばれるようになりました。

宋代には**景徳鎮**などで**陶磁器の生産**が盛んに行われました。**茶**をしきつめた箱のなかに陶磁器を入れれば、茶がクッションの役割を果たしてくれるので、海上輸送に最適でした。こうして宋代には海上交易が盛んに行われ、**広州**だけでなく、**泉州**や**明州**（現在の**寧波**）にも交易を管理する**市舶司が増設**されました。

また、**宋で使用された銅銭も輸出品として周辺地域にもたらされ、日本には日宋貿易で博多を介して輸入され、流通する**ようになります。

④ 新興地主の台頭

富裕化した人びとのなかには、**土地を買い集めて大土地所有者となった新興地主**（☞**形勢戸**といいます）が登場しました。形勢戸は、**没落した農民を佃戸（小作人）**として耕作させました。

形勢戸は金銭的な体力があるので、実子などに儒学的教養を長年にわたって身につけさせ、**科挙を受験させて官僚を輩出**するなど、没落した貴族にかわる新たな支配層となりました。なお、官僚を輩出した家は官戸と呼ばれて租税上の特権などを与えられました。

4 宋の文化（➡別冊P53）

① 儒学

宋の時代には、経典の字句解釈を行う訓古学にかわって、**宋学という新しい儒学**が興ります。

宋学は、中国仏教の一つである**禅宗の要素**を加えて、**宇宙や人間の本質について思索**をめぐらせます。北宋の時代にその基礎がつくられ、南宋の時代に大成され、**朱子学**とも呼ばれます。

朱子学では、儒学の経典として従来の五経にかわって四書が重視され、**君臣・父子**や**華夷の区別**（☞「中華〈漢人の世界〉」と夷狄の世界」の違いから、漢人の世界を正統とする思想）が強調されました。

また、朱子学は人間の生き方として、「**性即理**」という理念を重視しました。「性」とは、人間の本質に内在するもので、仁・義・礼・**知**・信の５つをさします。**人間は、「性」に従って生きることで、感情や欲望を抑え込み、宇宙の根本原理たる「理」に即した生き方ができる**ということです。そのため、**朱子学では知識を重視**して情に惑わされない生き方が理想とされました。

❷ 芸術・文学・歴史など

唐代には、貴族好みの華やかで優雅な作品が多くつくられましたが、士大夫が文化の担い手となった**宋代には、華麗さよりもシンプルで理知的な要素が重視される**ようになりました。

絵画では、**非職業画家が水墨(すいぼく)や淡い色彩で描いた文人画(ぶんじんが)**が発達し、**宮廷(きゅうてい)を中心に発達した院体画(いんたいが)**には、高い技術力と緻密(ちみつ)さに富んだ写実的な作品が多くみられます。

経済活動の発展は、都市の活気を高めるとともに、**庶民を主体とする文化**の発展を促し、**歌と踊りをまじえた雑劇(ざつげき)や音楽にあわせて歌う詞(し)**が盛んにつくられました。

文章では、四六駢儷体(しろくべんれいたい)よりも前の**古文を復興させよう**とする動きがみられました。

THEME 2

大モンゴル国（モンゴル帝国）

ここで
むきめる！

- 大モンゴル国の形成の過程を押さえよう。
- 元の東アジア支配の特徴とその影響を理解しよう。
- 大モンゴル国崩壊後の世界を押さえよう。

1 大モンゴル国（13世紀～14世紀後半）

① チンギス=カンの時代

12世紀前半にキタイ（契丹）が滅亡し、その一族は**中央アジア**にわたって、**カラキタイ（西遼）**を建国しました。こうしたなか、モンゴル高原を舞台とする遊牧民のあいだで再編の動きがみられるようになりました。

モンゴル高原で頭角をあらわした**テムジン**は、1206年に**遊牧民の族長会議であるクリルタイでチンギス=カンとして即位**し、モンゴル高原の遊牧勢力を統合して**大モンゴル国（モンゴル帝国）**を建てました。

教科書をみていると、カン・カアン・ハン・ハーンなど色々な表現が出てきて混乱しそうです。

これらの称号は、時代によってニュアンスが変わったりするので、いずれも「君主」の地位をさすものだと認識しておけば良いでしょう。

チンギス=カン

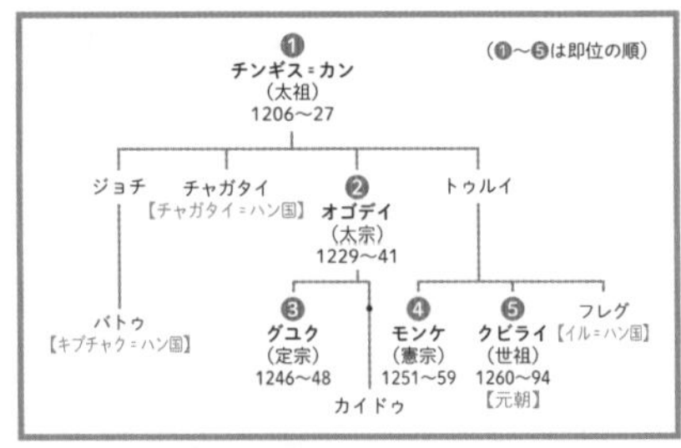

モンゴル帝室の系図

13世紀初頭の段階で、**ユーラシア各地をつなぐ「草原の道」・「オアシスの道」・「海の道」には、多くの国々が割拠**していました。各地の商人は、これらの国々を通るのに、通行料などを払わなければならず、また国によって使用している貨幣や取引方法などが異なるので、効率が悪かったのです。そこで、チンギス=カンは、**支配下の遊牧民を1000戸単位に再編する**（**千戸制**）など、強力な騎馬軍団を組織し、大遠征を行い、結果的に東西交易路の主要部の統合を進めました。

チンギス=カンの時代に、モンゴル軍は**中央アジア・西アジア**に攻め込み、旧カラキタイ（西遼）の土地を征服し、**ホラズム=シャー朝**を打倒したほか、**中国西北部**を支配していた**西夏**を滅ぼします。こうして、「**オアシスの道」の主要な地域を支配下におさめる**ことに成功しました。また、各地の主要な交易路を中心に**駅伝制**（**ジャムチ**）**を整備して交通の円滑化**を図りました。

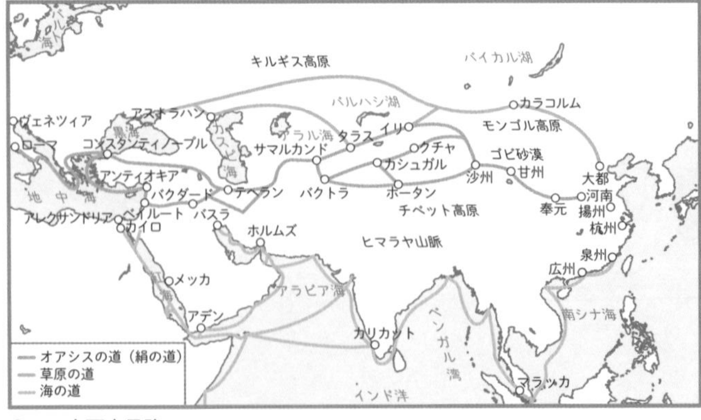

3つの東西交易路

❷ ユーラシア世界の統合

チンギス=カンの地位を継承した**オゴデイ（オゴタイ）**は、みずから軍を率いて**金**を滅ぼし、**中国東北地方から華北**にかけての領土を支配します。

バトゥ（☞オゴデイの甥）は**ヨーロッパへの遠征**を行い、ユーラシア西方に進出して**キエフなどの諸公国を征服**し、東ヨーロッパを制圧します。また、その別動隊は**ワールシュタットの戦い**でドイツ・ポーランド軍を撃破しました。

しかし、この頃、オゴデイが死去したため、モンゴル軍の侵攻は止まり、**バトゥはキプチャク=ハン国を建国して中央ユーラシア西部の草原地帯を支配**します。

一方、14世紀初頭には、**チャガタイ=ハン国**が成立し、「**オアシスの道」の要衝である中央アジア一帯**を支配します。

モンケの時代には、弟のフレグ（フラグ）とクビライ（フビライ）が活躍します。**フレグ**は、13世紀半ばに**アッバース朝**を滅ぼして**イル=ハン国**を建て、**西アジアを支配**します。

クビライは、**チベット**を制圧し、**大理**を征服して雲南を制圧するなど**東アジアに勢力を拡大**しました。クビライは、モンケの死後、その後をつぎ、1271年には国号を中国風に**元**と定め、その後**南宋**を滅ぼして**中国全土を支配**することに成功しました。一方で、クビライの即位に反発して**カイドゥ（ハイドゥ）の乱**が発生しました。

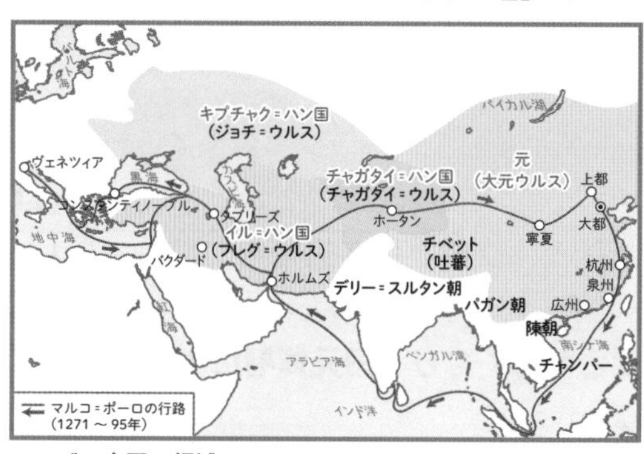

モンゴル帝国の領域

ユーラシア大陸の各地にモンゴル人が建てた国々は、それぞれ政治的な自立性をもちつつもゆるやかな連合を維持します。

2 元の東アジア支配

① 東西交易路と大都の接続

元は、**モンゴル高原と華北の境界に新たな都を建設**して**大都**（現在の**北京**）とし、**各地にはりめぐらされた駅伝制によって、大都を「草原の道」や「オアシスの道」と連結**しました。

また、宋代に海上貿易で活況を呈した**広州**・**泉州**・**杭州などの港市と大都を接続するために、山東半島を廻航する海運が振興**されたほか、大都と大運河、そして渤海湾をつなぐ**新しい運河の建設**も行われました。

一方で、元は「海の道」の確保や陸上交易路との接続を狙い、**鎌倉時代の日本**や、**陳朝が支配するベトナム**、**ジャワ島**、**パガン朝時代のビルマ**（ミャンマー）に遠征しました。遠征の多くは失敗に終わりましたが、その後、これらの地域では元との交易が行われるようになり、商業圏が「海の道」にも拡大しました。

② 経済活動

モンゴル支配の下の東西交易では、陸上・海上ともにムスリム商人が中心となって活躍し、**モンゴル帝国ではムスリム商人の活動が保護**されました。

また、広域商業により、ユーラシア各地で行われていた銀による決済方法が中国にもたらされるようになりました。**元は各地の商人が持ち込んだ銀と、交鈔という紙幣を交換**し、商人は交鈔を使用して取り引きを行いました。そのため、宋代まで流通していた**銅銭はあまり利用されなくなり、日元貿易によって日本にもたらされる**ようになりました。

③ 統治体制と文化

元は、宋代の官僚制をほぼ継承する形をとりました。特徴としては、**実力主義にもとづいた人材登用**を行ったことです。支配層はモンゴル人によって独占されますが、交易事情に詳しい**中央アジアや西アジア出身**の人びとは「**色目人**」と呼ばれ重用されました。また、**旧金支配下**の女真人や契丹人は「**漢人**」、**旧南宋支配下**の漢人（☞この場合は「漢民族」という意味の漢人です）は「**南人**」と呼ばれますが、とくに序列があったわけではなく、功績をあげれば登用されました。

文化については、モンゴル人支配層を中心に**チベット仏教**が広まり、クビライはチベット仏教僧の**パクパ（パスパ）**を国師として招きました。パクパは、モンゴル語を表記するためにチベット文字をもとに**パクパ文字**をつくりました。一方、庶民のあいだでは**元曲とよばれる雑劇**が人気を博すなど、都市を中心に活気に富んだ文化が育まれました（➡別冊P54）。

3 大モンゴル国の崩壊とその後の世界

① モンゴル帝国の崩壊

モンゴル帝国によって形成された交易ネットワークはヒトやモノ・情報の往来を活発化させましたが、**ペストなどの疫病の流行と拡大**を招いてしまいました。ペストは瞬く間にユーラシア各地に広がって被害をもたらし、中世西ヨーロッパ世界では「**黒死病**」（➡P203）と呼ばれました。

また、気候の寒冷化にともなう天災や飢饉が各地で発生し、内紛が絶えない状況となりました。一方、元は、**交鈔を濫発した**ことで経済が混乱し、黄河の決壊による飢饉などで民衆の生活苦が拡大します。こうしたなか、**14世紀半ば**に起きた**紅巾の乱**により、元は都を追われてモンゴル高原に退きました。

❷ ティムール朝（1370～1507）

14世紀半ばに**中央アジアのチャガタイ=ハン国が東西に分裂**すると、西チャガタイ=ハン国から**ティムール**が自立して**14世紀後半**に**ティムール朝**を建国し、都を**サマルカンド**に置きました。

ティムールは、**モンゴル帝国の崩壊にともなって混乱した東西交易の要衝を再度統合すべく**、積極的な対外遠征に乗り出します。ティムール軍は、**キプチャク=ハン国を攻撃**してユーラシア西部の草原地帯をおさえ、**イル=ハン国崩壊後のイラン・イラク**をおさえて西アジアを支配します。また、1402年にはアナトリアで起きた**アンカラの戦い**で**オスマン帝国を破り、バヤジット１世を捕虜**としました。さらに**明への遠征**を行いますが、その途上でティムールは病没してしまい、その後、内紛と分裂によってティムール朝は衰退し、16世紀初頭に**遊牧ウズベク（ウズベク人）**の侵入により滅亡しました。

ティムール朝の時代に、**支配下の西アジアから接収されたイラン=イスラーム文化は、中央アジアを中心に開花したトルコ=イスラーム文化と融合**し、高度な文化を発展させました。トルコ語（チャガタイ=トルコ語）による文学作品があらわれたほか、15世紀半ばの**ウルグ=ベク**の時代には天文台が建設され、天文学や暦法などが発達しました。

過去問にチャレンジ

次の資料は、近代中国の学者である王国維が著した論文の一部である。(引用分には、省略したり、改めたりしたところがある。)

資料

> およそ歴史を研究する際、ある民族の歴史を知るためには、別の民族によって書かれた記録に頼らないわけにはいかない。例えば、塞外(さいがい)(注)の民族である匈奴や鮮卑、西域の諸国については、中国の正史に記載があるほかには、信頼できる歴史記録はほとんどない。
>
> その後、契丹と［ ア ］の文化が発展したが、彼ら独自の文字は既に使われなくなり、それぞれの民族について、漢語で編纂された『遼史』と『金史』があるほかには、やはり信頼できる歴史記録はほとんどない。
>
> モンゴルについて言えば、今日でも広大な土地と独自の文字を有しているが、人々は宗教に夢中となり、学問を重視しなかったため、古い時代の史書の原本は元のままでは残っておらず、むしろ漢語やペルシア語の文献によって伝わっている。
>
> (注) 塞外—長城の外側。

モンゴルが学問を重視しなかったという説明は乱暴に過ぎるが、史料が様々な理由で失われうることは事実である。一方、残された史料の方も鵜呑(うの)みにしてよいとは限らない。王国維は上の文章に続けて、モンゴルについて記すある漢語史料の信頼性に問題があることを論じている。

問1　資料中の空欄 ア の民族の歴史について述べた文として最も適当なものを、次の①～④のうちから一つ選べ。

① 猛安・謀克という軍事・社会制度を用いた。
② ソンツェン＝ガンポが、統一国家を建てた。
③ テムジンが、クリルタイでハンとなった。
④ 冒頓単于の下で強大化した。

問2　前の文章が述べるように、ある民族や集団について研究する際に、別の民族や集団が残した記録を史料とする例は少なくない。次の研究**あ**・**い**が、その例に当てはまるか当てはまらないかについて述べた文として最も適当なものを、後の①～④のうちから一つ選べ。

研究
あ　『三国志』魏書東夷伝倭人条（魏志倭人伝）を用いた、邪馬台国についての研究
い　パスパ文字（パクパ文字）で書かれたフビライの命令文書を用いた、元朝についての研究

① **あ**のみ当てはまる。
② **い**のみ当てはまる。
③ 両方とも当てはまる。
④ 両方とも当てはまらない。

（2022年度　本試験　世界史B）

問1　資料の「その後、契丹（注：キタイ）と ア の文化が発展したが、……それぞれの民族について、漢語で編纂(へんさん)された『遼（注：キタイ）史』と『金史』がある」から、 ア には金を建てた女真（ジュシェン、ジュルチン）が当てはまると判断できます。①正文です。金では二重統治体制がしかれ、華北の農耕民には中国式の統治

体制がとられ、女真などの遊牧民には猛安・謀克という軍事・社会制度が行われました。②ソンツェン=ガンポが建てた統一国家は吐蕃です。③テムジンは、クリルタイでハン（カン）に選出されてモンゴル帝国の建国者となりました。④冒頓単于は、匈奴の最盛期の君主です。②・③・④はいずれも金の歴史について述べた文ではありません。 **答え ①**

問2 設問文の「ある民族や集団について研究する際に、別の民族や集団が残した記録を史料とする例」について、研究**あ**・**い**が、その例に当てはまるか当てはまらないかを検討します。**あ**．邪馬台国は日本の古代国家で、女王の卑弥呼は魏に朝貢して「親魏倭王」の称号を授かりました。邪馬台国についての記述がみられる『三国志』魏志倭人伝は、中国で編纂された歴史書なので、問題の例に当てはまると判断できます。**い**．元朝はモンゴル人国家の一つで、フビライが建てた王朝なので、パスパ文字（パクパ文字）で書かれたフビライの命令文書を用いた研究は、問題の例に当てはまらないと判断できます。 **答え ①**

SECTION

大交易時代と「世界の一体化」の到来

THEME

1　明（1368～1644）
2　ヨーロッパの海洋進出と「新世界」

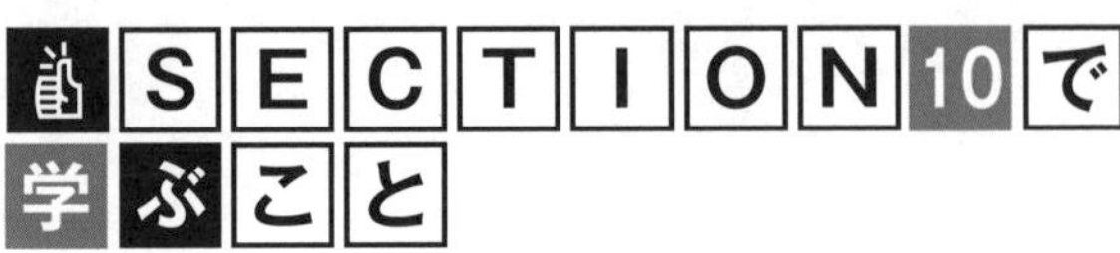

SECTION10で学ぶこと

ここが問われる！

洪武帝の業績、永楽帝の南海諸国遠征、明代の社会経済と宋代の社会経済の入れ替え正誤問題は頻出！

明の時代には、皇帝独裁体制が確立されたほか、海禁政策によって対外交易が朝貢貿易に限定されます。永楽帝の時代には朝貢国が増大しましたが、16世紀後半から党争が激化し、明は衰退します。

1 洪武帝と永楽帝の時代

洪武帝の時代には、中央や地方の制度改革が行われ、皇帝独裁体制が確立されます。この時期の諸改革を押さえましょう。また、永楽帝期からの南海諸国遠征で、鄭和一行が訪れた地域を地図で確認しましょう。

2 北虜南倭と明の衰退

明は北方からオイラトやモンゴル(タタール)の圧力を受け、中国東南の海岸部一帯では中国人商人を主体とする後期倭寇の活動が盛んになります。また、明は16世紀後半に海禁政策を緩和して民間貿易を容認しました。

3 明の社会経済

海禁政策の緩和にともない、ヨーロッパ商人との交易が盛んになると、中国には日本銀やメキシコ銀が流入しました。また、江南では商品作物の栽培が行われ、穀倉地帯は長江中流域へと移動しました。

ポルトガルのインド航路開拓やスペインのラテンアメリカ進出、ヨーロッパ諸国の海洋進出がもたらした影響は頻出！

香辛料を直接獲得することを目指し、ポルトガルはインド航路の開拓に成功します。一方、スペインはラテンアメリカの植民地支配に注力します。

□ポルトガルの海洋進出

ポルトガルは、アフリカを廻航してインドに至る航路を開拓しました。また、インドのゴアに総督府を置き、東南アジアや中国に進出して交易圏を拡大し、香辛料貿易や日中中継貿易によって繁栄しました。

□「新世界」の発見とスペインの支配

スペインは、おもにラテンアメリカへの進出を本格化して、その大部分を植民地としました。植民地で、ヨーロッパからもたらされた伝染病によって先住民の人口が激減すると、西アフリカから黒人奴隷がもたらされました。

□新旧両世界への影響

ヨーロッパ諸国が中心となって、南北アメリカ大陸やアジア・アフリカ世界をつなぐ「世界の一体化」が促進されるなか、「新世界」と「旧世界」では経済や社会において様々な変化がみられるようになります。

ヨーロッパ諸国が海洋進出を本格化した時期には、中国は明の支配下にありました。中国に日本銀やメキシコ銀が、どのようにもたらされたのかに注目しよう！

THEME 1

明（1368～1644）

ここで働きめる！

- 明の皇帝権力と支配体制の特徴について理解しよう。
- 海禁政策の内容と、明の対外関係について押さえよう。
- 国際商業の活発化が、明の社会経済にどのような影響をもたらしたのかを理解しよう。

1 洪武帝の時代

① 明の建国

元末に起きた**白蓮教徒を中心とする紅巾の乱**のなかで台頭した**朱元璋**（**洪武帝**）は、1368年に皇帝に即位して**明**を建て、**南京**に都を置きました。これ以降、「**皇帝一代につき元号を一つとする**」ことが一般化したため、皇帝を当時の元号をとって呼ぶようになりました。これを**一世一元の制**といいます。

② 中央行政

洪武帝は、**中書省を廃止**し、**六部**に直接指示を出せるようにしました。また、元の時代に形式化していた科挙を官吏登用制度の柱に据え、**朱子学を官学化**して**皇帝独裁体制を支える理念**としました。そのほかには、唐代の律・令にならって**明律**（☞刑法典）・**明令**（☞行政・民法典）を制定し、法による支配体制を整備しました。

③ 地方行政

洪武帝は、**民衆をおもに民戸と軍戸に分類して納税者と兵役従事者を明確にするなど、民衆の管理を徹底**しました。

民戸に対しては、**里甲制**をしいて徴税や治安維持などを徹底化し、民衆教化のために**儒学的な教訓の六諭**を定めて権力に従順な民衆の育成に取り組みました。さらに、**魚鱗図冊**という土地台帳や**賦役黄冊**と呼ばれる戸籍・租税台帳を作成しました。

軍戸に対しては唐代の府兵制をモデルにした**衛所制**をしき、**兵農一致による徴兵制度**を整えました。また、モンゴル高原に割拠する遊牧民の侵入に備え、北方の辺境には洪武帝みずからの子を王として配置し、防衛を担当させました。

④ 冊封体制の強化

日本では、14世紀前半に鎌倉幕府が倒れると、天皇と武士による南北朝の対立が激化し、**海上では日本人を中心とする倭寇**（☞この時期の倭寇を**前期倭寇**といいます）の活動が活発化しました。

洪武帝は、**前期倭寇の活動を抑えつつ、明を中心とする冊封体制の強化を目指して海禁政策を実施**します。これは、**中国の民間人による交易や海外渡航を一切禁止し、政府の管理する朝貢貿易のみを認めるという統制政策**のことです。明は対外関係においても統制を強化していきました。

なお、朝貢貿易では回数やその規模に制限がかけられたので、いつでも自由に貿易を行えるわけではありませんでした。

2 明と周辺諸地域の関係

① 永楽帝の時代

洪武帝の死後、その孫が**建文帝**として即位します。建文帝は、側近の意見を聞き入れて、中国北方で対モンゴル防衛を担っていた諸王（☞建文帝からすると、叔父にあたります）の勢力削減を実施しました。すると、諸王の一人であった**燕王**が、建文帝に対して反旗をひるがえして**靖難の役**を起こし、ついには**建文帝を退けて永楽帝として即位**しました。

写真提供：PIXTA

北京の紫禁城

永楽帝は、みずからの本拠地であった**北京に遷都**して**紫禁城**（☞完成は清代、現在の故宮）を建設し、**軍を率いて北方のモンゴル遠征に尽力**したほか、**陳朝滅亡後の北ベトナムを一時的に支配**しました。他方では、ムスリムの宦官であった**鄭和**に**南海諸国遠征**を命じて**インド洋諸国に朝貢国を拡大する**など、明の権威拡大につとめました。

② 明への朝貢国の発展

明が、洪武帝から永楽帝の時代にかけて、朝貢貿易を拡大するなか、明との朝貢貿易によって独自の繁栄をとげた国々も登場します。

●明の周辺諸地域

国家・王朝	特　徴
琉球王国	•**中山王**の尚巴志が琉球を統一（**15世紀**）／都：**首里** •**明への朝貢で得た産品を周辺諸地域に輸出**（中継貿易）
マラッカ王国	•マレー半島南西部に成立（14世紀末頃） •**鄭和の南海諸国遠征の基地**☞明に朝貢し、中継貿易で繁栄
室町幕府（日本）	**足利義満**：南北朝を合一（14世紀末） ☞**明に朝貢**し、「日本国王」に封じられて**勘合貿易**を実施
朝鮮王朝	•**李成桂**：高麗を倒して建国（14世紀末）／都：**漢城** ☞明に朝貢し、**科挙の整備や朱子学を導入** •**世宗**（15世紀前半） ☞**金属活字**による印刷／**訓民正音**（**ハングル**）の制定
黎朝（大越国）	明の支配から自立（15世紀前半） ☞明に朝貢し、**科挙や朱子学を導入**して国政を整備

写真提供：PIXTA

世宗の制定した訓民正音

「民に訓える正しい音（文字）」として1446年に公布された。母音と子音を組み合わせた表音文字。

琉球王国やマラッカ王国など規模の小さな国々は、明の朝貢国となることでその威光を利用し、**独立を維持**しつつ、明との朝貢貿易で得た産品をほかの地域に輸出することで繁栄することができました。

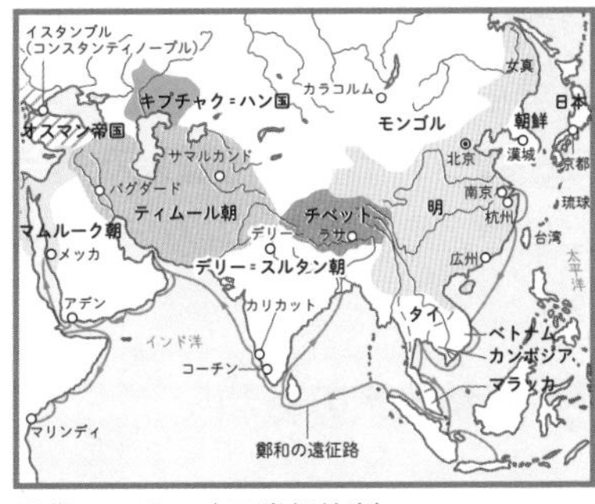

明代のアジア（15世紀前半）

3 明の対外政策の転換

① 北虜南倭(ほくりょなんわ)

明の北方では、モンゴル系遊牧民が朝貢貿易の拡大を求めて中国に侵入してくることがありました。**15世紀半ば**にモンゴル高原で勢力を拡大した**オイラト**は、**エセン**に率いられて明の正統帝(せいとうてい)（英宗(えいそう)）を捕虜(ほりょ)とする**土木(どぼく)の変**を起こし、北京を包囲して明に圧力をかけました。明は、**万里(ばんり)の長城(ちょうじょう)を修築**して北方諸勢力の侵入に備えるようになりますが、同時に軍事費が増大していきます。

明とその周辺諸国

また、**16世紀**になると、**明の貿易統制に対する不満が噴出**しました。北方の諸勢力を統合した**モンゴル（タタール）**の**アルタン=ハーン**は長城を越えて中国内部に進出し、**北京を包囲**しました。一方で、この頃には**ポルトガルなどのヨーロッパ商人がアジアを訪れ**て、中国商人との交易を求めるようになっていました。ヨーロッパの人びとには朝貢貿易の概念(がいねん)が伝わらないので、朝貢貿易の形式で交易を求めることは難しく、せっかくの取引相手を前に交易を断らなければならない中国商人は、明の海禁政策に強く不満をもっていました。そこで、**武装した中国商人らは、海禁政策に違反してヨーロッパ商人と密貿易を行う**ようになります。これを**後期倭寇**といい、その代表的なリーダーは五島列島を中心に活動した**王直**です。

② 海禁政策の緩和

明の交易統制に不満をもつ勢力が増大すると、**明は16世紀後半に海禁政策を緩和**して、北方のモンゴルとのあいだに交易場を設け、**中国の民間商人の交易を認める**姿勢をみせました。すると、ヨーロッパ商人は、**日本銀**や**メキシコ銀**を持ち込み、**中国の陶磁器や茶、絹織物を買い求める**ようになりました。

明には湯水のごとく銀が流れこむようになりますが、一方で、貿易統制を緩和したことで、明との貿易の利益をめぐる武力抗争が各地でみられるようになりました。

4 明の衰退と周辺諸地域の変動

① 東南アジア

16世紀になると、香辛料をはじめとするアジアの富を求めてヨーロッパ諸国が海外進出を本格化させました。

ポルトガルは、**大砲や鉄砲などの強力な武器**を備えてインドや東南アジアに進出し、16世紀前半にはマレー半島に位置するイスラーム国家の**マラッカ王国**を征服しました。一方、ポルトガルがマラッカ海峡の交易を支配したことを受け、ムスリム商人はスマトラ西岸からスンダ海峡を通るルートで対抗しました。

スペインは、16世紀後半に**フィリピンに交易拠点としてマニラを建設**し、ラテンアメリカ植民地で採掘されたメキシコ銀を**ガレオン船**に載せてマニラに運び、中国産の生糸や陶磁器、南アジア産の綿布を入手してラテンアメリカに運ぶ**アカプルコ貿易**を行いました。

また、東南アジアの大陸部では、チャオプラヤ川流域の**アユタヤ朝**やエーヤワディー川流域の**タウングー朝**が、米・鹿皮の輸出で栄えました。

❷ 日本

16世紀後半の日本では、**織田信長**がポルトガルなどのヨーロッパ諸国との**南蛮貿易**（☞この時期に日本を訪れたポルトガルやスペインなどの外国船や商人、宣教師などの姿は「**南蛮屛風**」に描かれています）を行って利益を得るとともに、**鉄砲**などの火器を入手・使用して日本統一を進めました。

織田信長の死後、そのあとを継いだ**豊臣秀吉**は、16世紀末に日本を統一すると、**朝鮮王朝の征服に乗り出し**て**壬辰・丁酉の倭乱**（☞これは朝鮮側の呼称で、日本では**文禄・慶長の役**といいます）を起こしました。しかし、**李舜臣**が率いた朝鮮水軍の抵抗や、明（☞万暦帝の時代）の朝鮮救援もあり、豊臣秀吉の死後、日本軍は撤退しました。

写真提供：Kobe City Museum / DNPartcom
狩野内膳 南蛮屛風 右隻 部分（神戸市立博物館）

写真提供：PIXTA
朝鮮水軍の亀船（亀甲船）

その後、**江戸幕府**を開いた**徳川家康**は、おもに**東南アジアの国々と朱印船貿易**を行い、東南アジアの物産（☞香木や鹿皮など）や中国の物産（☞生糸や絹織物など）を輸入し、**東南アジアの各地には日本町と呼ばれる日本人街**もつくられました。

また、明は16世紀後半に海禁政策を緩和しましたが、後期倭寇とかかわりのあったとされる**日本との直接交易を認めません**でした。そこで、**マカオを拠点とするポルトガル**や、**台湾を拠点とするオランダ**が**日中間の貿易に参入**し、日本銀と中国の生糸の取り引きを行いました。一方、江戸幕府は、幕府の支配体制の基礎を固めるため、やがて**キリスト教禁止や交易統制の強化**を行い、17世紀前半には**「鎖国」**を行って**日本人の海外渡航やポルトガル人の来航を禁止**しました。

❸ 中国東北地方

明の支配下にあった**中国東北地方**（☞「**満洲**」や「マンチュリア」ともいいます）では、**女真**が農牧・狩猟生活を営んでいました。

女真って、12世紀前半に北宋を滅ぼした金を建てた民族ですよね？

正解です！　女真人は、やがて民族名を「満洲（マンジュ）」と改称するので、満洲人と呼ぶようになります。

中国東北地方で**薬用人参や毛皮などの交易**が盛んになると、交易の利益をめぐって女真集団のあいだで権力闘争が激しくなりました。こうした闘争のなかから台頭した**ヌルハチ**は、女真諸勢力を統合して1616年に**金（後金）**を建てました。ヌルハチは、**満洲人**の血縁・地縁集団を再編成した**軍事・行政組織である八旗**を創設し、モンゴル文字をもとに**満洲文字**をつくるなど、独自の国家建設を進め、遼東半島方面に進出して明と抗争しました。ヌルハチの死後、あとを継いだ**ホンタイジ**は、その支配を**内モンゴルのチャハル**に拡大し、**1636年**にはみずから皇帝を称して**国号を清と改称**しました。

❹ 明の衰退と滅亡

明では、北虜南倭以降、**モンゴル諸勢力に対処するための軍事費が増大し、財政難が深刻化**しました。16世紀後半の万暦帝の時代には、その初期に実権を掌握した**張居正**が、行政改革に着手して中央集権化による財政の再建を試みましたが、かえって反発を招いてしまいました。

他方、影響力を拡大した宦官の政治介入を批判した**東林派と、宦官と結託した非東林派とのあいだで党争**が起きるなど、中央政界は混乱しました。また、豊臣秀吉の朝鮮侵攻に対して朝鮮に援軍を送ったことや、中国東北地方の金との戦争で財政は窮乏化してしまいます。重税と飢饉に苦しむ民衆が各地で反乱を起こすと明は混乱し、**李自成の反乱軍**によって北京が占領されました。最後の皇帝となった崇禎帝は、みずから命を絶ち、**1644年に明は滅亡**しました。

5 明の社会・経済と文化

❶ 社会・経済

明代には，ヨーロッパや周辺諸地域との国際商業が活発化するなかで、交易品として需要のある商品の生産が盛んになります。

長江下流域では**茶**・**綿花**・**桑**（☞蚕のエサ）などの商品作物栽培が行われるようになり、**綿織物や生糸などの家内制手工業が発達**しました。また、現在の江西省に位置する**景徳鎮**では、**陶磁器の生産**が盛んになり、染付のほかに赤絵がつくられ、生糸とともにヨーロッパやアメリカ大陸にまで販路が拡大しました。

一方、人口増加に対して穀物が不足するようになると、**長江中流域**の湖北省や湖南省が新たな穀倉地帯となり、**「湖広熟すれば天下足る」**といわれるようになります。

また、交易によって**日本銀やメキシコ銀が大量にもたらされる**と、中国では**銀が主要な貨幣**となり、16世紀後半になると**各種の**

税や労役を銀に一本化して納入する一条鞭法という新税制が江南を中心に普及するようになります。政府は、回収した銀を、大運河を通じて華北に運んでモンゴル諸勢力に対する軍事費にあてました。

国内商業が活発化するなか、**政府と結びついた特権商人**があらわれ、**山西商人**や**徽州商人**（**新安商人**）などは塩の専売や金融などで莫大な利益をあげるようになりました。他方では、商業活動が全国化するなかで、**同郷者や同業者の互助や親睦を深めるために会館・公所が大都市を中心に形成**されました。

また、科挙の合格資格をもつ者や官僚経験者は、**郷紳と呼ばれる地方の実力者**として勢力をもちました。

② 文化（➡別冊 P54・55）

明代になると、商業の発展にともない**木版印刷による書物の出版が急増する**ようになりました。科挙の参考書をはじめとし、民衆の娯楽や教養となる**小説**や**実用書**などが多数出版されるようになりました。こうしたなか、科学技術への関心が高まり、明を訪れた**イエズス会宣教師から西洋の最新科学を学び取る**ために、士大夫のなかにはキリスト教を受け入れて、改宗する者まであらわれました。

また、儒学においては、官学化された朱子学を「知識の習得に頼るアタマデッカチ」であると批判し、人間は無学な庶民や幼児にもその心のなかにあるべき道徳心が備わっているとする**陽明学**が興りました。

過去問にチャレンジ

あるクラスで、科挙に関する授業が行われている。

高木：中国の科挙について勉強しましたが、子どもの頃から儒学の経典を学んで、何回も受験する人が多いことに驚きました。学校はあったのでしょうか。

先生：中国では、官立学校で儒学を教え、学生は官吏の候補として養成されました。科挙が定着した後、官立学校は全体に振るいませんでしたが、宋代には私立学校の書院が各地にでき、新しい学問である［ア］も書院の活動のなかで生まれました。17世紀の顧炎武は、官立学校の学生身分を持つ者が増え過ぎて社会問題になっていると論じています。

高木：学生が増えたのが社会問題になったのはなぜでしょうか。

先生：王朝の交替を目の当たりにした顧炎武は、多くの学生が政治上の争いに加担したことを問題として挙げていますが、それには、彼が同時代のこととして見聞した、書院を拠点とした争いが念頭にありました。

高木：それは、［イ］ことではないでしょうか。

先生：そうです。彼はまた、学校教育の停滞も指摘していて、科挙合格のために、当時の官学であった［ア］を表面的に学ぶことを問題視しました。そこで、学生のあり方や、科挙自体も大幅に改革すべきだと論じています。

吉田：日本では科挙について議論はなかったのでしょうか。

先生：江戸時代の儒学者の中には、科挙は文才を重視し過ぎて実際の役に立っていないとして、むしろⓐ<u>中国で科挙の開始より古い時代に行われた人材登用制度</u>を参考にすべきだという意見がありました。日本の社会には中国で理想とされる周代と共通する要素があると考え、周代の制度を参考にして、文才ではなく人柄を重視しようとしたのです。

吉田：それはもっともな意見ですが、科挙を採用した国もありましたね。そうした国の人はどう考えていたのでしょうか。

先生：例えば江戸時代の日本を訪れた朝鮮の知識人の一人が、日本には科挙がないので官職が全て世襲で決まり、埋もれた人材がいると書き残しています。日本の儒学者とは反対の意見です。

吉田：それも納得できます。人材の登用はいろいろな問題があるのですね。

問1　文章中の空欄［ア］の学問について述べた文として最も適当なものを、次の①～④のうちから一つ選べ。

①　科挙が創設された時代に、書院を中心に新しい学問として興った。

②　金の支配下で、儒教・仏教・道教の三教の調和を説いた。

③　臨安が都とされた時代に大成され、儒学の経典の中で、特に四書を重視した。

④　実践を重んじる王守仁が、知行合一の説を唱えた。

問2　下線部ⓐについて述べた文あ・いと、前の文章から読み取れる朝鮮や日本で見られた人材登用制度に関する考えについて述べた文X・Yとの組合せとして正しいものを、後の①～④のうちから一つ選べ。

下線部ⓐについて述べた文

あ　地方長官の推薦による官吏任用が行われ、結果として豪族が政界に進出するようになった。

い　人材が9等級に分けて推薦され、結果として貴族の高官独占が抑制された。

朝鮮や日本で見られた人材登用制度に関する考え

X　朝鮮の知識人が、科挙を採用せず広く人材を求めない日本を批判した。

Y　日本の儒学者が、周の封建制を否定的に考え、科挙の導入を提唱した。

①　あ―X　　　②　あ―Y
③　い―X　　　④　い―Y

(2023年度　本試験　世界史B)

問1　会話文に「宋代には私立学校の書院が各地にでき、新しい学問である［ア］も書院の活動のなかで生まれました」とあるので、［ア］には宋学（朱子学）が当てはまります。①科挙が創設された時代は、宋ではなく隋の時代です。②金の支配下で、儒教・仏教・道教の三教の調和を説いたのは、宋学ではなく王重陽が創始した全真教です。③宋学は北宋の周敦頤によってはじめられ、臨安が都とされた南宋の時代に朱熹によって大成されます。また、宋学は、儒学の経典のうち特に四書（☞『大学』・『中庸』・『論語』・『孟子』）を重視するので正文です。④実践を重んじる王守仁は、宋学ではなく陽明学を代表する人物です。

答え ③

問2　下線部ⓐの「科挙の開始より古い時代に行われた人材登用制度」は、前漢の武帝がはじめた郷挙里選と、魏の文帝（曹丕）がはじめた九品中正です。あ. 郷挙里選の説明です。い. 九品中正の説明ですが、結果として貴族の高官独占が抑制ではなく進展したので誤りです。X. 会話文の「例えば江戸時代の日本を訪れた朝鮮の知識人の一人が、日本には科挙がないので……埋もれた人材がいる」から、科挙を実施せずに官職を世襲で決めていることを批判的に捉えていることがわかります。Y. 会話文の「日本の社会には中国で理想とされる周代と共通する要素があると考え、周代の制度を参考にして、文才ではなく人柄を重視しようとした」から、日本は科挙に否定的で周代の制度を肯定的に捉えていることがわかります。

答え ①

THEME 2

ヨーロッパの海洋進出と「新世界」

ここで畝きめる!

- ヨーロッパ諸国が国をあげて海洋進出に乗り出した背景を理解しよう。
- ポルトガルとスペインが、それぞれどの地域に進出したのかを覚えよう。
- ヨーロッパ諸国の海洋進出が、「新世界」と「旧世界」の双方にどのような影響をもたらしたのかを理解しよう。

1 ポルトガルとスペイン

① 海洋進出の背景

イタリア商人が**東方貿易で入手していた香辛料**(こうしんりょう)**は、ヨーロッパで需要の高い商品**でしたが、オスマン帝国が東地中海世界に支配を拡大すると、取引価格をつり上げてしまったので、**香辛料価格は割高**になってしまいました。ヨーロッパの国々にとって、「もし、**香辛料を直接入手する**ことができれば、さぞかしもうかるだろうに」という思いは強くなっていきます。

他方では、**マルコ=ポーロ**の**『世界の記述(東方見聞録**(けんぶんろく)**)』**で紹介された「黄金の国」ジパング(☞日本のことをさしているとされます)の伝説は、ヨーロッパの人びとのアジアに対する関心を高めました。

そして、これらの事情に加え、**イベリア半島**では中世以来、レコンキスタ(国土回復運動)が行われ、キリスト教徒はイスラーム勢力を駆逐(くちく)して大西洋への出口を確保しました。また、レコンキスタという異教徒との戦争を通じて、その指導者となった**国王を中心に中央集権化が進み、膨大な経費のかかる海洋進出を国営事業として行える**ようになります。

❷ ポルトガルの海洋進出

海洋進出の口火を切ったのは、レコンキスタをいち早く完了させたポルトガルでした。ポルトガルは、**胡椒（コショウ）などの香辛料を直接獲得すること**を目指し、アフリカをぐるっと回ってインドに向かう航路を開拓します。

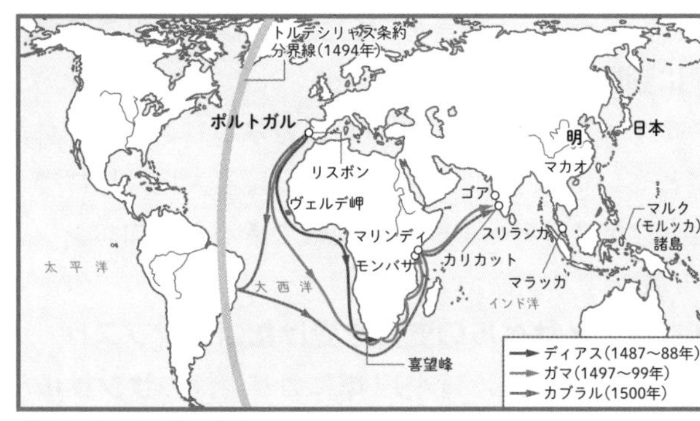

ポルトガルのアジア進出

●ポルトガルのインド航路開拓

探検家など	特　徴
「航海王子」エンリケ	**アフリカ西岸**の探検活動を奨励
バルトロメウ=ディアス	アフリカ南端の**喜望峰**に到達
ヴァスコ=ダ=ガマ	アフリカを廻航して**インドのカリカット**に到達

こうして、**15世紀末にインド航路（アジア航路）を開拓したポルトガル**は、強力な火器をもちいて現地で交易活動にあたっていたムスリム商人を圧倒し、**インドのゴアに総督府を設置**して東南アジア方面への進出を図りました。

ポルトガルは、16世紀前半までに**マレー半島のマラッカを征服**し、**香辛料を豊富に産出するマルク（モルッカ）諸島**に到達、その後、日本の**種子島**や長崎の平戸を訪れ、同世紀半ばには**中国のマカオにおける居住権を獲得**して日中間貿易を行うようになります。

SECTION 10 大交易時代と「世界の一体化」の到来

一方で、アジア向けの輸出品をもたなかったポルトガルは、アジア域内貿易に参入して中継貿易を行うようになりました。

❸ スペインの海洋進出

スペインは、ポルトガルの海洋進出に遅れをとってしまい、**ポルトガルとは別の航路でアジア進出を目指さなければなりません**でした。そこでジェノヴァ出身の**コロンブス**は、**大西洋を西に横断してアジアに到達する航海計画**をスペインにもちかけました。

実は、コロンブスの友人である**トスカネリ**は、大地球体説（☞**地球球体説**ともいいます）を提唱しており、「大地は球体で、かつ大西洋を通る方がアジアへの航路を短縮できる」とコロンブスに手紙で伝えていたのです。

スペイン女王イサベルの支援を受けたコロンブスは、大西洋を横断してアジアを目指し、**1492年**にカリブ海の**サンサルバドル島**に到達しました。その後、現在のアメリカ大陸に上陸したのですが、**当時のヨーロッパの人びとは、アメリカ大陸があることを知らなかった**ので、コロンブスとその一行は、到達した大陸を「インド」であると信じました。そのため、**アメリカ大陸に居住する先住民のことを「インディアン（インディオ）」**と呼びました。

大西洋を横断して「インド」に行けるといううわさは、またたく間にヨーロッパに広まり、イギリスやフランスなどからも探険隊が派遣(はけん)されました。一方、スペインとポルトガルの両国は、進出先での争奪戦を避けるために、**トルデシリャス条約を結んで両国の勢力範囲を画定**しました。

ところが、探検者の一人であった**アメリゴ=ヴェスプッチ**は、コロンブス一行が到達した場所は「インド」でもアジアでもなく、**ヨーロッパの人びとにとって未知の「新世界」（「新大陸」）であると報告**しました。のちに、**彼の名をとって「新世界」を「アメリカ」**と呼ぶようになります。

また、アジアへの到達をあきらめていなかったスペインは、16世紀前半に**マゼランの世界周航**を支援します。マゼランは、その途上のフィリピンで先住民との戦闘で亡くなりますが、彼の部下がスペイン本国に帰還したことで、**スペインはアメリカ大陸から太平洋を横断してアジアに到達する航路を開拓**したほか、大地球体説を実証したことになります。

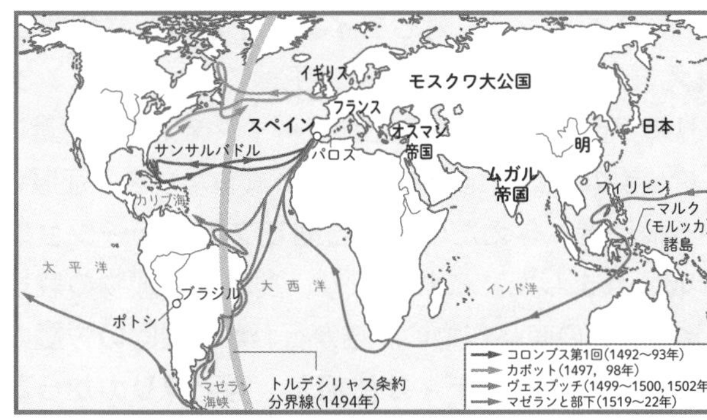

ヨーロッパ諸国の海洋進出（大航海時代）

2 西ヨーロッパ諸国のラテンアメリカ進出

コロンブスが図らずもアメリカ大陸を「発見」して以降、**インディオの文明は次々と征服**され、スペインによる植民地支配が本格化します。また、スペイン以外の国々もアメリカ大陸に進出していきます。ここでは、その統治(とうち)の実態をみていきましょう。

① スペインの植民地支配

スペインからは多くの**「征服者（コンキスタドール）」**がラテンアメリカに渡り、16世紀前半に、**コルテスがアステカ王国を滅ぼし**てメキシコを征服し、**ピサロがインカ帝国を滅ぼし**てペルーを征服するなど、**スペインは征服活動を通じてラテンアメリカの大部分を支配下におさめました。**

スペイン王は彼らのような「征服者」たちに対し、**インディオへのキリスト教布教(ふきょう)を条件に、労働力として先住民を使役(しえき)すること**

を認めました。これを**エンコミエンダ制**といいます。さらに、**ポトシ銀山**やメキシコで銀山がみつかると、「征服者」たちはインディオを**鉱山開発の労働力として酷使**するようになりました。過酷な労働と、植民者によってもたらされた**伝染病**（**疫病**）**は、インディオの人口を激減**させました。

ドミニコ会修道士の**ラス=カサス**は、こうした悲惨な状況を目の当たりにし、スペイン王に対して**インディオの奴隷化防止とその保護を訴え**ました。のちにスペイン王は、エンコミエンダ制を廃し、かわりにラテンアメリカの土地（☞インディオが大量に病死したので、耕し手のない耕地が拡大していました）を「征服者」をはじめとする植民者に与えたので、**各地でプランテーション**（**大農園**）**が形成**されました。これにより、食料用の穀物の栽培を中心に、コーヒーなどの商品作物の栽培が行われ、**農園の労働力としては、債務奴隷化したインディオに加え、西アフリカから輸入した黒人奴隷が利用**されました。

② スペイン以外の西欧諸国の植民地支配

ポルトガルは、トルデシリャス条約でスペインと勢力圏を決めたあとに、インドを目指していた**カブラルがブラジルに漂着してポルトガル領を宣言**しました。ポルトガルは、ブラジルの広大な土地を使って**サトウキビ=プランテーション**で**砂糖の生産**を行いました。17世紀になると、オランダ西インド会社がブラジルに進出して砂糖生産に積極的な介入を行いました。

また、**イギリス・フランス・オランダ**などの国々は、17世紀以降、本格的に**北アメリカやカリブ海地域に進出**しました。

3 「新旧世界」への影響と「コロンブス交換」

① アメリカ大陸への影響

ヨーロッパ諸国の進出により、アメリカ大陸には**馬などの大型動物・鉄器・車輪**のほかに、コーヒーやサトウキビ、麦(むぎ)などの作物も持ち込まれました。しかし、天然痘(とう)やペストなどの**伝染病**がもたらされたことで、**免疫(めんえき)をもたないインディオの人口は激減**しました。また、インディオや黒人奴隷のあいだにはカトリックの信仰が拡大していきます。

一方、スペインが**アカプルコ貿易**（➡P252）を行ったことで、アメリカ大陸には中国の物産がもたらされ、太平洋を横断してアジアに至る航路が確立されました。

このように、「**新世界**」（☞アメリカ大陸）と「**旧世界**」（☞ヨーロッパ・アフリカ・アジアなど）との間で様々なヒトやモノが行き来したことを「**コロンブス交換**」と言います。

② ヨーロッパへの影響

16世紀の西ヨーロッパでは、急激な人口増加にともない穀物価格が上昇傾向にありました。さらに、**ラテンアメリカから大量の銀が西ヨーロッパ世界にもたらされた**ことで銀の価値が下がって物価上昇（インフレーション）を後押しし、**価格革命**が発生しました。西ヨーロッパの人びとが銀をたくさんもつような時代になったので、モノの値段も上がったとイメージすれば良いでしょう。

それでは、価格革命がヨーロッパ世界にもたらした影響として、次の３点を理解しましょう。

特徴の整理　～価格革命の影響～

- **西ヨーロッパ**：**商工業が発達**
  ☞人口増加により豊富な労働力を確保できた
- **西ヨーロッパ**：**固定地代に依存していた封建領主層の没落**
  ☞貨幣価値の下落により、領主などは収入が激減して没落
- **東ヨーロッパ**：**農場領主制の発達**
  ☞西ヨーロッパでは穀物価格が上昇したため、安価な東ヨーロッパの穀物の需要が増加
  ☞領主は**農奴制を強化**し、輸出用穀物を大量に生産

一方、**ヨーロッパの人びとが中心**となり、世界のアジア・アフリカ・アメリカ大陸が交易を通じて結びつき、**「世界の一体化」が本格化**しました。ヨーロッパでは**商業革命**が発生し、交易の中心地は**地中海沿岸部やバルト海・北海沿岸部**から**大西洋沿岸部の都市にかわり**、**リスボン**（☞ポルトガルの都）や**アントウェルペン**（☞スペイン領ネーデルラントの都市）などが繁栄しました。

また、**アメリカ大陸原産**の**ジャガイモ**・**サツマイモ**・**トウモロコシ**・トウガラシ・タバコなどの作物が伝わりました。

③ アフリカやアジアへの影響

西アフリカでは、ヨーロッパ商人と結託した**ベニン王国**や**ダホメ王国**などが征服戦争を通じて「奴隷狩り」を行い、**西アフリカの人口減少や国土の荒廃**を招きました。

アジアでは、**ヨーロッパ商人が大量の銀をもってアジア各地を訪れ**、西アジアのペルシア絨毯や南アジアの綿布、東南アジアの香辛料や香木・宝石、中国の陶磁器や生糸を購入したので、**アジア諸地域は経済的に発展**しました。

SECTION

ユーラシア 諸帝国の繁栄

THEME

1　近世イスラーム国家の繁栄
2　清（1616/36～1912）

ここが問われる！

康熙帝・雍正帝・乾隆帝の業績、清の中国支配の特徴、清の社会経済、清と朝鮮王朝の関係は頻出！

満洲人国家の清は、明滅亡後の中国を支配し、多数派の漢人に対して寛容策と威圧策を組み合わせた支配を行います。また、清は康熙帝・雍正帝・乾隆帝の３代皇帝の時代に全盛期をむかえました。

1 清の中国支配と反清運動

明の滅亡後、満洲人国家の清が中国を支配し、協力的だった漢人武将を藩王に任命しました。一方で、「反清復明」を掲げる鄭成功ら、清の支配に抵抗する勢力が登場しました。

2 康熙帝・雍正帝・乾隆帝

康熙帝から乾隆帝までのおよそ130年間は、清の安定と繁栄の時期で、現在の中国に相当する広大な領土が形成されました。康熙帝・雍正帝・乾隆帝の業績を、それぞれ分けて整理しましょう。

3 清の社会経済・清と朝鮮王朝の関係

清の地丁銀制は、人口増加の一因となり、18世紀末までに清の人口は３億人に達しました。また、朝鮮王朝は満洲人国家の清を「夷狄」とみなし、みずからが中華文明の継承者であると主張するようになります。

オスマン帝国・サファヴィー朝・ムガル帝国は、主要な皇帝とその業績が頻出！

オスマン帝国のメフメト２世とスレイマン１世、サファヴィー朝のアッバース１世に、ムガル帝国のアクバルとアウラングゼーブ、これらの君主の業績について整理しましょう。

□オスマン帝国

メフメト２世はビザンツ帝国を滅ぼし、セリム１世はマムルーク朝を滅ぼしてシリア・エジプトを征服します。そして、スレイマン１世の時代にオスマン帝国は最大領土を形成し、また、地中海の制海権を掌握します。

□サファヴィー朝

アッバース１世の時代に全盛期をむかえ、都となったイスファハーンは東西交易の要衝として繁栄します。なかでも、イラン産のペルシア絨毯と絹糸はヨーロッパに輸出され、高値で取り引きされました。

□ムガル帝国

アクバルは、人頭税（ジズヤ）を廃止して多数派のヒンドゥー教徒への懐柔策をとりました。一方、アウラングゼーブは人頭税を復活させ、また、ヒンドゥー教徒やシク教徒を弾圧しました。

東アジアから西アジアにかけて、ユーラシア大陸には、清・ムガル帝国・サファヴィー朝・オスマン帝国が展開し、地域間交易が盛んになっていきます。また、ヨーロッパ商人は、銀を持参して各地の特産物を購入しました。

THEME 1 近世イスラーム国家の繁栄

ここで働きめる!

- オスマン帝国の領土拡大の経緯を押さえ、その支配システムについて理解しよう。
- サファヴィー朝の繁栄を支えた、当時の交易事情を理解しよう。
- ムガル帝国皇帝のアクバルとアウラングゼーブの支配の相違点を押さえよう。

1 オスマン帝国（1300頃～1922）

① 建国期

1300年頃、オスマン１世はトルコ系民族を率いて**アナトリア**西部に**オスマン帝国**を建国しました。

オスマン帝国は、**バルカン半島に遠征**し、次第に領土を拡大していきました。**バヤジット１世**の時代には、ヨーロッパ諸国が結成した「対トルコ十字軍」を破って**バルカン半島北部へ進出しました**が、直後に**ティムール朝の侵攻**を受けます。バヤジット１世は1402年に**アンカラの戦い**で敗北し、捕虜（ほりょ）となってその後死去したため、オスマン帝国はスルタン不在の混乱の時代をむかえました。

② 全盛期

滅亡（めつぼう）の危機をむかえたオスマン帝国でしたが、15世紀半ば頃から勢力を回復し、16世紀後半にかけて急速に領土を拡大していきます。この時期に注目すべきスルタンは、**メフメト２世・セリム１世・スレイマン１世の３人**です。

それでは、この３人の業績を整理してみましょう。

●オスマン帝国の領土拡大

スルタン	業　績
メフメト2世	• **ビザンツ帝国を滅ぼす**(1453) ☞都を**コンスタンティノープル**(**イスタンブル**)に遷都(せんと) • クリミア=ハン国(☞クリミア半島)を保護国化
セリム1世	• **サファヴィー朝**と抗争(☞アナトリア東部へと進出) • **マムルーク朝を征服**(1517):シリア・エジプトを領有 ☞**メッカ・メディナの保護権**を獲得
スレイマン1世	• モハーチの戦い(1526):**ハンガリー**の大部分を征服 • **第1次ウィーン包囲戦**(1529)☞失敗 • **プレヴェザの海戦**(1538):**地中海の制海権を掌握(しょうあく)** ☞スペイン・教皇・ヴェネツィアなどの連合艦隊を撃破 • 都に**スレイマン=モスク**を建設(16世紀半ば)

写真提供:PIXTA

スレイマン=モスク

オスマン帝国とサファヴィー朝の最大領域

③ オスマン帝国の支配

オスマン帝国の初期の征服活動を支えたのは**シパーヒー**と呼ばれるトルコ系騎士(きし)でした。スルタンは、シパーヒーに対して征服した土地の徴税権(ちょうぜいけん)を与えるかわりに軍役(ぐんえき)を課す**ティマール制を実施**しました。

あれ? どこかで似たような制度を学んだ気がするんだけどな……。

西アジアのイスラーム諸王朝で実施されたイクター制と類似していますね。

オスマン帝国は、支配地域の人びとを**イスラーム法（シャリーア）**やそれを補完するためのスルタンが制定した法によって統治(とうち)します。

一方で、**ユダヤ教徒やキリスト教徒などの非ムスリムに対しては、納税や人材登用への協力などを条件に、宗教共同体ごとに住まわせ、それぞれの法に従って生活することを保障しました。**こうした支配制度は、オスマン帝国では**ミッレト**と呼ばれますが、オスマン帝国に限った話ではなく、**イスラーム諸王朝における非ムスリムへの待遇の共通する仕組み**でした。

また、オスマン帝国は、**キリスト教徒のなかから優秀な人材を選出し、イスラーム教に改宗させて教育や軍事訓練を施すデヴシルメ制を実施**して、官僚や**「スルタンの奴隷(どれい)」（カプクル）**と呼ばれる常備歩兵部隊（☞これを**イェニチェリ**といいます）を確保しました。

やがて、オスマン帝国の領土拡大が落ち着きをみせると、帝国の税制は**ティマール制にかわって徴税請負制(うけおいせい)がとられる**ようになり、中央政府の官僚や軍人などが徴税請負を担当するようになります。しかし、18世紀になると、徴税請負を通じて地方の有力者が台頭(たいとう)し、スルタンの統制はゆるみ、地方分権化が進んでいきました。

④ オスマン帝国の社会

オスマン帝国内では、**都のイスタンブル**で行われる大規模な東西交易(こうえき)に合わせて特産品が各地でつくられるようになりました。そのため各地に都市が発達し、都市の商工業者は宗教の違いをこえて組合（☞エスナーフといいます）を組織したほか、長距離交易商やイスタンブルに物品を運ぶ商人には特権(とっけん)が与えられ、**ムスリム商人のみならず、ユダヤ教徒やキリスト教徒の商人も活躍**しました。

一方、オスマン帝国からコーヒーや絨毯(じゅうたん)、チューリップ、軍楽隊の音楽などの文物(ぶんぶつ)がヨーロッパにもたらされ、こうした交易活動には、スルタンから商業活動や居住の自由などの特権（☞これを**カピチュレーション**といいます）を与えられたヨーロッパ商人が従事しました。

2 サファヴィー朝（1501～1736）

① 建国から全盛期まで

神秘主義（スーフィズム）を掲げる**サファヴィー教団**は、15世紀後半にイラン高原の北西部や、アナトリア東部のトルコ系遊牧民のあいだで支持を拡大していました。

ティムール朝が16世紀初頭に崩壊（➡P240）するなか、サファヴィー教団の教主となった**イスマーイール**は、トルコ系騎馬軍団を率いてイラン高原一帯に勢力を拡大し、**1501年**に**サファヴィー朝**を建国して都を**タブリーズ**に置きました。

しかし、建国まもないサファヴィー朝は、1514年にオスマン帝国とのチャルディラーンの戦いに敗北して**アナトリア東部を喪失**し、スレイマン1世にはイラクを奪われてしまいました。

16世紀後半に即位した**アッバース1世**は、オスマン帝国を模倣した**軍政改革**を行い、火器を装備した常備軍を創設しました。そして、オスマン帝国からイラクを一時的に奪回したほか、**ポルトガルから**、ペルシア湾の出入り口に位置する**ホルムズ島**を取り戻しました。また、イラン中部に位置する**イスファハーン**を新たな都に定めました。イスファハーンの繁栄ぶりは**「世界の半分」**と称賛され、その中心地には、青いタイルが特徴的な「**イマームのモスク**」が建設されました。

写真提供：PIXTA

「イマームのモスク」

❷ サファヴィー朝の統治と社会

サファヴィー朝の支配者は、**古代イランの王号である「シャー」**を称し、トルコ系遊牧民の支配層を支柱としながらも、イラン人官僚を積極的に登用して都市や農村を支配しました。また、**イラン産の絹糸は高値で取り引き**され、絹糸でつくられた**ペルシア絨毯と併せて重要な輸出品**となりました。これらはオスマン帝国支配下の地中海沿岸都市に伝わり、そこからヨーロッパにもたらされました。

一方、宗教面ではサファヴィー朝の支配層は、建国当初の独自の信仰にかえて、**穏健的なシーア派**（☞これを**十二イマーム派**といいます）の教えを守り、**事実上の国教**としました。そのため、イランやイラクの一部、アゼルバイジャンなどにシーア派の信仰が浸透・定着するようになります。

「イマームのモスク」や十二イマーム派のイマームとは、どういう意味ですか？

イマームとは、アリーの血統にあたるシーア派の指導者の称号です。

3 ムガル帝国（1526～1858）

❶ 帝国の建国と発展

南アジアでは、10世紀のガズナ朝（➡P169）の北インド侵入以降、イスラーム教が一部に浸透していきました。しかし、依然として**ヒンドゥー教徒が圧倒的に人口の多くを占めました。**

アフガニスタンを拠点とした**バーブル**は、**ティムールの子孫を称して北インドに進出**しました。1526年には、鉄砲や大砲などの火器を駆使してデリー=スルタン朝最後のロディー朝を破り、**ムガル帝国**を建国して**デリー**に都を置きました。

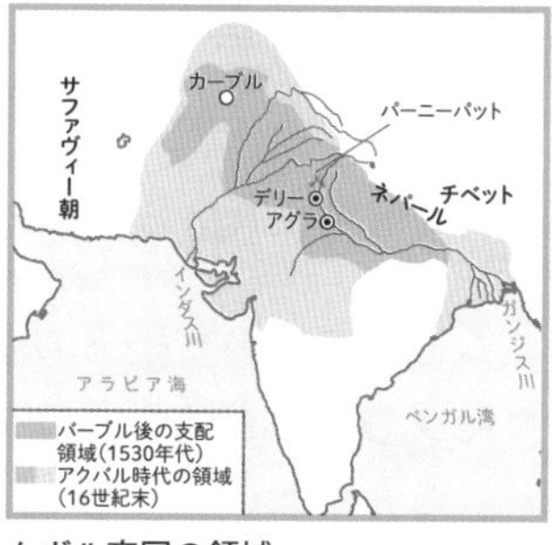

ムガル帝国の領域

そして、ムガル帝国は、**16世紀半ば**に即位した**アクバルの時代**に、帝国の基礎が据えられました。アクバルは、**マンサブダール制**を導入して官位に応じて維持すべき騎兵・騎馬の数と給与を定め、支配階層の組織化を図りました。また、徴税制度を整備し、中央集権的な統治機構を確立したほか、都をデリー南方の**アグラ**に移しました。一方、アクバルは、**ムスリムとヒンドゥー教徒を懐柔**すべく、**非ムスリムに課されていた人頭税（ジズヤ）を廃止**し、**各地のヒンドゥー諸侯を、イスラーム教に改宗させずに政府の要職につける**などの待遇をとりました。

② 帝国の財政難と衰退

17世紀前半に即位した**シャー=ジャハーン**は、寵愛していた妃が亡くなったことを受け、墓廟として**タージ=マハル**を建設しました。タージ=マハルは、インド様式とイスラーム様式を融合し、白大理石と線対称な構造を特徴とする壮麗な建築物ですが、着工から完成までに多大な労力と費用が投入されました。そのため、**ムガル帝国は財政難**に陥りました。

写真提供：学研写真資料室

タージ=マハル

父であるシャー=ジャハーンを退け、**17世紀半ば**に即位した**アウラングゼーブ**は、アクバル以来の**ヒンドゥー教徒への懐柔策を放棄**してヒンドゥー教寺院を破壊し、**人頭税（ジズヤ）を復活**させ、デカン高原や南インドへの積極的な対外遠征を行って**帝国の最大領域**を形成しました。

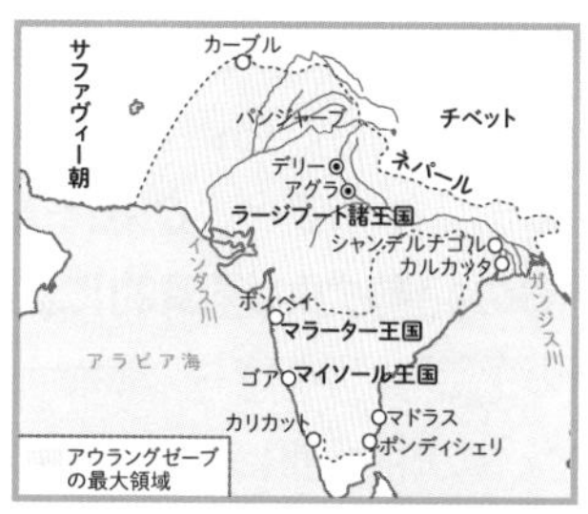

ムガル帝国の領域（17世紀末頃）

しかし、アウラングゼーブの政策に**各地のヒンドゥー教支配層な**

どが反発して自立の動きをみせ、アウラングゼーブが18世紀初めに死去すると、ムガル帝国の崩壊は加速しました。

③ ムガル帝国の社会・文化

ムガル帝国の支配下の南アジアでは、15世紀から16世紀にかけて**イスラーム教とヒンドゥー教の融合をはかる思想**が生まれました。なかでも**ナーナク**は、**カーストの区別なく解脱できる**ことを説いて**シク教を創始**しました。シク教徒はパンジャーブ地方を中心に信者を拡大し、アウラングゼーブの死後、19世紀初頭には**シク王国を創建して西北インドに勢力を築きました**。

イスラーム教とヒンドゥー教を融合する動きは芸術面にもみられ、宮廷にはイランや南アジア各地から画家が招かれ、**写本絵画が多数つくられました**。また、**ムガル帝国の公用語であったペルシア語**に地方の言語がまざって**ウルドゥー語**（☞現在のパキスタンの国語）が生まれました。

④ 南アジアの地方王権

ムガル帝国の成立以前、**デカン高原**には14世紀前半に**ヒンドゥー教を奉じるヴィジャヤナガル王国**が成立しました。ヴィジャヤナガル王国は、インド洋交易を通じて**西アジア世界から馬を輸入**し、軍事力を強化して南インドに支配を拡大しました。しかし、イスラーム勢力との抗争によって17世紀には衰退し、やがて、**南インド各地では地方勢力の自立化**がみられました。

ヨーロッパ諸国の商人が海洋進出を本格化させ、南アジアを訪れるようになると、**胡椒**や**綿布**などの取り引きにより、**インド洋沿岸部の諸勢力は経済的に力をつける**ようになりました。ムガル皇帝のアウラングゼーブは、ヨーロッパ諸国との交易に目をつけ、南インドの沿岸部に勢力を拡大しようと対外遠征を積極的に繰り返しましたが、かえって帝国の財政難に拍車をかけることになります。

THEME 2

清(1616/36〜1912)

ここで畝きめる!

- 清の中国征服の動きと、康熙帝・雍正帝・乾隆帝の治世下の主要なできごとを覚えよう。
- 清の中国支配の特徴を踏まえたうえで、社会経済や文化の特徴を理解しよう。
- 清と周辺諸国の関係性を、明代との共通点や違いの面から押さえよう。

1 清の中国進出と領土の拡大

① 清の中国征服

満洲人国家の**清**は、中国東北地方から内モンゴルにかけて勢力を拡大し、やがて中国北方に侵攻しました。清の侵入を防ぐため、**明の武将であった呉三桂は長城の防衛にあたっていました**が、**1644年**に李自成の反乱軍によって**明が滅亡**すると、長城の関所を開いて**清を北京へと導きました**。

清は、李自成の軍を破って**北京を新たな都**とし、その後、中国全土を征服しました。その際、**呉三桂など清に協力的であった3人の漢人武将**を雲南・福建・広東の**藩王**(☞この3人の藩王を三藩といいます)とし、事実上の独立王国としました。一方、満洲人国家の清による中国支配を不服とし、「反清復明」を掲げる**鄭成功**とその一族は、**中国東南の沿岸地域を中心に清への抵抗運動**を展開し、**オランダ人を追放して台湾を拠点としました**(☞**鄭氏台湾**の成立)。一方、**清は海禁政策を強化**して鄭氏の財源となる海上交易を統制しました。

やがて、清は、17世紀後半に中国の統一を達成して支配地域の拡大を進め、18世紀末頃にかけて帝国の安定と繁栄期をむかえます。

それでは、この時期に清を治めた**康熙帝**・**雍正帝**・**乾隆帝**の業績をまとめます。

●清の全盛期

皇　帝	業　績
康熙帝	•**三藩の乱**（1673～81）：三藩の廃止を図ったことが原因 •**鄭氏台湾の征服**（1683）☞台湾を直轄地として編入 •**ネルチンスク条約**（1689）：**ピョートル１世**と締結 ☞両国の国境を画定／**イエズス会士が通訳**として活躍 •ジュンガルの討伐☞外モンゴルに支配を拡大
雍正帝	•**キャフタ条約**（1727）：外モンゴルにおける国境を画定 •**軍機処**の設置☞のちに軍事・行政上の最高機関
乾隆帝	•**ヨーロッパとの貿易港を広州に限定** ☞特定の商人集団である**行商**（**公行**）が貿易を管理 •**ジュンガルの征服**（18世紀半ば） ☞東トルキスタン一帯を占領して「**新疆**」とする

❷ 清の支配領域

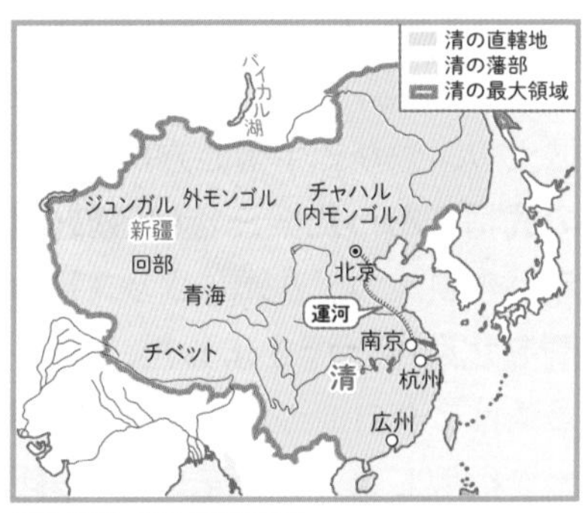

清の領域（18世紀末頃）

清は、広大な領域を支配するにあたって、**中国東北地方（満洲）**・**中国内地（旧明領の大部分）**・**台湾**など満洲人や漢人が優勢な地域を**直轄地**とし、それ以外の地を**藩部**として中央官庁の**理藩院**によって統轄しました。

諸民族の文化や自治を尊重した清は、モンゴルの王侯、**チベット仏教**の**黄帽派**（☞**ツォンカパ**がチベット仏教を改革して開いた宗派、ゲルク派ともいう）の指導者**ダライ=ラマ**、ウイグル人有力者（ベグ）など、**各民族の有力者を現地の支配者とし、藩部の習慣や宗教には干渉せず**、とくにモンゴル人やチベット人の信仰するチベット仏教を保護しました。また、皇帝は、中華皇帝・大ハーン・諸宗教の保護者という様々な性格をもちあわせた存在として位置づけられました。

2 清の社会経済・文化

① 漢人に対する「アメとムチ」

満洲人国家の清にとって、**中国社会において人口の大部分を占める漢人をどのように支配するのか**は重要な課題になっていきます。

清は、明代にならって**朱子学を官学化**し、官吏任用制度として**科挙**を採用するなど、**明代から多くの制度や行政機構を継承**しました。

軍事制度においては、**漢人で構成される治安維持組織である緑営**のほかに、満洲人・モンゴル人・漢人でそれぞれ構成される**八旗を創設**するなど、満洲人固有の社会制度が導入されました。

また、**中央官制における要職の定員は満洲人と漢人を同数とする満漢併用制**をとったほか、康熙帝から乾隆帝の時代にかけて、**『康熙字典』**（☞漢字の字書）や、**『古今図書集成』**（☞中国最大の百科事典）、**『四庫全書』**（☞重要書籍を分類した叢書）などの大規模な編纂事業を実施し、学者や知識人を厚遇しました。

辮髪

一方で、漢人男性に対しては「服従の証」として**満洲人の髪型である辮髪を強制**し、反満洲人・反清的な内容の書を書いた作者を処罰する**文字の獄**や、**禁書**（☞書物の出版を禁止すること）によって思想統制を強化しました。

② 社会・経済

清は、17世紀後半に鄭氏台湾を征服して以降、海禁を緩和して朝貢貿易以外の民間商人による貿易を容認しました。中国産の**生糸**・**陶磁器**・**茶**は、ヨーロッパ商人によって盛んに取り引きされ、**対価として銀が流入**しました。

こうした事情を背景に、清では**丁税**（☞人頭税ともいいます）**を地税に繰り込んで一本化し、銀で納めさせる地丁銀制という新た**

な税制がとられるようになりました。つまり、「土地税は値上げするが、人間一人あたりからとる税をなくした」ということです。

また、山地の開墾が進んで、タバコや藍などの**商品作物の栽培**が盛んになりました。アメリカ大陸原産の**輸入作物**（☞**トウモロコシ**や**サツマイモ**など）、山地でも栽培可能な作物の普及は山地開拓を一層拡大させ、18世紀中に清の人口はおよそ3億人に達したとされます。

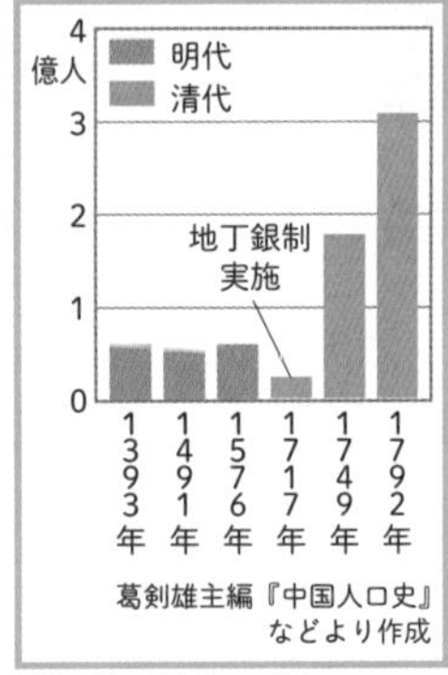

明・清の中国人口の推移

地丁銀制がはじまった頃から、中国の人口は急激に増加していますね！

出生数の増加だけでなく、それまで納税負担を減らすために存在しないことにされていた人たちがカウントされるようになったことも考えられます。

③ 文化（➡別冊P55）

儒学では、明から清への王朝交替を経験した儒学者が、社会秩序の回復と安定を模索し、**事実にもとづく実証的な研究の必要性を説く**ようになりました。こうした精神は清代の儒学者にも継承され、やがて**儒学の経典などをはじめとする古典の精緻な研究を行う考証学を発達させた**ほか、考証学的な手法を用いた史学も確立されました。

また、明代から引き続いて**イエズス会宣教師が中国に来訪**し、西洋の諸科学の手法がもたらされました。しかし、宣教師のあいだでは、**中国の民衆が儒教の祖である孔子を崇拝し、祖先を祀ることをめぐって論争が発生**しました。

こうした状況下において、**イエズス会宣教師は、中国の伝統を尊重して布教**しましたが、イエズス会以外の宣教師はこれを否定し、教皇に訴えたため、**典礼問題**が発生しました。**教皇がイエズス会宣教師の布教方法を否定**すると、中国の伝統文化が否定されたとして、康熙帝はイエズス会宣教師以外の布教を禁止し、その後、**雍正帝はキリスト教の布教を禁止**しました。

COLUMN
18世紀における清とフランスの比較

ヨーロッパ諸国の海洋進出が積極的に行われて以降、アジアの情報がヨーロッパにもたらされ、**18世紀のフランスの知識人**（☞とくに啓蒙思想家）のあいだでは、清に対する関心が高まりました。

ヴォルテールは、**儒教の寛容性を評価**してフランスのカトリック教会の排他的な面を暗に批判しています。実際に、中国では儒教は宗教というよりは道徳的な面が強く、**仏教や道教、キリスト教などの他宗教と共存する**形になっています。また、ある知識人は、**科挙による実力主義の「公平さ」を賛美**して、ヨーロッパ諸国で政治的な権力をもつ世襲貴族のあり方を批判しています。

一方で、モンテスキューは、**中国の皇帝権力とフランス王権の共通性に注目**し、専制的な支配体制に懐疑的な主張を展開し、権力の集中化を回避するために三権分立を説きました。

このように、中国の文物や知見は、ヨーロッパに多大な刺激を与えていたといえます。

過去問にチャレンジ

中国における書籍分類の歴史について、大学生と教授が話をしている。

内藤：18世紀の中国で編纂(へんさん)された［ア］の「四」という数字はどういう意味ですか。高校では用語として覚えただけで、深く考えませんでした。

教授：［ア］に収められた書籍が、四つに分類されているためです。これを四部分類と言い、経部・史部・子部・集部からなります。

内藤：なるほど、例えば儒学の経典なら経部に、歴史書なら史部に分類されているという具合でしょうか。

教授：そのとおりです。史部について少し具体的に見てみましょう。**資料1**は、7世紀に編纂された『隋書』経籍志(けいせきし)という書籍目録からの抜粋です。

資料1　『隋書』経籍志で史部に掲載されている書籍の一部

『史記』　『漢書』　『後漢書』　『三国志』

内藤：挙げられたのはいずれも、紀伝体の歴史書ですね。

教授：よく知っていますね。このうち、『漢書』は1世紀にできた歴史書ですが、その中にも芸文志(げいもんし)という書籍目録があります。そこから、儒学の経典を主に収める分類である六芸略(りくげいりゃく)の書籍を抜粋したのが**資料2**です。

資料2　『漢書』芸文志で六芸略に掲載されている書籍の一部

『易経』　『尚書(書経)』　『春秋』　『太史公』

内藤：高校で習った五経が含まれていますね。最後の太史公は、人名ですか。

教授：これは司馬遷のことで、ここでは彼が編纂した『史記』を指します。

内藤：『史記』は**資料1**では史部なのに、**資料2**では違いますね。分類の名前も違います。もしかして1世紀にはまだ四部分類がなかったのですか。

教授：そのとおりです。当時は史部という分類自体、存在しませんでした。この分類が独立し、定着していくのは、歴史書の数が増加した3世紀から6世紀にかけてのことです。

内藤：でも、歴史書の数が増えただけで分類方法まで変わるものでしょうか。『史記』が経典と同じ分類なのも不思議ですし、ちょっと図書館で調べてみます。

問1　次の書籍あ・いが『漢書』芸文志の六芸略に掲載されているかどうかについて述べた文として最も適当なものを、後の①～④のうちから一つ選べ。

あ　『詩経』　　　　い　『資治通鑑』

①　あのみ掲載されている。
②　いのみ掲載されている。
③　両方とも掲載されている。
④　両方とも掲載されていない。

問2　前の文章を参考にしつつ、中国における書籍分類の歴史について述べた文として最も適当なものを、次の①～④のうちから一つ選べ。

①　1世紀には『史記』や『漢書』のような歴史書が既に存在し、史部という分類も定着していた。

② 3世紀から6世紀にかけて、木版印刷の技術が普及したことで、史部に含まれる歴史書の数が増加した。

③ 7世紀の書籍目録において、『史記』と同じ分類に、本紀と列伝を主体とする形式の書籍が収められた。

④ 18世紀までには、宣教師の活動によって西洋の学術が中国に伝わり、四部分類は用いられなくなっていた。

（2023年度　本試験　世界史B）

問1　**資料2**には、『漢書（かんじょ）』芸文志の六芸略に掲載されている書籍の一部が抜粋されており、**資料2**の前後の会話文から、『漢書』が「1世紀にできた」ことや、六芸略が「儒学の経典を主に収める分類」「五経が含まれて」いることがわかります。そのため、五経の一つである**あ**『詩経（しきょう）』は六芸略に掲載されていると考えられます。しかし、**い**『資治通鑑（しじつがん）』は、北宋（ほくそう）時代に司馬光（しばこう）が編纂した編年体（へんねんたい）の史書なので、『漢書』の六芸略に掲載されていないと判断できます。

答え ①

問2　①会話文に「当時（注：1世紀）は史部という分類自体、存在しませんでした」とあるので、誤りです。②会話文から、3世紀から6世紀にかけて「歴史書の数が増加した」ことを読み取れますが、その理由については明らかにされていません。しかし、木版（もくはん）印刷の技術が普及した時期は宋の時代なので、誤りです。③7世紀の書籍目録は、会話文の「7世紀に編纂された『隋書（ずいしょ）』経籍志という書籍目録」であることがわかり、そこに掲載されている書籍の一部が**資料1**に抜粋されています。**資料1**からは『史記（しき）』を確認でき、かつその直後の会話文に「挙げられたのはいずれも、紀伝体（きでんたい）の歴史書」とあるので、正文と判断できます。④会話文に、「18世紀の中国で編纂された［ア］」「［ア］に収められた書籍が、四つに分類」とあり、18世紀の中国では四部分類が用いられていると判断できるので、誤りです。

答え ③

3 清と周辺諸国の関係性

① 明・清代の周辺諸国の動向

●朝鮮半島・日本・東南アジア

国家・地域など	特徴
朝鮮	•**両班**（ヤンバン）：有力な家柄、社会的には大土地所有者 ☞**高級官職を独占**／政治上の実権をめぐって闘争 •清（ホンタイジ）に服属（ふくぞく）し、朝貢を行う
琉球（りゅうきゅう）	•**薩摩**（さつま）**の島津**（しまづ）**氏に征服**される（17世紀初め） ☞中国への朝貢を継続：**日本と中国の「両属体制」**
江戸幕府（えどばくふ）	•「**鎖国**（さこく）」による対外関係の統制強化 ☞**長崎・対馬**（つしま）**・薩摩・松前**（まつまえ）を通じて周辺諸地域と交流 •オランダから医学が伝わり、西洋科学への関心が高まる
東南アジア	**諸島部**：ジャワ島・スマトラ島・マレー半島など •**オランダ**：ジャワ島のイスラーム王朝を征服 •スペイン：フィリピンのマニラを拠点とする **大陸部**：インドシナ半島 •ベトナム：**阮朝**（げんちょう）の成立☞「**越南国**（えつなんこく）」**の国号**を使用 •タイ：**アユタヤ朝**の滅亡☞**ラタナコーシン朝**の成立 •ビルマ：**タウングー朝**の滅亡☞**コンバウン朝**の成立

② 中国と周辺諸国の関係の変化

清は、朝貢国を「属国（ぞっこく）」とみなしていましたが、実際に朝貢をする国々のなかには、**中国の諸制度や文物の影響を受けながらも独自の「国家意識」が醸成**（じょうせい）されつつありました。

朝鮮では、清が中国を支配したことで、**中国はもはや「夷狄**（いてき）**」化されてしまった**と捉えられるようになりました。そこで、「朝鮮こそが明滅亡後の中華文明を継ぐ正統な継承者である」という「**小中華」思想**が生まれ、清よりも厳しく儒教の儀礼（ぎれい）が徹底化されました。

日本（江戸幕府）では、従来、中国や東南アジアから輸入していた産品の国産化を進め、生糸や砂糖などの手工業が発達し、米の収穫が効率化されるなど**自立的な経済構造が形成**されました。一方、

将軍は朱子学の大義名分論などを利用してみずからの権威を正当化し、琉球を服属させ、出島のオランダ商館長を家来として位置づけるなど、「皇帝」としての振る舞いをみせました。また、**儒学を排して日本古来の精神を重視する国学が興り**、中国の皇帝に対して天皇を「万世一系」に位置付けるなどの対抗意識がみられました。

東南アジアでは、タイやベトナムなどの王朝が清に朝貢しましたが、実際にはこれらの王朝は、**清とは対等で自立した国家であるという意識を強くもち**、阮朝の君主はベトナム国内や対外的にみずから「皇帝」を称しました。

一方で、18世紀には中国経済の活況にともなう貿易の拡大と、中国国内における人口の増加と土地の不足による貧富の差の拡大により、東南アジアには多くの**華僑**（☞中国からの移民のこと。現地に代々定住する中国系の人びとを「**華人**」といいます）が訪れました。華僑は、東南アジアの各地に定住し、**相互扶助機関をつくって独自の社会を形成**し、中国との貿易を斡旋して**経済的な実力者となる者もあらわれました**。

SECTION 12

近世ヨーロッパ世界の展開

THEME

1　ルネサンスと宗教改革
2　主権国家の形成と絶対王政の時代
3　オランダ・イギリス・フランスの動向
4　東ヨーロッパ諸国の動向
5　啓蒙と科学の時代

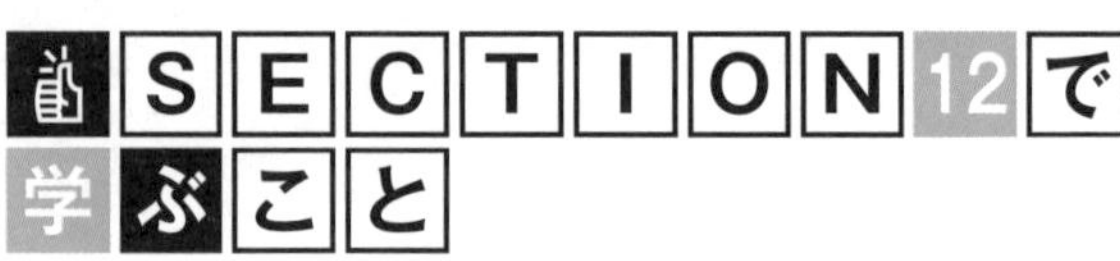

SECTION 12で学ぶこと

ルネサンス期のできごとの年代配列、宗教改革とカトリック改革、西欧と東欧の君主政の比較は頻出(ひんしゅつ)！

「ルネサンス・宗教改革」→「絶対王政」（☞西欧と東欧の君主政の違いに注意）→「イギリスの革命」（☞議会政治の確立）→「イギリス・フランスの抗争」という大きな枠組(わくぐ)みを押さえましょう。

1 ルネサンスと宗教改革

ルネサンスは、キリスト教的な価値観から脱却(だっきゃく)し、人間中心の価値観を肯定的(こうていてき)に捉えました。また、宗教改革は、キリスト教をヨーロッパ諸国の海洋進出により変化する社会に対応したかたちにかえていきます。

2 絶対王政の時代

スペイン・イギリス・フランスは、君主名に注目しながらそれぞれのできごとを押さえましょう。また、プロイセン・オーストリア・ロシアで登場した啓蒙専制(けいもうせんせい)君主が、どういう支配を行ったのかを整理しましょう。

3 イギリスの立憲君主政

17世紀のイギリスでは、ステュアート朝の国王と議会の対立が深まり、ピューリタン革命と名誉革命が発生します。これらの背景や経緯・結果を押さえ、イギリスで生まれた議院内閣制について理解しましょう。

17世紀のオランダの海洋進出、イギリス・フランスがインド・北米に建設した拠点、大西洋三角貿易は頻出！

オランダの進出→イギリス・フランスのインド・北米進出→イギリスとフランスの抗争、という大きな枠組みを押さえましょう！大西洋三角貿易は、どの地域から何が輸出されたかに注目します。

□ オランダの海洋進出

オランダは、東インド会社が中心となり、17世紀前半までにアジアや北米に進出しました。また、オランダは、交易の拠点となる地に植民地を建設し、香辛料貿易や中継貿易などで繁栄します。

□ イギリスのインド・北米進出

イギリスは、アンボイナ事件でオランダに敗れると、インド経営に比重を置き、各地に拠点を確保します。また、北米に13植民地を建設しましたが、同じようにインド・北米進出をもくろむフランスと対立します。

□ フランスのインド・北米進出

フランスは、インド・北米に進出してイギリスと対立します。すると、両国は、ヨーロッパで起きた戦いに便乗して互いに敵国同士の関係となり、植民地での争奪戦を展開しました。

このSECTIONは、近世ヨーロッパ世界を理解するにあたってとても重要な内容になっています。国がころころと変わるので、地域ごとの歴史展開をタテに（時代順に）押さえると良いでしょう。

THEME

1 ルネサンスと宗教改革

ここで働きめる！

- ルネサンスの背景、各地域での展開や後世に及ぼした影響について理解しよう。
- ドイツにおける宗教改革の展開を押さえよう。
- ルター派、カルヴァン派、イギリス国教会の特徴を比較し、その相違点について理解しよう。

1 ルネサンス（14～16世紀）（➡別冊P43）

14世紀にイタリアを中心に本格化した**ルネサンス**（☞「再生」を意味します）は、16世紀までにアルプス山脈以北の諸地域に伝わりました（☞北方ルネサンス）。ルネサンスが興った背景や、なぜイタリアで本格化したのかなどの事情を学んでいきましょう。

① ルネサンス運動の背景

14世紀の西ヨーロッパ世界は、中世の時代を象徴する教皇の権力が衰え、封建社会の崩壊が進むなど、従来の価値観が崩れ去る時期をむかえていました。それに加え、ペスト（黒死病）の流行により人口が激減し、人びとのあいだには「人間として生きる」ということに関心が高まるようになり、その答えをキリスト教という信仰心以外に求めるようになりました。

一方で、イスラーム世界から伝わった自然科学などの様々な知見により、従来キリスト教的な価値観のもとで「無価値なもの」とされた自然に対する関心も高まりました。

こうした事情から、文学・芸術・科学などの広範囲な分野で文化活動が展開されるようになり、これらを総称してルネサンスといいます。ルネサンスでは、**人間のあらゆる姿を肯定的に捉えるヒューマニズム**（**人文主義**）**を基本的な精神**とし、**キリスト教が浸透す**

る以前のギリシア・ローマ時代の文化が注目されるようになりました。

② ルネサンス運動の展開

古代ギリシアやローマの人間らしく生きていた時代の様子が「再発見」されるなか、ルネサンス期の文学作品の多くは、**『新約聖書』の言葉であるラテン語ではなく、各国の言葉で著されるようになり、国民文化の形成に貢献（こうけん）**しました。

芸術分野では、建築に古代の手法を取り入れつつ均整と調和を重視したルネサンス様式が確立したほか、**油絵の技法**が遠近法（えんきんほう）を用いて確立され、写実性を基本とする近代絵画への道が開かれました。また、ルネサンスの時期には、中国に起源をもつ技術が流入し、重要な発明がなされました。**火器（かき）**の改良により大砲（たいほう）や鉄砲（てっぽう）が生み出され、従来、戦闘の主力となっていた**騎士（きし）の存在価値を大きく低下**させたほか、**羅針盤（らしんばん）**の改良は遠洋航海を可能にしました。ドイツの**グーテンベルク**は、**活版印刷術（かっぱんいんさつじゅつ）**を改良し、**書物の大量印刷を可能**にしたことで、文化活動の振興（しんこう）やのちの宗教改革を後押しすることになりました。

こうしたルネサンス期の活動は、**フィレンツェ**の**メディチ家**などの都市の大商人や、教皇、フランスなどの各国の為政者によって経済的に支えられました。そのため、**ルネサンスでは、キリスト教や既存の社会体制を直接的に否定したり批判したりする傾向はみられませんでした。**

2 宗教改革（16世紀）

ドイツではじまった宗教改革は、スイスやイギリスに拡大し、カトリック教会の権威衰退に拍車をかけることになりました。地域ごとの宗教改革の展開と、新たに生まれた教義の特徴を理解しましょう。

① ドイツ宗教改革の展開

当時のドイツ（☞現在のような国名ではなく、神聖ローマ帝国の主要な地域の名称だと思ってください）は、**領邦**（➡P217）が各地に分立し、**神聖ローマ帝国は「大小様々な独立国がひしめき合っている状態**」となっていました。

こうしたなか、教皇レオ10世は**サン=ピエトロ大聖堂**の改築資金を捻出するため、**贖宥状**（☞通称、免罪符とも呼ばれます）の販売を許可しました。

免罪符とはどういうものですか？

お金を払って免罪符を手に入れることで、その人が生まれながら負った罪を払拭できるというものですよ。

皇帝権力が弱く、帝国全体の統率がとれていない神聖ローマ帝国は、ローマ教会が搾取するには都合の良い状況でした。しかし、ヴィッテンベルク大学の神学教授であった**ルター**は、**1517年**に**「九十五カ条の論題」**を提示して贖宥状の販売を批判し、その後、ルターは信仰や教会のあり方について自説を展開しました。それでは、ここでルターの主張を確認してみましょう。

特徴の整理　～ルターの主張～

- **「人は信仰を通して神に救われる」**（信仰義認説）
  ☞善行よりも信仰を重視
- **聖書主義**：信徒がみずから聖書を読むことを重視
- 万人司祭主義：聖職者の特権的な地位を否定
  ☞聖職者は信徒によって選出されるべきで、かつ妻帯も可能

　このように、**ルターの主張は、カトリック教会を根本から否定するものでした。**ルターは教皇から破門(はもん)されましたが、神聖ローマ帝国内では聖職者やカトリック教会への不満が高まっており、広範囲にわたる人びとから支持されました。

　こうした事態を受け、カトリック信仰の守護者(しゅごしゃ)を自任する皇帝**カール5世**は、ヴォルムス帝国議会を開催してルターに自説の撤回(てっかい)を求めましたが、ルターがこの要求を拒否したため、事実上の帝国追放処分としました。しかし、ルターは、**反皇帝派諸侯(しょこう)**であったザクセン選帝侯(せんていこう)に保護され、著述活動に専念し、ついに**『新約聖書』のドイツ語訳**を完成させました。また、活版印刷術や紙が普及(ふきゅう)したことも相まって、ルターの主張はドイツを中心に急速に拡大しました。こうして、**ルターの主張を支持する人びとをルター派といいます。**

　一方で、ドイツの西南部で農民一揆(いっき)が発生すると、ルターを支持する**ミュンツァー**が指導者となり、聖書を根拠(こんきょ)に農奴制(のうどせい)の廃止を掲げて急進化しました。これを**ドイツ農民戦争**と呼び、ルターは当初は農民に対して同情的でしたが、急進化した農民たちをみてやがて否定的になり、領主である諸侯らの鎮圧(ちんあつ)を支持するようになりました。そのため、**ルターは農民からの支持を失いますが、反皇帝派の諸侯からの支持が高まりました。**

　また、ドイツで宗教改革が本格化するなか、皇帝カール5世は、**オスマン帝国の圧迫(あっぱく)**（➡P271）やフランス王フランソワ1世との**イタリア戦争**（➡P298）**の激化**を受け、帝国内の団結を優先するようになり、ルター派を一時的に容認したり、弾圧(だんあつ)したりと一貫した対応をとれずにいました。

　ルター派の諸侯や都市は、シュマルカルデン同盟を結成して皇帝に対抗し、やがて宗教内戦（☞これをシュマルカルデン戦争といいます）が発生しました。皇帝は内戦に勝利したものの、ルター派の拡大を抑えられ

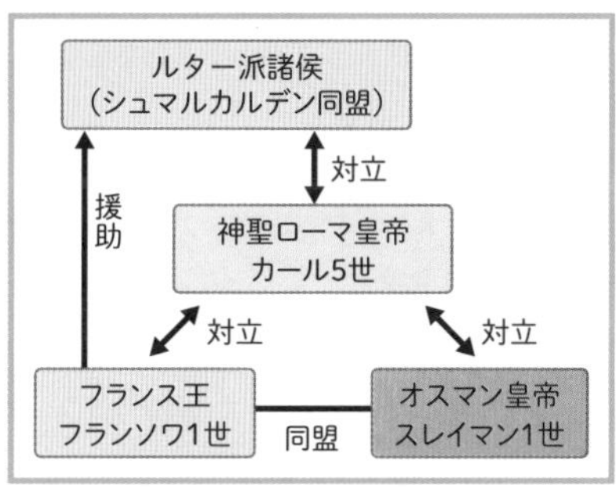

カール5世をとりまく状況

ず、**1555年**には**アウクスブルクの和議**が結ばれました。

それでは、この和議で確認された内容を整理しましょう。

特徴の整理　~アウクスブルクの和議~

- **諸侯**は領邦内の宗派（ルター派 or カトリック）を選択
- **領邦教会制**の確立：諸侯は領邦内の教会のリーダーとなる
  ☞領民は、諸侯の信仰に従う（個人の信仰の自由はなし）

こうして、**ルター派は北ドイツや北欧3国（デンマーク・ノルウェー・スウェーデン）に拡大**していき、各所で教皇から政治的に自立する動きがみられました。ドイツで本格化した宗教改革は、カトリック（☞日本では**旧教**ともいいます）に「対抗」=「protest」する「**プロテスタント**（☞日本では**新教**ともいいます）」が各地に拡大する契機にもなりました。

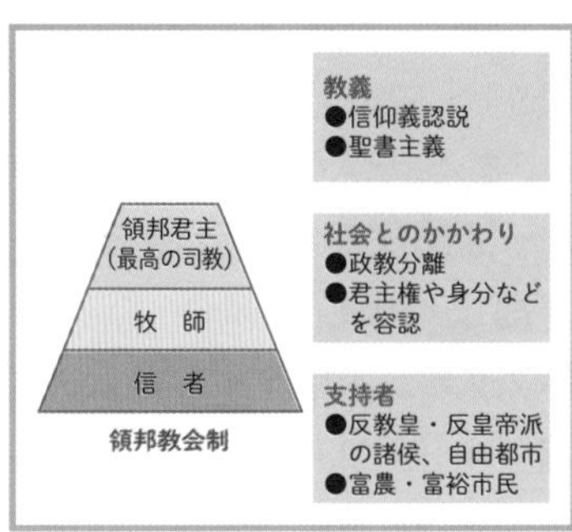

ルター派のプロテスタントの特質

② スイス宗教改革の展開

ツヴィングリは、スイスの**チューリヒ**を中心に宗教改革を行いましたが、ルターと対立したためその支持を得られず、カトリック諸侯との抗争のなかで戦死しました。

その後、フランスから来た**カルヴァン**は、バーゼルで『キリスト教綱要』を刊行してカトリックとは異なる独自の宗派（**カルヴァン派**）をつくったほか、**ジュネーヴ**を拠点に宗教改革を行います。

ここで、カルヴァンの主張を整理しておきましょう。

特徴の整理　～カルヴァンの主張～

- **聖書主義**に立脚
- **予定説**：魂の救済は、神によってすでに決められている
  ☞規律・禁欲・勤勉さを救済の前提条件とする
- **長老主義**
  ☞教会は牧師と信仰に厚い信徒（長老）が共同で運営する

また、カルヴァンは、「**規律・禁欲・勤勉」に生活した結果として、蓄財を承認**しました。このことは、海洋進出を積極的に行い、**商工業が盛んになりつつあった西ヨーロッパの商工業者に広く支持される**ことになり、カルヴァン派はイングランドでは**ピューリタン**（**清教徒**）、スコットランドではプレスビテリアン（長老派）、フランスでは**ユグノー**、ネーデルラントではゴイセンと呼ばれるようになります。

カトリックでは「お金を貯めること」はNG行為だったんですか？

生活に必要以上のお金は、慈善のために社会に還元すべきとされていました。

③ イギリス宗教改革の展開

イギリスでは、ドイツとは対照的に**国王主導での宗教改革が行われました**。国王**ヘンリ８世**は、王位継承問題を口実に王妃との離婚を認めてもらうように教皇に要請しましたが、教皇に拒否されました。すると、ヘンリ８世は議会の承認のもとで1534年に**首長法**（**国王至上法**）を制定し、**イギリス国教会**をつくってカトリック世界から離脱しました。また、国内の修道院を解散して財産を没収し、その土地を**ジェントリ**（➡P303）などの新興地主層に安く売却し、みずからの支持基盤を固めました。

その後、**メアリ１世**（☞夫はのちのスペイン王フェリペ２世です）の時代には**カトリックを復活**させる動きがみられましたが、**エリザベス１世**は**統一法**を1559年に制定して、イギリス国教会を確立しました。それでは、イギリス国教会の特徴を整理しましょう。

特徴の整理　～イギリス国教会～

- 教義：**カルヴァン派的**
- 制度・儀式：司教制をとるなど、**カトリック的**要素が強い
  ☞イギリス国教会は、イギリス王を頂点とする階層制組織

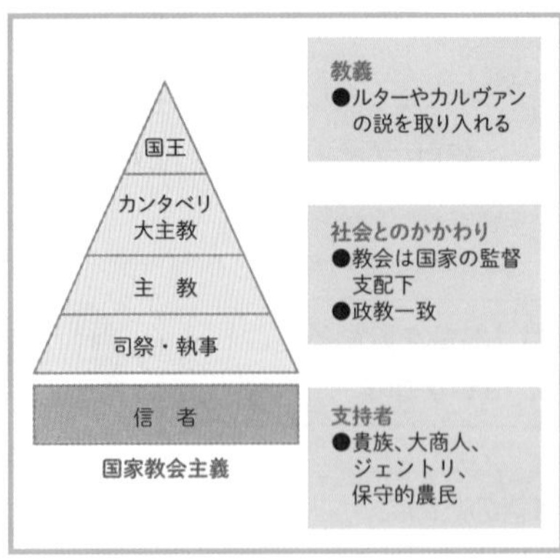

イギリス国教会の特質

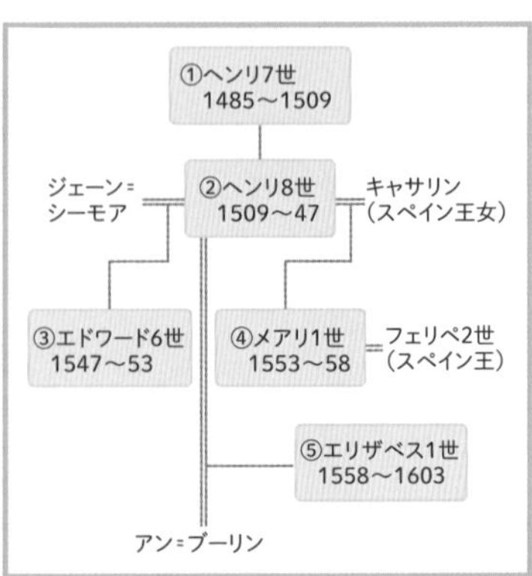

テューダー朝の王と在位年

このように、**イギリス国教会の制度や儀式にはカトリック的な制度や儀式が残ったため、ピューリタンと呼ばれる人びとは、カトリック要素の排除と改革の徹底化を求める**ようになりました。

❹ カトリック改革

宗教改革が本格化し、プロテスタントが勢力を拡大するなか、**カトリック改革**（☞**対抗宗教改革**ともいいます）と呼ばれるカトリック側の自己改革が行われました。

まずは、1534年に**イグナティウス=ロヨラ**や**フランシスコ=ザビエル**らがパリで結成した**イエズス会**の活動が挙げられます。イエズス会は、布教と教育の両面に特化して精力的にカトリック布教を行いました。そのため、南ドイツや東欧におけるカトリック信仰の復活に貢献しました。そのほかには、**ヨーロッパ諸国の海洋進出に便乗してアジアやラテンアメリカへの布教にも従事**しました。

つぎに、1545年に開催された**トリエント公会議**で、近代にいたるまでのカトリック教会の方向性が確立されました。この会議では、ラテン語聖書の正統性の確認をはじめとし、従来のカトリック教義が再確認されたほか、贖宥状の販売を禁止するなど教会の綱紀粛正も行われました。また、**こうした自己改革の精神は、バロック様式を生み出す要因の一つ**となりました。一方で、カトリック改革のなかで**禁書目録**が制定され、思想統制が強化される側面もありました。

16世紀の宗教改革を通じて、西ヨーロッパ世界のカトリック圏は分裂し、やがてプロテスタントとカトリックによる**宗教による内戦**（**宗教戦争**）も発生するようになります。こうした社会不安や緊張の高まりのなかで、**宗教裁判**（☞異端審問ともいいます）により「異端者」とされた人びとへの処罰や、「魔術師」とされた人びとが迫害・殺害される**「魔女狩り」**がカトリック・プロテスタント双方により行われました。

THEME 2
主権国家の形成と絶対王政の時代

ここで聞きめる!

- イタリア戦争は、従来の戦争とどのような点が異なっていたのかを理解しよう。
- 主権国家の成立と絶対王政の関係について押さえよう。
- 16世紀のスペイン・イギリス・フランスの動向を押さえよう。
- 三十年戦争の歴史的意義について理解しよう。

1 イタリア戦争（1494～1559）

① イタリア戦争の勃発(ぼっぱつ)から終結まで

百年戦争（➡P209）を経て王権(おうけん)の強化を進めていたフランス王が、15世紀末に領土拡大を目指してイタリアへ侵攻すると、神聖(しんせい)ローマ皇帝（☞皇帝位はハプスブルク家の君主が兼ねています）がこれに対抗し、**イタリア戦争**が勃発しました。

この戦争のさなか、神聖ローマ皇帝選挙が行われ、**ハプスブルク家**の出身でスペイン王であった**カルロス1世**と、フランス王**フランソワ1世**が皇帝位をめぐって争い、結果はカルロス1世が勝利して皇帝**カール5世**として即位しました。すると、スペインと神聖ローマ帝国から挟まれる形となったフランス王は、危機感を一層つのらせました。

もし、このタイミングでイタリアをハプスブルク家にとられたら、フランスは完全に包囲されますね……。

その通りです。そのため、フランスはイタリアを絶対に確保したいのです。

フランス王フランソワ１世と皇帝カール５世の時代にイタリア戦争はさらに激しくなりました。断続的に続いたイタリア戦争は、1559年に**カトー=カンブレジ条約**が締結(ていけつ)され、終結しました。この条約により、フランスのイタリアからの撤退(てったい)が決まりましたが、**以後、フランス王家とハプスブルク家の対立が長きにわたって続く**ことになります。

他方で、イタリアでは諸都市の荒廃(こうはい)が進み、結果的に戦争はイタリアのルネサンスに打撃を与えたとされています。こうしたなか、**マキァヴェリ**は**『君主論』**を著し、**権力と利益を優先する理想的な君主像**や、宗教的・道徳的理想と政治との切り離しを主張し、**イタリア統一の必要性**を説きました。

② イタリア戦争の戦術や国際関係

イタリア戦争では、従来の騎士(きし)による戦闘に加え、**大砲(たいほう)や鉄砲(てっぽう)などの火器(かき)を用いた戦術**もとられました。**火器**の普及(ふきゅう)は、戦闘における騎士の地位の低下と没落(ぼつらく)を加速させるとともに、歩兵の確保を促しました。こうした戦術の変化は、ヨーロッパの各国の国家体制に大きな変化をもたらしたことから、**軍事革命**と呼ばれました。

また、ハプスブルク家の強大化を警戒した周辺諸国は、フランス王に加勢し、同時期にバルカン半島方面から神聖ローマ帝国を圧迫(あっぱく)していた**オスマン帝国のスレイマン１世は、フランス王と同盟を結んで皇帝に対抗**しました。一方で、イギリスは時期によってフランス王と同盟したり、皇帝と同盟したりと手を結ぶ相手を変えました。このように、**イタリア戦争では、宗教や宗派に関係なく国益を最優先とする諸国の動きがみられました。**

2 主権国家と絶対王政

① 主権国家と主権国家体制

イタリア戦争における戦術の変化は、従来の騎士よりも火器を装備した歩兵の重要性を高めることになり、ヨーロッパ各国では、歩兵となる**傭兵**（☞金銭で雇用する兵、外国人であることが多い）の確保が重要になります。

そのため、**各国は、安定的に戦費を捻出するために、自国の支配体制や組織体制を再編し、中央政府に権力を集中させることによって各地の都市や住民から徴税するシステムを整えていきます**。そこで、徴税範囲を明確にするためにも、「国境」という概念が必要になります。

ヨーロッパ諸国は、近隣諸国と戦争を繰り広げながら、「国境」を画定して地方勢力をおさえつつ、中央政府を中心とする全国的な支配を目指します。このような国家を**主権国家**と呼びます。主権国家は、互いに政治体制や国力、領土面積にかかわらず**形式上は対等な立場をとり、それぞれの国益を最優先にして国際社会を形成**していきます。こうした国際秩序を、**主権国家体制**といい、16世紀半ばから17世紀半ばにかけて形成されました。

② 絶対王政の特徴

絶対王政とは、**16世紀から18世紀**にヨーロッパでみられた政治体制で、国王が貴族をはじめとする封建諸勢力を抑圧しつつ、地方を中央政府の統制下におき、身分制議会の活動を制限するなど国王を中心とする中央集権的な国家体制の形成が目指されました。

国王権力の支柱となったのは、**常備軍**と呼ばれる国王の直属軍や、貴族を主体として国王の行政を補佐する**官僚制**でした。

中国の科挙官僚とは違って、絶対王政期の官僚は、貴族が中心となっていたんですね。

その通りです。そのため、国王は貴族に特権を与えて王の命令に従うように懐柔する必要があったんです。

さらに、国王は、経済的・軍事的要衝となる都市に定住するようになり、そこに**行政機能が集中すると首都に発展**し、首都で華やかな**宮廷文化**が発展しました。また、絶対王政といっても君主権力のあり方は、国によって異なっていました。

絶対王政時代のヨーロッパ諸国では、**国家が積極的に経済に介入する重商主義がとられました**。重商主義は、国や時代によってその形態は異なります。例えば、スペインはラテンアメリカ植民地で鉱山開発を行い、産出された銀をスペインに運び込む重金主義をとったのに対し、オランダ・イギリス・フランスなどは、**貿易黒字の拡大**を目指しました。そのため、効率よく質の高い製品をつくるために、労働者の分業による生産方法として**工場制手工業（マニュファクチュア）**が発達しました。

3　16世紀のスペイン・イギリス・フランス

① スペイン（ハプスブルク朝）

スペインでは16世紀前半になると、**カルロス1世**が即位しました。まずは、右の家系図をみてください。

カルロス1世は、スペイン王家と神聖ローマ皇帝をつとめる**ハプスブルク家**の血統であることがわかります。スペイン王となったカルロス1世は、そ

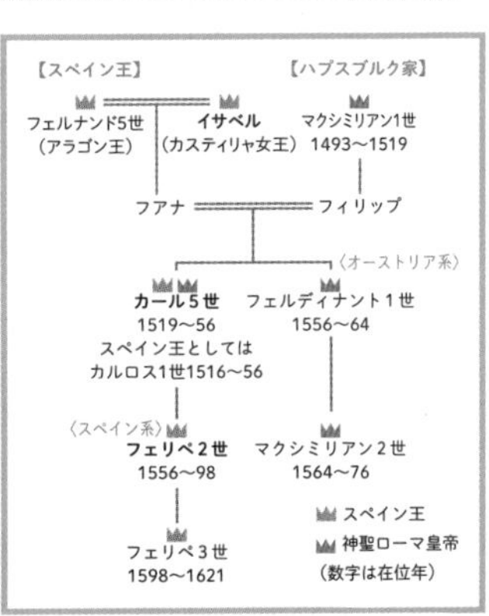

ハプスブルク家の系図

の後、神聖ローマ皇帝にも即位して**カール５世**となります。

しかし、ドイツではルターの宗教改革やイタリア戦争、オスマン帝国の侵攻に対処せざるをえず、疲弊したカルロス１世は、弟にオーストリアと皇帝の地位を譲り、スペインと海外植民地は子に譲りました。こうして、**ハプスブルク家は、オーストリア系とスペイン系とに分かれました**。

スペイン王になった**フェリペ２世**は、スペイン絶対王政の黄金時代を築き上げました。まずは、カルロス１世とフェリペ２世の業績を確認しましょう。

●16世紀のスペイン王

君　主	おもな業績
カルロス１世 （位1516～56）	• 神聖ローマ皇帝（カール５世）に即位 • **プレヴェザの海戦**（1538）：オスマン帝国に敗北 • ラテンアメリカへの進出が本格化 ☞「征服者」による征服活動／ポトシ銀山の発見など
フェリペ２世 （位1556～98）	• **レパントの海戦**（1571）：オスマン帝国に勝利 • **オランダ独立戦争**（1568～1609）が発生 • **ポルトガル王位**を継承☞**「太陽の沈まぬ帝国」**へ • **無敵艦隊（アルマダ）**がイギリスに敗北（1588）

フェリペ２世は、カトリックの盟主を自認してイエズス会を保護し、プロテスタントを迫害したことでも知られます。しかし、スペイン領**ネーデルラント**で拡大しつつあったカルヴァン派は、フェリペ２世のカトリック化政策に反発し、1568年に**オラニエ公ウィレム**を指導者に**オランダ独立戦争**を引き起こしました。

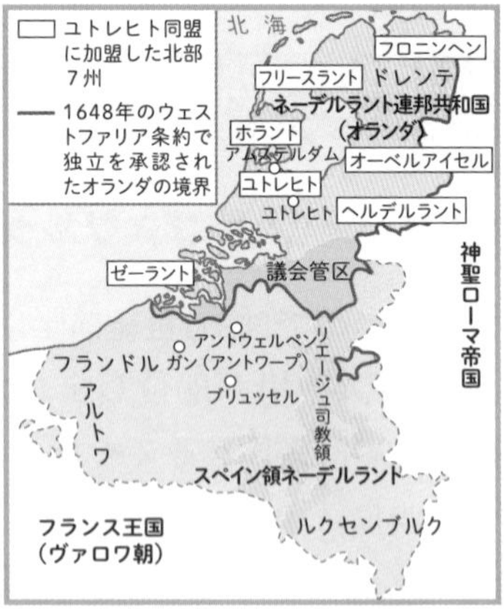

オランダの独立

この戦争のさなか、ネーデルラントの**南部10州はスペインに降伏**し戦争から離脱してカトリックを受け入れていきましたが、**北部７州**

はユトレヒト同盟を結んでスペインに抵抗し、イギリスなどのプロテスタント諸国の支援を得て、1581年には**ネーデルラント連邦共和国**（☞便宜上、**オランダ**といいます）としての**独立宣言**を行いました。その後、スペイン軍に占領された**アントウェルペン（アントワープ）**の毛織物業者や商人がオランダに亡命してオランダの商工業の発展を促し、1609年にはスペインと**休戦条約**を締結して事実上の独立を達成しました。

❷ イギリス（テューダー朝）

イギリスでは、バラ戦争を経て**テューダー朝**が成立（➡P210）し、宗教面では、国王を頂点とするイギリス国教会が確立され、イギリス王は政治的に教皇から自立することに成功しました。

一方で、イギリス王は議会との関係性を意識しながら行政にあたり、地方行政にあたっては**ジェントリ**（☞**郷紳**ともいい、平民の地主層にあたります）の協力が必要不可欠でした。

次の図でイギリス政治の特徴をみてみましょう。

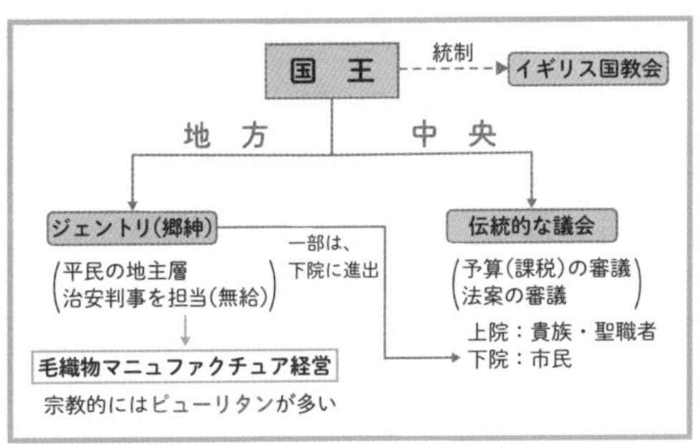

イギリスの中央行政と地方行政

社会面では、**毛織物工業**の発展を受けて原料となる羊毛が不足したため、**第１次囲い込み（エンクロージャー）**が行われ、**ジェントリ**などの地主層は農民から土地を取り上げて牧羊地としました。

エリザベス１世の時代には、1600年に**イギリス東インド会社**をはじめとする貿易特許会社が設立され、毛織物製品の販路拡大やアジア物産の獲得が目指されました。

❸ フランス（ヴァロワ朝→ブルボン朝）

サンバルテルミの虐殺

フランスでは、16世紀後半に**ユグノー**が勢力を拡大したことでカトリックとの対立が深まり、**ユグノー戦争**という宗教内戦が発生しました。

ユグノー戦争は、宗派対立だけでなく国王と貴族の勢力抗争なども加わって複雑化し、**サンバルテルミの虐殺**(ぎゃくさつ)によってユグノーが虐殺されると、**内戦は全国に拡大**しました。一方、スペインやイギリスなどの周辺諸国は、フランス内部の同一宗派の保護を口実に干渉(かんしょう)したため、**フランスは分裂の危機**に陥(おちい)りました。その後、国王が暗殺されてヴァロワ朝（➡P209）が断絶すると、**アンリ4世が即位してブルボン朝を創始しました**。

アンリ4世はユグノーでしたが、フランスではカトリックが多数派であったこともあり、**みずからカトリックに改宗**しました。そして、1598年に**ナントの王令**(おうれい)を出し、**ユグノーに対してカトリックとほぼ同等の権利を与えました**。これにより、信仰する宗教を理由に迫害をしてはならないという、「**個人の信仰の自由**」がヨーロッパで初めて認められ、**フランス国内では宗教よりも国家の統合が進められていきました**。

そうか！　信仰の自由を認めることによって宗教内戦が発生しにくくなるんですね。

そうです。しかも、宗教内戦には同一宗派の保護を掲げて周辺諸国が干渉する恐れがあるので、ナントしてでも避けたいのです（真顔）。

4 三十年戦争（1618～48）

① 宗教内戦

神聖ローマ帝国では、**アウクスブルクの和議**（➡P294）が結ばれたあとも、カトリックとプロテスタントの宗派対立や皇帝と諸侯の政治的な対立が続いていました。

こうした状況のなか、ハプスブルク家出身の国王がカトリックを強制したことで、1618年に**ベーメンのプロテスタント貴族の反乱**が発生し、**三十年戦争**が勃発しました。すると、神聖ローマ帝国内のプロテスタント諸侯や、ルター派を受容していたデンマークや**スウェーデン**（☞スウェーデン国王は**グスタフ=アドルフ**）などがカトリック勢力に対抗して参戦しました。一方で、皇帝側は**傭兵**を率いた**ヴァレンシュタイン**の活躍などによって優勢に立ち、プロテスタント勢力を追い込んでいきました。

② 国際政治戦争へ

ところが、**カトリック国家のフランスは、イタリア戦争以来の因縁であるハプスブルク家に打撃を与えるためにプロテスタント側で参戦**しました。

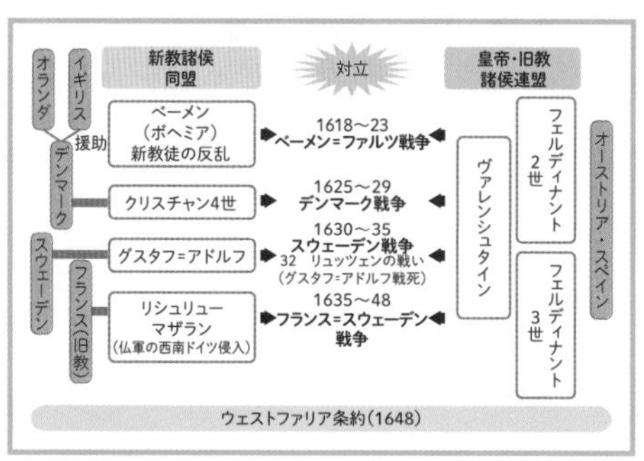

三十年戦争の経過

三十年戦争で火器が用いられたことに加え、傭兵による民間人への略奪や暴力が横行するなど、**主戦場となったドイツは荒廃**しました。こうして、ハプスブルク家は劣勢に陥り、ついに三十年戦争は終結しました。

③ 主権国家体制の最終的な確立

三十年戦争の講和条約として、**1648年にウェストファリア条約**が締結されました。この条約の内容は以下の通りです。

特徴の整理　～ウェストファリア条約～

- **アウクスブルクの和議を再確認**
  ☞追加：神聖ローマ帝国内における**カルヴァン派の公認**
- **スイス・オランダの独立**：国際的に承認
- **神聖ローマ帝国内の領邦に独自の外交権を付与**
  ☞諸侯は領邦主権を拡大：**神聖ローマ帝国の形骸化**

ウェストファリア条約には多くの国々が調印したので、国際条約としてその内容が保障され、**ここに主権国家体制が最終的に確立する**ことになりました。そのため、「**主権国家体制下では、各国は常に自国の利害にもとづいて行動する**」ということを、いまいちど覚えておきましょう！

THEME

3 オランダ・イギリス・フランスの動向

ここで聞きめる!

- オランダがアジア・アメリカ大陸に確保した拠点や植民地を覚えよう。
- 17世紀にイギリスで起きた2つの革命とその後の展開について理解しよう。
- フランスのルイ14世は絶対王政の典型！　その支配の特徴を理解しよう。

1 オランダの海洋進出 （➡P303から接続）

① オランダの繁栄と文化

もともと、ネーデルラントでは、毛織物(けおりもの)業は高い水準に達しており、また、**バルト海貿易**によって穀物(こくもつ)を輸入し、ヨーロッパ各地の産物を輸出する中継貿易が盛んでした。オランダでは、ハプスブルク家の支配から独立後、都の**アムステルダム**を中心に経済的に発展し、都市の富裕(ふゆう)市民（ブルジョワ）が文化の保護者となりました。

自由な気風の強いオランダは、宗教や思想に寛大(かんだい)で、学問や出版関係においてもヨーロッパ世界の中心となりました。この時期に活躍した画家の**レンブラント**は、市民の依頼を受けて多くの絵画を生み出しました。

② アジア・アメリカ大陸への進出

オランダの積極的な海洋進出は、17世紀前半にみられました。1602年に設立された**オランダ東インド会社**は、マラッカやマルク（モルッカ）諸島など**ポルトガルのアジア拠点(きょてん)を次々と奪い**、ジャワ島に**バタヴィア**（☞現在のジャカルタ）を建設して交易(こうえき)の拠点としました。1623年には**アンボイナ事件**を起こし、イギリスを東南アジアから締め出すなど、**香辛料貿易を独占**しました。また、**日本との交易**を行って西洋事情を日本にもたらし、台湾を占領して日中間の中継貿易で日本銀を中国に運んだほか、アジア進出の補給基地としてアフリカ南端に**ケープ植民地**を建設しました。一方、アメリカ大陸にも進出し、**ニューアムステルダム**を中心とするニューネーデルラント植民地を建設しました。

2 イギリスの革命 （➡P303「❷イギリス（テューダー朝）」から接続）

① イギリス王と議会の対立

エリザベス1世が1603年に亡くなると、テューダー朝が断絶しました。そこで、新しい国王として**スコットランド王が招かれ**、**ジェームズ1世**が即位して**ステュアート朝**を創始しました。これにより、**イギリスとスコットランドは同君連合**となります。

ジェームズ1世は、**王権神授説**を利用して議会を軽視し、専制的な支配体制を目指しました。また、**イギリス国教会**を強制したので、**ピューリタンの多いジェントリの不満**を高めました。こうして、ジェームズ1世は、イギリスの伝統的な支配体制（➡P303図）を破り、議会やジェントリと対立することになりました。

次の**チャールズ1世**も、ジェームズ1世と同様の政策をとったため、議会は1628年に**権利の請願**を提出して国王の暴政をいさめようとしました。しかし、チャールズ1世はあろうことか議会を解散し、議会は11年間にわたって開催されませんでした。

② ピューリタン革命（1642～49）と共和政の時代

チャールズ1世は、イギリス国教会の強制に反発して起きた**スコットランドの反乱**を受け、反乱鎮圧費の捻出や賠償金の支払いのため、1640年に議会を招集しました。しかし、議会は国王の暴政を批判するなど、次第に**王党派（宮廷派）と議会派（地方派）の対立**が激しくなり、ついに両者のあいだで「内戦」（☞これを**ピュー**

リタン革命といいます）が発生しました。

当初は王党派が優勢でしたが、**議会派はクロムウェルのもとで巻き返し、ついにチャールズ1世を捕虜（ほりょ）としました**。その後、1649年に**チャールズ1世の処刑**が行われ、ここに、イギリス史上唯一の**共和政**（コモンウェルス）をむかえます。

それでは、共和政時代のできごとをまとめてみましょう。

特徴の整理　～共和政の時代～

- **重商主義**：輸出を増進して貿易黒字の拡大を目指す
- 議会が**航海法**を制定（1651）
  - ☞イギリスとその植民地に外国船を入れない ｝**オランダ船を排除する**
  - ☞輸出にあたってはイギリス船に限定する
  - ☞**イギリス=オランダ戦争**（**英蘭（えいらん）戦争**）の勃発（ぼっぱつ）
- クロムウェルの**アイルランド征服**や**スコットランド征服**
  - ☞王党派と結んでいたことを口実に征服
- クロムウェルが**護国卿（ごこくきょう）**に就任：議会解散、**軍事独裁（どくさい）**を断行

しかし、クロムウェルは、禁欲・勤勉というピューリタンの価値観を民衆にも強要し、劇場などの娯楽（ごらく）施設を閉鎖しました。そのため民衆の不満は高まり、クロムウェルの死後にはフランスに亡命（ぼうめい）していたチャールズ（☞チャールズ1世の子）を国王として招き、ステュアート朝が復活（**王政復古（ふっこ）**）しました。一方、**ピューリタンの多くは、イギリスを離れて北米植民地に移住**したため、**イギリス国内におけるプロテスタント人口の大部分はイギリス国教会を奉（ほう）じる人びと**となりました。

また、思想家の**ホッブズ**は、ピューリタン革命期の混乱を目のあたりにし、著書『**リヴァイアサン**』のなかで自然状態を「万人（ばんにん）の万人に対する闘い」と表現して、**無政府状態の混乱を防ぐために国王の絶対権力を擁護（ようご）する**主張をしました。

SECTION 12 近世ヨーロッパ世界の展開

③ 王政復古と名誉革命（1688～89）

1660年、国王に即位した**チャールズ２世**は、しばらくすると**カトリック信仰を復活**させようと画策し、議会と対立しました。

えっ!?　なぜ急にカトリックの復活を目指したんですか？

チャールズ２世は、フランスのルイ14世とのあいだに、イギリスのカトリック化を進めるという内容を含む密約を結んでいたんだよ。

議会は、チャールズ2世のカトリック化に対抗するため、1673年には**公職就任者を国教徒に限定する審査法を制定**し、カトリックを公職につけないようにしました。また、1679年には**人身保護法を制定して不当逮捕の禁止**を定めます。

一方で、議会は、チャールズ2世の弟でカトリック信徒であるジェームズの王位継承権をめぐって２つの党派に分かれました。**王権擁護派のトーリ党は即位に賛成**しましたが、**議会を重視するホイッグ党は即位に反対**しました。結果的に、王位継承権が認められ、**ジェームズ２世**が即位しました。

しかし、**ジェームズ２世は議会を軽視した専制を行って議会と対立を深め**ました。そして、議会はついにジェームズ2世の娘メアリとその夫であるオランダ総督ウィレム（☞英語ではウィリアム）を新しい国王として招き、ジェームズ2世を廃位に追い込みました。ウィレムとメアリは、権利の宣言を承諾して**ウィリアム３世・メアリ２世**として即位し、その後、権利の宣言を法文化した**権利の章典**を発布しました。

これにより、**王権に対する議会の優位が確立され、イギリスの立憲君主政の基礎が据えられました。**こうした一連の動きを、**名誉革命**といいます。思想家の**ロック**は、**『統治二論』**を著し、**社会契約説**にもとづいて**人民の抵抗権を主張して名誉革命を擁護**しました。また、17世紀末には寛容法（かんようほう）が制定され、**カトリック以外のほぼすべてのプロテスタントに対する信教の自由**が与えられました。

④ 議院内閣制の成立

18世紀初頭には、**イギリスとスコットランドの正式な合併（がっぺい）**が決まり、**グレートブリテン王国**が成立しました。その後、ステュアート朝が断絶すると、議会はドイツのハノーヴァー選帝侯（せんていこう）であったジョージを国王として招きます。ここに**ハノーヴァー朝**が成立しますが、国王ジョージ1世は50代半ばの高齢で即位したうえに、元来英語を話さなかったため議会との意思疎通（そつう）が困難だったと言われています。

そのため、**国王に代わって、ウォルポールが事実上の首相として国政を運営**し、現在まで続く「王は君臨（くんりん）すれども統治（とうち）せず」の原則が生まれました。その後、ウォルポールは長期にわたって政権を担当しましたが、議会における下院でウォルポールの反対派が優勢になると辞任しました。ここに、議会の最多党派が内閣を組織し、内閣は議会に対して責任を負う**議院内閣制（責任内閣制）**が生まれました。

COLUMN イギリスとは何か？

世界史を学んでいると、「イギリス」という表記を頻繁（ひんぱん）にみると思いますが、実は「**イギリス」は歴史上、イングランド王国・ウェールズ・スコットランド王国・アイルランドという複数の国・地域で構成**されています。

イギリスの国旗

前近代史で「イギリス」というときは、イングランド王国を指しており、**本書では表記を統一するために、イングランド王国を一貫して「イギリス」と表記**しています。そして、18世紀初頭には、イングランドとスコットランドが合併して**グレートブリテン王国という正式名になりますが、ここも表記は「イギリス」**とします。

3 フランスの絶対王政
(➡P304「❸フランス(ヴァロワ朝→ブルボン朝)」から接続)

❶ 王権の強化

17世紀になると、フランスでは国王を中心とした中央集権的な国家統合が推進されていきます。それでは、この時期に登場したルイ13世とルイ14世の業績について整理しましょう。

君主	おもな業績
ルイ13世 (位1610～43)	•**議会(全国三部会)の招集停止** •宰相リシュリュー:王権の強化につとめる ☞アカデミー=フランセーズ創設:フランス語の統一
ルイ14世 (「太陽王」) (位1643～1715)	宰相マザランの時代(1642～61) •フロンドの乱:貴族らが王権の強化に反発☞鎮圧 親政の時代(1661～1715):「朕は国家なり」 •王権神授説を信奉:神学者のボシュエを登用 •財務総監コルベール:重商主義を推進 ☞**東インド会社の改革・国営化** ☞**王立(特権)マニュファクチュア**の設立 •ナントの王令廃止(1685) ☞**ユグノーの多くが国外へ亡命** •ヴェルサイユ宮殿(バロック様式)の完成

写真提供:PIXTA
ヴェルサイユ宮殿

写真提供:PIXTA
ヴェルサイユ宮殿の「鏡の間」

② ルイ14世の対外侵略戦争

ルイ14世は、常備軍を大幅に増強してヨーロッパ屈指の陸軍を保持し、フランスの周辺地域にたび重なる侵略戦争を行いました。

フランスを共通の敵としたイギリスとオランダは、イギリス王ウィリアム3世の時代に**イギリス=オランダ同君連合**を形成してルイ14世の脅威に共同で立ち向かいました。

一方、ルイ14世は**スペイン=ハプスブルク家の断絶**を受け、孫をフェリペ5世としてスペイン王に即位させ、フランス・スペインの同君連合を目指しました。しかし、フランスの脅威拡大を警戒した諸国とのあいだに1701年**スペイン継承戦争**が勃発し、1713年に**ユトレヒト条約**が結ばれました。この条約により、**スペイン=ブルボン朝の成立が承認**されましたが、**フランス・スペインの合邦や同君連合化は認められず**、また、フランスは北米植民地の一部を、スペインは領土をイギリスに奪われてしまいました（➡P317）。

過去問にチャレンジ

あるクラスで、フランス王家についての授業が行われている。

（前略）

後藤：では、右の図柄は何ですか。

先生：金の鎖の図柄で、アンリ4世の母方の家系で使用されていた図柄です。アンリ4世は即位前に母から別の国の王位を継承していました。アンリ4世の母は<u>ⓐユグノー</u>だったのですが、アンリ4世自身もユグノーであり、国内における宗教対立では、王家と対立する勢力の首領でした。

小林：アンリ4世は、ナントの王令を出した王だと習いました。この王令が出された背景には、アンリ4世の立場が関係していたんですね。

先生：こうした紋章は、当時王や貴族だけでなく都市なども独自のものを持っていました。宰相マザランが死去した後、親政を始めた［ア］は、こうした紋章を国家財政の問題を解決する手段として使います。当時、［イ］。こうした状況のもと［ア］は『紋章集成』を作成し、そこへの紋章の登録を義務化した上で、登録料を徴収しました。しかし、登録は思ったようには進まず、あまり成果を得られなかったようです。

問1　下線部ⓐに関連して、ヨーロッパ各地におけるプロテスタントについて述べた文として最も適当なものを、次の①～④のうちから一つ選べ。

① サン=バルテルミの虐殺により、多くの犠牲者が出た。
② ドイツ農民戦争が、ツヴィングリの指導の下で起こった。
③ ヘンリ7世が、国王至上法（首長法）を制定した。
④ イグナティウス=ロヨラが、イエズス会を結成した。

問2　文章中の空欄［ア］に入れる人物の名あ・いと、空欄［イ］に入れる文X・Yとの組合せとして正しいものを、後の①～④のうちから一つ選べ。

［ア］に入れる人物の名

あ　ルイ14世　　　　　い　ルイ16世

| イ | に入れる文

X　ネッケルによる財政改革が進められていました
Y　度重なる戦争によって戦費が膨れ上がっていました

①　あ―X　②　あ―Y
③　い―X　④　い―Y

（2023年度　本試験　世界史B）

問1　①ユグノー戦争のさなか、サン=バルテルミの虐殺（ぎゃくさつ）事件でユグノーがカトリック教徒によって虐殺されたので、正文です。②ドイツ農民戦争を指導したのは、ツヴィングリではなくミュンツァーです。③ヘンリ7世ではなくヘンリ8世が、国王至上法（首長法（しゅちょうほう））を制定しました。④イグナティウス=ロヨラが、イエズス会を結成しましたが、これはプロテスタントではなくカトリックについて述べた文なので、正解にはなりません。　答え ①

問2　ア.マザランを宰相とし、その死後に親政を開始したのはルイ14世です。イ.ルイ14世は、積極的な対外侵略戦争（スペイン継承戦争など）を行っているので、Y.戦費が膨れ上がっていると推測できます。一方で、X.ネッケルによる財政改革が行われたのは、ルイ14世ではなくルイ16世の時代です。　答え ②

4 イギリスとフランスの対立

① オランダ覇権に挑戦するイギリス・フランス

オランダは17世紀前半までにヨーロッパ経済の覇権を握りました。

イギリスは、1651年に航海法を制定してオランダの中継貿易に打撃を与え、**イギリス=オランダ戦争**（**英蘭戦争**）が勃発しました。この戦争は17世紀後半に3回にわたって行われ、その間にイギリスは**オランダのニューアムステルダムを奪ってニューヨークと改称**しました。

フランスは、**ルイ14世の時代**にオランダ侵略戦争を行い、一時はオランダの国土の大半を占領するなど、オランダに直接的な打撃を与えました。こうした脅威のなか、オランダ総督のウィレムは名誉革命を経てイギリス王に即位し、フランスを共通の敵として**イギリス=オランダ同君連合**を形成しました。

しかし、オランダは、イギリスとの協力体制を築くなかで、自国の海軍力と貿易を制限する協定を結んだため、その国力は次第に衰退していきました。

② イギリス・フランスの海洋進出

イギリスとフランスは、17世紀から**インド進出を本格化**させ、イギリスは**マドラス・ボンベイ・カルカッタ**を拠点とし、フランスは**ポンディシェリ**とシャンデルナゴルを拠点としました。

また、両国は**北米への進出**も行い、イギリスは18世紀前半までに、現在のアメリカ合衆国東岸部に**13植民地**を建設し、フランスは**ケベック**を中心とする**カナダ**や**ルイジアナ**（☞ミシシッピ川流域の地）に植民地を形成しました。そのため、イギリスとフランスは、インドや北米で植民地争奪戦（☞これを**第2次英仏百年戦争**といいます）を繰り広げるようになります。これは、**ヨーロッパで起きた戦争にイギリス・フランスが参戦し、両国が北米やインドで争う**という形をとります。

ヨーロッパ	植民地
ファルツ継承戦争 (1688～97)	ウィリアム王戦争 (1689～97)
スペイン継承戦争 (1701～13[14])	アン女王戦争 (1702～13)
オーストリア継承戦争 (1740～48)	ジョージ王戦争(1744～48) カーナティック戦争 (1744～61[63])
七年戦争 (1756～63)	フレンチ=インディアン戦争 (1754～63) プラッシーの戦い(1757)

ヨーロッパの戦争と英仏の植民地戦争

スペイン継承戦争では、**ユトレヒト条約**によって、イギリスはカナダの東岸部一帯と**ジブラルタル**を獲得しました。その後、**七年戦争**（➡P322）の時期には、北米では**フレンチ=インディアン戦争**が行われ、1763年の**パリ条約**でイギリスは、**カナダ・ミシシッピ川以東のルイジアナ**・フロリダを獲得するなど、**北米における覇権を掌握**しました。また、イギリスは、インド北東部で起きた**プラッシーの戦い**や南インドのカーナティック戦争でフランスを破り、インドにおける覇権を確立するなど、18世紀半ば頃までに広大な**植民地帝国**（**イギリス帝国**）を築き上げました。

こうしたイギリスの強さの秘訣（ひけつ）としては、17世紀末の**財政革命**があげられます。イギリスは、**イングランド銀行**を設置して**国債**（こくさい）**制度**を整え、**議会が国債の返済を保証したため、信頼度が高く、対外戦争の費用を国内外から広く集める**ことに成功しました。

③ 大西洋三角貿易

アメリカ大陸やカリブ海に植民地を形成したヨーロッパの国々は、植民地でコーヒー・**サトウキビ**・**タバコ**などの**プランテーション**（**大農園**・**大農場制度**）を行っていました。しかし、とくにスペイン領ラテンアメリカでは、伝染病の流行により先住民人口が激減したため、労働力として西アフリカから多くの**黒人奴隷**（どれい）が輸入されました。これは、スペイン領に限った話ではなく、ポルトガル領ブラジルや、北米南部のイギリス植民地でもみられました。

西ヨーロッパの国々は、**武器や綿織物**（めんおりもの）などを**ベニン王国**やダホメ王国などの**西アフリカ**の国々に輸出し、**現地では黒人国家間の抗争**が行われ、敗れた国の人びとが黒人奴隷として**カリブ海やアメリカ大陸南部の植民地**に送り込まれました。そこでは、黒人奴隷を労働力にプランテーションが行われ、ヨーロッパ人は生産された砂糖やコーヒー・タバコなどの産品を本国に持ち帰りました。このような貿易を**大西洋三角貿易**といいます。イギリスは、**18世紀前半にスペイン領ラテンアメリカに奴隷を供給する契約**（☞これを**アシエント**といいます）を独占し、莫大（ばくだい）な富を得ることに成功しました。

しかし、黒人国家間の抗争によって西アフリカを中心に人口減少がみられたほか、現地の黒人国家が奴隷貿易に依存する体制をとったため、産業発展を大きく阻害（そがい）するという弊害（へいがい）もみられました。

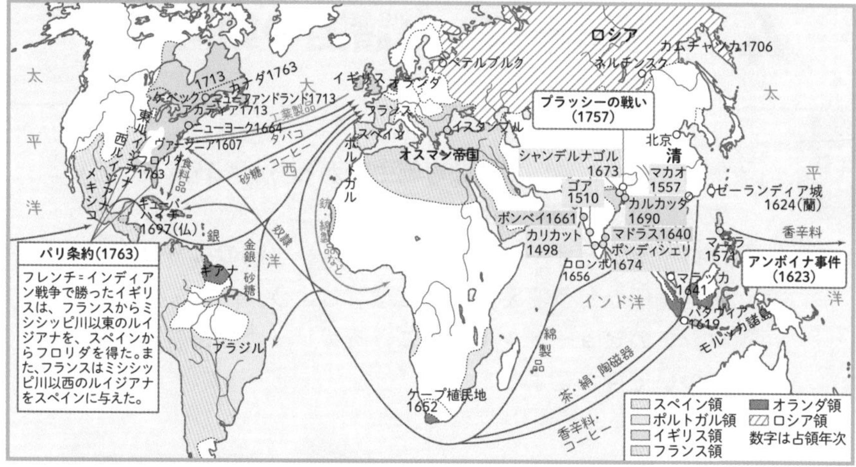

ヨーロッパ諸国の海洋進出（17～18世紀）

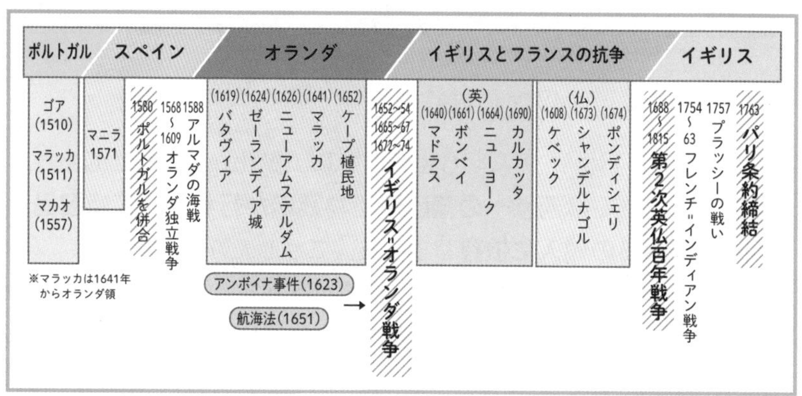

海上覇権の推移

THEME 4

東ヨーロッパ諸国の動向

ここで昌きめる！

- 東ヨーロッパ諸国で啓蒙専制主義がとられた背景や、その改革の狙いを理解しよう。
- プロイセンとオーストリアの抗争が、当時のヨーロッパの国際関係をどう変えたのかを理解しよう。
- ロシアのピョートル１世とエカチェリーナ２世の対外進出について押さえよう。

1 啓蒙専制君主

① 近世の東ヨーロッパ世界

西ヨーロッパ世界では、16世紀以降に工業化が進展しましたが、**東ヨーロッパでは西欧への輸出用穀物（こくもつ）栽培が行われ、工業製品は西欧諸国からの輸入に依存**しました。こうしたなか、ロシア、プロイセン、オーストリアでは独自の改革が進展する一方で、これらの国々に囲まれたポーランドは国家存亡の危機に瀕（ひん）します。

② 啓蒙専制君主（けいもうせんせい）の登場

西ヨーロッパ世界では、**絶対王政を正当化する王権神授説（おうけんしんじゅせつ）を批判する思想の一つ**として、**啓蒙思想**があらわれました。啓蒙思想とは、**理性を絶対視**し、迷信や宗教などを打破しようとする思想のことです。

18世紀のプロイセンやオーストリア、ロシアなどの東ヨーロッパ諸国では、**啓蒙思想の影響を受けて、合理的に自国の富国強兵（ふこくきょうへい）を目指す啓蒙専制主義と呼ばれる体制が登場**し、都市の市民層の成長が遅れている東ヨーロッパで、国王が強い指導力を発揮して改革を断行します。

このような君主を**啓蒙専制君主**といい、**プロイセンのフリードリヒ２世**、**オーストリアのヨーゼフ２世**、**ロシアのエカチェリーナ２世**が代表的な君主として挙げられます。**啓蒙専制君主の改革の大前提は自国の富国強兵と近代化**で、農業や商工業の育成、死刑や拷問(ごうもん)の廃止、初等教育の整備、宗教的な寛容(かんよう)の実現、領土内の人びとの幸福の増大など改革内容は多岐にわたります。こうした改革を通じて、プロイセン・オーストリア・ロシアはヨーロッパにおける国際的な地位を向上させていきます。

2 オーストリアとプロイセン

① オーストリア

オーストリア（☞**ハプスブルク家**の支配）は、17世紀後半に**オスマン帝国の第２次ウィーン包囲(ほうい)を撃退**し、1699年には**カルロヴィッツ条約**を結んでオスマン帝国から**ハンガリーを獲得**しました。その後も、18世紀前半までに領土を拡大したハプスブルク家は、中央ヨーロッパの覇権(はけん)を掌握(しょうあく)し、その領域内には支配者層となるゲルマン人以外に、スラヴ系民族やマジャール人などを内包する広大な帝国をつくりあげました。

1740年には、**マリア=テレジア**がハプスブルク家の家督(かとく)を継承(けいしょう)しましたが、これにバイエルンやザクセンなどの諸侯(しょこう)が反発し、**オーストリア継承戦争**が勃発(ぼっぱつ)しました。夫の**フランツ１世**が神聖(しんせい)ローマ皇帝に即位し、戦争の結果、マリア=テレジアはハプスブルク家の家督を継承することが承認されましたが、プロイセンによって鉱物資源を豊富に産する**シュレジエン**を占領されてしまいました。

マリア=テレジアは、シュレジエンの奪回(だっかい)を目指しましたが、どうしても厄介(やっかい)な国があります。それが、フランスです。

マリア=テレジアがプロイセンと戦うとなると、フランスがプロイセン側で参戦することは推測できます。そうなると、オーストリアはプロイセンとフランスに挟まれる形になるので戦局は厳しくなりますが、マリア=テレジアはフランスと同盟を結ぶことに成功し、この事態を回避したのです。**イタリア戦争以来、因縁関係にあったハプスブルク家とフランス王家が対立から協調へと転じた**ことは、ヨーロッパの国際関係軸を大きく変えることになります。こうした一連の変動を、**「外交革命」**といいます。また、マリア=テレジアは、プロイセンを警戒するロシアとの同盟締結にも成功し、ここにプロイセン包囲網を完成させました。

そして、プロイセン側の宣戦布告によって**七年戦争**が勃発しました。当初は、プロイセンが劣勢となりましたが、ロシアの戦線離脱や英仏植民地戦争でのフランスの敗北などから、オーストリアは勝機を逃してしまいます。そして、**最終的にプロイセンのシュレジエン領有を認める形で戦争は終結**しました。

マリア=テレジアの死後、親政を開始したヨーゼフ2世は、啓蒙専制君主としてオーストリアの改革に着手します。改革を次の表で整理しましょう。

君　主	おもな業績
ヨーゼフ2世 （位1765～90）	• 修道院を解散して財産を没収 ☞税収の上昇／ヨーロッパ最大級の軍隊を保持 • **宗教寛容令**：プロテスタントなどに信教の自由を認める • **農奴解放**：農奴の人格的自由を承認☞死後に廃止 • 文化の保護☞モーツァルトなどの音楽家が都に集う

18世紀半ばのヨーロッパ

② プロイセン

プロイセンは、神聖ローマ帝国の外部にあったプロイセン公国（☞**ドイツ騎士団領**の指導者がプロテスタントに改宗して世俗化）と、帝国の内部にあった**ブランデンブルク選帝侯国**が、**ホーエンツォレルン家**のもとで同君連合の形をとり、18世紀前半に**プロイセン王国へと昇格**しました。

プロイセンでは、ナントの王令廃止によって**フランスを離れたユグノーを積極的に保護して国内の産業を振興する**一方で、常備軍の整備と拡大が行われました。この改革にあたって、議会に課税を認めさせるかわりに、**ユンカーと呼ばれる地主貴族の農奴支配を正式に承認**しました。

その後、**フリードリヒ=ヴィルヘルム１世**（「兵隊王」）は軍備増強に尽力し、その子であるフリードリヒ２世（大王）は啓蒙専制主義にもとづいて国内改革に着手する一方、対外領土の拡大にも成功しました。

それではフリードリヒ２世の業績を整理しましょう。

君　主	おもな業績
フリードリヒ２世（大王） （位1740～86）	• **「君主は国家第一の僕」**と自称 • **サンスーシ宮殿（ロココ様式）**の建設 ☞啓蒙思想家の**ヴォルテール**や音楽家の**バッハ**を招く • オーストリア継承戦争や七年戦争を戦う ☞**シュレジエン**（ポーランド系住民が多い）を占領 • **宗教的な寛容**☞領内のカトリック教徒を保護

写真提供：PIXTA

サンスーシ宮殿

3 ロシアの発展とポーランド

① イヴァン4世とその死後のロシア

ロシアでは、モスクワ大公国の**イヴァン4世**が、16世紀に貴族を官僚として登用し、**皇帝（ツァーリ）への権力を集中化**させた一方、**コサック**（☞南ロシアの武装集団）のイェルマークを派遣して**シベリア**への進出を積極的に行いました。イヴァン4世の死後、しばらくすると、17世紀前半にミハイル=ロマノフが皇帝に即位し、**ロマノフ朝**を創始しました。

ミハイルの死後、農奴制の強化に反発して**ステンカ=ラージンの乱**という農民反乱が起きましたが鎮圧され、その後もロシアでは農奴制は維持され続けました。こうして、ロシアでは専制支配（**ツァーリズム**）と農奴制を基盤とした絶対王政が確立されていきます。

② ピョートル1世（大帝）とエカチェリーナ2世

17世紀から18世紀にかけて、ロシアの大国化に貢献したのは、ピョートル1世（大帝）とエカチェリーナ2世です。この2人の時代に、ロシアは領土の拡大に成功します。この2人の業績を次ページの表で整理してみましょう。

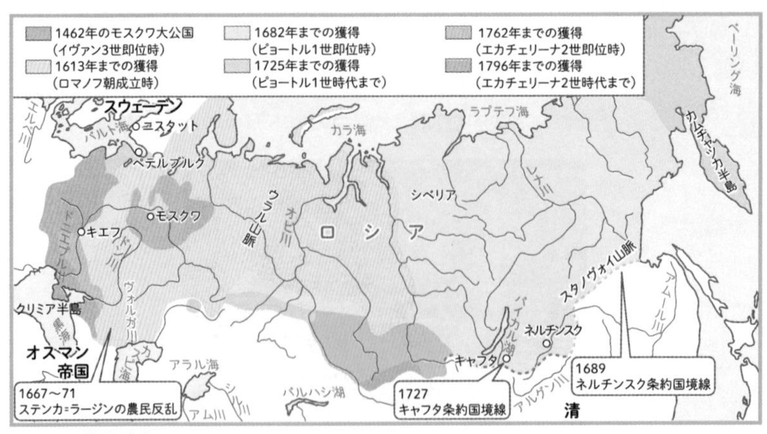

ロシアの領土拡大

●ピョートル1世とエカチェリーナ2世

君　主	おもな業績
ピョートル1世 （大帝） （位1682～1725）	•**西欧化改革**：西ヨーロッパ諸国から技術者を招く ☞軍事改革と先進技術を導入／ロシアの西欧化へ •【東】**ネルチンスク条約**の締結（1689） ☞**清の康熙帝**と締結／ロシアと清の境界線を画定 •【南】オスマン帝国と抗争☞一時的にアゾフ海へ •【西】**北方戦争**（1700～21）✕**スウェーデン** ☞**ペテルブルク**（「西欧への窓」）を建設し、遷都 ☞**バルト海の覇権を掌握**／帝国としての地位を確立
エカチェリーナ2世 （位1762～96）	•**農奴制の強化**☞**プガチョフの農民反乱**が発生 •【東】**ラクスマン**を派遣☞江戸幕府に通商を要求 •【南】クリミア=ハン国を併合☞**クリミア半島**を領有 •【西】**3回にわたるポーランド分割**に参加

③ポーランド

ヤゲウォ朝が16世紀後半に断絶すると、ポーランドでは**選挙王政**がとられました。しかし、**貴族間の抗争や周辺諸国の干渉**を受け、ポーランドの国力は次第に衰退していきました。

18世紀後半になると、プロイセンの**フリードリヒ2世**、オーストリアの**ヨーゼフ2世**、ロシアの**エカチェリーナ2世**によって**第1回ポーランド分割**が行われました。**啓蒙専制主義を掲げる3人の君主が一堂に会したのは第1回分割のみ**となります。

その後、第2回分割の際には、ポーランドの**コシューシコ**が抵抗しましたが、ロシアによって鎮圧され、第3回分割によってポーランドは地図上から消滅してしまいました。

ポーランド分割

過去問にチャレンジ

次の絵は、「王のケーキ」という題が付いている風刺画で、ポーランドの王と、ポーランドを分割する３国の君主たちが描かれている。君主たちの上方に描かれているのは、噂（うわさ）や名声を象徴する天使ペーメーで、ラッパでこの知らせを広めている。ポーランドは、この後、数回にわたって分割され、19世紀には独自の国家を持つことはなかった。20世紀になって独立を回復したが、大国の狭間（はざま）にあって、たびたび難しい舵（かじ）取りを迫られた。

問1　絵の中の**あ**と**い**について、それぞれが表している国とその君主の名の組合せとして正しいものを、次の①～⑥のうちから一つ選べ。なお、正しいものは複数あるが、解答は一つでよい。

① **あ**：ロシア ― エカチェリーナ２世
② **あ**：イギリス ― エリザベス１世
③ **あ**：フランス ― ルイ14世
④ **い**：ロシア ― ニコライ２世
⑤ **い**：プロイセン ― フリードリヒ２世
⑥ **い**：イタリア ― ヴィットーリオ＝エマヌエーレ２世

4
東ヨーロッパ諸国の動向

問2　問1で選んだ答えについて、その国や王朝の歴史について述べているものを、次のa～hから三つ選択し、それらを年代順に配列したものとして正しいものを、下の①～⑧のうちから**一つ**選べ。

a　シュレジエンを獲得した。
b　ウィーン会議に参加した。
c　ローマ教皇領を併合した。
d　ペテルブルクを築いて、都とした。
e　テューダー朝が開かれた。
f　ユトレヒト同盟を結成した。
g　ドイツ帝国を建国した。
h　三国協商を形成した。

①　a→b→g　　②　b→a→h
③　c→a→b　　④　d→b→h
⑤　e→f→b　　⑥　f→g→h
⑦　g→a→d　　⑧　h→e→c

（2018年度　第2回試行調査　世界史B）

問1　絵の解説から、この絵はポーランド分割を表しているものだと判断できます。ポーランド分割は、18世紀後半に3回にわたって行われ、第1回分割では、プロイセンのフリードリヒ2世、オーストリアのヨーゼフ2世、ロシアのエカチェリーナ2世が参加しました。絵にはポーランドとオーストリアの君主がすでに示されているので、**あ**. が女性君主であることを考慮すると、**あ**. はロシアのエカチェリーナ2世で、**い**. はプロイセンのフリードリヒ2世となり、答え ① または 答え ⑤ となります。

問2　**問1で選んだ答えが①であった場合**：まずは、ロシアの歴史について述べている文を選択します。b. ウィーン会議（➡P372）には、ロシア皇帝アレクサンドル1世が参加します。d. ペテルブル

SECTION 12 近世ヨーロッパ世界の展開

クを築いて都としたのは、ピョートル１世です。h. ニコライ２世は、イギリス・フランスとともに三国協商（➡P473）を形成します。この３つを年代の古いものから配列すると、d（ピョートル１世）→b（アレクサンドル１世）→h（ニコライ２世）となるので、答え ④となります。

問１で選んだ答えが⑤であった場合：まずは、プロイセンの歴史について述べている文を選択します。a. シュレジエンは、フリードリヒ２世の時代にオーストリアから奪いました。b. プロイセンは、ナポレオン戦争後のヨーロッパ秩序（ちつじょ）の再建を目的としたウィーン会議に参加しました。この会議の結果、ドイツにはオーストリアを盟主（めいしゅ）とするドイツ連邦（➡P373）が結成され、プロイセンも加盟します。g. 国王ヴィルヘルム１世の時代に、ドイツ帝国（➡P390）が完成しました。この３つを年代の古いものから配列すると、a（フリードリヒ２世）→b（ウィーン体制の成立期なので、19世紀前半）→g（ヴィルヘルム１世）となるので、答え ①となります。

このような年代配列問題は、年代を正確に覚えているというよりは、時代の大きな動きや、おおよその時期から推測できるので、まずは自分の知っている知識に落とし込んでみるといいでしょう。

THEME 5

啓蒙と科学の時代

ここできめる!

- 17世紀から18世紀にかけて、ヨーロッパで急速に科学が発展した背景とその影響を理解しよう。
- 啓蒙思想がヨーロッパ社会の政治・経済・宗教にどのような影響を与えたのかを理解しよう。

1 科学革命

① 自然科学

16世紀以降本格化したヨーロッパ諸国の海洋進出により、南北アメリカ大陸を「発見」したことや、世界周航の成功にともなう大地(地球)球体説の実証、そのほかに錬金術(れんきんじゅつ)や天文学が発達したことで、自然を新たに合理的に解釈する動きがみられました。

17世紀になると、高精度の望遠鏡(ぼうえんきょう)を使った観測データが収集された一方で、**顕微鏡**(けんびきょう)が開発されたことで人間の目では確認できない世界への研究も盛んになりました。

実験・観察を行って自然界の法則を発見し、解明された法則を検証によって確認・修正するという自然科学の基本的な手法が確立されました。このように、**現象から法則を発見する思考法を帰納法**(きのうほう)、**法則から現象を説明しようとする思考法を演繹法**(えんえきほう)といいます。

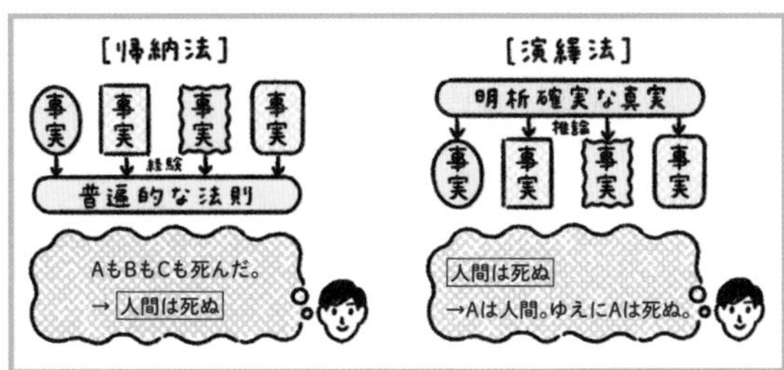

帰納法と演繹法

また、イギリスやフランス、プロイセンなど各国では**アカデミー**が創設（そうせつ）され、専門的に科学を探究する知識人の養成が国家プロジェクトの一環として行われました。

② 哲学

自然科学の発達により、**人間は、自然界のあらゆる現象を理性によって正確に認識できるとし、理性を万能視（ばんのう）する合理主義**（**合理論**）が確立されました。また、合理主義は秩序（ちつじょ）と調和を重視する姿勢を生み出し、文学における古典主義に反映されました。

一方で、**人間の思考は、知識と経験によって生まれるものであるから、思考の正確さは絶対的なものではないとする経験主義**（**経験論**）が生まれます。そして、こうした**合理主義と経験主義を総合しようとするドイツ観念論（かんねんろん）哲学への道が開かれました**。こうして、科学的な探究の手法は、哲学などの思考方法にも継承（けいしょう）されました。

しかし、科学や哲学の発達は、当時の知識人らの絶対的な自信となり、古代の人びとより今の自分たちの方が優れているという進歩主義の考え方も生まれました。

③ 自然法

理性を重視する傾向は、法学分野にも影響を与えました。**理性を備えた人間が生まれながらにもつ普遍（ふへん）的な権利を自然権**とし、こうした権利を守るために、**時代や地域に関係なく、人間にとって普遍的に共通するルールである自然法**が唱えられるようになりました。

また、自然法の理論を主権（しゅけん）国家間に適用する国際法の理論も生まれました。

2 啓蒙思想とその影響 (➡別冊P44・45)

18世紀になると、今を生きる人間の幸福を増大するために知識を集積して、それを多くの人びとに広めようとする**啓蒙思想**が生まれました。

啓蒙思想家は地域をこえて交流し、その知見に磨きをかけていき、より良い社会をつくるための制度や仕組みを考案して、為政者に対して直接的・間接的に改革を訴えていきました。こうした影響は、政治・経済・宗教など多岐にわたって及びました。

① 政治

啓蒙思想のもとでは、**権力者による圧政を防ぎ、人間の自由を守るための体制が考案されました**。この頃には、**政府や国家は人間個々人との契約によって成り立つとする社会契約説**が生まれ、これはのちの市民社会を形成するための重要な思想となります。

また、**ディドロ**や**ダランベール**などは啓蒙思想を集大成した『**百科全書**』を編纂し、各国で百科事典が刊行されたほか、**植物園**や博物館もつくられました。さらに、18世紀後半にヨーロッパで出版業が発達したことを受け、**新聞**や**雑誌**が発刊されました。こうした出版物は、ロンドンの**コーヒーハウス**やパリの**カフェ**、上流層の集う**サロン**などで人びとに読まれ、知的交流や情報交換が活発化し、**世論の形成**が進みます。

② 経済

人間の幸福を増やす手段の一つとして、物質的な富の増大に注目するようになり、当時の西ヨーロッパ諸国が農耕を中心とした自給自足の段階から脱皮し、世界規模に発達した商業段階に移行したと捉える知識人たちがあらわれました。

そのため、国家は経済活動にどのような態度でいるべきなのかという議論がなされ、やがて、国家の経済に対する**自由放任主義**と、**経済活動の自由化**が理想とされるようになりました。

③ 宗教

従来のヨーロッパでは、国王や諸侯（しょこう）が奉（ほう）じる宗教が領民に事実上強制され、「異教」や「異端（いたん）」とされた人びとが迫害（はくがい）の対象になりました。しかし、カトリックだろうが、プロテスタントであろうが個人が信仰する宗教について干渉（かんしょう）はしないとする**宗教的寛容（かんよう）**が広まり、これはやがて、**為政者は特定の宗教を保護する姿勢や政策をとってはならないとする政教分離の考え方を生み出す**ようになりました。こうして、宗教改革以降、局地的かつ断続的に行われてきた信仰宗教を理由とした迫害・弾圧（だんあつ）や対立は収束していきました。

SECTION 13
環大西洋革命

THEME

1　イギリス産業革命
2　アメリカ独立革命
3　フランス革命とナポレオン時代
4　ラテンアメリカ諸国の独立

SECTION 13で学ぶこと

イギリス産業革命の背景と影響、アメリカ独立宣言、国民議会と国民公会、フランスの人権宣言は頻出！

イギリスでは18世紀後半に産業革命が本格的にはじまり、同時期には13植民地がアメリカ合衆国として独立します。また、フランスでは10年におよぶ革命のなかで近代市民社会の原理が生み出されます。

1 イギリス産業革命

イギリスでは、資本・市場・工場労働力の3つが揃ったことが一因となり、産業革命が本格的にはじまりました。しかし、産業革命は都市への人口集中や労働問題、社会問題などの弊害を生み出しました。

2 アメリカ独立革命

七年戦争後、財政難に苦しむイギリスは、13植民地への課税を強化しようと画策しましたが、13植民地は反発します。その後起きた独立戦争に13植民地は勝利し、アメリカ合衆国として独立を達成しました。

3 フランス革命とナポレオン時代

「国民議会」→「立法議会」→「国民公会」→「総裁政府」→「統領政府」→「第一帝政」という流れを押さえたうえで、それぞれの時代に起こったできごとを整理しましょう。

ハイチ革命の影響、ラテンアメリカ諸国の独立の担い手、独立後の政治・経済状況は頻出！

ハイチの独立を機に、ラテンアメリカでは独立気運が高まり、クリオーリョが主体となって運動を進めた結果、1810～20年代にかけてその多くが独立を達成しました。

☐ ハイチの独立

ハイチの黒人奴隷がフランス支配に対して蜂起すると、19世紀初めに独立を達成して世界初の黒人共和国となりました。ハイチの独立は、イギリスの奴隷制廃止に影響を与えました。

☐ 一般的なラテンアメリカ諸国の独立

ハイチとは異なり、ラテンアメリカ諸国の一般的な独立の担い手は、植民地生まれの白人であるクリオーリョです。また、イギリスやアメリカが独立に好意的であったため、ラテンアメリカ植民地の多くが独立を達成しました。

☐ 独立後の政治・経済状況

独立の主体となったクリオーリョの多くは地主でした。そのため、独立後も大農園制は継続されて土地改革は行われません。結果、経済はモノカルチャー化して、工業製品はイギリスからの輸入に頼らざるをえませんでした。

このSECTIONでは、18世紀後半から19世紀初め頃にかけてのイギリス→北アメリカ→フランス（ヨーロッパ）→ラテンアメリカとヨコに歴史展開を追いかけていくのがポイントになります！

THEME 1

イギリス産業革命

ここできめる!

- 18世紀後半のイギリスで、産業革命が本格化した要因を理解しよう。
- 産業革命期に活躍した技術者と開発技術を覚えよう。
- 産業革命がイギリス国内にもたらした影響を理解しよう。

1 イギリス産業革命の要因

① 資本の蓄積(ちくせき)

イギリスでは、中世後期から近世にかけて**織物業**が経済の基盤(きばん)となっており、とくに**毛織物**(けおりもの)は、労働者を工場に集めて分業による生産を行う**マニュファクチュア(工場制手工業)**の普及(ふきゅう)により、**大量かつ均質に生産されヨーロッパ各地に輸出**されました。

また、18世紀前半に**大西洋三角貿易を事実上独占**したことで、港町リヴァプールを中心にイギリスには膨大(ぼうだい)な**資本**(☞「おカネ」とイメージしておこう!)が集積していました。こうした資本は、機械等の開発などの設備投資に利用されていきます。

② 製品市場(しじょう)と原料供給地

イギリスは、18世紀に**第2次英仏百年戦争でフランスを圧倒**し、**北米やインドに広大な植民地を形成**しました。こうした植民地は、本国で生産した製品を売るための**製品市場**となる一方で、原料などを生産させる**原料供給地**として利用されます。

③ 工場労働力の確保

産業革命の必須要件としては、**工場労働力**もあげられます。もし、民衆の大部分が農民あるいは農奴であったら、その国の経済活動の基盤は農業になるでしょう。イギリスは、どのようにして工場で働く労働者を創出したのでしょうか。

その答えが、**農業革命**と呼ばれる**資本主義的な農業経営**の進展です。難しく聞こえるかもしれませんが、これは「効率よく農作物を生産して最大限の利益を生み出す」とイメージすればよいです。

イギリスでは、三圃制にかわってノーフォーク農法が次第に普及しました。これは、休耕地をなくして大麦・クローヴァー（牧草）・小麦・カブ（飼料）の順で栽培し、４年かけて一巡する農法で、**食料を効率よく生産する**ことができました。そのため、より広大な土地で展開した方が効率がよいため、議会が主導して**第２次囲い込み**（**エンクロージャー**）が進展しました。これにより、地主は農民の農地をとりあげて一つの広大な土地とし、農業資本家（☞農業をビジネスとして儲ける経営者）に貸与します。すると、農業資本家は、**失地農を農業労働者**（☞農作業の対価に給料を受け取る）**として雇用**し、生産活動を行います。

食料生産の効率化と増産にともない、農村部では人口が増大し、余剰労働力（☞仕事のない人のこと）が発生します。

こうして、**農村部から仕事を求めて都市部に労働者がやってきます**。こうした労働者は、工場で働き賃金を受け取って生活するようになりました。

COLUMN 「17世紀の危機」

17世紀になると、**気候の寒冷化**が進んで凶作(きょうさく)が頻発(ひんぱつ)し、疫病(えきびょう)の流行も重なります。また、アメリカ大陸からの銀の流入が減少し、経済は低迷しました。他方で、**「魔女狩り(まじょがり)」**が横行(おうこう)して社会不安は拡大し、**三十年戦争・ピューリタン革命・フロンドの乱**などの戦争や内戦が各地で発生するなど、ヨーロッパは政治的・社会的な危機をむかえました。

一方、「世界の一体化」により世界各地から様々な産品がヨーロッパにもたらされたことで、**国王や貴族、都市のブルジョワなどのあいだでは消費が増大**していきました。こうしたなか、オランダやフランスとの競争に勝利したイギリスは、世界各地に商業ネットワークを拡大しました。

2 イギリス産業革命の展開

① 綿工業の進展

イギリスは**伝統的に毛織物業が発展**していましたが、17世紀以降に進出したインドから**綿織物(めんおりもの)(キャラコ)**が輸入されると、イギリス国内だけでなく、ヨーロッパ各地でも人気の商品となりました。

綿織物の人気により毛織物業が打撃を受けると、イギリスは綿織物の輸入を禁止しました。しかし、綿織物の人気は衰えることはなく、インドから原料となる綿花(めんか)を輸入して、**どうにかして綿織物の国産化ができないかを模索(もさく)する**ようになりました。また、18世紀前半以降、大西洋三角貿易（➡P318）を独占したイギリスは、西アフリカに輸出する綿織物の低価格化も画策していました。すると、国内では、**科学革命**によってもたらされた知見をもちいて機械を生産し、均質な綿織物を大量につくるための技術革新が**18世紀後半**以降、本格的にはじまりました。

❷ 機械制工場とエネルギー革命

産業革命の本格化にともない、イギリスでは人力にかわって機械を動かして製品をつくる**機械制工場**が進展しました。当初、**綿工業**の分野では、機械を動かすために女性や子どもが労働力として使用されました。一方、18世紀後半になり、**蒸気機関が大幅に改良されて製造業に転用される**と、工場における生産速度は飛躍的に上昇し、蒸気機関のエネルギー源として**石炭**の使用も広まりました。

●産業革命期の技術革新

	人物名	おもな開発技術
綿工業	ジョン=ケイ	飛び杼(梭)：織布工程の効率化☞綿糸が不足
	ハーグリーヴズ	多軸紡績機(ジェニー紡績機)☞綿糸の大量生産
	アークライト	水力紡績機☞馬力から水力に動力を転換
	クロンプトン	ミュール紡績機☞高品質の綿糸を生産
	カートライト	力織機☞蒸気機関を動力に／織布速度の急上昇
動力	ニューコメン	蒸気機関の実用化
	ワット	**蒸気機関の改良**☞広範な機械への応用が可能
	ダービー	コークス製鉄法：硬度と純度の高い鉄を生産
輸送	スティーヴンソン	蒸気機関車の実用化 ☞**マンチェスター・リヴァプール間**で営業運転
	フルトン(アメリカ)	蒸気船の開発

③ 産業革命の影響

産業革命により、圧倒的な資金を有する**産業資本家**（☞一般的に、**資本家**ということもあります）が工場を建てて機械を導入し、安価（あんか）な**賃金労働者**を雇用して製品をつくり、ほかの資本家と競い合いながら利潤（りじゅん）を追求するようになりました。こうした経済体制を、**資本主義体制**と呼び、やがて世界規模で急速に拡大していきます。

資本主義体制の拡大にともない、労働形態にも変化がみられました。従来は、職人が自由に生産活動に励み、その作業は家族の住む家庭で行われることが多かったのですが、機械の導入により、労働者は機械の都合に合わせて時間に縛（しば）られ、作業場も家庭から切り離された工場へと移りました。

また、労働力が飽和（ほうわ）した農村部の人びとが、職を求めて都市部に多く流入するなど、都市への人口集中がみられ、綿工業の中心地であった**マンチェスター**や、その外港として綿製品の輸出で栄えた**リヴァプール**などは大都市に成長しました。

一方で、機械によって職を奪われた職人、失業や賃金の下落を恐れた労働者らによる**ラダイト運動（機械打ちこわし運動）**が発生しました。

産業革命期のイギリス

●イギリス主要都市の人口

都市名	1750年	1801年	1851年
ロンドン	67.5	96.0	236.2
バーミンガム	2.4	7.1	23.3
リヴァプール	2.2	8.2	37.6
マンチェスター	2.0 （1757年）	7.5	30.3
グラスゴー	――	7.7	34.5

（単位：万人）

『岩波講座 世界歴史17 環大西洋革命』などより作成

❹ 世界経済の再編

産業革命によって綿織物の大量生産を実現したイギリスは、さらなる製品市場と原料供給地を求めるようになりました。また、19世紀前半にその多くが独立を達成した**ラテンアメリカ諸国を製品市場化**し、**アジアの国々には不平等条約をつきつけ**てイギリスの貿易圏に組み込んでいきました。これらの国々は、鉱物(こうぶつ)資源や商品作物(しょうひんさくもつ)、農作物等の一次産品をイギリスなどのヨーロッパ諸国に輸出するなど、**経済的な従属下**に置かれてしまいます。こうして、イギリスは**19世紀半ばには「世界の工場」としての地位を確立**し、「世界の一体化」を進めていきました。

一方で、イギリスの圧倒的な工業力を前に、ヨーロッパ諸国の危機感がつのります。そのため、19世紀前半にイギリスが**工業機械の輸出解禁**を行うと、ベルギー・フランス・ドイツなどに**産業革命が波及(はきゅう)**し、19世紀後半にはアメリカ合衆国やロシア・日本でも産業革命が本格化しました。

イギリスの工業力に負けないようにするために、自国で産業革命を起こすってことですね。

その通りです！　各国は、産業革命に必要な資本・市場・労働力の確保を急ぐようになります。

THEME 2

アメリカ独立革命

ここで働きめる！

- 七年戦争の前後で、13植民地とイギリスとの関係がどのように変化したのかを理解しよう。
- 独立宣言でどのような主張がなされたのか知っておこう。
- アメリカ独立革命がもつ歴史的意義について理解しよう。

1 13植民地とイギリス本国の対立

① 13植民地の成立

イギリスは、北アメリカ最初の植民地として、17世紀初めに**ヴァージニア**を建設しました。また、イギリス国内でジェームズ1世がピューリタンを迫害(はくがい)すると、北アメリカ東部には**ピルグリム=ファーザーズ**と呼ばれる**ピューリタンを中心とする人びと**が入植して**ニューイングランド植民地**を形成しました。

その後も様々な事情により、北アメリカにはイギリスからの入植者が増え、18世紀前半までに**13植民地**が形成されました。

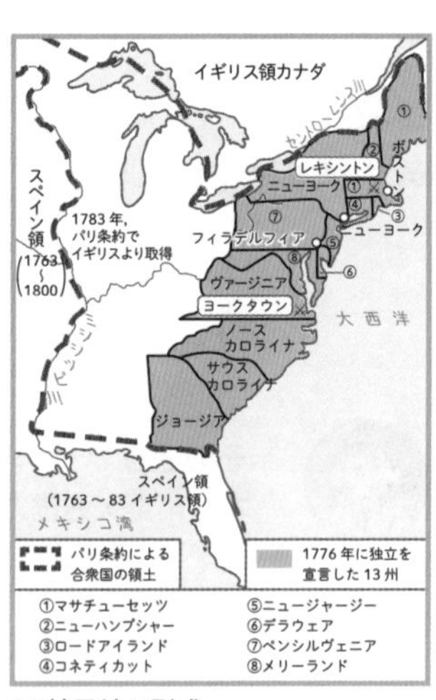

13植民地の形成

POINT

13植民地の政治・経済状況

13植民地に共通する特徴や、地域ごとの特性をまとめて覚えてから、アメリカ独立戦争を学びましょう！

- 13植民地全体：**植民地議会**の創設
  ☞イギリス本国の議会にならって各植民地に設置される
- **北部・中部**：自営農民や商工業者が主体
  ☞のちに移民（いみん）の増加を受け、林業・漁業・海運業が発達
- **南部**：**プランテーション（大農園・大農場制度）**の発達
  ☞**黒人奴隷**（どれい）を労働力に、**タバコ**・**藍**（あい）・米などを栽培

② 13植民地とイギリスの対立

当初、13植民地はイギリスから貿易規制を受けていましたが、イギリスの軍事力によって保護され、また、植民地内の自治も認められているなど、両者の関係は悪くはありませんでした。

ところが、ヨーロッパで起きた**七年戦争**を機に、状況が一変します。七年戦争の時期、北アメリカでは**フレンチ=インディアン戦争**が行われており、**この戦争に勝利したイギリスは、北アメリカにおける覇権（はけん）を確立**しました。しかし、その後も13植民地の人びとと先住民（インディアン）との対立が続いたため、イギリスが13植民地に対して西方への居住地域拡大を規制すると、13植民地の人びとの不満が高まりました。

一方で、イギリスは七年戦争に勝利したものの、膨大（ぼうだい）な戦費（せんぴ）の負担により財政が圧迫（あっぱく）されていました。そこで、イギリスは**重商主義政策**を強化し、**13植民地に対する密貿易の取り締まりや、課税（かぜい）を画策する**ようになります。

イギリスは、1765年に**印紙法**を制定し、13植民地におけるすべての印刷物に対して事実上の課税を行いました。これに対し、13植民地は**「代表なくして課税なし」**をスローガンに抵抗します。これは、「イギリス本国の議会に、**13植民地の代表者**（☞**議員**のこと）がいないので、議会が13植民地に課税することはできない！」という主張でした。

13植民地の強い反発を受け、印紙法は翌年に撤廃（てっぱい）されましたが、その後もイギリスは**茶法**を制定し、イギリス東インド会社に対して13植民地における事実上の茶の独占販売権を与えました。これに反発した人びとは、ボストン港に停泊していた**イギリス東インド会社の船を襲い、茶箱を海に投げ捨てる**という**ボストン茶会事件**を起こしました。

ボストン茶会事件

この事件を受けて、イギリスはボストン港を封鎖（ふうさ）するなどの強硬（きょうこう）措置（そち）をとったため、13植民地は**大陸会議**を開催してイギリスに抗議し、両者の緊張関係は高まりました。そして、1775年にボストン郊外で13植民地とイギリス軍が武力衝突し、**アメリカ独立戦争**が勃発（ぼっぱつ）しました。

2 アメリカ合衆国の独立

① アメリカ独立戦争（1775～83）

アメリカ独立戦争を次の年表で確認してみましょう。

年	できごと
1775	**レキシントン・コンコード**で武力衝突☞独立戦争の開始
	第2回大陸会議の開催☞植民地軍総司令官（そうしれいかん）に**ワシントン**が就任
1776	**『コモン=センス（常識）』**の刊行：**トマス=ペイン**が執筆
	独立宣言を採択（さいたく）：**トマス=ジェファソン**が中心となって起草（きそう）
1777	サラトガの戦い☞植民地軍が初めてイギリスに勝利
	アメリカ連合規約の採択☞国名を**アメリカ合衆国**と規定
1778	**フランス参戦**：植民地側
1779	**スペイン参戦**：植民地側
1780	**武装中立同盟**の結成：ロシア皇帝**エカチェリーナ２世**の提唱
1781	**ヨークタウンの戦い**：アメリカ・フランス連合軍がイギリスに勝利
1783	**パリ条約**の締結（ていけつ）：**アメリカ合衆国の独立を承認** ☞アメリカは、**ミシシッピ川以東のルイジアナ**をイギリスから獲得

独立戦争の当初、13植民地内部には独立賛成派のほかに、独立反対派や中立派が存在していました。そうしたなか、**『コモン=センス』は、人びとの独立気運を高める役割を果たしました。**

また、**フランクリン**がヨーロッパ各地を遊説（ゆうぜい）し、13植民地の独立支持を呼びかけたことが、フランスの参戦を促しました。さらに、フランスの**ラ=ファイエット**やポーランドの**コシューシコ**が、義勇兵（ぎゆうへい）として参戦し、13植民地の独立を支援しました。

こうして、軍事的にイギリスに劣りながらも、ヨーロッパ諸国の広範（こうはん）な支持を得たことが、13植民地が独立を勝ち取った要因の一つといえます。

② 独立宣言

それでは、ここで独立宣言の内容の一部を読んでみましょう。独立宣言には、当時ヨーロッパで普及していた政治思想がふんだんにつめこまれていることがわかりますよ。

> われわれは以下の原理は自明のことと考える。まず、人間はすべて平等に創造されており、創造主から不可譲の諸権利をあたえられており、それらのなかには、生命、自由、幸福追求の権利がある。次に、これらの権利を保障するためにこそ、政府が人間のあいだで組織されるのであり、公正なる権力は被治者の同意に由来するものである。さらに、いかなる形態の政府であれ、この目的をそこなうものとなった場合は、政府を改変、廃止して、国民の安全と幸福とを達成する可能性を最も大きくするとの原則に従い、しかるべく機構をととのえた権力を組織して新しい政府を樹立するのが、国民の権利である。（歴史学研究会編『世界史史料７』）

独立宣言では、「われわれは…幸福追求の権利がある」と**基本的人権**について述べており、「これらの権利を保障するために…同意に由来するものである」と**社会契約説**についてふれ、「いかなる形態の政府…新しい政府を樹立するのが、国民の権利である」と、**ロックの抵抗権**に言及していることがわかります。

③ アメリカ合衆国の支配体制

イギリスからの独立を達成したアメリカ合衆国（☞以下、表記を「アメリカ」とします）は、**当初、13州それぞれが事実上の主権をもつ、各州のゆるやかな連合体**でした。その後、1787年に**フィラデルフィア**で**憲法制定会議**が開催され、共和政や人民主権・基本的人権などを明記したうえで、**連邦政府の権限を明確にしてそれ以外の権限を各州に与える**という**アメリカ合衆国憲法**が採択されました。

しかし、アメリカ合衆国憲法では、連邦政府の権限が従来よりも強化される側面があったため、**憲法をめぐって国内では賛成派と反対派に分かれました。**憲法および連邦政府の権限強化を支持した人びとを**連邦派**と呼ぶのに対し、憲法に反対し、各州の権限を尊重した人びとを**反連邦派（州権派）**といいます。

また、アメリカは**厳格な三権分立**を採用しており、行政・立法・司法がそれぞれ独立した状態となっています。

それでは、最後に、アメリカの支配体制について整理しましょう。

特徴の整理　～アメリカの行政・立法・司法～

- **行政**：**アメリカ連邦（中央）政府**
  - **アメリカ大統領**：行政・軍事の最高指導者／国家元首
    - ☞任期４年／再選は２期まで（1951年に憲法に規定）
    - ☞初代大統領：**ワシントン**（任1789～97）
  - **国務長官**：外交全般を担当
- **立法**：**アメリカ連邦議会**
  - **上院**：各州２名（州の代表）／**外交面で下院に優越**
  - **下院**：各州の人口に比例して選出
- **司法**：最高裁判所
  - 違憲立法審査権を有し、連邦政府の行政を監督

COLUMN　アメリカ独立革命

13植民地は独立戦争を経て、**人民みずから政治を運営する史上初の共和政大国を樹立**しました。アメリカの誕生は、君主政国家が大部分を占めるヨーロッパにとって大きな衝撃となります。また、独立宣言のなかで提示された近代市民社会の原理を実現することが、諸地域における革命運動の目標の一つとなっていきます。

13個の星がある合衆国の国旗（独立時）

一方で、黒人奴隷制度が存続し、先住民（インディアン）への迫害を行うなど、その実態は白人中心の国家であったともいえます。

THEME

3 フランス革命とナポレオン時代

ここで齣きめる！

- 旧体制（アンシャン=レジーム）の問題点を理解しよう。
- 国民議会と国民公会の時代に行われた改革の内容を比較してみよう。
- ナポレオンの大陸制覇の狙いは何かを理解しよう。

1 フランス革命の背景

① 旧体制（アンシャン=レジーム）の矛盾

18世紀のフランス社会は、**聖職者・貴族が免税をはじめとする様々な特権を有し、特権身分として国政への影響力を行使**しましたが、**人口の9割近くの平民は納税の義務が課されながらも、政治的な権利を一切もっていません**でした。

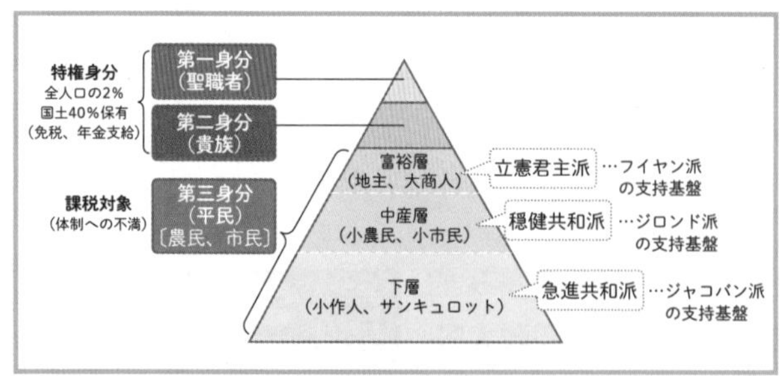

旧体制（アンシャン=レジーム）下のフランス

アンシャン=レジームの風刺画

こうした状況に加え、フランスは、イギリスとのあいだで行われたスペイン継承戦争や七年戦争に敗北し、北アメリカやインドにおける植民地を失ったうえに、**膨大な戦費によって財政が圧迫**されました。そして、**アメリカ独立戦争に参戦し**たことが、財政難に拍車をかけることになります。

また、フランスは、イギリスと通商条約を結んで関税を引き下げたため、**産業革命をむかえたイギリスの工業製品が流入して国内産業が打撃**を受けました。他方では、18世紀にフランスを中心に広まった**啓蒙思想**により、新しい政治体制を求める動きもありました。

② 財政改革

国王**ルイ16世**は、財政難を克服するために様々な**財政改革**に着手しました。それでは、この時期に行われた財政改革を、改革に携わった主要な人物とともに確認しましょう。

人物の整理　～ルイ16世の財政改革～

- **テュルゴ**：重農主義者、財務総監に就任
  商取引の自由化、ギルドの廃止などの**自由主義的改革**
- **ネッケル**：銀行家、財務総監に就任
  特権身分への課税、全国三部会における平民議員数の倍増

しかし、こうした一連の改革は、**保守的な特権身分の反対にあい、うまくいきません**でした。やがて、特権身分は王権に対抗し、ルイ13世の時代以来停止されていた**全国三部会の開催を要求する**ようになります。一方、聖職者の**シェイエス**は『**第三身分とは何か**』というパンフレットを刊行し、**特権身分を批判**して民衆から支持を集めました。

③ 全国三部会の再開と革命の勃発(ぼっぱつ)

1789年、特権身分の租税(そぜい)上の特権廃止案を審議するために**全国三部会が開催**されました。しかし、ここで、議決法式をめぐって対立が発生します。特権身分は、従来の１つの身分から１票とする身分別議決法を主張したのに対し、第三身分は１人１票とする多数決制を主張しました。

特権身分の一部と第三身分の代表者は、自分たちこそが真のフランス国民の代表であると主張し、全国三部会から離脱(りだつ)して**国民議会**を創設しました。そして、**球戯場(きゅうぎじょう)（テニスコート）の誓い**によって、憲法を制定するまで解散しないことを確認しました。

どうして、特権身分の一部の人たちは、国民議会に参加したんですか？

憲法を制定し、王権の制限や自分たちの既得権益(きとくけんえき)の保護を狙ったんだよ。

そして、ルイ16世が軍事力で国民議会を弾圧(だんあつ)するという噂(うわさ)が広がると、パリの民衆は市民軍を独自に組織して**バスティーユ牢獄襲撃(ろうごくしゅうげき)**を強行し、保管されていた武器や弾薬(だんやく)を奪って国王軍との衝突に備えました。この事件が、**フランス革命**（1789～99）の発端(ほったん)とされています。

球戯場（テニスコート）の誓い

バスティーユ牢獄襲撃

2 革命の展開

流れの整理　～フランス革命とその後の展開～
国民議会→立法議会→国民公会→総裁政府→統領政府

1 国民議会（1789～91）

国民議会を構成するおもな人びとは、特権身分の一部（☞聖職者や貴族が含まれます）と、第三身分の代表者（☞当時は富裕な平民の代表者）で、**のちにフイヤン派（立憲君主派）と呼ばれる人びと**でした。そのため、最終的な目標は、「**フランスを立憲君主政の国にする**」です。国民議会の改革を理解するにあたり、一番重要になるので、まずこれをしっかりと覚えてください！

バスティーユ牢獄襲撃のあと、**農民は地主である貴族の報復を警戒し、先手をうって貴族の屋敷を襲撃する農民蜂起**（「大恐怖」）を行いました。国民議会の構成議員には貴族が含まれており、また、第三身分の代表者の支持基盤に地主がいたこともあり、国民議会は農民蜂起の鎮静化に着手します。

国民議会は、まず**封建的特権の廃止を宣言**しました。これにより、特権身分の免税特権を廃止して収入に応じた**公平な課税**を目指し、農奴制・領主裁判権・十分の一税などを無償で廃止して**農民の人格的自由を認めます**。そのため、農民蜂起は沈静化していきました。一方で、**封建地代は有償廃止**とされたため、**農民は土地を獲得できず、引き続き地主に地代を払い続ける**ことになります。

また、自由主義貴族の**ラ=ファイエット**が中心となって起草した**人権宣言（人間および市民の権利の宣言）**が採択され、革命の方向性が示されることになりました。

●人権宣言

第一条　人間は自由で権利において平等なものとして生まれ、かつ生きつづける。社会的区別は共同の利益にもとづいてのみ設けることができる。

第二条　あらゆる政治的結合の目的は、人間のもつ絶対に取り消し不可能な自然権を保全することにある。これらの権利とは、自由、所有権、安全、および圧政への抵抗である。

第三条　すべて主権の根源は、本質的に国民のうちに存する。いかなる団体も、またいかなる個人も、明示的にその根源から発してはいない権限を行使することはできない。

第六条　法は、一般意志の表現である。市民はすべて、自分自身で、あるいはその代表者をつうじて、その形成に協力する権利をもつ。法は、保護するのであれ、あるいは処罰するのであれ、万人にたいして同一でなければならない。（中略）

第十七条　所有権は、神聖かつ不可侵の権利であり、したがって、合法的に確認された公的必要性からそれが明白に要求されるときであって、かつ予め正当な補償金が払われるという条件でなければ、いかなる者もその権利を剥奪されえない。

（歴史学研究会編『世界史史料６』）

アメリカの独立宣言と比べると、法律とか憲法みたいな書き方ですね。

その通り！　人権宣言は、これからつくる憲法を意識してつくられたんだよ。

革命が進展するなか、パンの値上げに苦しむパリの人びとは女性を中心にヴェルサイユ宮殿まで行進して宮殿に乱入するという**ヴェルサイユ行進**を行いました。この結果、**国王一家と国民議会はパリに移転**しました。

革命の中心地であるパリでの生活は、ルイ16世にとって不安でしかありませんでした。そのため、**国王と国民議会との裏取引役であったミラボー**が1791年に死去すると、ルイ16世は革命の急進化を恐れて、妃マリ=アントワネットの出身地である**オーストリアへの逃亡を計画**しましたが、国境付近でみつかり、パリに連れ戻されてしまいました。これを**ヴァレンヌ逃亡事件**といいます。

「ヴァレンヌ」なのに「バレた」んですね!!

それを僕が言うと、教室内は何ともいえない雰囲気になります。

この事件により、民衆のなかには、「おれたちを見捨てて逃げようとした国王なんて、もういらない！」と考える人びとがあらわれ、**王政廃止を求める共和派が台頭(たいとう)する契機**にもなりました。

すると、**オーストリアとプロイセン**は、フランス国内における共和派の台頭を警戒して**フランス革命に対する干渉(かんしょう)を共同で発表**し、「フランス王に手を出したらタダじゃすまないぞ！」と脅迫(きょうはく)しました。こうして、外国の干渉の恐れが強まるなか、**国民議会は1791年憲法を制定**し、**立憲君主政**・**制限選挙**（☞一定の納税額に達している男性にのみ選挙権を与えるもの）・一院制議会の創設などを規定して解散しました。

特徴の整理　～国民議会の改革～

- **教会財産の国有化**☞財政難の解消を図る
- 聖職者の公務員化☞国家による教会管理を目指す
- 度量衡(どりょうこう)の統一を宣言☞1799年に**メートル法**を正式に採用
- **ギルドの廃止**：営業の自由を承認

② 立法議会（1791～92）

国民議会が解散し、新憲法にもとづいた選挙によって**立法議会**が招集(しょうしゅう)されました。すると、立法議会では「これ以上の改革を望まない」党派（☞右派や右翼(うよく)といいます）と、「さらなる改革を求める」党派（☞左派や左翼(さよく)といいます）に分かれました。

それでは、立法議会における党派を整理しましょう。

名　称	党派の特徴	おもな支持基盤や人物など
フイヤン派	立憲君主派	支持基盤：自由主義貴族・富裕市民 代表者：ラ=ファイエット
ジロンド派	穏健共和派	支持基盤：商工業に従事する市民
山岳派（ジャコバン派）	急進共和派	支持基盤：下層市民・農民 代表者：ロベスピエール

1792年に**政権をとったジロンド派**は、共和政への移行を進めようと、革命への干渉を宣言していた**オーストリアに宣戦布告**し、続いてプロイセンにも宣戦布告しました。

しかし、寄せ集めの軍隊では、オーストリア・プロイセンの正規軍には勝てず、劣勢となりました。すると、「祖国は危機にあり」の呼びかけのもとで、全国から**義勇軍**が続々とパリに集まってきました。「自分たちの国を、自分たちで守るんだ！」という自覚が芽生え、ここに**「フランス国民のためのフランス」という国民国家の概念**が生まれました。

ところが、パリに集まった義勇軍や**サンキュロット**（☞都市で働く下層労働者のことです）は、あろうことか**ルイ16世の居住する宮殿を襲撃**する、**8月10日事件**を起こしました。

この事態に慌てた**立法議会は、王権の停止を宣言**し、国王への直接的な要求は無意味であるとします。また、**男性普通選挙**（☞一定年齢を満たした男性に選挙権を与えるもの）**の実施を約束して、議会の解散を宣言**しました。そして、暫定的ではありますが、選挙権の拡大に士気を上げた**革命軍は、オーストリア軍やプロイセン軍を討ち破っていきます**。

③ 国民公会（1792～95）

男性普通選挙によって、1792年に**国民公会が招集**されました。国民公会では当初ジロンド派が主流でしたが、**ジャコバン派も台頭**しました。

国民公会は1792年に**共和政を宣言**（**第一共和政**）し、その後、断頭台（ギロチン）で**ルイ16世は処刑**されました。共和政の樹立とルイ16世の処刑に衝撃を受けた近隣諸国は、イギリス首相**ピット**の提唱により、**第1回対仏大同盟**を結成しました。対仏大同盟軍との戦争に備え、国民公会は30万人規模の**徴兵制を実施**しましたが、これに反発した農民によって**ヴァンデーの反乱が発生**しました。

こうした内外の危機を背景に、**ジャコバン派**は**議会からジロンド派を追放**して**公安委員会**を事実上の政府とし、**ロベスピエール**らは**恐怖政治**を断行して革命に敵対する勢力の打倒を目指しつつ、様々な改革を行いました。それでは、ここでジャコバン派が主導した改革を整理しましょう。

特徴の整理　～ジャコバン派の改革～

- **徴兵制の拡大**☞国民の兵役を義務化／国民軍を創設
- **封建地代の無償廃止**☞農民は土地を獲得して自作農となる
- **最高価格令**：物価の上昇を抑制☞商工業者や労働者が反発
- 理性の崇拝☞非キリスト教運動を展開
- **革命暦**（**共和暦**）の制定：グレゴリウス暦（西暦）を廃止
  ☞ナポレオンの時代にグレゴリウス暦に復帰（1806）
- **1793年憲法**：人民主権・**男性普通選挙**・抵抗権など
  ☞国内外の危機的状況を受けて**実施せず**

このように、ジャコバン派の改革は、支持基盤となる下層市民や農民に配慮したものとなりました。しかし、近隣諸国との戦争においてフランス側が優勢となると、次第に民衆は恐怖政治に対する不満を強めるようになり、1794年には**テルミドールの反動によってロベスピエールとその一派は逮捕**・**処刑**されました。

その後、穏健共和派が政権をとり、**1795年憲法**（**共和国第3年憲法**）を制定して制限選挙の復活や、**5人の総裁が権力を分散して政権をとる**総裁政府の樹立を決め、国民公会は解散しました。

❹ 総裁政府（1795～99）

総裁政府の時代には、革命に敵対する保守派の反乱が発生したり、土地の私有権を廃止して土地の平等分配を目指した**バブーフの陰謀**(いんぼう)が発覚したりするなど、政局は安定しませんでした。

こうしたなか、**ナポレオン=ボナパルト**は**イタリア遠征**を行って**オーストリア軍を撃破**し、第１回対仏大同盟を解消させることに成功しました。また、ナポレオンは**イギリス・インド間の連絡路を妨害するためにエジプト遠征を行いました**が、イギリスはこれを撃退し、ナポレオン不在のフランスに侵攻すべく**第２回対仏大同盟を結成**しました。

これを受けてナポレオンは**1799年**に急いでフランスに帰国し、**ブリュメール18日のクーデタ**を決行して統領政府（体制）を樹立しました。なお、**ナポレオンの政権掌握**(しょうあく)**をもってフランス革命の「終結」**とされています。

過去問にチャレンジ

次の文章は、歴史家マルク=ブロックが著した『歴史のための弁明―歴史家の仕事』の一節である。ブロックは、自分の村の歴史を書きたいという研究者の訪問を受けた際、そのような研究者にいつもどのように助言するかを、次のように述べている。（引用文には、省略したり、改めたりしたところがある。）

農村共同体が文書資料を保有しているのは、珍しいことです。あったとしても、それは古い時代のものではありません。反対に領主所領は、比較的よく組織され継続性もありますから、概して文書資料を長く保存しています。それゆえ、1789年以前の、非常に古い時代に関して、あなたがその利用を期待できる主な文書資料は、領主所領からもたらされるでしょう。

とすれば、次にあなたがはっきりさせるべき肝心な最初の問題は、1789年当時、村の領主は何者であったか、ということになります。三つの可能性が考えられます。まず、領主の所領が教会に属していた場合。次に、革命下に亡命した俗人に属していた場合。そして、俗人だけれども、反対に決して亡命しなかった者に属していた場合です。

最も望ましいのは、第1の場合です。資料がより良い状態で、まとまって長く保管されている可能性が高いだけではありません。1790年以降、聖職者市民法の適用によって、一連の文書は領地と同様に、没収されたに違いないでしょう。その後どこかの公文書保管所に預けられた資料は、今日までほとんど手つかずのまま、研究者が利用できる形で保存されていることが合理的に期待できます。

亡命した者に属していたという第2の場合も、悪くありません。その場合もまた、資料は押収され、別の場所に保管されたに違いありません。せいぜい、嫌われた体制の遺物として、意図的に破壊されたことが危惧される程度でしょう。

残るは最後の可能性です。これは、極めて厄介です。実際、旧貴族たちはフランスを去らなかったし、公安委員会が定めた法によって咎(とが)められることもなかったので、彼らが財産を奪われることはなかったのです。恐らく領主の権利は失ったでしょう。それは普遍的に廃止されたのですから。しかし個人的な所有物の全部、したがって経済活動関連の書類については、彼らは保有し続けました。ただ、現在の保持者にはあなたにそれを見せる義務は全くないのです。

問 上の文章中で、ブロックが、訪問した研究者に助言する際に、前提としたと思われる歴史上の出来事**あ**・**い**と、文書資料についてのブロックの説明**X**～**Z**との組合せとして正しいものを、後の①～⑥のうちから一つ選べ。

SECTION 13 環大西洋革命

前提としたと思われる歴史上の出来事

あ　国民議会が、教会財産を没収（国有化）した。

い　総裁政府が共和政の成立を宣言し、国王が処刑された。

文書資料についてのブロックの説明

X　村の歴史を書くために利用できる主な資料は、村の領主の資料ではなく、農村共同体の資料である。

Y　資料がよりよく保管されている可能性があるのは、村を支配していた領主が教会である場合ではなく、俗人である場合である。

Z　研究者が利用できる形で資料が保管されている可能性がより高いのは、村を支配していた俗人領主が、亡命しなかった場合ではなく、亡命した場合である。

① あ－X　② あ－Y　③ あ－Z

④ い－X　⑤ い－Y　⑥ い－Z

（2021年度　本試験（第1日程）　世界史B）

まずは**前提としたと思われる歴史上の出来事**についてですが、**あ**．国民議会は、国内の財政難を打開するために教会の財産を没収しました。したがって正文となります。**い**．共和政の成立を宣言し、国王が処刑されたのは、総裁政府ではなく国民公会の時代です。したがって、誤文となります。次に、**文書資料についてのブロックの説明**についてですが、**X**．資料の第1段落に「農村共同体が文書資料を保有しているのは、珍しいことです。あったとしても、それは古い時代のものではありません」とあり、その直後に「反対に領主所領は…概して文書資料を長く保存しています」とあるので、村の歴史を書くために利用できる主な資料は、農村共同体の資料ではなく村の領主の資料が適切だといえるので、誤文となります。**Y**．資料の第2段落の内容を踏まえたうえで、第3段落に「最も望ましいのは、第1の場合（※領主の所領が教会に属していた場合）」とあり、資料がよりよく保管されている可能性があるのは、領主の所領が俗人ではなく教会に属していた場合だといえるので、誤文となります。
Z．資料の第４段落に「亡命した者に属していたという第２の場合も、悪くありません。…資料は押収され、別の場所に保管されたに違いありません」とあります。一方で、第５段落に「残るは最後（※第３の場合）の可能性…旧貴族たちは…個人的な所有物の全部、したがって経済活動関連の書類については、彼らは保有し続けました。ただ、現在の保持者にはあなたにそれを見せる義務は全くないのです」とあるので、研究者が資料を参照しようとしても拒否されてしまう可能性があります。したがって、研究者が利用できる形で資料が保管されている可能性がより高いのは、村を支配していた俗人領主が亡命しなかった場合ではなく、亡命した場合であるといえるので、適切と判断できます。

答え ③

3 ナポレオン時代

❶ 統領政府（体制、1799～1804）

統領政府（体制）の時代には、**3人の統領で政権を担当**する形式でしたが、**ナポレオンは第一統領となり、事実上の独裁(どくさい)政治**を行いました。まずは、この時期にナポレオンが行った諸政策について整理してみましょう。

特徴の整理　～統領政府時代：ナポレオンの諸政策～

- **フランス銀行**の設立☞国家財政の安定化に寄与
- ローマ教皇(きょうこう)と**政教（宗教）協約（コンコルダート）**を締結(ていけつ)
  ☞**カトリック教会の復権／没収した教会財産は返還せず**
- 公教育制度の確立☞初等教育は聖職者が担当
- **アミアンの和約(わやく)**：イギリスと講和(こうわ)、**第2回対仏大同盟崩壊(ほうかい)**
  ☞ナポレオンは国民投票で**終身統領**となる
- **ナポレオン法典（フランス民法典(みんぽうてん)）**の制定（1804）
  ☞自由・平等・抵抗権・所有権（財産権）などを規定

統領政府時代のナポレオンは、**イギリスなどの「革命の敵」による脅威(きょうい)を払拭(ふっしょく)**したほか、カトリック教会のリーダーである教皇と和解したことで、**カトリック教徒の多い農民からの支持**を集めます。また、**ナポレオン法典によって革命で達成された諸権利を法的に保障**したことで、国民から絶大な支持を集めました。そして、**1804年**、ナポレオンは**国民投票によって皇帝ナポレオン1世に即位**しました。

「ナポレオンの戴冠式(たいかんしき)」（ダヴィド作）

② 第一帝政（1804～14/15）

ナポレオンの皇帝即位は、ヨーロッパ諸国に衝撃を与え、イギリスを中心に**第３回対仏大同盟**が結成されました。一方で、ナポレオンは、対仏大同盟軍との戦い（☞トラファルガーの海戦、アウステルリッツの戦い）だけでなく、その後も**ヨーロッパ大陸各地へと遠征し、フランスの支配領域や従属地域を拡大**していきます。

そして、1806年には**大陸封鎖令**を発布し、**ヨーロッパ大陸諸国とイギリスとの通商を全面的に禁止**して、**イギリスから従来輸入していた工業製品をフランスから輸入するように強要**します。

あっ！　わかった！　ナポレオンの大陸制覇の狙いって、イギリスの産業革命に対抗しようとしているのでは!?

その通り！　イギリス製品を大陸から締め出し、フランスによる大陸市場の支配を狙ったんだよ。

しかし、イギリスは、農業革命によって食料の増産に成功したうえに、北アメリカやインドなどの植民地と交易を行ったので、**経済的な打撃はほぼみられませんでした**。それに加え、イギリスの工業製品に比べるとフランス製品は質が悪く、**イギリスに穀物を輸出していた大陸の国々は輸出先を失ってしだいに不満を高めます。**

また、大陸諸国の人びとは、当初ナポレオンがフランス革命の精神を自国に持ち込んでくれたとして、**「解放者」**・**「革命の継承者」**と歓迎しましたが、実際は、ナポレオンは自分の兄弟を各国の王に据えるなどしたため**「征服者」**としてみるようになりました。

こうした事情から、ナポレオンが**ロシア遠征に失敗**して大軍を失うと、**ヨーロッパ諸国はナポレオン支配からの解放を求めました。**そして、ナポレオンは最終的にワーテルローの戦いに敗れてセントヘレナに流刑となり、ナポレオン戦争は終結しました。

それでは、ナポレオン戦争中の主要なできごとを次の表でまとめてみましょう。

●ナポレオン戦争

年	できごと
1805	**トラファルガーの海戦**：ネルソン率いるイギリス海軍に敗北
	アウステルリッツの戦い(**三帝会戦**)：ロシア・オーストリア軍を破る
1806	**ライン同盟**の結成：ナポレオンを盟主に西南ドイツ諸邦が結成 ☞皇帝（ハプスブルク家）が辞退：**神聖ローマ帝国の消滅**
	大陸封鎖令の発布☞**フランスの大陸市場支配**を目指す
1807	ティルジット条約の締結：プロイセン・ロシアとの講和 ☞プロイセン：広大な領土を失う／**ワルシャワ大公国**の成立 ☞ロシア：大陸封鎖令への協力
	プロイセン改革の開始
1808	**スペイン反乱**の開始☞民衆は各地でゲリラ戦を展開
1812	**ロシア遠征**☞ナポレオン軍の壊滅的敗北
1813	**ライプツィヒの戦い**（**解放戦争、諸国民戦争**）：ナポレオン軍の敗北
1814	ナポレオンの皇帝退位☞**エルバ島**へ流刑
1815	ナポレオンの皇帝復位（**百日天下**）
	ワーテルローの戦い：ナポレオンの敗北☞**セントヘレナ**に流刑

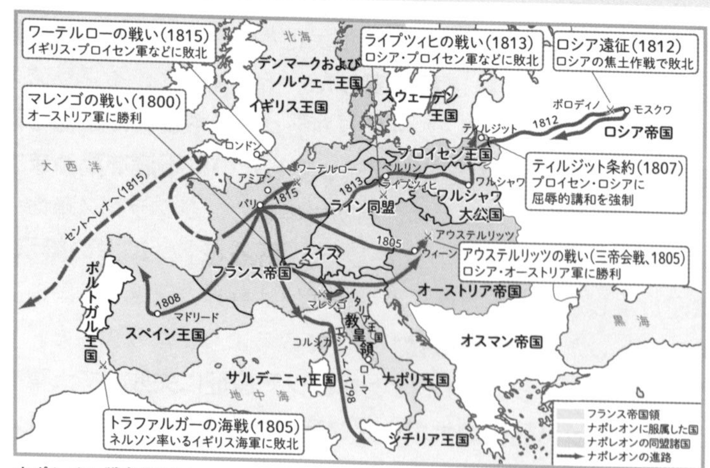

ナポレオン戦争期のヨーロッパ

③ ナポレオン戦争がヨーロッパに与えた影響

絶対王政下のヨーロッパでは、**傭兵（ようへい）を主体とした国王軍が戦争の主力**となっていました。しかし、フランスでは革命の時期に周辺諸国の干渉を受けるなかで、**民衆のあいだに革命を防衛する精神が高揚（こうよう）**し、これは**フランス国民という意識**を生み出しました。

そして、フランスは革命下において**徴兵制によって、国民を兵力として動員することに成功**し、ナポレオン戦争の期間には200～300万人近くの兵隊を総動員したともいわれています。**ナポレオン軍の圧倒的な軍事力を前にしたヨーロッパ諸国では、19世紀を通じて国民国家の完成を目指す**ようになります。

例えば、ナポレオン軍に大敗したプロイセンでは、首相となった**シュタインとハルデンベルクによってプロイセン改革**が行われ、**農奴制廃止によって農民の人格的な自由**を認めたほか、行政・教育・経済・軍事上の広範（こうはん）な改革が行われました。また、ベルリン大学の総長であった**フィヒテ**は「**ドイツ国民に告ぐ**」という連続講演のなかで、**ドイツ人という国民意識を高揚**させました。

THEME 4

ラテンアメリカ諸国の独立

ここで極める！

- ハイチの独立が、そのほかのラテンアメリカ諸国の独立とどのような点で異なっていたのかを理解しよう。
- ラテンアメリカ諸国の独立の展開と、独立後に抱えた諸問題を理解しよう。
- ラテンアメリカの独立運動に対し、イギリスとアメリカがどのような対応をとったのかを押さえておこう。

1 ラテンアメリカ諸国の独立運動

ラテンアメリカは、16世紀以降、ヨーロッパ諸国の植民地となっていましたが、ナポレオン戦争における本国の政治的な混乱の影響を受け、**1810〜20年代**には各地で独立運動が盛んになります。

こうした独立運動は、アメリカ独立革命やフランス革命の影響を受けているため、大西洋を舞台に起きた一連の変革を**環大西洋革命**といいます。

① ハイチ革命（1791〜1806）

カリブ海に位置するフランス植民地の**サン=ドマング**（のちの**ハイチ**）では、**サトウキビやコーヒーなどのプランテーション**が行われ、**黒人奴隷**(どれい)**が労働力**として酷使(こくし)されていました。

フランス本国で起きた革命で人権宣言が採択(さいたく)され、その思想がハイチに伝わると、白人地主(じぬし)に対する**ムラート**（☞白人と黒人の混血(こんけつ)で、自由民が多い）の不満が高まり、これに住民の大部分を占める黒人奴隷の反乱が加わり、**ハイチ革命**が発生しました。

ハイチは、**黒人奴隷出身のトゥサン=ルヴェルチュールを指導者**に近隣植民地の宗主国(そうしゅこく)であるイギリスやスペインの干渉(かんしょう)を撃退し、彼の死後、1804年に世界初の黒人共和国として**独立を達成**して**奴**

隷制度を廃止しました。その後、ハイチは1806年に共和政を宣言しましたが、国内の分裂や旧宗主国であるフランスの圧力により経済状況は安定しませんでした。

❷ スペイン・ポルトガル植民地の独立運動

スペイン・ポルトガル植民地のラテンアメリカでは、白人入植者の子孫であるクリオーリョが、地主として**コーヒーなどのプランテーション**を行っていました。しかし、本国から派遣された役人が植民地行政の実権を掌握し、経済的な利権を得ていたためクリオーリョの不満は高まっていました。

ラテンアメリカ諸国の独立

スペイン支配下のラテンアメリカでは、本国のナポレオン戦争による混乱を受けて各地で独立運動が展開され、**シモン=ボリバル**や**サン=マルティン**などの**クリオーリョの指導**により、**ベネズエラ**・**コロンビア**・エクアドル・ボリビア・**ペルー**・**チリ**・**アルゼンチン**などが独立を達成しました。こうした国々では、**独立後に共和政や奴隷制の廃止を明記した憲法が制定**されました。

また、**メキシコ**は、クリオーリョ出身の神父イダルゴが独立戦争の指導者となりましたが、イダルゴの死やメキシコ内部での対立も重なり、ようやく1821年に独立を達成しました。

一方、ポルトガル植民地の**ブラジル**では、ナポレオン戦争の混乱をさけてポルトガル王室が避難していましたが、戦後に国王が帰国して自由主義的な憲法を承認すると、本国による干渉の強化や奴隷制廃止の強要を警戒し、クリオーリョらは**ポルトガルの王子を擁立してブラジル帝国として独立を達成**しました。スペイン植民地の独立と異なり、**本国との武力闘争を経ていないことや、奴隷制度を存続させたことがブラジル独立の特徴**といえます。

③ イギリス・アメリカの動向

ラテンアメリカで独立運動が盛んになると、イギリスの外相**カニング**は、**独立後のラテンアメリカ諸国を自国の製品市場にしようと画策して独立を支援**しました。また、アメリカの**モンロー大統領**は**モンロー宣言**を発し、**南北アメリカ大陸とヨーロッパの相互不干渉を唱え**てラテンアメリカの独立運動に対するヨーロッパ諸国の干渉を牽制しました。

2 ラテンアメリカ諸国の独立後の状況

ラテンアメリカ諸国の多くは、19世紀前半までに独立を達成し、その理念にはアメリカ独立革命の影響をみることもできますが、**独立後の状況はアメリカとは対照的な展開**をみせることになります。

ラテンアメリカの独立は、クリオーリョという地主層が中心となっていました。そのため、**独立後も大土地所有と商品作物栽培が続き**、インディオや解放された黒人の多くは土地を手に入れることができませんでした。

ラテンアメリカ諸国の多くは、コーヒー・砂糖などの**商品作物を輸出して外貨を入手**し、**イギリスの工業製品を輸入するなど欧米諸国の経済的な従属下**に置かれ、単一の商品作物栽培に依存する**モノカルチャー**化が進む結果となりました。

また、土地や政治的な権利を得られないインディオや黒人の不満を抑え込むため、**クリオーリョと軍部が結託して軍事独裁政治**が行われました。

COLUMN ラテンアメリカとは？

ラテンアメリカとは、おもにスペイン語やポルトガル語、フランス語を母語とするメキシコ以南の地域をさす呼称です。この呼称の由来は、19世紀後半にメキシコに遠征した**フランスのナポレオン3世が「アングロアメリカ」**（☞イギリスとのつながりが深い地域）**に対抗する概念（がいねん）として広めた**ことにあります。

しかし、近年では、先住民独自の文化やカリブ海地域の黒人文化などラテン系とは異なる文化に配慮し、「ラテンアメリカ」という表現を用いないこともあります。本書では、便宜（べんぎ）上「ラテンアメリカ」という呼称を使用します。

SECTION 14

19世紀の欧米諸国 ～国民国家の形成を目指して～

THEME

1　ウィーン体制の成立と動揺
2　ウィーン体制の消滅とヨーロッパ諸国の再編
3　アメリカ合衆国の発展
4　19世紀の欧米諸国の文化

ここが問われる！

フランス七月革命・二月革命とそれらの影響、クリミア戦争とロシア=トルコ戦争、アメリカ南北の対立は頻出！

19世紀前半におけるヨーロッパの国際秩序となったウィーン体制は、19世紀半ばに消滅します。また、19世紀の欧米諸国は国民国家の完成を目指します。

1 ウィーン体制の成立と崩壊

ウィーン体制は、正統主義と勢力均衡を原則とし、自由主義とナショナリズムの抑圧を目指しました。しかし、二月革命とその影響（1848年革命）や、クリミア戦争を通じてウィーン体制は消滅します。

2 19世紀後半におけるヨーロッパ諸国の再編

イタリアとドイツでは国家統一事業が進展し、ロシアでは近代化に向けた改革が行われます。また、イギリスでは選挙権が拡大し、フランスでは第二帝政下で工業化が大いに進展しました。

3 19世紀のアメリカ合衆国

アメリカは、19世紀前半に経済的な独立を達成し、白人男性普通選挙制を実現しました。また、奴隷制をめぐる南北の対立が激化しますが、南北戦争を経て奴隷制を廃止します。そして、アメリカは工業大国へと成長します。

各地の自由主義運動の展開、イギリスの自由主義改革は頻出！　文化は、ロマン主義を優先的に押さえよう。

社会主義思想は、このSECTIONのみならず20世紀の世界を理解するうえで必要になるので、おもな思想家とそれぞれの主張を整理しましょう。また、文化はロマン主義に比重を置きましょう。

□ 社会主義思想

産業革命にともなう格差の拡大や労働問題を背景に、19世紀のヨーロッパでは、格差を是正して平等な社会の実現を目指そうとする社会主義思想が生まれました。

□ 19世紀の欧米文化

19世紀の欧米諸国では、国民意識の形成にあたって、それぞれの地域や民族の固有な言語や歴史文化を見直すことで、民族の精神や起源を見出そうとするロマン主義が文学や絵画、音楽などの幅広い分野で盛んになりました。

まずは、ウィーン体制の成立から崩壊に至る過程を押さえましょう。次に、体制崩壊後のヨーロッパ各国の動向や、19世紀におけるアメリカ合衆国の歴史をそれぞれ整理しよう！

THEME 1

ウィーン体制の成立と動揺

ここで畝きめる！

- ウィーン体制の特徴を理解し、ヨーロッパ各地で起きた自由主義運動を覚えよう。
- 七月革命がフランスにもたらした結果と、ヨーロッパ諸地域に及ぼした影響を理解しよう。
- 19世紀前半のイギリスの諸改革の特徴を理解しよう。

1 ウィーン体制の成立

① ウィーン会議（1814～15）

オーストリア外相（がいしょう）**メッテルニヒ**の呼びかけにより、オスマン帝国を除く全ヨーロッパの指導者によって**ウィーン会議**が開催されました。

フランス外相**タレーラン**は、**フランス革命よりも前の主権（しゅけん）と政治体制への復帰を目指す正統主義（せいとう）**を唱え、イギリスは、**特定の国家が国際関係を支配することを阻止（そし）すべく勢力均衡（きんこう）**を主張しました。これらを基本原則として、**1815年**にヨーロッパ諸国は**ウィーン議定書**に調印しました。それでは、次ページの表でウィーン議定書の内容を確認しましょう。

●ウィーン議定書

国名・地域名	おもな合意事項
イギリス	•オランダから**セイロン島（スリランカ）**を獲得 •オランダから**ケープ植民地**を獲得
ロシア	•スウェーデンからフィンランドを獲得 •**ポーランド王を兼ねる**
プロイセン	ラインラントを獲得☞プロイセンの工業地域として発展
オーストリア	•**ロンバルディア・ヴェネツィア**を獲得 •**ドイツ連邦**（35君主国〈プロイセンを含む〉と4自由市で構成）の議長国となる
スウェーデン	デンマークからノルウェーを獲得
オランダ	オーストリアから南ネーデルラント（ベルギー）を獲得
スイス	**永世中立**（えいせい）が承認される

② ウィーン体制の特徴

ウィーン会議で形成された**19世紀前半におけるヨーロッパの国際秩序**（ちつじょ）を**ウィーン体制**といい、各国ではナポレオン戦争でヨーロッパに拡大した**自由主義**運動や**ナショナリズム**の**抑圧**が目指されました。

ウィーン体制下のヨーロッパ

ロシア皇帝**アレクサンドル１世**は、キリスト教の友愛精神を基調とした君主間の精神的な盟約として**神聖同盟**（しんせい）を提唱し、この同盟には教皇（きょうこう）・イギリス王・オスマン帝国のスルタンを除く全ヨーロッパの君主が参加しました。

他方では、ウィーン体制を支えるために**イギリス・ロシア・オーストリア・プロイセン**によって**四国同盟**が結成され、のちに**フランスが加盟**して**五国同盟**となります。

また、**勢力均衡を維持するために中心となる国々を列強**（れっきょう）と呼び、ウィーン体制下では工業力と海軍力に長けた**イギリス**と、強力な陸軍を有する**ロシア**が列強の主軸となりました。

③ 各地でみられたウィーン体制への反発

ウィーン体制下のヨーロッパでは、1810～20年代にかけて各地で自由主義とナショナリズムの運動が盛んになりました。

ドイツでは**ブルシェンシャフト**（☞大学生組合のこと）の運動が発生し、**スペイン**では**立憲革命**が起きました。また、**イタリア**では**カルボナリ**が各地で蜂起し、**ロシア**では**デカブリスト（十二月党員）の乱**が起きました。しかし、これらの運動は、**いずれも鎮圧**されてしまいました。

一方で、オスマン帝国支配下のギリシアでは独立運動が高揚し、1821年には**ギリシア独立戦争**が勃発しました。ヨーロッパ諸国は、イスラーム国家に対するギリシアの独立に好意的で、イギリス・フランス・ロシアの支援のもとでギリシアは独立を達成し、1830年の**ロンドン会議**で国際的に承認されました。

2 19世紀前半のフランス・イギリス

① フランスの反動政治

ウィーン議定書により、フランスでは**ルイ18世**のもとで**ブルボン朝が復活**して**復古王政**がはじまりましたが、絶対王政の時代とは異なり、二院制の**議会を開設**して**立憲君主政**を採用しました。しかし、厳しい制限選挙のもとで政治参加の資格を得たのは一部の富裕層であったため、民衆の不満は高まりました。

シャルル10世の時代には、**反動政治が強化**されました。シャルル10世は**アルジェリア出兵**を強行して**国政などに対する民衆の目を外に向けようとしました**が、議会選挙で反国王派が多数当選すると、未招集のまま議会を解散し、民衆への束縛を強化しようとしました。

これを受け、**1830年**7月、パリの民衆による蜂起を機に**七月革命**が発生すると、シャルル10世は退位して**オルレアン家**の**ルイ=フィリップ**が新たな国王として即位し、**七月王政**がはじまりました。

七月革命の影響はヨーロッパ各地に及び、オランダから**ベルギーが独立**を達成したほか、自由や独立を求めてドイツ蜂起や**イタリア蜂起**、**ポーランド蜂起**が発生しましたが、**いずれも鎮圧**されました。また、イギリスでは第1回選挙法改正が行われ、ドイツではイギリス経済に対抗するために**プロイセンを中心に**ドイツ関税同盟**が結成**されてドイツの経済統合が進みました。

❷ イギリスの自由主義的改革

イギリスは、1801年に、カトリック教徒が多く住む**アイルランドを併合**し、グレートブリテン=アイルランド連合王国（☞引き続き、表記はイギリスとします）となりました。一方、国内では、**産業革命の進展にともなって**産業資本家**という中産階層が台頭**すると、彼らは**自由な経済活動や自由貿易を要求**するようになり、19世紀前半には広範囲な自由主義改革が行われました。

宗教面では、**審査法**（➡P310）**の廃止**が1828年に行われ、**国教徒以外のプロテスタントの公職への就任が可能**となりました。翌年には、**カトリック教徒解放法**が制定されてカトリック教徒に対する信仰の自由が認められ、彼らの公職就任が可能となり、イギリスでは**宗教的な差別がほぼ撤廃**されました。

1832年には**第1回選挙法改正**が行われ、**腐敗選挙区を廃止**して公平な選挙区へと再編し、**産業資本家などの中産階層に選挙権が与えられました**。しかし、産業資本家のもとで働く労働者には選挙権が与えられなかったため、労働者らは**男性普通選挙**を求めて**人民憲章**を掲げ、**チャーティスト運動**を展開しました。

奴隷制度については、ハイチ革命（➡P364）を受けて1807年に**奴隷貿易を禁止**し、その後、産業資本家と対立した西インド諸島の植民地でプランテーションを行う地主に対抗するため、1833年に**奴隷制度廃止**に踏み切りました。

産業資本家が、地主に対抗するのはなぜですか？

地主は自由主義改革には否定的な立場であったことに加え、当時、議会の議席の多くを占めていて、政治の実権を掌握していたからだよ。

最後に、貿易制限の撤廃についてみていきましょう。ナポレオン戦争の終結にともない、イギリスでは大陸からの安価な穀物の輸入によって地主が経済的打撃を受けるのを防ぐため、1815年に**穀物法**が制定され、**輸入穀物に高い関税**がかけられました。産業資本家や労働者らは、安価な穀物を求めて穀物法に反対し、1830年代には産業資本家の**コブデン**や**ブライト**が中心となって**反穀物法同盟**を結成しました。**選挙権をもつ産業資本家の国政への影響力は次第に拡大**し、1846年には**穀物法廃止**が実現しました。

また、**イギリス東インド会社**に対しても、1813年にインド貿易の独占権が廃止され、33年には**中国貿易の独占権が廃止**されました。そして、1849年に**航海法廃止**が行われたことで貿易に関する制限が撤廃され、イギリスでは**自由貿易体制**が確立されました。

このように、各地の自由主義運動やナショナリズムを抑圧するウィーン体制下において、イギリスは、自由主義改革の進展に伴い、**次第に保守的なウィーン体制から距離をとる**ようになりました。

③ 社会主義思想

産業革命によって資本主義体制が確立されると、様々な**労働問題**が発生しました。**資本家と労働者のあいだで賃金や労働環境をめぐる対立**が発生し、機械を操作するにあたって熟練度と筋肉量が不問になったことで、女性・子どもの労働が長時間かつ低賃金で行われました。こうした**資本主義体制下で露見した諸問題に対し、経済格差を是正して平等な社会を実現しようとする社会主義思想が生まれました。**それでは、19世紀に活躍した社会主義者をまとめて整理しましょう。

人物の整理　～19世紀の社会主義者～

- **オーウェン**(イギリス):**労働組合**の結成を奨励(しょうれい)
  ☞**労働者を保護**するための**工場法**の制定に尽力
- **サン=シモン**(フランス):搾取(さくしゅ)のない産業社会を構想
- **フーリエ**(フランス):理想的な協同組合社会の設立へ
- **ルイ=ブラン**(フランス)
  ☞各人が能力に応じて働き、利益を平等分配する社会へ
- **プルードン**(フランス)
  ☞**無政府主義(アナーキズム)**を定式化

社会主義思想は、19世紀半ばから後半にかけて、ドイツのマルクスとエンゲルスによって集大成されました。

マルクスは、1848年に**『共産党宣言』**(☞**エンゲルスとの共著**)を発表し、**工場・土地などの生産手段を共有化**するための**社会革命が必要**であり、「**万国の労働者よ、団結せよ**」と呼びかけました。また、**『資本論』**では資本主義社会の構造を分析したうえで、その没落(ぼつらく)と社会主義社会への移行を主張しました。他方では、イギリス・フランスの社会主義者が19世紀後半にロンドンで**第1インターナショナル**(☞各国の社会主義者や労働者が集まる国際会議のようなイメージです)を結成した際、その創立宣言と規約を起草(きそう)したことでも知られます。

また、**エンゲルス**は、親友マルクスの執筆活動に協力したほか、マルクスの理論・思想(☞マルクス主義といいます)の確立と普及(ふきゅう)に尽力しました。

THEME 2

ウィーン体制の消滅とヨーロッパ諸国の再編

ここで働きめる！

- 二月革命がフランスで起きた背景と、それがヨーロッパ各地にどのような影響を与えたのかを理解しよう。
- クリミア戦争によって、ヨーロッパの国際関係がどのように変わったのかを理解しよう。
- 19世紀後半におけるヨーロッパ各国史は、国ごとの特徴を押さえながら覚えよう。
- ビスマルク体制がどのように構築されたのか、順番立てて説明できるようにしよう。

1 フランス二月革命とその後の展開

① 七月王政（1830～48）と二月革命

七月王政下のフランスでは、**選挙権をもつ人びとはフランス全体の１％未満**で、一部の富裕（ふゆう）者に限られていました。そうしたなか、1830年代には**フランス産業革命が本格化**し、パリなどの都市では**産業資本家や労働者が台頭（たいとう）**します。すると、彼らは同時期にイギリスで起きた選挙法改正やチャーティスト運動に刺激を受け、**選挙権拡大運動**を展開して男性普通選挙を要求しました。

ところが、政府はこうした運動を弾圧（だんあつ）したため、**1848年**に**二月革命**が勃発（ぼっぱつ）し、ルイ=フィリップは亡命（ぼうめい）してフランスは**第二共和政**の時代をむかえました。

② 第二共和政（1848～52）の時代

二月革命後、フランスでは共和主義者を中心に**臨時政府**が発足（ほっそく）し、**ルイ=ブラン**などの社会主義者も参加しました。ルイ=ブランは、失業者を救済するための社会主義的な改革を早速実行します。

しかし、急進的な改革に不安を覚えた農民が保守化し、**四月普通選挙では社会主義者が大敗**して穏健共和派が勝利しました。

選挙の結果を受け、政府が社会主義者を排除すると、**パリの労働者は反発して六月蜂起を起こしました**が、政府軍によって鎮圧されました。

そして、1848年の12月には大統領選挙が行われ、**ナポレオンの甥であるルイ=ナポレオンが圧倒的な支持率で当選**しました。その後、ルイ=ナポレオンは、**1851年クーデタ**によって議会を武力で解散し、翌年には国民投票によって**ナポレオン3世**として即位し、**第二帝政**を開始しました。

③ 二月革命の影響

二月革命の影響は、ヨーロッパの広範囲に及び、各地でナショナリズムが高揚したことから**「諸国民の春」**や「**1848年革命**」とも呼ばれました。

1848年、**オーストリア**では、**ウィーン三月革命**が発生して**メッテルニヒが亡命**し、**プロイセン**では**ベルリン三月革命**が起きました。いずれも、革命によって憲法制定や自由主義的な改革が君主によって約束されましたが、やがて保守派が勢力を巻き返して革命派は弾圧されました。

他方では、**フランクフルト国民議会**が開催され、**全ドイツの統一と憲法の制定**が市民の代表者によって協議されました。この議会では、ドイツの統一方針をめぐって、**大ドイツ主義**（☞オーストリア内のドイツ人地域とベーメンを含む統一）をとるか、**小ドイツ主義**（☞**オーストリアを除外**してプロイセンを中心に統一）をとるか、で紛糾しました。結果的に、**小ドイツ主義的な方針がとられて憲法が制定されました**が、当時のプロイセン王は「国民主導の統一」に反発して帝冠を拒否しました。

オーストリア内部では非ドイツ人の民族運動が高揚しました。チェコ人による**ベーメン（ボヘミア）民族運動**はオーストリア軍によって鎮圧されました。また、マジャール人による**ハンガリー民族**

運動では、**コシュートが独立宣言を出して**執政(しっせい)に就任しましたが、これも鎮圧されました。

イタリア民族運動も盛んになり、オーストリア支配下の北イタリアの諸都市では蜂起がはじまりましたが失敗に終わり、**サルデーニャ王国**は、自由主義憲法を制定し、**イタリア統一を目指してオーストリアと戦いましたが敗北**しました。また、教皇領(きょうこうりょう)には**ローマ共和国が樹立**され、執政官の１人に**マッツィーニ**（☞共和主義と民族統一を掲げた**「青年イタリア」**の創設者）が参加しましたが、フランス軍によって鎮圧されました。ちなみに、国内のカトリック教会の支持を狙うルイ=ナポレオンは、このあともフランス軍を教皇領に駐屯(ちゅうとん)させます。

このように、**「諸国民の春」では民衆を主体とする「下からの運動」がヨーロッパのほぼ全域に及んでウィーン体制を崩壊(ほうかい)させる一因**になりました。しかし、フランスでの六月蜂起が失敗したことに加え、革命によって権利を得た一部の資本家らが、貴族などの保守派と協力するなど、やがて革命運動への弾圧が強化されました。そのため、**19世紀後半になると、労働者は社会主義運動に合流してみずからの権利獲得を求める**ようになります。

2 クリミア戦争とその後のヨーロッパ諸国の展開

① ロシアの南下政策

ロシアは、全体的に高緯度に位置しているため冬の寒さが厳しく、**秋の暮れから冬にかけて港が凍結してしまうという問題点**がありました。この時期に海上輸送ができないのは、貿易という経済的な点や大量の兵士・武器を運搬(うんぱん)するための軍事戦略的な点からいって、ほかのヨーロッパ諸国に比べるとかなり不利です。

そこで、ロシアは**不凍港(ふとうこう)の確保**を目指して**南下政策を推進**し、19世紀には**黒海(こっかい)から地中海へ接続するルートを本格的に狙ってオスマン帝国への干渉(かんしょう)を企(くわだ)てました。**

ロシアは、オスマン帝国領内の**ボスフォラス海峡・ダーダネルス海峡**の独占航行権を獲得するために、ギリシア独立戦争や２回にわたるエジプト=トルコ戦争（➡P413）に介入しましたが、**南下政策を警戒したイギリス**が、1840年の**ロンドン会議**を経て両海峡を中立化したため、ロシアの南下政策は後退しました。

イギリスがロシアの南下政策を妨害する理由は何ですか？

イギリスは、エジプトを通過してインドに接続していたので、東地中海にロシアが進出するのを警戒したんだよ。

❷ クリミア戦争（1853～56）とその影響

19世紀半ばには、ロシアのニコライ１世が、オスマン帝国内の**ギリシア正教徒の保護**を口実に**クリミア戦争**を開始しました。これに対し、ロシアの地中海方面への進出を警戒する**イギリス**は、オスマン帝国側で参戦しました。

最大の激戦地となった**セヴァストーポリ要塞**をめぐる攻防戦で、ロシアはイギリス・フランスの連合軍に敗北し、**1856年**に**パリ条約**を締結しました。この条約で**黒海の中立化**が決まり、**ロシアは黒海から地中海に進出する南下政策を断念**せざるをえませんでした。なお、この戦争で傷病兵の看護と野戦病院の改革に貢献したイギリスの**ナイティンゲール**は、のちに**近代的看護制度**を確立しました。

また、この戦争では、イギリス・フランス・ロシアという**ヨーロッパの大国が直接対決**したため、**ウィーン体制以来の列強の「協調」関係が崩壊**しました。そのため、列強が共同で国際問題や各国の情勢に介入することは困難となり、**クリミア戦争から数十年のあいだに、ヨーロッパ各国は国内体制の整備や国家統一などに注力**しました。

③ 19世紀後半のロシア

クリミア戦争の末期に即位した**アレクサンドル2世**は、戦争の敗北を受け、イギリスやフランスに対する**ロシアの後進性を痛感**しました。そこで、**ロシアの近代化と工業化を目指し、「大改革」を開始**しました。

アレクサンドル2世は、**1861年**に**農奴解放令**(のうど)を出して**農奴に対する人格的自由**を認めました。一方、土地の取得にあたっては「買い取り金」が必要であったため、経済的に苦しい農奴が個人で負担することは不可能でした。そこで、土地は**ミール**(**農村共同体**)に引き渡され、**農民個人が地代**(ちだい)**を負担するのではなく、ミールに居住する農民全員で地代を分担する**ことにしました。こうして、農民は法的に自由の身となり、**職業選択の自由**が認められましたが、**土地代を完済するまでは、原則としてミールでの生活に縛られる**ことになります。

農民は自作農になれないんですね。この改革に意味はあったのですか？

工業化にあたって必要なのは、自作農よりも工場労働者ですよね？　改革は自作農の創出を狙ったものではないんですよ。

また、農奴解放令によって、**皇帝は地主貴族を介さずに農民を直接支配下に組み込むことができました**。そのほかには、地方の自治制度や教育制度を整えて近代的な社会制度を積極的に導入していきます。皇帝の「大改革」に便乗して**ポーランドの反乱**が発生しましたが、アレクサンドル2世はこれを徹底(てってい)的に弾圧しました。

一方で、近代教育の整備により、都市では**インテリゲンツィア**と呼ばれる知識人層が台頭し、「大改革」を不十分だとして新たな社会改革を提唱するようになりました。彼らの多くは、1870年代になると、**「ヴ=ナロード（人民のなかへ）」**を標語に**ミールを基盤**(きばん)**とし**

た社会主義改革の実現を目指して農民への啓蒙(けいもう)活動を行ったことから、**ナロードニキ（人民主義者）**と呼ばれました。

しかし、農民はこれに同調せず、政府からの弾圧もあってナロードニキの運動は挫折(ざせつ)しました。やがて、急進化したナロードニキの一部は、**政治的な目的を実現するために、暗殺などの暴力に訴えるテロリズム（暴力主義）に走る**ようになり、1881年に**皇帝アレクサンドル２世を暗殺**しました。

④ 19世紀後半のイギリス

19世紀のイギリスは、世界経済における影響力をもち、通貨のポンドが基軸(きじく)通貨として世界各国との貿易決済に利用されたほか、ロンドンのグリニッジ天文台の時刻が世界標準時となり、1851年には**ロンドン万国博覧会(ばんこくはくらんかい)**を開催して**その国力を全世界に誇示**しました。

こうして、**イギリスは圧倒的な海軍力と工業力を背景に、世界各地に自由貿易を拡大**したほか、ヨーロッパ大陸諸国の利害対立を個別に調整するなど、**パクス=ブリタニカ**を現出し、まさに「大英帝国」として世界に君臨しました。

国内では、**ヴィクトリア女王**のもとで**自由党**と**保守党**が総選挙の結果を受けて交互に政権を担当し、まさに、理想的な議会政党政治が実現されました。

●イギリスの２大政党

名　称	支持基盤	政策の特徴・代表的な政治家
自由党 （旧ホイッグ党）	産業資本家 労働者	• 自由貿易を主張☞**自由主義改革**を推進 • アイルランドへの自治付与に寛容(かんよう) • 代表的な政治家：**グラッドストン**
保守党 （旧トーリ党）	貴族 地主(じぬし)	• 保護貿易を主張／**伝統的な体制を維持** • アイルランドへの自治付与に否定的 • 代表的な政治家：**ディズレーリ**

19世紀後半には選挙権の拡大もみられ、**1867**～68年にかけて**第２回選挙法改正**が実施され、**都市の労働者に選挙権が与えられました**。また、**1884年**にはグラッドストン内閣のもとで**第３回選挙法改正**が実施され、**農村や鉱山で働く地方の労働者にも選挙権が拡充**され、これによりイギリスでは**成人男性の大部分が選挙権を得る**など、議会制民主主義の基礎が確立されたといえます。

また、**初等教育を無償で行う公立学校が各地に整備**され、**学校教育を通じて労働者をはじめとする一般家庭に国民意識を拡大**しました。

一方、**アイルランド**ではイギリス人不在地主のもと、その多くが小作農として貧しい生活を送っていましたが、19世紀半ばには小作農たちの主食である**ジャガイモの大凶作**（☞これを**ジャガイモ飢饉**といいます）が発生し、アイルランドでは100万人近い餓死者が発生しました。そのため、**数百万人の人びとがアイルランドを離れて、アイルランド移民としてアメリカなどに移住**しました。

また、アイルランドでは、20世紀初頭までに地主制が廃止されましたが、独立を求める声が高まり、**グラッドストン内閣**は２回にわたって**アイルランド自治法案**を提出しました。しかし、アイルランドへの自治承認にあたっては、**自由党内部からの反発もあり、法案の可決にはいたりません**でした。

グラッドストン

❺ 19世紀後半のフランス

（➡P378「❷第二共和政（1848～52）の時代」から接続）

19世紀のフランスは、政体がコロコロと変わるので、まずは全体の流れを整理しましょう。

流れの整理　～フランスの政体変遷～

第一共和政→第一帝政→復古王政→七月王政→第二共和政→第二帝政→第三共和政

ナポレオン３世は、サン=シモン（➡P377）の影響を受けて社会政策の拡充による**労働者などの保護**につとめつつ、国家主導による産業推進政策をとって**産業革命を推進**しました。また、**農民に対する土地の所有権を保障**するとともに、**カトリックの保護政策**も行います。こうして、ナポレオン３世は広範囲に支持を拡大することに成功しました。

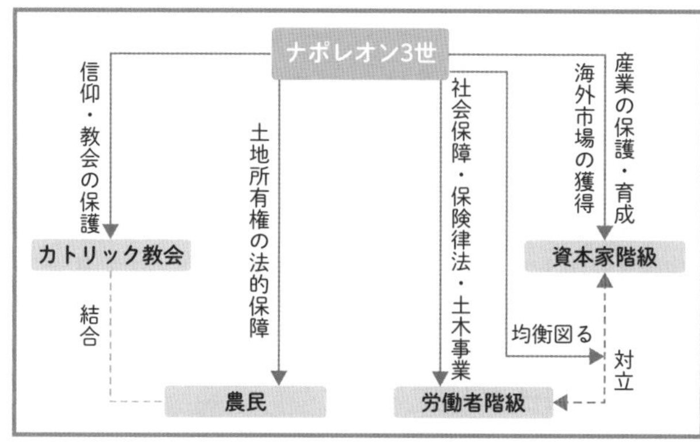

ナポレオン３世の産業推進・カトリック保護政策

農民とカトリック教会の「結合」とは、どういう意味ですか？

ナポレオンの時代に「初等教育はカトリック教会の仕事」と決まったので、カトリック教会の意向が教育を通じて農民に浸透することになったんだよ。

また、ナポレオン３世は、1860年にイギリスとのあいだで通商条約を結び、輸入規制の撤廃（てっぱい）や関税（かんぜい）の大幅な引き下げを行うなど自由貿易を開始しました。フランスの産業界は、「イギリスの工業製品に負けてたまるか！」と意気込み、フランスの工業化が急速に進展し、ついに**フランスの産業革命が完成**しました。

他方では、ナポレオン３世は、パリ万国博覧会を開催してその国力をアピールし、輸出市場や余剰（よじょう）資本の投下先を求めて**対外戦争を積極的に行いました。**しかし、**メキシコ遠征**（**出兵**）に失敗してその威信を低下させ、**ドイツ=フランス戦争**（**プロイセン=フランス戦争**）に敗北して捕虜となりました。

第二帝政の崩壊を受け、新たに発足した**臨時政府**は、ドイツとのあいだで屈辱的な講和条約の締結を進めました。これに対し、パリの民衆や社会主義者らは**パリ=コミューン**を組織して**臨時政府からの自立を宣言し、ドイツとの講和に反対しました**が、ドイツの支援を受けた臨時政府の軍によって弾圧されました。

その後、**第三共和政**下の議会では、政体をめぐって**王党派が議席数を拡大**するなど、共和派は危機的状況に陥りました。一方で、1875年には**第三共和国憲法**が制定されて共和政の基礎ができ、1880年代以降は、**フランス革命に由来する国民の祝日や国歌の制定、教育機関を通じてフランス革命の精神を共有することなどによって、国民統合を推進**しました。

❻ 19世紀後半のイタリア・ドイツ

クリミア戦争によって列強の協調体制が崩壊すると、政治的に分裂していたイタリアやドイツにとって、国家統一のチャンスが到来しました。

19世紀半ば頃のイタリア

イタリア統一運動の中心となる**サルデーニャ王国**は、**1848年革命時に自由主義的憲法を制定**し、国王**ヴィットーリオ=エマヌエーレ2世**は**カヴール**を宰相に登用し**鉄道建設など近代的事業を推進**して、富国強兵に成功しました。

それでは、19世紀後半のイタリア統一運動の流れを確認したうえで、イタリア統一の展開をみていきましょう。

流れの整理　〜19世紀後半のイタリア統一運動〜
ロンバルディア併合→中部イタリア・両シチリア王国併合→イタリア王国成立→ヴェネツィア併合→ローマ教皇領占領

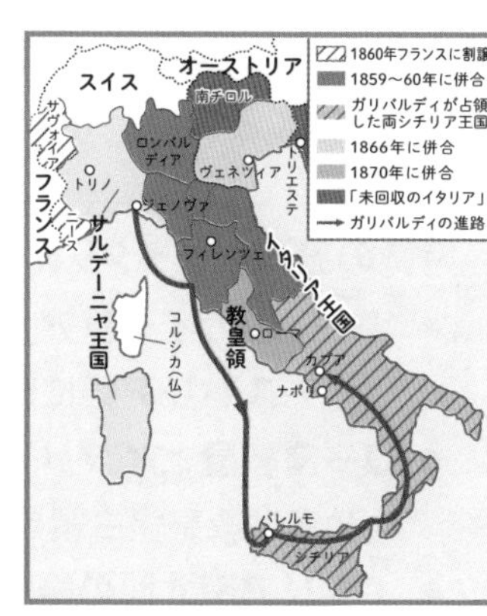

イタリア統一の展開

サルデーニャは、統一戦争に突入する前に**国際的地位の向上を目指してクリミア戦争に参戦**します。そして、フランス（☞**ナポレオン３世**）に接近して**プロンビエール密約**を結びました。この密約では、フランスがサルデーニャの対オーストリア戦争に協力する代償に、フランスに**サヴォイア・ニースの割譲**を約束しました。

フランスの支援をとりつけたサルデーニャは、1859年に**イタリア統一戦争**を開始し、オーストリアに対して連勝するなど破竹の勢いをみせました。もし、このままサルデーニャが順調に北イタリアの統一に成功したら、フランスの目の前に強大な国家（☞ライバルになる可能性もあります！）が誕生してしまいます。**ナポレオン３世は、密約に反してオーストリアと講和**し、ナポレオン３世の離脱を警戒したサルデーニャもオーストリアと講和し、**ロンバルディアを獲得**しました。なお、この戦争時に負傷者の救助を行った経験から、**デュナン**は戦場における中立の救護機関の設置を提唱し、のちに**国際赤十字**を組織しました。

また、カヴールは、**ナポレオン３世にサヴォイアとニースを割譲**して、**中部イタリアの併合を承認させます**。一方、共和主義を掲げる**ガリバルディ**は、**千人隊**（**赤シャツ隊**）と呼ばれる義勇軍を組織して**両シチリア王国を征服**しました。その後、住民投票の結果、両シチリア王国の住民がサルデーニャとの合併を希望したため、**ガリバルディは征服地を国王に「献上」する**ことになり、**サルデーニャの両シチリア王国併合**が決まりました。

こうして、**1861年にイタリア王国の成立**が宣言されましたが、まだイタリア人が多く居住する地域をすべて統合したわけではありません。すると、イタリア王国は、**プロイセン=オーストリア戦争**にプロイセン側で参戦して**ヴェネツィアを併合**し、**ドイツ=フランス戦争**（**プロイセン=フランス戦争**）でフランス軍が撤退(てったい)した隙(すき)をついて**ローマ教皇領を占領**しました。

それでは、最後に、イタリア統一後の諸問題を整理しましょう。

特徴の整理　～イタリア統一後の諸問題～

- 「**未回収(みかいしゅう)のイタリア**」：**南チロル・トリエステ**など
  ☞**オーストリア領に残る**イタリア系住民が多く住む地域
- **ローマ教皇とイタリア政府の対立**
  ☞教皇は教皇領占領を不服としてイタリア政府と対立
- **イタリア南北間の格差**
  北部：商工業が主体☞産業革命の中心／経済発展
  南部：農業が主体☞北部との経済格差が拡大／貧困(ひんこん)問題

続いてはドイツの統一です。ドイツ統一の旗手となったのは、**プロイセン王国**です。プロイセンでは、国王**ヴィルヘルム1世**が軍備拡大を推進し、1862年、首相に**ユンカー**（☞プロイセンの地主貴族）出身の**ビスマルク**を登用します。ビスマルクは、首相就任直後の議会演説で、「ドイツ統一は、言論や多数決ではなく、**鉄**（☞**武器**）**と血**（☞**兵士**）によってのみ達成される！」と演説したことから、彼の軍備拡張政策を**鉄血政策**（てっけつ）といいます。まずは、ドイツ統一の大きな展開を整理しましょう。

流れの整理　～19世紀後半のドイツ統一～

デンマーク戦争→プロイセン=オーストリア戦争→ドイツ=フランス戦争（プロイセン=フランス戦争）

ウィーン議定書以来、プロイセンを含むドイツ諸邦（しょほう）は、オーストリアを議長国とするドイツ連邦を構成していましたが、**領土内に非ドイツ系住民を多く内包するオーストリアは、ドイツ統一に対して後ろ向き**でした。そこで、ドイツ統一の主導権を、プロイセンが完全に掌握（しょうあく）することが重要でした。

こうしたなか、**プロイセンは、オーストリアと共同でデンマーク戦争を行い、シュレスヴィヒ・ホルシュタインを占領**してそれぞれの分割管理地とすることを約束しました。ところが、プロイセンは、約束を破棄（はき）してオーストリア管理地に軍を進めたため、両国のあいだで1866年に**プロイセン=オーストリア戦争**（**普墺戦争**（ふおう））が勃発しました。この戦争では、プロイセン側に北ドイツ諸邦が、オーストリア側に南ドイツ諸邦がつき、**ドイツ統一の主導権をめぐる戦い**となり、プロイセン側の勝利に終わりました。

戦争に敗北したオーストリアは、領内のマジャール人に自治を与えて**ハンガリー王国**の成立を認め、**オーストリア皇帝がハンガリー王を兼ねる同君連合**（どうくんれんごう）を形成しました。これを、**オーストリア=ハンガリー帝国**（**二重帝国**）といいます（☞表記はこのあともオーストリアとします）。そして、**1870年代以降**は、スラヴ人への支配を強めるため、**バルカン半島への進出**を強化していきます。

一方、**戦争に勝利したプロイセン**は、ドイツ統一から**オーストリアを排除**し、新たに**北ドイツ連邦**を結成しました。しかし、**南ドイツ諸邦にはカトリックが多く居住**し、プロテスタントの多いプロイセンを含む北ドイツ諸邦と統合を図るのは困難でした。こうしたなか、スペイン王位継承問題を機にプロイセンとフランス（☞**ナポレオン3世**）とのあいだで対立が発生すると、**ビスマルクは、フランスを「ドイツ国民の共通の敵」とすることによってナショナリズムを高揚させよう**と狙います。

そこで、ビスマルクがナポレオン3世を挑発すると、ナポレオン3世が宣戦布告してプロイセンと開戦しました。このとき、プロイセン側には、**北ドイツ諸邦だけでなく、ナショナリズムの高まった世論におされて南ドイツ諸邦も参戦**したことから、**ドイツ=フランス戦争**（**独仏戦争**、☞以前は**プロイセン=フランス戦争**と表記されました）と呼ばれます。

この戦争のさなか、**1871年**にはフランスの**ヴェルサイユ宮殿**で**ドイツ帝国**創設の式典が挙行され、ドイツ=フランス戦争の講和条約により、ドイツはフランスから**アルザス・ロレーヌ**と**賠償金**を獲得しました。

ドイツの統一

ドイツ帝国創設の式典

ドイツ帝国は、君主国家と自由市による**連邦制を採用**し、プロイセン国王が**ドイツ皇帝**を、プロイセン首相がドイツ帝国宰相を兼ねました。また、**ドイツ帝国憲法**では、**帝国宰相は皇帝に対して責任を負う**ことが規定され、帝国内の男性普通選挙によって招集(しょうしゅう)される**帝国議会**は、予算の審議権をもつものの、軍事や外交について政府に意見することはできないなど、**外見的立憲君主政**(がいけんてき)をとりました。

特徴の整理　～ビスマルクの国民統合～

- **文化闘争**：帝国内のカトリック(少数派)を抑圧
  ☞カトリック教会の影響力を弱める／**政教分離**を目指す
- **産業革命の推進**
  ☞保護関税法を制定し、国内の農作物と工業製品を保護
- **社会主義者鎮圧法**(ちんあつほう)の制定（1878）
  ☞**ドイツ社会主義労働者党**を非合法化
- **ビスマルクの社会政策**：災害・疾病(しっぺい)・養老(ようろう)保険を整備
  ☞**労働者を社会主義運動から切り離す**

⑦ 19世紀後半の国際関係

ドイツ統一を達成したビスマルクは、**クリミア戦争で崩壊した列強体制と勢力均衡**(きんこう)**の再建を目指す**とともに、フランスの報復を警戒して**ヨーロッパ内でフランスを孤立**(こりつ)**させよう**と画策し、1870～80年代にかけて新しい国際体制（☞これを**ビスマルク体制**といいます）を構築していきます。まずは、ビスマルク体制が出来上がるまでの展開を大きく整理しましょう。

流れの整理　～ビスマルク体制の成立～

三帝同盟→三国同盟→三帝同盟の崩壊**→再保障条約**

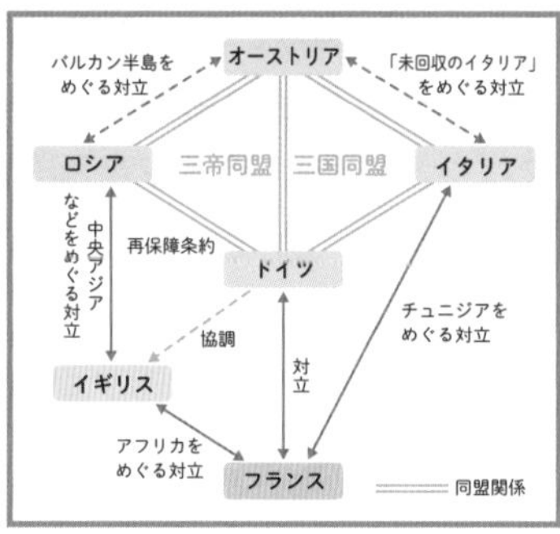

ビスマルク体制

ビスマルクは、フランスによるドイツへの挟撃を警戒し、ドイツ後方に位置するオーストリアとロシアへの接近を試みます。当時、両国はバルカン半島への進出をめぐって対立していました。ビスマルクは、両国の対立の調停役として1873年に**ドイツ・オーストリア・ロシア**で**三帝同盟**（☞一度、1878年に解消するが、81年に再建される）を締結しました。その後、**フランスが1881年にチュニジアを保護国化する**と、対岸にフランスが迫ってきたことを受けてイタリアが反発し、ドイツ側に接近しました。そのため、1882年には**ドイツ・オーストリア・イタリア**で**三国同盟**を結びました。

あれ？　イタリアって「未回収のイタリア」問題でオーストリアと対立していたような気がしますが……。

そうですよ。でも、当時のイタリアにとっては目前に迫ったフランスの方がより警戒すべき相手だったのです。

しかし、オーストリア・ロシア間でバルカン半島をめぐる対立が激化すると、1887年に**三帝同盟が崩壊**してしまいました。すると、ビスマルクは同年に**秘密条約としてロシアと再保障条約を締結**し、ロシアがフランスに接近するのを防ぎました。こうして、フランスはビスマルクの思惑通り、ヨーロッパ国際関係のなかで孤立する状態となりました。

ビスマルク体制が構築される過程で、列強間の対立が激化するできごともありました。それが、南下政策を再開したロシアをめぐる対立です。クリミア戦争での敗北により南下政策を一時中断していたロシアですが、**1870年代には黒海ではなくバルカン半島から地中海を目指すルート**を狙ってきました。

当時、バルカン半島ではオスマン帝国に対するスラヴ人の独立運動が活発化しており、**ロシアはスラヴ民族の連帯と統一を掲げるパン=スラヴ主義を南下政策に利用**しようとしました。

オスマン帝国がバルカン半島のスラヴ人の独立運動を弾圧すると、1877年にロシアはオスマン帝国に宣戦し、**ロシア=トルコ戦争**（**露土**（ろと）**戦争**）を引き起こしました。勝利したロシアは、オスマン帝国と**サン=ステファノ条約**を締結し、**ブルガリアをロシア保護下の自治国とした**ほか、**ルーマニア・セルビア・モンテネグロの独立**が承認されるなど、南下政策は大きく前進しました。

しかし、ロシアのバルカン半島・地中海への進出を警戒した**オーストリアとイギリスが猛反発**したため、**ビスマルクはベルリン会議を開催**し、サン=ステファノ条約を破棄して新たに**ベルリン条約**が結ばれました。

ロシア=トルコ戦争後のバルカン半島

特徴の整理　～ベルリン条約(1878)～

- **ルーマニア・セルビア・モンテネグロ**：独立を国際承認
- **ブルガリア**：**領土の縮小**／オスマン帝国の自治国となる
- オーストリア：**ボスニア・ヘルツェゴヴィナ**の行政権獲得

※イギリス：同時期にキプロス島の占領と行政権を認められる

この条約では、**ビスマルクがオーストリアとイギリスに加担してロシアの南下政策を阻止**（そし）することになったため、ロシアが反発して三帝同盟は一度崩壊しました。しかし、ロシアはその後、南下政策の対象を西アジアや東アジアへと切り替えようと画策し、ヨーロッパ方面での安全を確保するために再びドイツ・オーストリアに接近して1881年に三帝同盟が再建されました。

COLUMN

国民意識の違い～ドイツとフランス～

「**フランス国民**」とは、**フランス革命で成し遂げた近代市民社会の原理を共有する人びと**のことで、民族や言語に限定されるものではありません。第三共和政下では、バスティーユ牢獄襲撃（ろうごくしゅうげき）が起きた7月14日を国民の祭日とし、革命時代に歌われた「ラ=マルセイエーズ」が国歌となるなど、**フランス革命を用いた国民統合が推進**されました。

一方で、「**ドイツ国民**」とは、フィヒテが行った「ドイツ国民に告ぐ」にみられるように、**ドイツ語を話す者**をドイツ国民とします。この**同一言語同一民族**の考え方は、非ドイツ人に対する排外（はいがい）主義的な傾向を常にもち合わせることになり、第一次世界大戦後に反ユダヤ主義を掲げたナチ党が大衆の支持を得た一因と言えます。

THEME 3

アメリカ合衆国の発展

ここで働きめる!

- アメリカの南部と北部の違いを押さえよう。
- 南北戦争後のアメリカの経済・社会がどのように変わったのかを理解しよう。

1 19世紀前半のアメリカの動向

① 政治・経済・外交方針

アメリカは、18世紀後半の独立革命を経て、イギリスから政治的に独立を達成しましたが、**工業製品などの輸入に関してはイギリスからの輸入に頼る**状況でした。また、1800年の大統領選挙に勝利した**反連邦派**（**州権派**（しゅうけん））の**トマス=ジェファソン**は、大統領に就任すると、自営農民を基盤（きばん）とする民主主義を理想とし、工業育成には消極的な方針をとりました。

その後、イギリスがアメリカとヨーロッパ大陸諸国との通商を妨害したことで、1812年に**アメリカ=イギリス戦争**（**米英戦争**（べいえい））が起きると、**国民意識が高まり「アメリカ人」という自覚が生まれる**とともに、戦争中、イギリスから工業製品の輸入が停止されたことで、**北部を中心に産業革命が進展**しました。

また、第5代のモンロー大統領は、**モンロー宣言**を発して**アメリカ大陸とヨーロッパ諸国の相互不干渉（ふかんしょう）を唱え**、ラテンアメリカ諸国の独立を間接的に支援しましたが、こうした姿勢は、このあとのアメリカの外交方針となりました。

第7代の**ジャクソン大統領**の時代には、**白人男性普通選挙制の普及**を背景に**ジャクソニアン=デモクラシー**が進展し、ジャクソンを支持する南部の大地主などによって**民主党**が結成されました。一方で、**先住民**（☞従来は「インディアン」と呼ばれていましたが、近年は表記として推奨されない傾向にあります）の土地が農地に転換されたほか、**先住民強制移住法**によって先住民を**保留地と呼ばれるミシシッピ川以西の荒れ地に追放**しました。先住民に課された移動は過酷なもので、なかでもチェロキー族は約1300 km（☞東京・鹿児島間の距離に相当します）の移動のなかで4000人が病気と飢餓で絶命したことから、彼らの移動を**「涙の旅路」**といいます。

❷ 領土の拡大

まずは、19世紀にアメリカが獲得した領土を整理しましょう。

●アメリカの領土拡大

地域名	年 代	説 明
ルイジアナ買収	1803	フランスから**ミシシッピ川以西**を購入
フロリダ買収	1819	スペインから購入
テキサス併合	1845	メキシコから独立したテキサスを併合
カリフォルニア獲得	1848	**アメリカ=メキシコ戦争**で獲得
アラスカ買収	1867	ロシアから購入

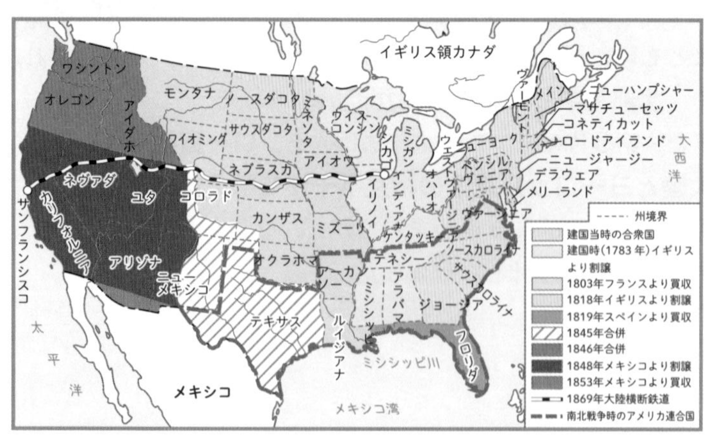

アメリカの領土拡大

19世紀半ばのアメリカでは、**西部への領土拡大を神に定められた「明白なる運命」である**として、白人入植者による**西漸運動**（**西部開拓**）が促進され、フロンティア（☞白人の未到達地域の最前線）が西へ西へと移動するなか、先住民の生活圏はさらに奪われました。

また、テキサス併合を機にメキシコとの国境問題が発生すると、**アメリカ=メキシコ戦争**（**米墨戦争**）が勃発し、勝利したアメリカは1848年に**カリフォルニア**などを獲得しました。カリフォルニアでは、同年に**金鉱**がみつかっていたこともあり、一攫千金を求めてアメリカ内部だけでなく**世界中から多くの移民が殺到するゴールドラッシュが発生**し、人口が急増しました。

アメリカは、さらに太平洋方面に関心を高め、1840年代に中国（☞当時の王朝は清）と不平等条約を締結すると、**対中国貿易の補給基地として日本に注目**し、ペリーを派遣して**日本の開国**に成功しました。

❸ 奴隷制をめぐる南北の対立

アメリカにおける南部と北部の産業構造の違いは、奴隷制をはじめとし、様々な面での違いを生み出すことになりました。まずは、両者の違いを整理してみましょう。

●南部と北部の相違

北部		南部
商工業が成長 ☞**産業革命の初期段階**(未熟)	中心産業	プランテーション ☞**綿花やタバコなど**を栽培
産業資本家／銀行家	有力者	プランター(地主)
保護関税政策 ☞イギリスの工業製品に対抗	貿易	自由貿易 ☞イギリスに綿花を輸出
廃止 ☞**工場などの労働力に転換**	奴隷制	維持 ☞プランテーションの労働力
連邦主義 ☞連邦政府の強化	政治体制	州権主義(州の自治) ☞**州法による奴隷制の維持**
共和党(1854年に結成)	政党	民主党

奴隷制について、北部では「奴隷は独立宣言の理念に反する！」という事情から奴隷制が廃止されましたが、南部ではプランテーションの労働力に使用していたので州法によって奴隷制を維持しました。また、18世紀末にホイットニーが**綿繰り機**を開発し、綿花から種子や不純物を効率よく迅速に除去できるようになると、**南部では19世紀以降に綿花栽培が拡大**していきました。

こうした南北の奴隷制をめぐる対立を受け、19世紀前半には**ミズーリ協定**が成立し、北緯36度30分以北を自由州（☞奴隷制を禁止した州）、以南を**奴隷州**（☞奴隷制を認めた州）としました。また、**ストウ**は小説**『アンクル＝トムの小屋』**を刊行し、**奴隷制の悲惨さを人道主義的な側面から訴え**て奴隷制廃止の世論形成に貢献しました。

しかし、1854年には、準州が州に昇格する際、**奴隷制を禁止するか認めるかを住民投票に委ねるというカンザス・ネブラスカ法が制定**されました。また、奴隷州の拡大を警戒した北部の人びとや奴隷制に反対する人びとによって**共和党が結成**されました。

2 19世紀後半のアメリカの動向

❶ 南北戦争（1861～65）

奴隷制をめぐる南北の対立が深まるなか、**共和党**の**リンカン**が大統領に当選します。リンカン大統領は、**アメリカという連邦を維持することを最優先とし、奴隷制の廃止には慎重な姿勢をとりました**。しかし、南部諸州は、**アメリカ連合国**（**南部連合**）を結成して連邦からの離脱を宣言すると、両者のあいだで南北戦争がはじまりました。当初、戦局は南部側が優勢でしたが、リンカン大統領は、公有地に５年間定住・開墾した者に一定の土地を無償で与えるという**ホームステッド法**（**自営農地法**）を制定し、**西部開拓農民の支持**を得ました。その後、**奴隷解放宣言**を出して**戦争目的を明確化**し、イギリスなどの介入を阻止して**国際的な支持**をも得ました。

また、**南北戦争では機関銃が実戦で投入された**ため戦死者が激増しました。**最大の激戦地となったゲティスバーグ**では、リンカン大統領が戦死者に向けた追悼演説のなかで**「人民の、人民による、人民のための政治」**を訴え、これは民主政治の理想とされました。そして、**1865年**にアメリカ連合国の首都が陥落し、**戦争は北部側の勝利に終わりました**が、その直後にリンカン大統領は劇場で南部支持者によって暗殺されてしまいました。

南北戦争では、市民も巻き添えとなり、60万人以上の人びとが亡くなったとされます。

❷ 南北戦争後の黒人問題

南北戦争が終結した1865年には、憲法修正によって**奴隷制の正式廃止**が決まり、解放された黒人にはその後、市民権や選挙権が認められました。

しかし、**南部諸州は州法によって黒人の市民権を事実上制限し、公共施設で黒人を公然と隔離する**措置をとりました。旧南部側の兵士らによって**クー=クラックス=クラン（KKK）という白人の優越を説く秘密結社**が組織され、黒人に対する暴力行為が行われました。また、南部のプランテーションは解体されましたが、地主は土地を区画して解放黒人に貸与し、彼らを**事実上の小作人**として使役する**シェアクロッパー**を行いました。

③ 19世紀後半のアメリカの「大国化」

南北戦争中から入植者が増加した西部では、食料の増産が進み、**小麦などの大量の穀物がヨーロッパ市場に輸出される**など、アメリカは**世界最大の農業生産力**をもつ国となりました。また、1869年に**最初の大陸横断鉄道**（☞アイルランド系移民や中国系移民をおもな労働力として建設）が開通したことで東部と西部が結合され、19世紀末には**フロンティアの消滅**が宣言されました。これにより、白人入植者がアメリカ全域に達したことになり、**アメリカは新たな市場の拡大を目指して海外進出を本格化させる**ことになります。

一方、奴隷制廃止後も黒人の多くはシェアクロッパーのもとで南部に残ったので、北部の工場労働力には**移民**が利用されました。**1880年代以降に急増した東欧・南欧からの新移民**や、中国人を中心とするアジア系の**クーリー（苦力）**と呼ばれた移民が工場労働力として利用され、**重化学工業を中心に産業革命が進展**し、アメリカは、19世紀末には**世界最大の工業国**へと成長しました。

1880年代にヨーロッパからの移民が増えた理由は何ですか？

アメリカの安価な穀物が流入したヨーロッパでは、農民の生活が打撃を受けたんだよ。

しかし、**白人下層労働者と中国系労働者のあいだで雇用をめぐる対立が発生**すると、アメリカは**1882年**に**移民法（中国人移民禁止法）**を制定し、中国系移民の入国を禁止しました。

過去問にチャレンジ

世界史の授業で、先生と生徒たちが歴史統計を見ながら会話をしている。

先生：今回の授業では、歴史統計から世界史上の出来事について考えてみましょう。取り上げるのは、産業革命です。世界初の産業革命は、イギリスで起こりました。次の表１・２は1600年から1801年にかけてのイングランドの人口統計です。これらを見て、どのようなことに気付きましたか。

表１　イングランドの都市人口比率　（単位：1000人）

年	1600	1670	1700	1750	1801
イングランド総人口	4110	4980	5060	5770	8660
都市人口合計	335	680	850	1215	2380
都市人口比率（%）	8.25	13.50	17.00	21.00	27.50

（注）　都市人口比率の数値は、原典の数値及び算出方法による。

表２　イングランドの農村農業人口比率　（単位：1000人）

年	1600	1670	1700	1750	1801
イングランド総人口	4110	4980	5060	5770	8660
農村農業人口	2870	3010	2780	2640	3140
農村非農業人口	900	1290	1430	1910	3140
農村農業人口100人当たりの総人口（人）	143	165	182	219	276

（表１・２ともE.A.Wrigley, *People, Cities and Wealth*より作成）

高橋：まず、**表１**を見ると、イングランドの総人口は、18世紀後半に急速に増加しています。そして、都市人口も増えています。この前の授業で、マンチェスターやリヴァプールなどの都市が発展したと学びました。

松山：表2を見ると、都市人口だけではなく、農村に住んでいながら農業に従事していない人口も増えていますよね。

先生：二人ともそのとおりです。表1・2の検討をさらに進めましょう。それでは、こうした変化の背景として、当時、何が起こっていたのだと考えられますか。

高橋：18世紀後半の時期について、［ア］ことが読み取れます。それは、当時のイギリスにおいて、［イ］ことで、食料の供給が安定していたためだと考えられないでしょうか。

先生：そのとおりです。人口統計には、社会や経済の大きな変化が表れているのです。次にグラフを見てください。これは、イギリスやアイルランドからアメリカ合衆国へ渡った移民の数をまとめたものです。

グラフ イギリスとアイルランドからアメリカ合衆国への移民数

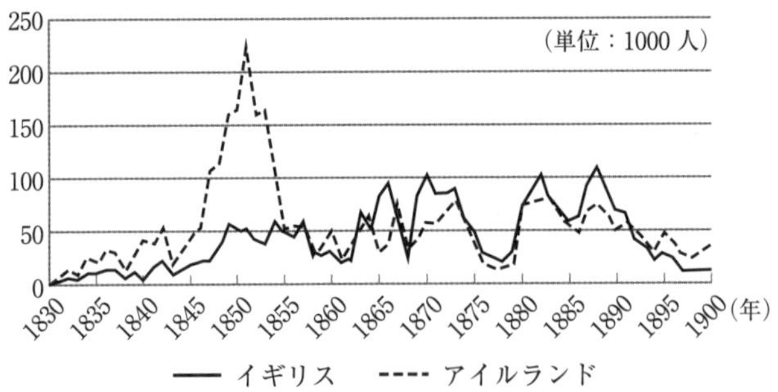

（グラフはB.R.ミッチェル編『イギリス歴史統計』より作成）

松山：移民の送り出し国や受け入れ国で起こった出来事が移民数の変動に影響しているようですね。グラフを見ると、［ウ］と思うのですが。

先生：よく勉強していますね。これらの歴史統計を見ると、産業革命の時期に社会が大きく変化するなかで、イギリスの国内外で人の移動が活発になっていたことがうかがえます。

問1　文章中の空欄［　ア　］と［　イ　］に入れる文の組合せとして正しいものを、次の①～④のうちから一つ選べ。

① ア ― 表1を見ると、都市人口比率が上昇している
　 イ ― 土地が囲い込まれ（第2次囲い込み）、新農法が導入された
② ア ― 表1を見ると、都市人口比率が減少している
　 イ ― 鉄道建設が進み、全国的に鉄道の輸送網が完成した
③ ア ― 表2を見ると、農村農業人口100人当たりの総人口が上昇している
　 イ ― 農業調整法（AAA）が制定され、農産物の生産量が調整された
④ ア ― 表2を見ると、農村農業人口100人当たりの総人口が減少している
　 イ ― 穀物法の廃止により、穀物輸入が自由化された

問2　文章中の空欄［　ウ　］に入れる文として最も適当なものを、次の①～④のうちから一つ選べ。

① 1840年代中頃にアイルランドで大飢饉（ジャガイモ飢饉）が発生した後、1840年代後半にはアイルランドからの移民は増加している
② 1850年代中頃にアイルランドがクロムウェルにより征服され、土地没収が強行された後、1850年代後半にはアイルランドからの移民は減少している
③ 1870年代初めにアメリカ合衆国で南北戦争が始まった後、1875年のイギリスからの移民は、1870年よりも減少している

④ 1890年代初めにアメリカ合衆国でフロンティアの消滅が宣言された後、1895年のイギリスからの移民は、1890年よりも増加している

（2023年度　本試験　世界史B）

問1　18世紀後半の時期について、**ア**．**表1**の「都市人口比率」は、「1750年」から「1801年」にかけて「21.00%」から「27.50%」へと増加していることがわかり、**表2**の「農村農業人口100人当たりの総人口」は「1750年」から「1801年」にかけて「219」から「276」へと増加していることがわかります。**イ**．以上のことを踏まえて、その理由として考えられることですが、当時のイギリスでは穀物増産を目的に政府主導で第2次囲い込み（➡P337）が奨励され、ノーフォーク農法が導入されたことが考えられます。一方、イギリスで鉄道建設が進んだのは、蒸気機関車が実用化された19世紀前半以降だと考えられます。また、農業調整法（AAA）は、アメリカのフランクリン=ローズヴェルト政権下で1930年代に制定された法律（➡P532）であり、穀物法の廃止はイギリスの自由主義改革のなかで19世紀半ばに行われたので、いずれも18世紀後半の内容ではありません。

答え ①

問2　①1840年代のアイルランドでは、ジャガイモ飢饉によって大量の餓死者が発生し、多くの人びとが移民としてアメリカに渡りました。②クロムウェルがアイルランドを征服したのは、1850年代ではなく17世紀半ばです。③アメリカで南北戦争が始まったのは、1870年代初めではなく1860年代初めです。④**グラフ**をみると、1895年の「イギリスからの移民」数は、1890年と比べると増加ではなく減少したといえます。

答え ①

THEME 4 19世紀の欧米諸国の文化

ここできめる！

- 文学の潮流を大きく理解したうえで、通史のできごとにからむ人物を優先的に覚えよう。
- 代表的な科学者とその事績をセットで覚えよう。
- 各国の都が近代大都市に発展した背景と、その特徴を理解しよう。

1 ヨーロッパ近代文明の誕生

① 市民文化から国民文化へ

17・18世紀までのヨーロッパ文化は、オランダなどの一部を除いて絶対王政下の君主や貴族などの上流層を中心とした宮廷(きゅうてい)文化が主流でしたが、19世紀には各国で国民国家の形成が進み、こうした時代の動きは文化にも影響を与えていきます。

ヨーロッパ大陸部ではフランス革命によって旧体制が崩壊(ほうかい)し、自由主義の風潮が強まる**19世紀には市民が文化の担い手となり、宮廷文化にかわって市民文化が開花**しました。また、市民文化は宮廷文化を否定することなくむしろ吸収し、19世紀には政府が主導して国民国家の形成を進めたことも重なり、**市民文化と宮廷文化が融合(ゆうごう)して国民文化へと発展**しました。

そして、こうした文化は、「わが国の歴史と伝統」として学校教育などを通じて国民意識の形成を促す一因となりました。一方で、**欧米諸国はみずからの文明を近代世界の基準とし、非欧米世界を「文明途上」や「未開」の世界と位置づける**ヨーロッパ中心主義的な価値観が生まれました。

② 各国の文芸思潮（➡別冊 P46）

各国の国民文化の形成に重要な役割を担ったのがロマン主義でした。ロマン主義は、**個性や感情を重視**するとともに、**それぞれの地域や民族に固有な言語や歴史文化を見直すことで、みずからの民族精神や起源を見出そう**としました。ロマン主義の影響は、文学をはじめとして様々な分野に及び、国民文学や国民音楽を発展させました。

一方、19世紀後半になると、ロマン主義から脱して**人間や社会を客観的にありのままに描写する写実主義（リアリズム）**が浸透し、やがてこれらを**科学的に観察する自然主義**も生み出されました。

③ 諸科学の発展（➡別冊 P47・48）

19世紀の欧米諸国では、**自然科学と電機・化学などの実用性の高い分野を中心に近代科学が急速に発展**しました。生物学の分野では、**進化論**が唱えられ、人間をほかの生物の一員とし、人間を中心とする**キリスト教的な価値観が否定され**て論争を引き起こしました。また、医学の分野では、**細菌（さいきん）の研究**が進んだことや**予防接種が開発**されたことで、人類の平均寿命は伸長（しんちょう）していきます。

哲学の分野では、カントによって確立された**ドイツ観念論（かんねんろん）哲学**が、**弁証法（べんしょうほう）哲学**や**史的唯物論（してきゆいぶつろん）**などに影響を与え、経済学の分野では、**古典派経済学**が継承（けいしょう）される一方で、**自国の経済発展のための保護関税（かんぜい）政策を説く歴史学派経済学**も興（おこ）りました。

④ 探検活動（➡別冊 P47）

近代科学の急速な発展は、やがて人類の未知への挑戦を促すことになりました。従来、沿岸部の情報しか知られていなかった**アフリカの内陸部の探検**が行われたほか、中央アジアや中国奥地への学術調査、**北極や南極などの極地探検**も行われました。

こうしてもたらされた情報は、列強（れっきょう）間で共有され、19世紀から本格化する帝国主義に利用されることになりました。

2 大衆文化の萌芽

19世紀の欧米諸国では、首都を中心に近代大都市文化が誕生しました。首都は、自国の近代化を象徴する都市であり、多くの人口を抱えるための機能を備えていなければなりません。

例えば、**第二帝政下のフランスではパリ改造が進められ、道路網（もう）や上下水道の整備のほかに、疫病（えきびょう）の流行を防ぐための工夫がなされました**。こうして、パリは典型的な近代大都市となり、各国の大都市建設のモデルにされました。

また、大都市には市民文化を支えるコンサートホールや美術館・博物館・図書館などの施設が立ち並び、一般民衆を読み手とした新聞が発行されたほか、デパートや映画館などの施設もつくられるようになりました。そして、大都市での生活の快適さや魅力は、国内の人びとを惹（ひ）きつけるようになり、農村から都市へ、中小規模の都市から大都市への移動を促すことになりました。

SECTION 15
アジア諸地域の動揺

THEME

1　西アジア世界・中央アジア
2　南アジア・東南アジア世界
3　東アジア世界
4　〈歴史総合対応〉幕末から明治時代へ

欧米諸国による植民地化の過程やアジア諸地域でみられた反応（反乱や国内改革など）は頻出（ひんしゅつ）！

欧米諸国は、19世紀になるとアジア諸地域の植民地化を本格的に開始します。その過程を地域ごとにタテに（時代順に）整理しましょう。

1 西アジア・中央アジア

オスマン帝国やその宗主権（そうしゅけん）下にあるエジプトなどは、イギリス・フランスをはじめとするヨーロッパ諸国の経済的な支配を受けます。また、イランや中央アジアには南下政策を狙うロシアが進出しました。

2 南アジア・東南アジア

インドでは、イギリスによる植民地支配が進み、東南アジアでは、イギリス・フランス・オランダなどの進出がみられます。一方、タイは、東南アジアで唯一独立を維持しました。

3 東アジア

中国（清（しん））は、アヘン戦争に敗北して以降、不平等条約を通じて欧米諸国の干渉（かんしょう）を受けます。一方、日本では江戸幕府（えどばくふ）が倒れて新たに明治（めいじ）政府が発足（ほっそく）し、近代国家への移行が目指され、対外的には朝鮮半島への進出を開始します。

タンジマートとミドハト憲法、インド大反乱の背景とその結果、清の洋務運動は頻出！

欧米諸国の植民地支配が強まるなか、アジア諸国の一部では大規模な抵抗運動や、国家体制の変革による近代国家への移行がみられました。

□ オスマン帝国の改革

オスマン帝国では、欧米諸国のような国家体制への移行を目指してタンジマートが行われ、帝国内の人びとを「オスマン人」という国民意識のもとで統合しようとし、19世紀後半にはミドハト憲法が制定されました。

□ インドの植民地化

イギリス東インド会社は、征服戦争を展開し、また徴税制度などを実施してインドの植民地化を進めました。しかし、こうした支配に各層の不満は高まり、インド大反乱が発生します。この反乱を経て、インド支配は東インド会社からイギリス本国へと移行しました。

□ 清の動向

対外的には「アヘン戦争」→「不平等条約の締結」→「第２次アヘン（アロー）戦争」、国内では「太平天国の乱」という危機にみまわれた清では、西洋諸国の軍事・産業技術を導入する近代化改革（洋務運動）が行われました。

このSECTIONでは、アジアを広範囲にわたって学習します。地域ごとに、それぞれの国で何が起こったのかを整理しましょう。また、地域のイメージがつかみにくいときは、地図を使って位置を確認するとよいでしょう。

THEME 1

西アジア世界・中央アジア

ここで前きめる!

- オスマン帝国から自立するエジプトとアラビア半島の動向を押さえよう。
- オスマン帝国で行われた諸改革の特徴を理解しよう。
- イランとアフガニスタンに干渉したヨーロッパの国を覚え、なぜ干渉したのかを理解しよう。

1 オスマン帝国の動揺

① オスマン帝国の衰退

オスマン帝国は17世紀後半、**第2次ウィーン包囲(ほうい)に失敗**したのち、**カルロヴィッツ条約**によって**ハンガリーなどをオーストリアに割譲(かつじょう)**しました。帝国の領土は目に見えるレベルで減ってしまい、以後、ヨーロッパ諸国に対して劣勢となります。

また、オスマン帝国の衰退に乗じ、**アラビア半島**では**18世紀にワッハーブ運動が高揚(こうよう)**して、帝国の支配から自立する動きがあらわれました。ワッハーブ派は、「ムハンマドの教えに戻れ！」と主張し、厳格な唯一神(ゆいいつしん)信仰を説き、**ムハンマドの時代に存在しなかったシーア派やスーフィズムを否定**しました。

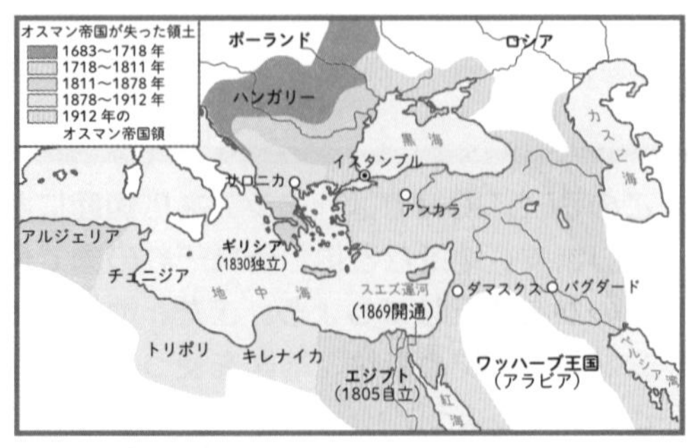

オスマン帝国の衰退

トルコ人は、スーフィズムの影響でイスラーム教に改宗していますよね？

その通り！　ワッハーブ派などはスーフィズムを否定することで、「トルコ人の信仰は邪道だ！」とし、自立の動きを強めます。

ワッハーブ運動は、**豪族サウード家の協力**の下で勢力を拡大し、18世紀半ばにはワッハーブ王国を建ててオスマン帝国支配からの自立を図りました。

一方、**オスマン帝国の属州であったエジプト**では、18世紀末にナポレオンの侵入を受けましたが、**ムハンマド=アリー**が抵抗し、民衆からの支持を得て**総督**に就任して**ムハンマド=アリー朝を創始**しました。なお、**ナポレオンのエジプト占領**は、短期間に終わったものの、**フランスの軍事力や科学技術、法の運用方法などはオスマン帝国に大きな衝撃を与えました**。

ムハンマド=アリーは、保守的な**マムルークの一掃**に成功してエジプトの近代化に着手し、**フランスの資本援助を受けて綿花などの商品作物の栽培**を行いました。また、19世紀前半にオスマン帝国と**2度にわたってエジプト=トルコ戦争を行い**、エジプト・スーダンの総督の世襲権を獲得し、エジプトはオスマン帝国の属州であるものの政治的に自立しました。

スエズ運河

19世紀後半には、フランス人技師**レセップス**によって**スエズ運河の建設**がはじまり、**1869年に開通**しました。これにより、**地中海と紅海が接続され、ヨーロッパからアジアへ向かう距離が大幅に短縮**しました。しかし、その後、エジプトは**財政破綻**に陥り、1875年には**スエズ運河会社の株式をイギリスに売却**し、イギリスの干渉を受けることになります。

❷「東方問題」

19世紀のオスマン帝国は、帝国の衰退に乗じて支配下の諸民族が独立を目指すなか、ロシアをはじめとする列強の干渉を受けました。こうした**ヨーロッパ列強の干渉で発生した国際的諸問題を「東方問題」といい**、とくに南下政策で黒海やバルカン半島から地中海への進出を目指す**ロシア**に対し、インド航路のために東地中海の安全性を確保したい**イギリス**や、エジプトへの経済的進出を強めている**フランス**、19世紀後半からバルカン半島への進出を本格化した**オーストリア**などが対立しました。

❸ オスマン帝国の諸改革

オスマン帝国では、19世紀前半に**イェニチェリ軍団の解体**が行われ、近代的な常備軍が設立されるなど、帝国の存続を目指した改革がはじまりました。

しかし、オスマン帝国は、1838年に**イギリスの領事裁判権を承認**し、**関税自主権を喪失**する**トルコ=イギリス通商条約という不平等条約をイギリスと締結**しました。その結果、貿易自体は拡大したものの、イギリス製の安価な綿製品が国内に流入し、オスマン帝国の諸産業は打撃を受けました。

こうして、**西ヨーロッパ諸国に対する経済的な従属化が進むオスマン帝国**では、1839年に当時のスルタンが**ギュルハネ勅令**を発布し、**タンジマートと呼ばれる一連の近代化改革**がはじまりました。この改革は、**帝国内の人びとに対して民族・宗教を問わずに法の下での平等や生命・財産の保障**をうたった**オスマン主義**に立脚し、「オスマン人」という国民意識の形成と、国民国家への脱皮を図るものでした。

しかし、19世紀半ばに起きた**クリミア戦争**では、ロシアに勝利したものの、**ヨーロッパ諸国からの外債**（☞いわゆる「外国からの借金」だとイメージしよう）が増加して財政難が深刻化しました。そして、ついに**1870年代には財政破綻**を起こし、その後、帝国内の各種の徴税権を債権国に奪われてしまいました。

こうした危機のなか、**宰相ミドハト=パシャ**は、アジア初の憲法となる**ミドハト憲法（オスマン帝国憲法）**を1876年に制定し、**オスマン主義にもとづく近代的立憲君主政国家への移行**を目指して二院制議会が開設されました。ところが、1877年に**ロシア=トルコ戦争が勃発**すると、スルタンであった**アブデュルハミト2世は憲法を停止**してしまいました。戦争の結果、キリスト教徒が多く居住するバルカン半島の大部分を失うと、**ムスリムの結束と団結を説くパン=イスラーム主義を統治に利用**し、**スルタンはすべてのムスリムの指導者であるカリフの役割をもつと位置づけ、その専制支配を正当化**しました。

2 イラン・中央アジア・アフガニスタン

1 イランの動向

18世紀前半に**サファヴィー朝が崩壊したイラン**では、しばらく政治的な混乱が続きますが、18世紀末に**シーア派を奉じるトルコ系のガージャール朝が成立**しました。

ガージャール朝は、**南下してきたロシアと衝突**して敗北すると、1828年に**トルコマンチャーイ条約**を締結してアルメニア東部などの領土を割譲したほか、ロシアの治外法権を承認し、関税自主権を失いました。この条約を機に、ガージャール朝は、**ほかのヨーロッパ諸国とも同様の不平等条約を締結**し、列強によるイランへの干渉が本格化します。

こうしたなか、19世紀半ばには、既存のイラン社会に反発しシャリーア（イスラーム法）の廃止をうたう**バーブ教**という新しい宗教が興り、急速に信者を拡大しました。そして、1840年代には**中小商人や貧農らによってバーブ教徒の乱が発生**しましたが、ガージャール朝の政府によって激しい弾圧を受けました。その後、諸外国からの借金を重ねたガージャール朝は、鉄道や電信線の敷設、石油採掘などの利権を次々とヨーロッパ諸国に奪われていきました。

❷ 中央アジア・アフガニスタンの動向

イギリスにとって最大の植民地であるインドとその接続路を防衛することは重要な課題でした。19世紀前半、ロシアがイランなどの西アジア方面に南下すると、イギリスはインドの北方に位置するアフガニスタンを狙って**アフガン戦争**を引き起こしました。しかし、19世紀前半の**第1次アフガン戦争**では、アフガニスタン側の抵抗によってイギリスは敗北してしまいます。

ところが、19世紀後半にロシアが中央アジアのウズベク人の国家である**ブハラ=ハン国とヒヴァ=ハン国を保護国化**し、**コーカンド=ハン国を併合**して**ロシア領トルキスタン**を形成すると、イギリスは**第2次アフガン戦争**を起こしました。この戦争で軍事的に敗北したイギリスですが、アフガニスタンはロシアの進出を恐れてイギリスに外交権を委ねたため、1880年に**イギリスはアフガニスタンを保護国化**しました。

「保護国化」とはどういう意味ですか？

その国の外交権を奪うことで、いわゆる「植民地化」の一例です。

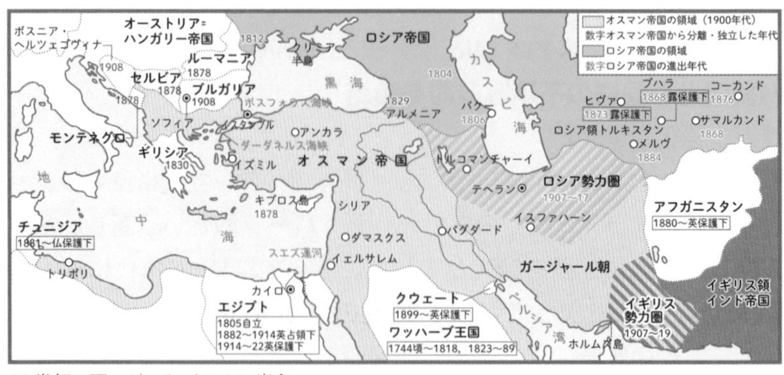

19世紀の西アジアとバルカン半島

THEME 2

南アジア・東南アジア世界

ここできめる！

- イギリス東インド会社がインドに導入した徴税制度と、その結果、インド社会がどう変わったのかを押さえよう。
- シパーヒーの反乱が、なぜ「大反乱」となったのか、その背景を理解しよう。
- 東南アジアの諸地域が植民地化される過程と、なぜタイが独立を維持できたのかを理解しよう。

1 南アジア世界

① イギリス東インド会社の征服戦争

アウラングゼーブの死後にムガル帝国が衰退すると、地方勢力の政治的・経済的な自立が加速します。こうしたなか、イギリスとフランスの勢力争いが発生し、**南インドで起きたカーナティック戦争**や**ベンガル地方で起きたプラッシーの戦い**に勝利したイギリスは、**18世紀後半にはインドにおける覇権を掌握**しました。

その後、ガンジス川下流の肥沃な**ベンガル**とその周辺地域の**徴税権（ディーワーニー）**を獲得したイギリス東インド会社は、インドにおける領域支配を本格化し、**シパーヒーと呼ばれるインド人傭兵**を雇用して征服戦争を展開します。18世紀後半以降、イギリス東インド会社は、**マイソール戦争**で南インドを征服し、**マラーター戦争**でデカン高原を征服しました。また、**シク戦争**に勝利してパンジャーブ地方を併合し、19世紀前半までに**ムガル帝国をのぞくインドの大部分を支配**しました。

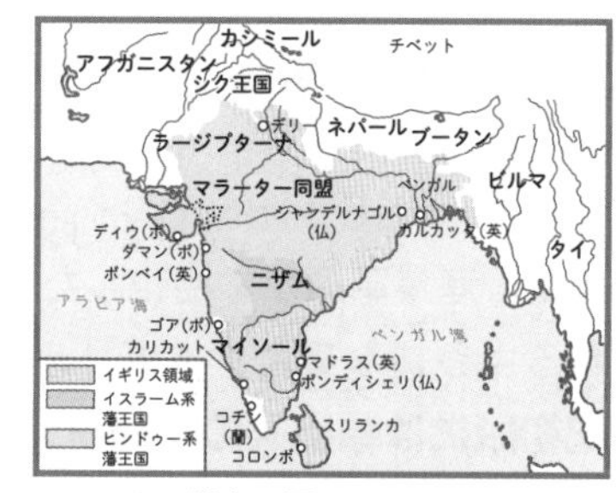

マラーター戦争の頃のインド

❷ イギリス東インド会社のインド支配

イギリス東インド会社は、インド各地の実情に合わせて、土地の所有者を明確にし、彼らを納税責任者とする**近代的な地税徴収制度を導入**しました。それでは、イギリス東インド会社がインドで実施した徴税制度を整理してみましょう。

特徴の整理　～インドで実施された徴税制度～

- **ザミンダーリー制**：おもにベンガルなどの北インドで実施
  領主層に土地の所有権を与え、地税を納入させる
- **ライヤットワーリー制**：おもにインド南部・西部で実施
  農民に土地所有権を与え、農民から直接地税を徴収

従来のインド各地の農村では、土地の耕作者のほかに職人や手工業者などが、それぞれの労働に従事して共存する生活が営まれていましたが、地税の導入によって土地の所有者が明確になると、その土地で生産される作物は土地所有者個人のものになるなど、**伝統的な農村共同体が崩壊**しました。また、これら地税はいずれも重税で、イギリス東インド会社は**未納者の土地を没収**したほか、男子継承者のいない**藩王国のとりつぶし政策**を実施して、その土地を次々と併合していきました。こうして、インドでは、**従来の領主層や農民、職人・手工業者など広範な人びとが困窮化**しました。

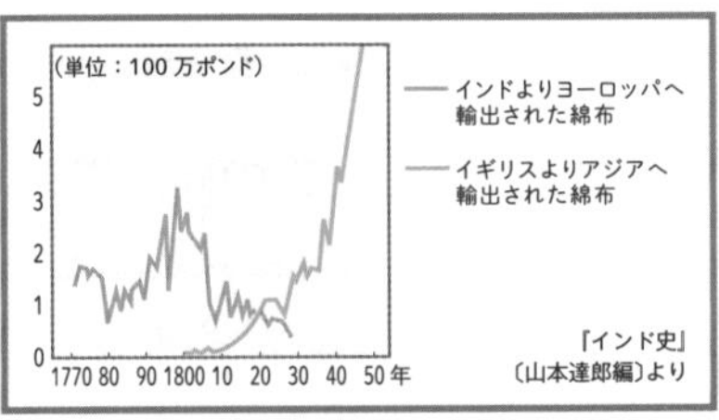

インドとイギリスの綿織物の輸出

一方で、18世紀までのインドはイギリスに綿布を輸出していましたが、産業革命が本格化したイギリスで機械製綿布が大量に生産されるようになると、イギリス製品が大量にインドに流入し、**19世紀初頭には輸出入の逆転が発生**して**インドはイギリスの原料供給地に転落**してしまいました。

イギリス東インド会社は、没収・併合した土地で綿花・藍・**アヘン**などの**商品作物を栽培するプランテーション**を行いましたが、19世紀前半にイギリスで自由主義改革が進展するなか、自由貿易を求める産業資本家や商人らの要求により、**イギリス東インド会社の貿易独占権が廃止**されました。すると、イギリス東インド会社はみずから**商業活動を停止**し、**インドの統治機関**へとその姿を変えていきました。

❸ インド大反乱とイギリス本国の直接統治

イギリス東インド会社は、19世紀前半までにインド全域の支配を確立し、**征服戦争のために雇用していたシパーヒーの大量解雇**を行いました。こうしたなか、シパーヒーたちが使用する新式銃の弾薬の包み紙（☞戦闘のときには、シパーヒーが口で噛み切って弾薬を銃につめます）に、**牛と豚のあぶらが使用されているという噂**が流れます。

牛と豚のあぶらを使用すると、どのような問題が発生するんですか？

ヒンドゥー教徒にとって牛は神聖な生き物で、ムスリムにとって豚は不浄な生き物とされていました。

そのため、**1857年**に**シパーヒーによる大反乱**が発生しました。反乱軍は**デリー城を占拠**し、有名無実化していた**ムガル皇帝を擁立**してイギリス東インド会社の支配への抵抗を呼びかけました。すると、**イギリス東インド会社の支配に不満をもっていた各層が合流**し、北インド一帯を中心に**インド大反乱**へと発展しました。しかし、この大反乱は

写真提供：アフロ

シパーヒーの反乱

局地的なもので組織としての連携がなく、また、イギリス東インド会社が体制を立て直して鎮圧(ちんあつ)にあたり、1858年に**ムガル帝国は滅亡(めつぼう)**しました。

一方で、イギリス本国はこの事態を受けて**イギリス東インド会社を解散**し、**本国によるインドの直接統治に乗り出しました**。そして、**1877年**には**インド帝国**が成立し、初代**インド皇帝**にはイギリス本国の**ヴィクトリア女王**が即位しました。

イギリス本国はインド支配にあたり、**藩王国を利用した間接統治**を行い、**ヒンドゥー・イスラームの宗教対立やカースト対立を利用した分割統治を実施**して、イギリス支配への抵抗と団結を回避(かいひ)しようとしました。

2 東南アジア世界

① オランダの進出：インドネシア

オランダ東インド会社は、ジャワ島を支配していたイスラーム国家のマタラム王国やバンテン王国の衰退・滅亡に関与し、**ジャワ島の内陸部へと進出**しました。

18世紀末にオランダ東インド会社が解散すると、オランダ本国による直接統治がはじまり、19世紀前半には、オランダ支配に抵抗した**ジャワ戦争**を平定しました。この戦争で財政が圧迫(あっぱく)されたオランダは、1830年からジャワ島で**強制栽培制度（政府栽培制度）**を導入しました。これは、**村落ごとにコーヒー・サトウキビ・藍などの商品作物の栽培を割りあて、オランダが安価で買い上げるシステム**で、オランダは財政再建に成功しました。

その後、オランダは20世紀初頭にスマトラ島の支配を確立し、ほぼ今日のインドネシアに相当する地域を支配しました。

② イギリスの進出：マレーシア・ミャンマー

イギリスは、対中国貿易の拠点を確保すべく、18世紀後半から19世紀前半にかけて、**マレー半島を中心に勢力を拡大**し、**ペナン**を獲得しました。その後、1824年に**イギリス=オランダ協定**を締結し、**シンガポール**と**マラッカ**の領有が確定すると、イギリスは、**ペナン・シンガポール・マラッカをあわせて海峡植民地としました。**

また、19世紀後半には、**マレー半島内陸部への進出を本格化**し、ほぼ今日のマレーシアに相当する**マレー連合州**を形成しました。マレー連合州では、ブラジルから天然ゴムの苗木をもちこんで**ゴムのプランテーション**を行い、インドから移住した**印僑（インド人労働者）**をおもな労働力としました。また、産業革命の進展にともない、工業原料として錫の需要が急増したことを受け、**錫開発**を行い、中国南部から移住した**華人（華僑）**をおもな労働力としました。こうして、イギリスは**海峡植民地とマレー連合州を中心にマレー半島南部に勢力を拡大し、英領マレー（マラヤ）を形成**しました。

さらにイギリスは、19世紀にビルマ（ミャンマー）のコンバウン朝を**3度にわたるビルマ戦争**を経て滅ぼし、19世紀末頃には**ビルマをインド帝国に併合**しました。

③ スペインの植民地経営：フィリピン

スペインは、16世紀後半にマニラを建設してフィリピンを本格的に植民地化すると、**住民をカトリックに強制的に改宗**させ、カトリック教会のスペイン人司祭に統治組織を管理させる**政教一致政策**を実施しました。

また、自由貿易の圧力が強まるなか、19世紀前半には**正式にマニラを開港**したことで、**マニラは国際貿易港として繁栄**し、サトウキビやタバコ、**マニラ麻**などの商品作物を栽培するプランテーションが拡大しました。

④ フランスのインドシナ進出：ベトナム・カンボジア・ラオス

ベトナムでは、17世紀以降、**黎朝が事実上南北に分裂**していましたが、18世紀後半に**西山**（**タイソン**）**の乱**が発生して南北政権は倒れました。その後、19世紀初頭には**阮福暎**がフランス人宣教師などの支援を受けて**阮朝**を建国しました。**阮朝は、清に朝貢して冊封を受け、越南国**（**ベトナム**）**という国号を使用する**ようになります。一方で、阮福暎をはじめとする阮朝の君主は、**清の権威を利用しつつみずからを「皇帝」と称する**など、従来の冊封のあり方にも変化がみられました。

フランスは、**ナポレオン３世の治世下**で第２次アヘン戦争（アロー戦争）を起こして中国進出を本格化すると、**対中国貿易の拠点の確保を目指してベトナムに進出**しました。フランスは、コーチシナと呼ばれるベトナム南部を割譲させたほか、1860年代に隣国の**カンボジアを保護国化**しました。

また、**劉永福**が、ベトナム北部を中心に**黒旗軍**を率いてフランスの進出に抵抗すると、フランス（☞当時は第三共和政の時代）は1880年代に阮朝と**フエ条約**（ユエ条約）を締結して**ベトナムを保護国化**し、ベトナムの北部・中部にも支配を拡大しました。しかし、**清がベトナムの宗主権を主張**したため、1884年には**清仏戦争**が発生しました。緒戦はフランスが優勢で、次第に清が劣勢を挽回して戦局を有利に展開しましたが、同時期に朝鮮半島で政変が発生（➡P430）したため清は講和を急ぎ、1885年に**天津条約**を締結してベトナムの宗主権を放棄し、**フランスのベトナム保護国化を承認**しました。

こうして、フランスは**1887年**に**ベトナムとカンボジアを合わせてフランス領インドシナ連邦を形成**し、その後、隣国のラオスを保護国化すると、1899年には**ラオスのフランス領インドシナ連邦編入**を行いました。

❺ タイの独立維持

タイ（☞当時の国号は**シャム**）は、18世紀後半に成立した**ラタナコーシン朝（チャクリ朝）**のもとで、**王室が中国貿易を独占**して利益をあげていましたが、イギリスをはじめとするヨーロッパ諸国からの圧力を受け、19世紀後半には**自由貿易政策へと転換**しました。また、**イギリスやほかの欧米諸国と不平等条約を締結**するなど、列強の干渉(かんしょう)に苦しむなか、国王**ラーマ5世（チュラロンコン）**は行政・軍事の西欧化や奴隷(どれい)制度の廃止、鉄道敷設(ふせつ)などの**近代化政策に着手**しました。

こうして、**タイは、欧米諸国から主権(しゅけん)国家として次第に認識される**ようになった上、**イギリス領・フランス領に挟まれた立地をいかして両国の勢力均衡(きんこう)政策を利用**して植民地化を回避しました。

主権国家として認識されることは重要なんですね。

欧米諸国からみると、主権国家は「ちゃんとした国」なので気安く手を出すことができないのです。欧米諸国に対抗するためには、まずは主権国家として認識されることが重要でした。

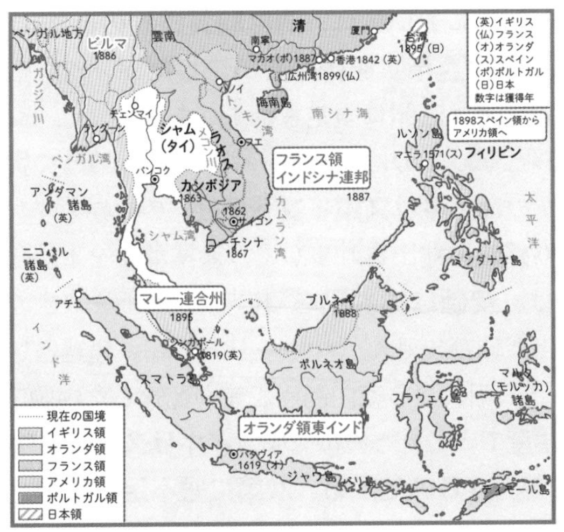

植民地化が進む東南アジア

THEME 3
東アジア世界

ここできめる!

- なぜ、アヘン戦争が勃発したのかを、当時のイギリスの動向に注目しながら考えてみよう。
- 南京条約と北京条約の内容を、それぞれ整理しよう。
- 洋務運動がなにを目指していたのか、その基本精神を理解しよう。
- 19世紀の朝鮮半島の動向を押さえよう。

1 清の危機と近代化政策

① 清朝支配の動揺と三角貿易

清の国内では、**乾隆帝の退位後**、18世紀末に**白蓮教徒の乱**が発生しましたが、正規軍は鎮圧に苦戦してしまいました。このとき、地方の有力者である郷紳が組織した私兵軍団の活躍によって反乱を平定したため、**清の軍事的な弱体化が露呈**しました。

また、対外関係においては、**清は朝貢貿易のほかにヨーロッパ諸国と民間貿易（互市）を行っていました**が、乾隆帝の時代に対ヨーロッパ貿易港は**広州**に限定されました。

ここで問題となったのは、清とイギリス（☞清との貿易を独占的に行っていたのは**イギリス東インド会社**）の貿易です。清からイギリスには**茶**が盛んに輸出されました。産業革命を本格化したイギリスにとっては、**安価な綿製品**を清に売りつけたいところですが、まったく輸出が伸びません（☞イギリスの輸入超過という片貿易でした）。むしろ、明代から家内制手工業が発達した中国では、綿製品は自国での生産で十分だったのです。**イギリスは茶を輸入する対価として銀を支払っていたため、次第に銀不足に悩まされます。**

こうした状況下で、イギリスは貿易改善を画策し、**清に自由貿易**

を要求しようと、18世紀末に**マカートニー**を派遣しましたが、イギリスが望む結果には至りませんでした。すると、イギリスは、従来通り清から茶を輸入し、植民地インドに機械製綿布を輸出してインドから清に**アヘン**（☞いわゆる麻薬のことです）を輸出する**アジア三角貿易**を展開しました。

清はアヘンの害悪性を警戒し、アヘン輸入を禁止しました。すると、イギリス東インド会社にかわって民間の貿易会社が清への**アヘン密輸**を積極的に行うようになります。やがて、**アヘンの密輸は激増し、その対価として銀が支払われたため、ついに清から銀が流出する**事態に陥りました。

●片貿易からアジア三角貿易へ

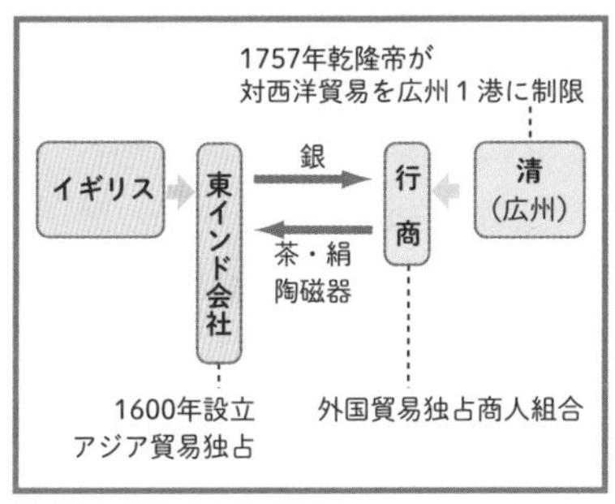

片貿易

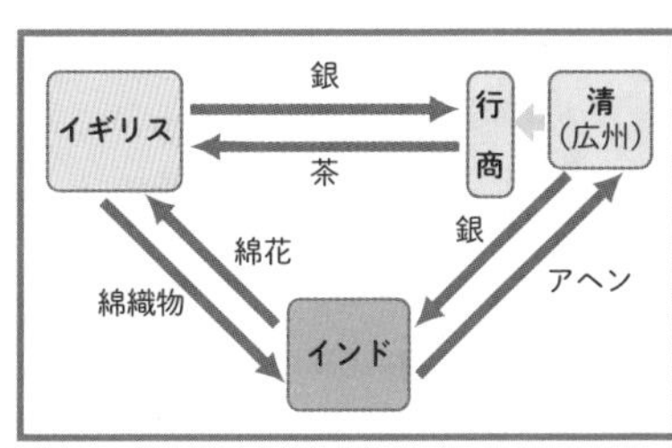

アジア三角貿易

清は、**林則徐**を広州に派遣して**アヘン密貿易の取り締まりを強化**しました。しかし、イギリスは自国の貿易を阻害されたと主張し、清に軍事侵攻して、**1840年**に**アヘン戦争**が勃発しました。この戦争に清は敗北し、1842年に**南京条約**をイギリスと結びました。

特徴の整理　～南京条約の内容～

- **香港島の割譲**☞現在の香港を構成する島
- **５港開港**：**広州**・福州・厦門・寧波・**上海**を開港
- **賠償金の支払い**：没収したアヘンの補償費など
- **行商（公行）の廃止**☞イギリスのアヘン輸出が増大

アヘン戦争後、**イギリスはさらに南京条約の「補足事項」**として五港（五口）通商章程を結び、清に**領事裁判権**を認めさせます。その後、**虎門寨追加条約**によって清は**関税自主権を喪失**し、イギリスに対して**片務的な最恵国待遇**を認めることになりました。こうした諸規定は、**典型的な不平等条約**です。

● **不平等条約の典型**

おもな規定	内容
治外法権	外国人が滞在国の法律や行政権に束縛されないこと
領事裁判権（治外法権の一種）	**領事が自国民を本国の法で裁く** ☞自国民に対する滞在国の司法の介入を認めない
関税自主権の喪失	**外国からの輸入品に関税をかける権利を失う**こと
片務的最恵国待遇	条約締結国の一方が、**ほかの国に有利な条件を与えた場合、その内容が自動的に適用**される（最恵国待遇）。ただし、もう一方の国にはこの原則を果たす義務がない（片務的）。

また、清は、アメリカと**望厦条約**や、フランスと**黄埔条約**を締結し、南京条約およびその「補足」「追加」でイギリスに与えた権利とほぼ同じ権利を承認しました。そして、清国内では**様々な特権を認められた外国人居留地の租界**がつくられるようになりました。

② 第２次アヘン戦争（アロー戦争、1856～60）

アヘン戦争後、イギリスは想定していた貿易の改善が進まず、清に対して条約改定の機会をうかがっていました。

すると、1856年にイギリスは**アロー号事件**を口実に清に出兵し、また、フランス（☞**ナポレオン３世**）もイギリスに同調して出兵します。こうして、**第２次アヘン戦争（アロー戦争）**が勃発しました。

第２次アヘン戦争に苦戦した清は、1858年にイギリス・フランス・ロシア・アメリカと**天津条約**を締結しましたが、**清の保守派の抵抗によって条約の批准にはいたらず戦闘が再開**されました。イギリス・フランスの連合軍は、清の都である北京を占領し、皇帝の離宮であった**円明園を破壊**してしまいました。

条約の「締結・調印」と「批准」とはどういう意味でしょうか？

国の指導者が条約を「締結・調印」し、条約の内容を再度確認することを「批准」といいます。主権(しゅけん)国家体制下では、「批准」を経ないと条約の発効が認められないのです。

清は、**1860年**に**北京条約**を締結し、ついに降伏(こうふく)しました。この条約では、**天津条約の内容を確認したうえで、追加条項が盛り込まれてしまいました**。

特徴の整理　～北京条約の内容～

- 賠償金の支払い☞追加条項で賠償総額が増額される
- **開港場の増加**：計10カ所☞追加条項で、**天津の開港**
- 外国人の内地旅行の自由／**キリスト教布教(ふきょう)の公認**
- **外交使節が北京に常駐☞清は主権国家体制に編入される**
- イギリスに**九竜(きゅうりゅう)半島先端部割譲**：香港島対岸の土地
- 中国人労働者の海外渡航(とこう)承認

※同じ頃、清は事実上**アヘン貿易を公認**する

主権国家体制に組み込まれた清は、**欧米諸国と対等な関係で外交交渉を展開**せざるをえなくなります。そこで、1861年には**総理各国事務衙門(がもん)**（**総理衙門**）を新設し、欧米諸国との外交交渉を行っていきます。

こうして、アヘン戦争と第2次アヘン戦争を通じて、**清を中心とする冊封体制が次第に崩壊(ほうかい)**していきます。

③ ロシアの極東(きょくとう)進出

不凍港(ふとうこう)を求めて南下をもくろむロシアは、清の弱体化に目をつけ、第2次アヘン戦争の混乱に便乗して1858年に清と**アイグン条**

約を締結し、**黒竜江**以北の地を獲得しました。その後、ロシアは、**北京条約**を1860年に結んで**日本海に面する沿海州を獲得**し、極東進出のための海軍基地である**ウラジヴォストーク**を建設しました。

また、**中央アジア方面**では、**ロシア領トルキスタン**（➡P416）の形成を進めるなか、**新疆でイスラーム教徒の反乱が発生**すると、これに便乗したロシアがイリ地方を占領しました。1881年、ロシアは清と**イリ条約**を締結し、イリ地方の大半を返還しましたが、**通商上の特権を獲得**しました。

❹ 太平天国の乱（1851～64）

アヘン戦争の敗北による賠償金の支払いは、民衆に重税となってふりかかり、銀の国外流出による物価の高騰は経済混乱を加速させました。

こうしたなか、**洪秀全**は**キリスト教の影響を受けて上帝会**（☞「上帝」とは唯一神ヤハウェをさします）を組織し、**1851年**には**太平天国の乱**を引き起こしました。洪秀全は、**太平天国を建国**すると、清の支配に対抗して勢力を拡大しながら北上し、南京を占領して**太平天国の都である天京**と改称しました。

また、**満洲人の風習である辮髪廃止**をうたい、**土地を男女隔てなく均等に分配する天朝田畝制度**を掲げました（☞ただし、天朝田畝制度は実施には至りませんでした）。

しかし、太平天国で内紛が発生したことに加え、**郷紳などの地方の有力者**（☞その多くは、漢人官僚です）らが**郷勇**という義勇軍を組織して太平天国の鎮圧にあたりました。そのなかでも、**曾国藩が組織した湘軍**や、**李鴻章が組織した淮軍**の活躍はめざましく、また、**第2次アヘン戦争が終結すると欧米諸国は清を支援**し、アメリカ人の**ウォード**やイギリス人の**ゴードン**が**常勝軍**を率いて反乱の鎮圧にあたりました。

最終的に、1864年に太平天国の乱は鎮圧されましたが、この反乱による被害は大きく、清は国家体制の再建に着手しなければなりませんでした。

⑤ 洋務運動（1860年代～90年代）

第２次アヘン戦争の終結や、太平天国の乱の鎮圧により、**清は同治中興と呼ばれる内政・外交上の安定期をむかえました**。また、反乱の鎮圧に際し、清の正規軍が無力さを露呈したことに加え、対外戦争でイギリス・フランスなどの軍事力の高さに衝撃を受けた清は、**同治帝**（☞ただし、政治の実権は母親の**西太后**が掌握しています）のもとで**洋務運動**を開始します。

洋務運動では、太平天国の乱の鎮圧で活躍した**曽国藩**や**李鴻章**などの**漢人官僚が中心**となり、「**中体西用**」**の精神のもとで軍事・産業の近代化**が目指され、兵器工場の設立や欧米的な軍事教育の導入のほかに、紡績会社や汽船会社の設立、鉱山開発、電信の敷設などが行われました。

「中体西用」ってどういう意味ですか？

これは、「皇帝による専制支配や儒学を学問の基盤とする**中国の伝統的な体制を維持するため**に、**西洋技術を用いる**」という意味だよ！

2 朝鮮の動向

流れの整理　～19世紀の朝鮮～
江華島事件→日朝修好条規→**壬午軍乱**→**甲申政変**→
甲午農民戦争（東学の乱）→**日清戦争**→朝鮮の独立

① 日本による朝鮮開国

朝鮮では、19世紀後半に**高宗**が即位しましたが、**父の大院君が摂政として実権を掌握**し、攘夷政策を行って外国の開国要求を退けていました。しかし、1870年代になると、**高宗の妃であった閔妃(びんひ/ミンビ)の一族**（☞**閔氏**(びんし)といいます）は、**大院君とその一派を退けて実権を奪いました。**

その後、征韓論(せいかんろん)（➡P440）を退けた日本の明治(めいじ)政府が、1875年に発生した**江華島事件**を機に、軍事力を利用して朝鮮に開国を迫り、翌年には**日朝修好条規（江華条約）**を締結して釜山(ふざん/プサン)をはじめとする3港の開港や、開港場での**日本の領事裁判権**（☞いわゆる**不平等条約**です）などを朝鮮に承認させました。

❷ 朝鮮国内の情勢：親清派 ✕ 親日派

日本の圧力が強まるなか、**閔氏政権の専横(せんおう)に不満を抱いた軍人**が1882年に都の漢城(かんじょう)で**壬午軍乱**と呼ばれる反乱を起こしました。この反乱に際し、**大院君が復権**して改革に着手しましたが、**清が介入**して大院君を捕らえ、閔氏政権を復活させました。

こうして、**閔氏は清に依存して政権を維持しようと画策**しますが、これに対し、**日本と結んで清からの独立と朝鮮の近代化を目指す開化派(独立党)の金玉均(きんぎょくきん/キムオッキュン)らが反発**しました。

清仏(しんふつ)戦争が発生した1884年には、**開化派が日本の支援のもとでクーデタを決行**し、閔氏政権を退けて実権を掌握しました。これを**甲申政変**といいます。しかし、清が**朝鮮に援軍を派遣し、開化派政権を打倒して閔氏政権を復活させました。**

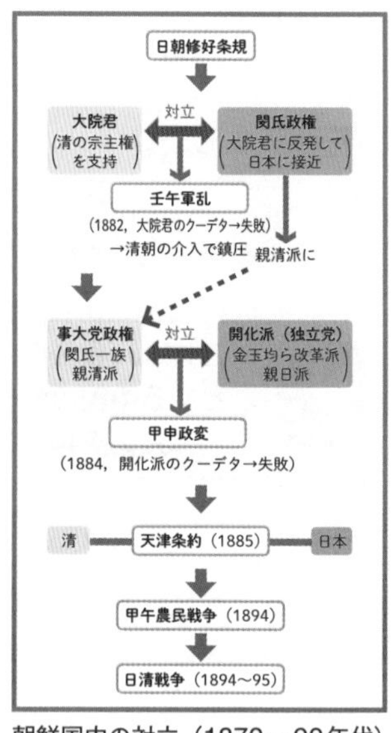

朝鮮国内の対立（1870～90年代）

甲申政変を受け、日本と清は1885年に**天津条約**を締結し、**両国の軍隊を朝鮮から撤兵(てっぺい)させることや将来の出兵にあたっては相互に事前通告する**ことなどを約束しました。

③ 日清戦争（1894～95）とその後の状況

朝鮮では、19世紀後半になると、**崔済愚**（さいさいぐ／チェジェウ）が**儒教**（じゅきょう）**・仏教・道教**（どうきょう）**に民間信仰を加えた東学という新宗教を創始**し、貧しい人びとを中心に急速に勢力を拡大していました。

東学の地方幹部の一人であった**全琫準**（ぜんほうじゅん／チョンボンジュン）を指導者に、**1894年**に**甲午農民戦争（東学の乱）**が発生すると、**日清両国は朝鮮に出兵して日清戦争が勃発**しました。この戦争に敗北した清は、1895年に**下関条約**（しものせき）を締結しました。

特徴の整理　～下関条約の内容～

- **朝鮮の独立**：清は、朝鮮との宗属（そうぞく）関係の廃止を承認
- **遼東半島**（りょうとう）**・台湾**（たいわん）・澎湖（ほうこ）諸島を日本に割譲
  ☞日本は台湾の植民地化を開始：民衆の抵抗を武力で抑圧
- 賠償金の支払い
- 清の**開港場での企業設立**：最恵国待遇で列強（れっきょう）にも適用
  ☞**中国への資本輸出が本格化**し、列強の経済侵略が加速

しかし、**極東方面への進出を狙うロシア**は、日本に対して遼東半島の返還を迫り、**ロシアの動きにドイツとフランスが同調して日本に対する三国干渉が行われました**。そのため、日本は遼東半島を清に返還しましたが、閔氏はロシアに接近して朝鮮における日本の影響力を排除しようと画策したため、**日本・ロシア両国の関係は悪化**していきます。

19世紀末頃の東アジア

COLUMN アジア諸地域の国際分業体制への編入

19世紀半ばから後半にかけて、対中国を含めた一連の不平等条約によって**東アジア各地に開港場が設置され、低関税の自由貿易が強要されたことにより、海上貿易は急速に拡大**しました。

中国は、生糸・茶の輸出を拡大しつつ、**アヘンの輸入代替化**（☞国産化に成功）によって**貿易黒字に転換して不景気から脱し**、財政が安定し近代化事業も進展しました。また、**開港場では、外国人に行政権を与えた租界が設置**（☞上海に初めて設置）され、欧米のインフラや企業・銀行の進出もみられ、租界は中国経済の中心地へと発展しました。

1870年代には、**汽船の発達と航路の整備が進み、電信網が各地に敷設された**ことから、アジア間の交流が盛んになり、インド産の綿糸や東南アジア産の米などの輸入によって、**アジア域内貿易**が拡大しました。また、東南アジアの植民地開発で労働力が不足すると、中国南部の沿岸地域から出稼ぎ移民が増加し、**東南アジアの華人社会の形成**を促しました。

THEME 4

〈歴史総合対応〉幕末から明治時代へ

ここで畝きめる!

- 幕末の日本が開国した理由やその影響について理解しよう。
- 薩摩藩や長州藩が倒幕運動に傾倒した背景を理解しよう。
- 明治政府の諸改革や外交政策を押さえよう。

1 日本の開国とその影響

❶ 日本の開国

江戸幕府は成立当初、**朱印船貿易**で**おもに東南アジアとの民間貿易を行っていました**が、17世紀前半に**「鎖国」**を実施して**幕府による貿易管理体制**がしかれました。

18世紀末になると、ロシアから**ラクスマン**が根室に来航し、19世紀初頭にはレザノフが長崎を来訪して、日本との通商を要求しました。幕府はこれを拒否し、19世紀前半には異国船打払令（無二念打払令）を出して**国内の諸藩に対して外国船を撃退するように命じました。**

しかし、アヘン戦争による清の敗北は、「鎖国」下における日本に衝撃を与えました。**江戸幕府は、諸外国との戦争を避けるために打払令を緩和**し、アヘン戦争終結直後の1842年に天保の薪水給与令を出して、**漂着した外国船への食料や水・燃料などの補給を認めました。**

1850年代になると、**ペリー**がアメリカ大統領の書簡をたずさえて大西洋からアフリカを廻航し、インド洋を経て琉球王国に到達しました。その後、1853年には浦賀に来航し、日本に開港を迫ったのです。

写真提供：那覇市歴史博物館

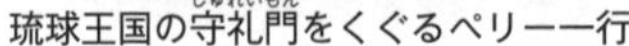
琉球王国の守礼門をくぐるペリー一行

ペリー

当時、幕府は対応に苦慮して事態を朝廷に報告するとともに、翌年に返事をすると約束してその場をしのぎます。武力による開港拒否が不可能だと判断した幕府は、翌年にペリーと**日米和親条約**を締結し、**下田**・**箱館**の２港の開港と、**アメリカに対する片務的な最恵国待遇**を認めました。その後、1855年には**日露和親条約**（**日露通好条約**）が締結され、**新たに長崎を開港**することになりました。

第２次アヘン戦争が勃発すると、アメリカ総領事ハリスは戦局を幕府に伝えて圧力をかけ、1858年に**日米修好通商条約**を締結しました。この条約により、幕府は神奈川（☞のち**横浜**）・箱館・長崎・新潟・兵庫（☞実際は現在の**神戸**）の５港を順次開港することになり、開港場には外国人の**居留地**が設置されました。また、アメリカに**領事裁判権を認めた**ほか、**関税自主権を失い**、その後、幕府は日米修好通商条約と**同様の条約をオランダ・ロシア・イギリス・フランスと結びました**。幕府がこれらの国々（☞アメリカを含む）と結んだ条約を、安政の五カ国条約といいます。

② 開国後の日本

開国当初、日本の最大の貿易相手国となったのはイギリスでした。日本は横浜をおもな貿易港とし、**生糸・茶・蚕卵紙を輸出**して、**イギリスなどの欧米諸国からは綿織物や毛織物を輸入**しました。そのため、**日本では生糸を生産する蚕糸業が成長**する一方で、**絹織物業は生糸価格の高騰にともない不振**に陥りました。

薩摩藩のように、クリミア戦争や南北戦争で使用された**武器や艦船を輸入することで軍事力を強化する有力な藩もあらわれ**、幕府側も同様に諸外国から武器を調達しました。欧米諸国との貿易により、開国からおよそ10年で日本の輸入総額のおよそ5分の1を武器と艦船が占めるようになりました。

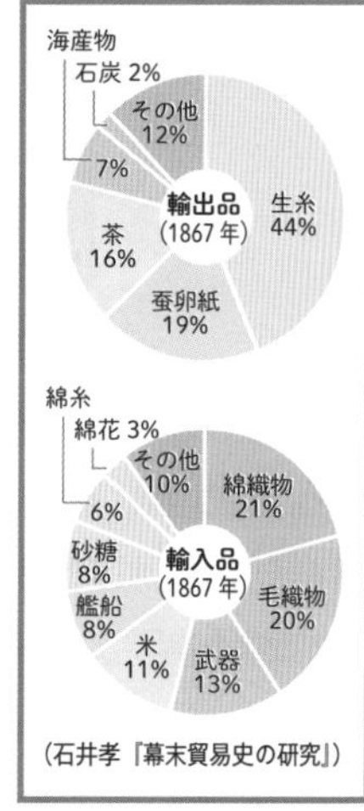

開国後の日本の輸出入品

③ 幕藩体制の動揺

開国と同時期に、江戸幕府に対する不満が高まりました。その要因の一つは、日米修好通商条約の締結に際し、列強に対して勝ち目がないと判断した**大老**（☞非常時に設置される幕府の最高職です）の**井伊直弼**が、**朝廷の許可を得ない状態で調印**したからです。

また、将軍継嗣問題において、井伊直弼は反対を押し切って徳川慶福（☞将軍に就任後、家茂と改名）を第14代将軍としました。こうした幕府の姿勢に反発して国内では**尊王攘夷運動**が高揚しましたが、井伊直弼は徹底した弾圧政策をとり、**安政の大獄**によって**吉田松陰らを処罰**しました。

天皇を中心とする「国体」を重んじていた人びとは、井伊直弼や幕府に対する不満を爆発させ、1860年には**江戸城に登城中の井伊直弼を殺害するという桜田門外の変**を起こしました。

桜田門外の変

大老の暗殺に動揺した幕府は、**幕府と朝廷を一つに結ぶ公武合体を進めました**。孝明天皇の妹であった和宮を将軍徳川家茂の妻とし、朝廷の意向によって徳川慶喜を将軍の後見職としました。しかし、尊王攘夷派の幕府に対する不満は懐柔されませんでした。

2 倒幕運動の高まりと明治政府の発足

① 倒幕運動の高まり

日本の開国当初、**薩摩藩（鹿児島藩）**や長州藩（萩藩）では「尊王攘夷」の声が高まりました。

薩摩藩が1862年に**横浜でイギリス人を殺害する生麦事件を起こす**と、イギリスは報復のために翌年に鹿児島湾に攻め込み、薩英戦争が勃発しました。この戦争で**イギリスの圧倒的な軍事力を目の当たりにした薩摩藩は、その後はイギリスと良好な関係を築きながら軍事力の強化につとめました。**

一方、**長州藩（萩藩）**は、1863年に関門海峡を通過する**イギリス・フランス・オランダ・アメリカの四国連合艦隊を砲撃**しましたが、翌年には報復攻撃を受けて下関の砲台を占領されてしまいました。

四国連合艦隊による下関砲台の占領

こうして、**薩摩藩や長州藩では、幕府を倒して欧米諸国に張り合える近代国家を建設しようとする気運が高まりました**。こうしたなか、尊王攘夷派が長州藩の実権を握ると、幕府はこれを警戒して2度にわたる長州征討（せいとう）を行い、薩摩藩にも出兵を要請（ようせい）しましたが、第2次長州征討では、薩摩藩の実権を握っていた西郷隆盛（さいごうたかもり）や大久保利通（おおくぼとしみち）は幕府の要請に応じませんでした。

倒幕の気運が高まっていた薩摩藩と長州藩は、1866年に土佐（とさ）藩出身の坂本龍馬（さかもとりょうま）と中岡慎太郎（なかおかしんたろう）の仲介（ちゅうかい）によって倒幕を目指す**薩長（さっちょう）連合**（**同盟**・**盟約**）を秘密裏に結びました。

❷ 明治（めいじ）政府の成立

薩長を中心とする倒幕運動が高まるなか、第15代将軍の徳川慶喜は、1867年に**大政奉還（たいせいほうかん）**を申し出て**政権を朝廷側に返上**し、徳川家を中心とする体制の立て直しを図りました。しかし、倒幕派の岩倉具視（いわくらともみ）は、薩摩藩や土佐藩などの協力を得て朝廷内の主導権を掌握（しょうあく）し、王政復古（おうせいふっこ）の大号令（だいごうれい）を出しました。**これによって、江戸幕府は崩壊（ほうかい）し、新たに明治政府が発足（ほっそく）しました**。この時期の日本における政治・経済・社会の一大変革を**明治維新**といいます。

旧幕府派は明治政府に反発し、1868年には政府軍と旧幕府軍とのあいだで起きた鳥羽（とば）・伏見（ふしみ）の戦いを契機に、**戊辰（ぼしん）戦争**（**戊辰の内乱**）が勃発しましたが、およそ1年半にわたって行われた戦争は明治政府軍の勝利に終わりました。

戊辰戦争のさなか、**明治天皇**は新たな国の方針として**五箇条（ごかじょう）の誓文（せいもん）**（**御誓文**）を発表し、**公議世論（こうぎよろん）による政治や欧米諸国から様々な知見を導入することを示しました**。戊辰戦争が終結すると、**東京遷都（せんと）**（☞東京を正式な都とする発表はなし）によって天皇および明治政府は東京に拠点を移します。その後、明治政府は、**版籍奉還（はんせきほうかん）**を命じて**諸藩に領地と人民を天皇に返上させました**。1871年には廃藩置県（はいはんちけん）を実施して旧大名の**知藩事（ちはんじ）**が支配する藩を廃止し、**新たに府や県を置くと、中央政府が派遣した府知事（ふちじ）や県令（けんれい）によって統治**しました。こうして、幕藩体制は完全に崩壊し、**明治政府を中心と**

SECTION 15 アジア諸地域の動揺

する中央集権体制が確立されました。

他方では、新たに統一的な戸籍をつくり、旧藩士や公家（くげ）を**華族**（かぞく）、武士を**士族**（しぞく）、そのほかを**平民**（へいみん）とするなど**身分制度が廃止**されて「四民平等（しみんびょうどう）」がうたわれました。

③ 富国強兵（ふこくきょうへい）と殖産興業（しょくさんこうぎょう）

明治政府は、**岩倉具視**を大使とする**岩倉（遣外（けんがい））使節団**を欧米諸国に派遣し、1871年からおよそ2年近くかけて**先進的な政治制度や産業・軍事技術などを学ばせ、日本の富国強兵を目指して軍事や産業の近代化事業に着手**しました。

岩倉（遣外）使節団

軍事力の強化として、1872年に徴兵告諭（ちょうへいこくゆ）を出して国民皆兵（かいへい）の兵役（へいえき）義務を示し、翌年には徴兵令（ちょうへいれい）を出します。また、安定した財源を確保するために、明治政府は1873年に地租改正（ちそかいせい）を実施して、従来の税制度を刷新しました。

さらに、**殖産興業**の発展に注力すべく、**明治政府は欧米諸国から優秀な技術者や学者を招いて**先進技術の導入を図りました。**電信**の敷設（ふせつ）や造船所の建設、鉱山（こうざん）開発の西洋式技術の導入などを進め、1872年には**新橋（しんばし）・横浜間に初の鉄道が開通**し、群馬県には官営模範（もはん）工場となる富岡（とみおか）製糸場が開設されました。

④ 教育・学問の近代化

明治政府は、**学制**を公布して小学校教育を義務化するなど教育改革にも着手しました。一方で、『学問のすゝめ』や『文明論之概略』を著した福沢諭吉や、西洋の啓蒙思想を民衆に紹介した中村正直のように、**国民のなかから欧米の近代思想を紹介しようとする動き**もみられました。

また、太陽暦が正式に採用され、1日を24時間、1週間を7日としたほか、洋食や洋服、ザンギリ頭が流行し、人びとの生活スタイルにも大きな変化がみられました。こうした**西洋の思想・文化・風俗を積極的に受容した社会の風潮を文明開化**といいます。

3 明治政府の外交と自由民権運動

① ロシアとの関係

明治政府は、北方開発に尽力し、1869年には蝦夷地を**北海道**と改称しました。1870年代には**失職した旧武士（士族）を北海道に移住させて屯田兵として開拓**させ、屯田兵は、開拓のみならず、ロシアからの防衛という役割を担っていました。

その後、明治政府は、ロシアの要求に応じて1875年に**樺太・千島交換条約**を締結し、樺太をロシア領、ウルップ島以北の千島列島を日本領としました。また、1899年にはアイヌの人びとの保護を名目に**北海道旧土人保護法（アイヌ人保護法）**を制定しました。

② 清と琉球との関係

明治政府は1871年に**日清修好条規**を締結し、**清と相互の主権を確認しあい、対等な関係のもとで国交を樹立**しました。しかし、ここで問題が発生します。それは、**清と日本に両属している琉球の帰属問題**でした。日本は、主権国家への移行を目指すにあたり、明確な領土を画定する必要がありましたが、日清修好条規では琉球をどうするか決めていなかったのです。

明治政府は、1872年に廃藩置県を琉球にも適用し、琉球藩として外交権を奪います。その前年、**台湾に漂着した宮古島の島民が殺害されるという琉球漂流民殺害事件が発生**していました。これを口実に明治政府は1874年に**台湾出兵**を強行します。清がこれに反発すると、明治政府が清側と会談し、交渉の結果、清は日本の台湾出兵の正当性を認めました。**明治政府は、清のこの対応を「琉球の住民が日本国民であることを認めた」と解釈して台湾から撤兵**し、1879年には**琉球処分**（**琉球領有**）によって琉球王国を廃止して**沖縄県**としました。

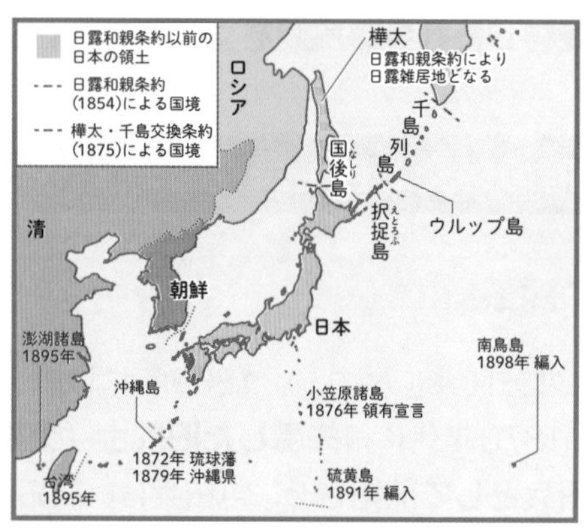

19世紀末頃の日本と周辺諸国の国境

③ 朝鮮との関係

明治政府は清に続いて朝鮮との国交樹立も試みましたが、**朝鮮は清との朝貢関係を重視したため日本との外交交渉に応じようとしません**でした。このとき西郷隆盛は、公式な使節を朝鮮に派遣し、それを拒否されれば軍事力に訴える理由ができる、そして、戦争になれば政府に不満をもつ士族に働き場所を提供できると考えていました。

こうして、明治政府内では、西郷隆盛のほかに板垣退助や江藤新平らが、**朝鮮半島を軍事的に征服しようとする征韓論**を唱えました。しかし、岩倉使節団が帰国すると、その一員であった大久保利通や木戸孝允は国内改革を最優先としたため、征韓論に反対し、**征韓論者は政府を去る**ことになりました。

❹ 自由民権運動の高まり

明治六年の政変で政府を去った**板垣退助**らは、政府に**民撰議院設立の建白書**を提出し、これを機に、各地で**自由民権運動**が拡大しました。明治政府の大久保利通は、立憲制への方向性を示しましたが、一方で、政府に対する批判を封じ込めようともしました。

また、**明治政府に対する士族の不満**は、1870年代に江藤新平が起こした佐賀の乱や、**西郷隆盛を首領とした西南戦争**となってあらわれました。しかし、近代化された政府軍によっていずれも鎮圧され、以後**反政府運動は武力ではなく、言論中心の自由民権運動が主流となります**。

また、**西南戦争は明治政府の財政を逼迫**させ、銀行券を大量に発行したことからインフレ（物価上昇）が発生しました。大蔵卿の松方正義は、増税と緊縮財政によってデフレ（物価下落）に転換させました（☞これを松方財政といいます）が、多くの農民が土地を失い、やがて**反政府的な過激な民権運動へと合流**していきます。

4 立憲体制の確立と内閣の発足

❶ 立憲体制の確立

1880年には、全国の自由民権運動家が集まって国会期成同盟を結成しましたが、政府は集会条例を出して規制をかけました。一方で、**政府内では、大隈重信から議院内閣制を導入する案が出されました**が、岩倉具視や伊藤博文はこれを時期尚早と判断し、**大隈重信を政府から追放**しました。

しかし、明治政府は国会開設の勅諭を出し、1890年に国会を開設することを国民に宣言しました。これを受け、板垣退助は自由党を結成し、大隈重信は立憲改進党を設立しました。

❷ 内閣制度と欧化政策

写真提供：アフロ

ビスマルクを尊敬する伊藤博文

明治政府は、憲法制定に着手するため、**伊藤博文**をヨーロッパに派遣し、**伊藤博文はドイツ帝国憲法をモデル**にしました。**天皇中心の国家体制の樹立を目指す明治政府にとって、皇帝権力の強いドイツ帝国憲法はまさに理想といえる**ものでした。帰国した伊藤博文は、1885年に**内閣制度**（☞内閣は、議会ではなく天皇に対してのみ責任を負う）をつくり、**みずから初代内閣総理大臣に就任**しました。

伊藤博文は、**不平等条約の改正に尽力**し、外務卿となった井上馨は、欧米諸国の代表者を集めて条約改正の予備会議を開き、鹿鳴館を建てて社交の舞踏会を開催するなど欧化政策を推進しました。また、井上馨は領事裁判権を撤廃する代償に外国人を判事に採用する考えを示しましたが、これが民権派の反発を買ったほか、極端な欧化政策に世論の批判も重なり、結果的に井上馨は辞職して**条約改正交渉は進展しませんでした。**

❸ 大日本帝国憲法の発布

伊藤博文が中心となって起草した憲法草案は、枢密院の審議を経て、**1889年**に**大日本帝国憲法**（**明治憲法**）として発布されました。これは、天皇が定める欽定憲法で、**主権は国民ではなく天皇にあり**、軍隊の統帥権や戦争の宣戦や講和、条約締結などの権限も天皇に帰属しました。一方、内閣総理大臣の任命権は天皇にありましたが、実際には元老という有力な政治家の推薦で決める慣行が続きました。

大日本帝国憲法では、国民は「臣民」とされ、言論・出版や結社の自由などは保障されたものの、いずれも法律の範囲内に限るものでした。また、**議会の開設**が決まり、帝国議会は**貴族院**と衆議院で構成され、衆議院議員は国民の直接選挙で選ばれましたが、**選挙権は一定の納税額に達する満25歳以上の男性に限られており**、当時の人口の約１％でした。そして、大日本帝国憲法を発布した翌年には、国家の精神的な柱として、忠君愛国（ちゅうくんあいこく）の道徳を説く教育に関する勅語（ちょくご）（教育勅語）が発布されました。

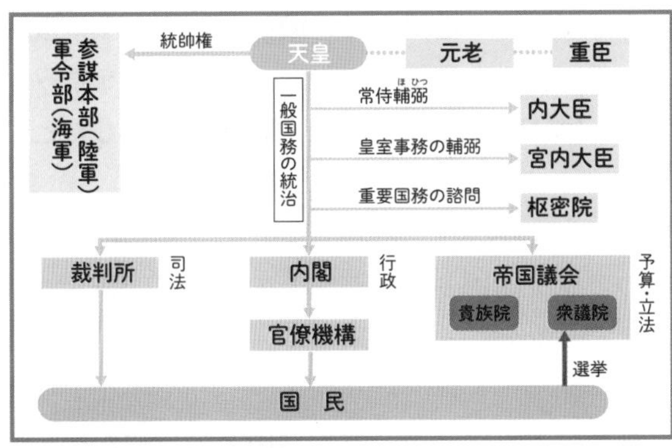

大日本帝国憲法下の国家機構

過去問にチャレンジ

歴史総合の授業で、世界の諸地域における人々の接触と他者認識について、資料を基に追究した。次の文章を読み、後の問いに答えよ。(資料には、省略したり、改めたりしたところがある。)

19世紀のアジア諸国と欧米諸国との接触について、生徒と先生が話をしている。

先生：19世紀はアジア諸国と欧米諸国との接触が進んだ時期であり、アジア諸国の人々と欧米諸国の人々との間で、相互に反発が生じることがありました。例えば日本の開港場の一つであった横浜の近郊では、薩摩藩の行列と馬に乗ったイギリス人の一行との間に、図に描かれているような出来事が発生しています。それでは、この出来事に関連する他の資料を図書館で探してみましょう。

(この後、図書館に移動して調査する。)

高橋：横浜の外国人居留地で発行されていた英字新聞の中に、この出来事を受けて書かれた論説記事を見つけました。

(ここで、高橋がⓐ英字新聞の論説記事を提示する。)

中村：この記事は、現地の慣習や法律に従わなかったイギリス人の行動を正当化しているように見えます。また、この出来事が、イギリス側でも、日本に対する反発を生んだのだと分かります。

先生：そのとおりですね。一方で、アジア諸国が欧米諸国の技術を受容した側面も大事です。19世紀のアジア諸国では、日本と同じく欧米の技術を導入して近代化政策を進める国が現れました。

問1　文章中の図として適当なもの**あ**・**い**と、後の**年表**中のa～cの時期のうち、図に描かれている出来事が起こった時期との組合せとして正しいものを、後の①～⑥のうちから一つ選べ。

図として適当なもの

あ

茨城県立図書館所蔵

い

横浜開港資料館所蔵

※編集部注：権利の関係で画像を差し替えています。

日本の対外関係に関する年表

1825年	異国船を撃退するよう命じる法令が出された。
↓	**a**
	上記法令を撤回し、異国船への燃料や食料の支給を認めた。
	b
	イギリス艦隊が鹿児島湾に来て、薩摩藩と交戦した。
	c
1871年	清との間に対等な条約が締結された。

① あ―a　② あ―b　③ あ―c
④ い―a　⑤ い―b　⑥ い―c

問2　下線部ⓐに示された記事の内容を会話文から推測する場合、記事の内容として最も適当なものを、次の①～④のうちから一つ選べ。

① イギリス人は、日本の慣習に従って身分の高い武士に対しては平伏すべきである。
② イギリス人は、日本においてもイギリスの法により保護されるべきである。
③ イギリス人は、日本の許可なく居留地の外に出るべきではない。
④ イギリス人は、日本が独自に関税率を決定することを認めるべきではない。

（令和７年度試作問題「歴史総合，世界史探究」）

問1　**図**は、先生の会話文に「アジア諸国の人々と欧米諸国の人々との間で、相互に反発が生じる」とあり、そのたとえとして「日本の開港場の一つであった横浜の近郊では、薩摩藩の行列と馬に乗ったイギリス人の一行との間に、**図**に描かれているような出来事が発生しています」と説明があります。ここで、両方の**図**を見たとき、**あ**は武士同士が争っているのに対し、**い**は武士と外国人（☞馬上の人物の服装や顔立ちなどを見てみよう！）が争っていることを読み取れます。つまり、**い**が、「薩摩藩（の武士)」と「馬に乗ったイギリス人一行」の争いだと判断できます。次に、**日本の対外関係に関する年表**ですが、薩摩藩の武士が、イギリス人一行を襲ったことの報復措置（そち）として「イギリス艦隊が鹿児島湾に来て、薩摩藩と交戦した」と推測できます。したがって、**い**・**b**の組み合わせとなるので 答え⑤ となります。なお、**あ**は桜田門外の変を、**い**は生麦事件を描いたものですが、**図**がどのような事件をあらわしているのかを判断できなくても、会話文などから推測できれば解答できます。つまり、日本史の語句知識よりも、できごとの内容や時代背景、そのできごとから推測される状況を判断できる力を求めているといえるでしょう。

問2　中村さんの会話文に「この記事は、現地の慣習や法律に従わなかったイギリス人の行動を正当化しているように見えます」とあるので、「イギリス人は、日本においてもイギリスの法により保護されるべきである」という選択肢が適切だと判断できます。したがって、答え② となります。

SECTION 16

帝国主義の時代とアジアの民族運動

THEME

1　第２次産業革命と欧米諸国の動向
2　列強の世界分割と列強体制の二極化
3　アジア諸地域の民族運動

欧米諸国の社会主義運動、日露戦争とその影響、清末から辛亥革命までの中国国内の動きは頻出！

19世紀後半から第一次世界大戦にかけて、欧米諸国は植民地を求めてアジア諸地域への進出を積極化していきます。一方、植民地化が進むアジア各地では、欧米諸国の支配に対して民族運動が高まります。

1　帝国主義時代の欧米諸国の動向

第２次産業革命と、1870年代以降の世界的な不況は、欧米諸国の経済体制を大きく転換させました。植民地を求めて対外膨張の気運が高まるなか、国内では労働運動や社会主義運動が高揚します。

2　清末から辛亥革命期の中国

「日清戦争」→「列強の経済進出」・「変法」→「義和団戦争」→「光緒新政」と「革命派の台頭」→「辛亥革命」→「袁世凱の独裁」という流れを押さえたうえで、それぞれの具体的な展開を整理しましょう。

3　アジア諸地域の民族運動

アジア諸地域では、19世紀後半から20世紀初頭にかけて、一部の知識人を主体とした民族運動が展開されます。なかでも、日露戦争における日本の勝利は、アジア各地の立憲運動に大きな影響を及ぼしました。

アフリカ分割やメキシコにおける民主化の展開、三国協商成立までの経緯は頻出！

帝国主義の時代に、アフリカとオセアニアは列強によって植民地化が加速しました。列強間の対立が深まるなか、ドイツと対立したフランス・ロシア・イギリスが接近し、三国協商が成立します。

□ アフリカ分割とオセアニア分割

アフリカ分割は、イギリスとフランスの動きを中心に整理しましょう。また、オセアニアはドイツの支配下に置かれた地域を大まかに押さえましょう。

□ メキシコ史

ラテンアメリカ諸国の多くは、軍部の独裁（どくさい）体制下にあり、経済的には欧米諸国に従属していましたが、メキシコでは、19世紀後半から20世紀前半にかけて民主化が進展しました。

□ 列強の二極化

ドイツの「世界政策」に対抗した、フランス・ロシア・イギリスは、個別に協力関係を築きあげ、三国協商を形成します。この間、ロシアの極東（きょくとう）進出を警戒した日本は、日英同盟を締結（ていけつ）してイギリスに接近しました。

帝国主義の時代における欧米諸国の国内事情は国ごとに異なるので、各国別に情報を整理しよう！　また、アジア諸地域は、中国の国内動向を優先的に押さえましょう。

THEME 1

第２次産業革命と欧米諸国の動向

ここで畝きめる！

- 第２次産業革命とその影響を理解しよう。
- 帝国主義とは何かを理解しよう。
- 帝国主義時代の欧米諸国の動向を、国ごとに押さえよう。

1 第２次産業革命とその影響

① 第２次産業革命

19世紀に急成長した近代科学の知見により、**19世紀後半**には新しい工業部門が発展しました。従来の蒸気機関や石炭にかわって**新たに石油や電気が動力源**となり、**アメリカやドイツで先行**して鉄鋼や化学工業などの**重化学工業**や、**電機工業**が発展するなど、**第２次産業革命**が進展します。

第２次産業革命を推進するにあたっては、**設備投資などで莫大（ばくだい）な費用がかかるので、いままで以上に巨額の資本を必要としました**。すると、各国内では、**少数の有力企業が統合**して**カルテル・トラスト・コンツェルン**などの**独占資本**が形成され、こうした一部の独占資本に**銀行が巨額の融資（ゆうし）を行う**ようになります。このような企業と銀行が結合した独占の形態を**金融資本**といいます。

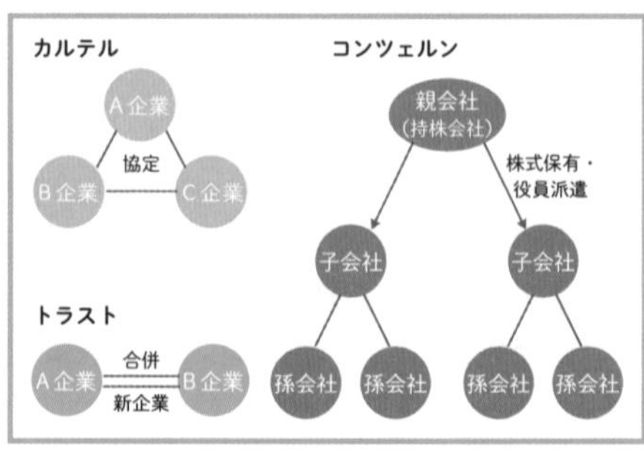

独占資本の形態

② 1870年代以降の世界的な不況

第２次産業革命が本格化する19世紀後半、欧米諸国は**1870年代以降の世界的な不況**（☞近年は、長期の「不況」というよりは**低成長**の時代に移行したとする説が一般的）に直面しました。こうした不況は、農業不況も重なってヨーロッパでは1890年代まで続いたとされており、**欧米各国は自国の産業を守るために保護貿易体制をとる**ようになり、国際市場が縮小していきます（☞つまり、輸出しても売れないということです）。

加えて、国内では資本的な体力の乏しい中小企業を中心に倒産や労働者の解雇があいつぐ一方、**銀行は独占資本との結びつきをさらに強め、独占資本は国や政府に強い影響力をもつ**ようになりました。また、失業などにより生活基盤を失った労働者は、仕事を求めて移民となり、鉄道や汽船などの移動手段が発達していたこともあり、特に**ヨーロッパからアメリカ大陸への移民が急増**しました。

2 帝国主義時代の欧米諸国

① 対外膨張の背景

不況のさなか、欧米各国はどうにかして自国の産業成長を促そうとします。そこで、**植民地獲得**を目指して**アジア・アフリカなどに積極的に進出**していきます。このような**1870～80年代以降**の欧米諸国による対外膨張、および植民地や勢力圏の獲得行動を**帝国主義**といいます。

欧米諸国にとって、植民地は**原料供給地や製品市場という位置づけにありましたが**、19世紀後半以降は、**国内で使い道のない余ったお金を大量に投資するという資本輸出（国外投資）先として注目**するようになりました。

また、欧米諸国はみずからを「先進的な文明」と位置づけて、アジア・アフリカに「非文明」のレッテルをはり、欧米諸国が先進的な文明をアジア・アフリカの植民地にもたらすことで、植民地人はその恩恵を受けることができるという「**文明化の使命**」**を掲げて自国の帝国主義を正当化**しました。

② 労働運動・社会主義運動の高まり

第２次産業革命と1870年代以降の世界的な不況は、各国の企業再編を加速させ、**中小企業の倒産や労働者の減給・解雇**があいつぎました。こうしたなか、労働者や失業者は**労働運動**を展開したほか、経済格差の是正と平等社会の実現を目指す**社会主義運動**に合流し、欧米諸国では社会主義を掲げる政党が成立しました。また、各国の社会主義勢力は、**フランス革命100周年を記念**し、**1889年**にパリで**第２インターナショナル**を結成して、帝国主義が激化するなかで反戦と平和を掲げました。

一方で、各国の政府は、**植民地開発でもたらされた利益を社会福祉(ふくし)に還元して福祉国家化することで、国民統合を強化する**ようになりました。

●欧米諸国の労働運動・社会主義

国名	社会主義政党や労働運動
イギリス	•**フェビアン協会**：漸進的(ぜんしんてき)な社会主義の実現へ ☞のちに**労働代表委員会**を結成 •**労働党**：1906年に結成／**議会を通じた社会改革**を目指す
フランス	•フランス社会党（統一社会党）：**議会を通じた**社会改革を主張 •サンディカリズム：議会や政党を否定 ☞労働者の直接行動を重視
ドイツ	•**ドイツ社会主義労働者党**：世界初の単一社会主義政党 ☞ビスマルクが制定した**社会主義者鎮圧法(ちんあつほう)**により非合法化 •**ドイツ社会民主党**：ドイツ社会主義労働者党が改称（1890） ☞**ベルンシュタイン**：**議会を通じた**社会主義へ（**修正主義**）
ロシア	•**ロシア社会民主労働党**：**マルクス主義**を標榜(ひょうぼう) ☞**ボリシェヴィキ**（指導者**レーニン**）と**メンシェヴィキ**に分裂 •**社会革命党**（**社会主義者・革命家党**、**エスエル**） **ナロードニキの流れ**をくむ／**テロによる専制(せんせい)政治の打倒**
アメリカ	•アメリカ労働総同盟（AFL）：熟練労働者の組織

③ イギリスの動向

イギリスは、**最大の植民地であるインド経営に注力する**ようになります。**保守党のディズレーリ内閣**は、財政難に陥(おちい)ったエジプトから**1875年**に**スエズ運河会社の株式を買収**し、**インドへ接続する最短航路を確保**すると、1877年には**インド帝国を完成**させ、翌年にはキプロス島の管理権を得て、地中海方面に南下を狙うロシアを牽制(けんせい)しました。

イギリスは、アフリカにも進出して1880年代にはエジプトを事実上保護国化し、19世紀末には**植民相ジョゼフ=チェンバレン**の指揮下で**南アフリカ戦争**（➡P466）を行いました。

また、イギリスは**資本輸出などの金融**や**保険・海運**などのサービスへと経済活動の重点を切り替え、**「世界の工場」から「世界の銀行」へと変貌(へんぼう)**し、ロンドンの**シティ**は国際的な商業センターから金融センターとなりました。

20世紀になると、自由党内閣の時代に**議会法**が成立し、**上院に対する下院の優越**が決まりました。その後、1914年には**アイルランド自治法が成立**しましたが、同年勃発(ぼっぱつ)した第一次世界大戦を理由に実施が延期されると、これに反発して**アイルランド武装蜂起(ほうき)**（**イースター蜂起**）が発生しました。この蜂起はイギリス軍によって鎮圧されますが、アイルランドの独立を支持する世論(よろん)が高まり、アイルランドの民族主義政党である**シン=フェイン党が独立運動の中心的な存在**となります。

一方で、**広大な植民地の維持費は財政を圧迫(あっぱく)**したため、イギリスは**白人が優勢な植民地を自治領**とし、自治を委託するかわりに植民地の防衛費を現地で負担させました。自治領は、19世紀後半の**カナダ連邦**を皮切りに、20世紀初頭には**オーストラリア連邦**、**ニュージーランド**、**南アフリカ連邦**と順次拡大していきました。

❹ フランスの動向

1870年代に第三共和政が確立したフランスでは、**議会内で反共和派勢力が台頭**するなど、政治体制は不安定な状態で、19世紀末頃には共和政の危機ともいえる2つの事件が発生しました。

1つ目は、**ブーランジェ事件**です。元陸相のブーランジェが、**国民の反ドイツ感情を利用してクーデタを起こす**のではないかという噂が流れ、**反共和派の中核であるカトリック教会や軍部の支持**を得ました。しかし、ブーランジェ自身がクーデタを否定したため、政府は危機を回避しました。

2つ目は、**ドレフュス事件**です。**ドイツのスパイ容疑をかけられたユダヤ系軍人のドレフュス**が軍法会議で有罪判決を受けましたが、その後、**冤罪であった**ことが発覚します。自然主義作家の**ゾラ**は「**私は弾劾する**」と題した大統領宛ての公開書簡を発表し、ドレフュスの釈放と再審を主張しました。**人権擁護を共和政や民主主義の根幹と考える政界人や知識人らは再審を主張**しましたが、**カトリック教会や反ユダヤ主義を掲げる団体らは有罪判決を支持**するなど、フランス国内の世論は二分されました。結果的に、ドレフュスは、再審ののちに恩赦され、その後、無罪判決を勝ち取りました。

これらの事件は、**反共和派の軍部やカトリック教会が絡んだため、第三共和政の危機を招きました**が、事件を克服したことにより、軍部やカトリック教会の威信は失墜して、共和派の勢力が拡大しました。20世紀初頭には、**政教分離法**が制定され、これにより**カトリック教会の政治介入を排除**し、第三共和政は安定化しました。

一方、ドレフュス事件における**反ユダヤ主義に衝撃**を受けたユダヤ人ジャーナリストの**ヘルツル**は、「ユダヤ人の故郷であるパレスチナに帰って、ユダヤ人の国家を建設しよう！」と主張し、これにより、**ユダヤ人の建国運動であるシオニズム**が高揚しました。

❺ ドイツの動向

1880年代末にドイツ皇帝に即位した**ヴィルヘルム2世**は、政策をめぐって宰相（さいしょう）のビスマルクと対立すると、**1890年**に**ビスマルクを辞職**させました。親政（しんせい）を開始したヴィルヘルム2世は、**「世界政策」**を推進し、**積極的な植民地拡大路線へと方針を転換**しました。

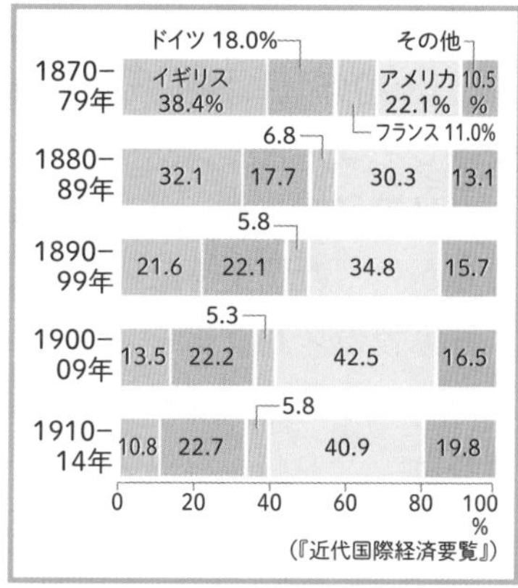

世界の工業生産における欧米諸国の割合

ドイツが外交方針を転換した理由を考えるために、右のグラフをみてください。1870年から1914年までの各国の割合の増減に注目してみましょう。

アメリカは増え続けているのに対し、イギリスは減り続けていますね。19世紀末頃には、ドイツとイギリスがほぼ同じ割合になっています。

その通り！　ドイツはイギリスを追い越すために「世界政策」を本格化したとみることができるでしょう。

そこで、ドイツは、**すべてのドイツ系民族の連帯と結集を説くパン=ゲルマン主義**を掲げ、オーストリアとの同盟を強固にしてバルカン半島への進出を企図します。その際、バルカン半島をめぐって**ロシアとの対立は避けられない**ため、ドイツは1890年に**ロシアとの再保障条約の更新を拒否**しました。

また、**海軍大国であるイギリスに対抗**するため、**海軍の大拡張**を目指して大規模艦隊（かんたい）の編制を行いました。こうして、ドイツは、**従来のフランスのみならず、ロシアやイギリスとも対立を深める**ことになります。

6 ロシアの動向

ドイツとの再保障条約が失効すると、ロシアにフランスが接近し、1890年代に**露仏同盟**が結ばれました。また、**フランス資本を受容**したロシアは、都市部を中心に近代産業の育成を推進したほか、**シベリア鉄道**を建設して**極東方面への進出を強化**しました。

しかし、近代化を急いだことで、労働者の負担は増え、都市部では労働者のストライキが発生しました。また、農村部では、地代の支払いに追われ、経済的に自由になれない農民の不満も高まっていました。

こうしたなか、1904年に**日露戦争が勃発**すると、都のペテルブルクでは生活苦に陥った民衆により、**平和を請願するデモ**が行われました。しかし、**軍隊が民衆に発砲する血の日曜日事件が発生する**と全国的な動乱に発展し、**1905年革命（第1次ロシア革命）**が発生しました。

革命のさなか、**労働者は、各工場の代表者による自治組織であるソヴィエト（評議会）を結成**して反政府運動を展開しました。軍隊の一部が革命に合流すると、皇帝**ニコライ2世**は**十月宣言**を発表し、**ドゥーマ**（☞帝政ロシア時代の「国会」をさします）**の開設**と**憲法の制定**などを約束しました。自由主義ブルジョワジーは、**立憲民主党**を結成して憲法制定の準備にとりかかり、首相となった**ウィッテ**は、自由主義改革を進めました。

しかし、**革命が次第に鎮静化するとニコライ2世は専制的な支配体制に戻そう**としました。首相となった**ストルイピン**は、**ドゥーマを解散**する一方で、**ミールの解体**に着手し、**自作農を創出する**ことで人口の大部分の農民を帝政の支持基盤にしようとしましたが、改革は順調に進まず、かえって農村部を混乱させました。

❼ アメリカの動向

棍棒外交の風刺画

アメリカでは、**ロックフェラー（1世）**が**トラスト**の方式でスタンダード石油会社を拡大するなど独占資本の形成が進み、経済の独占化と社会的格差が拡大しました。こうしたなか、**中産階級を中心に政界や経済界の浄化を目指す革新主義**が高まり、19世紀末から1910年代にかけて数回にわたる反トラスト法が制定されましたが、**独占の形成を防止することはできませんでした。**

外交面では、1889年に第1回**パン=アメリカ会議**を開催して以降、ほぼ定期的に開催し、アメリカがラテンアメリカ諸国を外交的指導下に置きました。その後、1890年代には、**フロンティアの消滅により国内市場が飽和したことで対外進出の気運が高まりました。**アメリカは、カリブ海と中米地域を「裏庭」と捉え、この地域一帯の覇権の獲得を目指して**カリブ海政策**を行い、また、**太平洋への進出**も進め、**中国市場への参入を図りました。**

● 帝国主義時代のアメリカ大統領

大統領	おもなできごとなど
マッキンリー	• スペインに対する**キューバの独立運動を支援** ☞**アメリカ=スペイン戦争（米西戦争）**の勃発（1898） ☞**フィリピン・グアム・プエルトリコ**を獲得 • **ハワイ併合**（1898） • 国務長官の**ジョン=ヘイ**が、**門戸開放宣言**を発表 ☞中国の**門戸開放・機会均等・領土保全**を列強に提唱
セオドア=ローズヴェルト	• **棍棒外交**：軍事力を背景としたアメリカのカリブ海政策 • プラット条項を受諾させ、事実上**キューバを保護国化** • **パナマ運河**の建設を開始（1904）
タフト	ドル外交：経済的・金融的手段を活用した外交政策
ウィルソン	**パナマ運河の開通**（1914）

過去問にチャレンジ

世界史上の工業・産業の変化に関する授業の様子を取り上げた次の文章A・Bを読み、後の問い（問1～3）に答えよ。

A　次のグラフは、18世紀半ばから20世紀前半にかけての世界の工業生産（手工業品を含む）における各地域のシェアをまとめたものである。このグラフについて、先生と生徒たちが議論している。

グラフ　工業生産のシェア

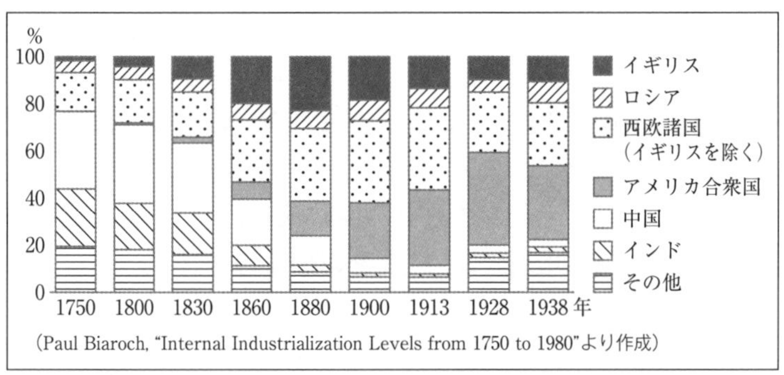

(Paul Biaroch, "Internal Industrialization Levels from 1750 to 1980"より作成)

先生：このグラフからどういうことが読み取れますか。

渡辺：1830年までは明らかにイギリスよりも［ア］の方が工業生産のシェアが高いです。でもその後、同じくらいになりますね。19世紀半ば以降の［ア］は度重なる戦火を経験し、それが影響を与えたのだと思います。また、不平等条約が結ばれた結果、［ア］に海外から工業製品が入ってくるようになったのも理由の一つだと思います。

木村：イギリスは1880年に最大のシェアを誇りますが、その後減少していきます。19世紀後半から西欧諸国と［イ］のシェアが拡大します。

先生：そうですね。西欧諸国や［イ］のシェアが拡大した理由は、第2次産業革命に成功したからです。20世紀になると［イ］のシェアは更に伸び、1928年までには西欧諸国を超えていますね。

問1　上の会話文中の空欄［ア］に入れる国・地域名あ・いと、空欄［イ］に入れる国・地域名X・Yとの組合せとして正しいものを、下の①～④のうちから一つ選べ。

［ア］に入れる国・地域名
あ　中国　　い　インド

［イ］に入れる国・地域名
X　アメリカ合衆国　　Y　ロシア

①　あ－X　　②　あ－Y
③　い－X　　④　い－Y

問1　［ア］について、1830年まで中国とインドの工業生産のシェアがイギリスよりも高いことは**グラフ**をみて判断できますが、渡辺さんの会話文に［ア］は「19世紀半ば以降」に「度重なる戦火を経験」し、「不平等条約が結ばれた」とあるので、アヘン戦争や第2次アヘン戦争に敗れ、南京（ナンキン）条約をはじめとする様々な不平等条約を締結（ていけつ）した**あ**．中国だと判断できます。また、［イ］は木村さんの会話文の「19世紀後半から…シェアが拡大」と、先生の会話文の「第2次産業革命に成功」「1928年までには西欧諸国を超えています」から、19世紀後半に第2次産業革命が本格化し、19世紀末には世界最大の工業国となった**X**．アメリカ合衆国だと判断できます。**Y**．ロシアは、「1928年」の時点で西欧諸国を超えていません。したがって、**答え ①**となります。

B　あるクラスで、鉄道の歴史に関する主題学習を行っている。

先生：19世紀の鉄道の歴史に関係する統計資料を用意しました。表を見て気付いたことを発表してください。

表　鉄道営業キロ数　　　　　　　　　　　　（単位：km）

年	イギリス	フランス	ドイツ	ロシア	インド	アルジェリア
1830	157	31	0	0	0	0
1840	2,390	410	469	(注2) 27	0	0
1850	9,797	2,915	5,856	501	(注3) 32	0
1860	14,603	9,167	11,089	1,626	1,341	(注4) 49
1870	(注1) 21,558	15,544	18,876	10,731	7,634	265
1880	25,060	23,089	33,838	22,865	14,666	1,310
1890	27,827	33,280	42,869	30,596	26,208	3,042
1900	30,079	38,109	51,678	53,234	39,531	3,587

(B.R.ミッチェル編『マクミラン世界歴史統計』、T. Banerjee, *Internal Market of India,1834-1900* より作成)

注記号を付けた数値については、(注1) 1871年、(注2) 1838年、(注3) 1853年、(注4) 1862年のデータを使用。なお、ドイツの鉄道には、オーストリアの鉄道を含まない。アルジェリアの鉄道には、チュニジアの鉄道を含む。

豊田：ドイツとロシアの鉄道営業は、1830年にはまだ始まっていません。

岡田：やがてそのロシアの鉄道営業キロ数が、表中の他のどの国よりも大きくなります。ロシアは、その頃までに［　ウ　］います。

先生：ドイツの鉄道建設は、ドイツ関税同盟の発足と同じ頃に始まります。当時のドイツには、［　エ　］という関税同盟と同様の役割を、鉄道に期待した人もいました。では、表から言えることを、パネルにまとめてください。

問2　上の会話文中の空欄［　ウ　］に入れる語句あ・いと、空欄［　エ　］に入れる文X・Yとの組合せとして正しいものを、後の①～④のうちから一つ選べ。

ウ に入れる語句

あ　シベリア鉄道の建設を開始して

い　東清鉄道の一部の利権を日本から譲渡されて

エ に入れる文

X　諸邦の分立状態からの統一を促進する

Y　植民地などを含めた排他的な経済圏を作る

① あ — X　　② あ — Y

③ い — X　　④ い — Y

問3　生徒たちがまとめた次のパネルの正誤について述べた文として最も適当なものを、下の①～④のうちから一つ選べ。

豊田さんのパネル

表中のイギリス植民地における鉄道営業キロ数が、1900年にはイギリス国内の鉄道営業キロ数を上回っていた。

岡田さんのパネル

七月王政下のフランスにおいて、鉄道営業キロ数がイギリスの３分の１以下、ドイツの２分の１以下の年が表中にある。

早瀬さんのパネル

オスマン帝国の支配下に入る前から、アルジェリアでは鉄道が建設されていた。

① 豊田さんのみ正しい。

② 豊田さんと岡田さんの二人が正しい。

③ 三人とも正しい。

④ 三人とも間違っている。

(2021年度　本試験(第２日程)　世界史B)

問2 [ウ]について、岡田さんの会話文の「ロシアの鉄道営業キロ数が、表中の他のどの国よりも大きくなります」は、表の1900年だとわかり、その頃までのロシアの内容として適切なものは**あ**.「シベリア鉄道の建設を開始」です。1890年代に露仏同盟を結んだロシアは、フランス資本を導入して工業化を進め、シベリア鉄道の建設を開始して極東進出を積極化します。一方、**い**.「東清(とうしん)鉄道の一部の利権」は、日本から譲渡(じょうと)されたのではなく日本に譲渡します。[エ]は先生の会話文「当時のドイツ（※直前に「ドイツ関税同盟の発足(ほっそく)と同じ頃」とある）には、[エ]という関税同盟と同様の役割を、鉄道に期待した人もいました」から、ドイツ関税同盟の役割として適切なものは、**X**.「諸邦の分立状態からの統一を促進する」となります。**Y**.「植民地などを含めた排他的な経済圏」は、世界恐慌(きょうこう)に際してアメリカ・イギリス・フランスなどが行ったブロック経済をさします。したがって、**答え** ①となります。

問3 **豊田さんのパネル**.「イギリス植民地」に表中で該当するのはインドで、1900年の時点でインドの鉄道営業キロ数が「39,531」であるのに対し、イギリスは「30,079」なので「イギリス国内の鉄道営業キロ数を上回っていた」といえます。**岡田さんのパネル**.「七月王政下のフランス」は表中の1830年と1840年が該当します。この時期、フランスの鉄道営業キロ数が「31」「410」なのに対し、イギリスは「157」「2,390」、ドイツは「0」「469」となります。ここから「鉄道営業キロ数がイギリスの3分の1以下」とはいえますが、「ドイツの2分の1以下」とはいえないので、誤りとなります。**早瀬さんのパネル**. 表をみると、1860年代にアルジェリアで鉄道の建設がはじまっていたことがわかります。オスマン帝国支配下のアルジェリアは、1830年にフランスのシャルル10世によって侵略され、その後、1840年代にフランスの直轄(ちょっかつ)植民地となります。1860年の時点ではフランスの植民地であり、アルジェリアの鉄道建設は、オスマン帝国の支配下に入る前ではなくフランスの支配下に入った後だといえるので、誤りです。したがって、**答え** ①となります。

THEME 2

列強の世界分割と列強体制の二極化

ここで勘きめる!

- アフリカ・オセアニア(太平洋地域)が、列強にどのように分割されたのかを押さえよう。
- ラテンアメリカ諸国の一般的な政治・経済状況を押さえたうえで、メキシコの展開を理解しよう。
- ビスマルク体制が崩壊し、新たに生まれた列強間の国際体制を理解しよう。

1 アフリカ分割

1 アフリカ分割の本格化

19世紀には、**イギリス人**宣教師(せんきょうし)の**リヴィングストン**や**アメリカ人**ジャーナリストの**スタンリー**の探検によってアフリカ内陸の実態が明らかになりました。

スタンリーの探検を支援したベルギー王レオポルド2世が、アフリカ中央部の**コンゴ**の領有を宣言すると、列強(れっきょう)が反発しました。ドイツ帝国宰相(さいしょう)のビスマルクは、列強間の勢力均衡(きんこう)を維持すべく、1884年に**ベルリン会議(ベルリン=コンゴ会議)**を開催しました。

この会議では、アフリカの植民地化にあたり、**ヨーロッパ人の安全や商業活動を保証する実効支配**を行った国家が他国に通告したうえで占領できる**先占権**(せんせんけん)や、沿岸地域の植民地はその後背地(こうはいち)も保有できるという**境界画定**(きょうかいかくてい)などの原則が確認され、これを機に**アフリカ分割**が加速しました。

会議の結果、**コンゴ自由国**が成立しましたが、**その実態はベルギー王の私領**であり、のちにベルギー政府の管理下に置かれました。

② イギリスの進出

アフリカ縦断政策を唱えるローズの風刺画

イギリスは、**アフリカ縦断政策**を展開し、エジプトのカイロと、南アフリカのケープタウンの接続を狙いました。

アフリカ北・中部では、イギリスはエジプトやスーダンへの進出を強化し、1882年に**事実上エジプトを保護国化**したのちに、1898年には**スーダンの制圧**を完了しました。

一方、**アフリカ南部**では、イギリスは1815年の**ウィーン議定書でオランダからケープ植民地を獲得**していましたが、イギリス支配を嫌ったオランダ系移民の子孫である**ブール人**（**アフリカーナー**）は、ケープ植民地の北方に移住し、**トランスヴァール共和国**と**オレンジ自由国**を建国しました。**両国ではダイヤモンド鉱山が発見**されました。1880年代にトランスヴァール共和国内で**金鉱山**がみつかると、**ケープ植民地の首相であったローズ**は同国への干渉を計画しますが、これは失敗に終わりました。

その後、**本国の植民相ジョゼフ=チェンバレン**のもとで、1899年にトランスヴァール・オレンジ両国への侵略がはじまり、**南アフリカ戦争**が勃発しました。**ブール人の激しい抵抗で苦戦**したものの、この戦争に勝利したイギリスはブール人国家の領有権を得て、のちに**南アフリカ連邦**という自治領をつくりました。

南アフリカ連邦では、**ブール人などの少数の白人が、大多数の黒人を差別する**ような政策（☞のちにアパルトヘイトと呼ばれます）が導入されました。

③ フランスの進出

フランスは19世紀前半に植民地化した**アルジェリア**を起点に、西アフリカ・サハラ地域と東部の**ジブチ**との連結を目指す**アフリカ横断政策**を展開しましたが、1881年に**チュニジアを保護国化**したことが**イタリアの反発を買い、三国同盟の成立を促す結果**となりました。

また、スーダンに進出した際、マフディー運動（➡P485）を鎮圧した**イギリス軍と対峙するファショダ事件**（1898年）が発生しました。すでにドイツとの対立を抱えていた**フランスは、イギリスに譲歩**して不用意な対立を回避しました。こうしたフランスの対応は、ドイツとの対立を深めつつあったイギリスの関心を買い、1904年には**英仏協商**が成立し、**エジプトにおけるイギリスの優越と、モロッコにおけるフランスの優越を相互に承認**しました。

英仏協商の成立により、フランスはモロッコへの進出基盤を固めましたが、これに**ドイツ皇帝ヴィルヘルム２世が反発**して1905年に突如モロッコに乗り込みました。その後、1911年にはドイツ軍艦がモロッコ南部に進出してフランスを牽制しました。これらの事件を総称して**モロッコ事件**といいます。事件は、２回にわたってイギリスがフランスを支援し、国際的に孤立した**ドイツが譲歩する**ことになりました。そして、1912年にフランスは正式に**モロッコを保護国化**し、その一部をスペインに譲渡してドイツのモロッコ進出の野望は打ち砕かれました。

④ アフリカの独立国

アフリカ分割が加速した19世紀末から20世紀初頭にかけて、独立を維持した２つの国がありました。

１つは、**アフリカ西岸のリベリア共和国**です。この国は、アメリカで解放された奴隷がアフリカに帰還して19世紀前半に建てた国です。リベリアは、主権国家としてヨーロッパ諸国から認知されたので、植民地化をまぬかれました。

2つ目は、**アフリカ東部のエチオピア帝国**です。19世紀末に**エリトリア**を植民地化したイタリアは、その南部の**エチオピアに侵入**しましたが、エチオピアは**アドワ**でイタリア軍を撃退し、自力で独立を維持しました。

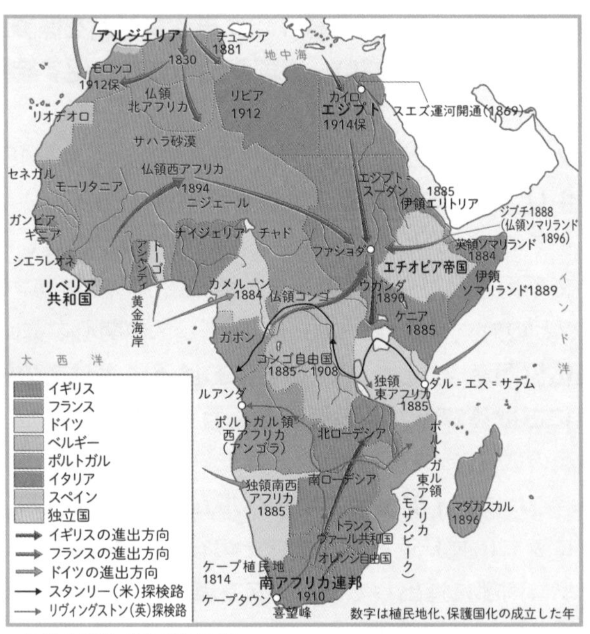

アフリカ分割(20世紀初頭)

なかには、直線的な境界線がありますね。

そうですね、列強の都合で一方的に境界線が画定したので、アフリカは独立したあと、民族・宗教対立を抱えることになります。

2 オセアニア(太平洋地域)の分割

オセアニアとは、「オーストラリアとニュージーランドを含む、太平洋に浮かぶ島々」とイメージしましょう。アフリカ分割と同様に、オセアニアは列強の分割の対象となります。

イギリス人の**クック**は、18世紀後半に数回に及ぶ航海を経て、太平洋地域のほぼ全域を探検し、また、**オーストラリアやニュージーランドをイギリス領と宣言**しました。

オーストラリアは、**イギリスの流刑植民地**となりましたが、19世紀前半には**牧羊業を中心に発展**し、19世紀半ばには**金鉱発見**にともない、移民が世界中から殺到する**ゴールドラッシュが発生**しました。しかし、移民として流入した**中国人労働者への反発**が強まったため、オーストラリアでは20世紀初頭に、**白人以外の移民受け入れを禁止する白豪主義**がとられました（☞1970年代に廃止）。一方、オーストラリアの先住民であった**アボリジニー**は、イギリス植民地の時代に、白人系入植者による迫害や病気の蔓延によって、人口が激減しました。

ニュージーランドは、19世紀半ば頃にイギリスの植民地化が決定すると、先住民である**マオリ人**の激しい抵抗運動が発生しましたが、イギリスに鎮圧されてしまいました。なお、ニュージーランドは、19世紀末に、**世界初の女性参政権が実現した**ことでも知られます。

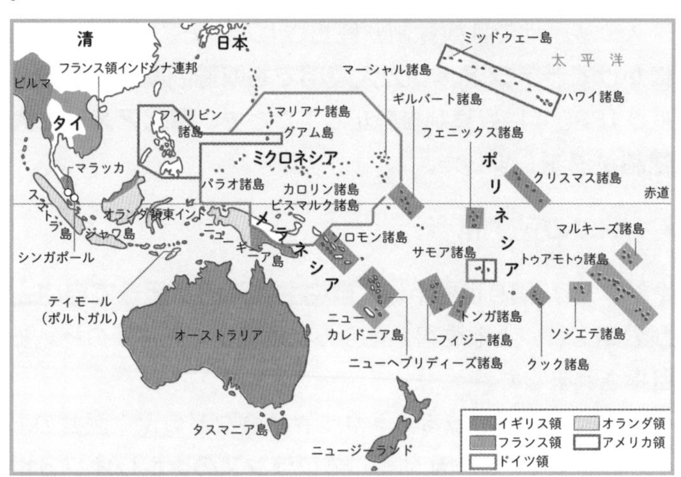

列強によるオセアニア分割

3 ラテンアメリカ近代史

① ラテンアメリカ諸国の一般的な状況

ラテンアメリカ諸国は、19世紀前半にその多くが独立を達成しましたが、**政治的には大土地所有者や大商人など一部の白人が実権を掌握(しょうあく)した状態**が続き、国民の多くは政治参加の権利をもちませんでした。

経済的には、農産物や原材料など一次産品の対欧米輸出が拡大し、19世紀後半になると**イギリス資本が投下され、鉄道の敷設(ふせつ)が進み、冷凍技術を備えた汽船(きせん)が導入**され、アルゼンチンの**牛肉**などの食料輸出が盛んになりました。輸出品はほかに、ブラジルの**コーヒー**、キューバの**砂糖**、チリの硝石(しょうせき)（☞火薬の原料）などが知られています。一方で、**工業製品は欧米諸国からの輸入に依存**したため、従属的に世界経済に組み込まれていきました。

また、19世紀前半にイギリスが奴隷貿易と奴隷制を廃止し、フランスも1848年に奴隷制を廃止したため、カリブ海地域のイギリス・フランスの植民地では奴隷制が廃止されました。その後、**19世紀半ばにかけてラテンアメリカ大陸部でも奴隷制廃止が進展**し、ブラジルが1888年に奴隷制を廃止したことで、**南北アメリカ大陸から奴隷制が消滅(しょうめつ)**しました。

② メキシコの民主化

メキシコでは、19世紀半ばに**自由主義革命が起きて自由主義的憲法が公布**され、土地改革や教会の特権(とっけん)廃止、先住民の権利拡充などが目指されました。

その後、改革に反対するカトリック教会などの保守派とのあいだで内乱が発生すると、内乱に乗じて**フランスのナポレオン3世がメキシコ遠征（出兵）を行って傀儡(かいらい)政権を樹立**しました。しかし、民衆の抵抗や、南北戦争を終えたアメリカの非難などによって、**ナポレオン3世はメキシコから撤退(てったい)**しました。

また、**自由主義派は内乱に勝利し、民主的な改革に着手**しましたが、1870年代後半にクーデタで実権を握った**ディアス**が独裁（どくさい）政治を強行し、**地主（じぬし）階級の特権を復活**させたほか、**イギリスやアメリカの資本に依存**しました。

ディアス独裁政権のもと、拡大した経済格差によって困窮化（こんきゅうか）した民衆は、自由主義者の呼びかけのもとで**1910年**に武装蜂起（ほうき）を開始し、**メキシコ革命**が勃発しました。この革命でディアスは失脚して自由主義者が大統領となりましたが、**農民運動の指導者であったサパタ**やビリャなどが農地改革を求めて蜂起するなど、政情は不安定化しました。しかし、革命の混乱を収拾した自由主義派は、1917年、**土地改革・地下資源の国家管理・労働者権利の保障などを規定**した民主的な**メキシコ憲法**を制定しました。

4 列強体制の二極化

❶ ドイツの「世界政策」

ドイツ皇帝**ヴィルヘルム２世**は、三国同盟を軸に、**バルカン半島から中東（ちゅうとう）・インド洋を目指す「世界政策」**を展開します。日本では、ドイツの帝国主義政策を、拠点（きょてん）となった**ベルリン・ビザンティウム**（イスタンブル）・**バグダード**の３都市の頭文字をとって**３Ｂ政策**といいます。19世紀末には、オスマン帝国から**バグダード鉄道の敷設権**を獲得し、**アナトリアの都市からバグダードを経てペルシア湾に接続**する計画を本格化します。

また、バルカン半島や西アジアへの進出にあたっては、ロシアの南下政策とぶつかる可能性があり、ドイツは**ロシアとの再保障条約の更新を拒否**しました。

一方で、イギリスがインド洋支配を確保するためにとった帝国主義政策は、日本では拠点となった**カイロ・ケープタウン・カルカッタ**の３都市の頭文字をとって**３Ｃ政策**といいます。

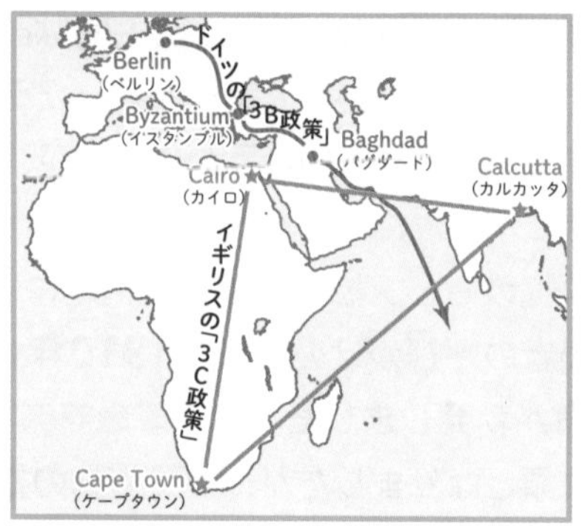

３Ｂ政策と３Ｃ政策

また、ドイツは、イギリスに対抗するために**海軍の大拡張**を行いました。こうした、ドイツの挑戦的な姿勢に対し、ついにイギリスは「**光栄ある孤立**」(☞19世紀後半のイギリスが、他国と同盟を結ばずに孤立を維持していた状態をさします）**を放棄**(ほうき)して、積極的にドイツ包囲網(もう)を形成していきます。

② ドイツ包囲網の完成

ドイツがロシアとの再保障条約の更新を拒否すると、フランスがロシアに接近し、1890年代に**露仏同盟**が成立しました。

また、**ロシアが極東**(きょくとう)**進出を本格化**するなか、イギリスはロシアの極東進出を妨害し、ロシアをバルカン半島に再度注目させてドイツとの対立をあおろうとしました。

そこで、**満洲**(まんしゅう)**や朝鮮への進出を狙ってロシアと対立していた日本に注目**し、イギリスは1902年に**日英同盟**を締結(ていけつ)しました。そして、日本とロシアのあいだで**日露戦争が1904年に勃発**すると、イギリスは、戦争に巻き込まれることを警戒して、**ロシアと同盟を結んでいたフランスとのあいだに英仏協商を締結**しました。

日露戦争が日本の勝利に終わると、日本は日仏協約や日露協約を締結し、満洲・朝鮮における自国の権益を列強諸国に承認させます。一方で、イギリスは、西アジア・バルカン半島への進出を狙うロシアとのあいだに1907年に**英露協商**を締結し、**イランにおける勢力**

範囲や**アフガニスタンにおけるイギリスの権益**などを取り決めました。これでロシアはバルカン半島への進出に集中できるようになり、ドイツとの対立を深めていきました。こうして、ドイツの動きを警戒する**イギリス・フランス・ロシアは三国協商という協力体制を構築**し、**ドイツ・オーストリア・イタリアが結んだ三国同盟**と対立しました。

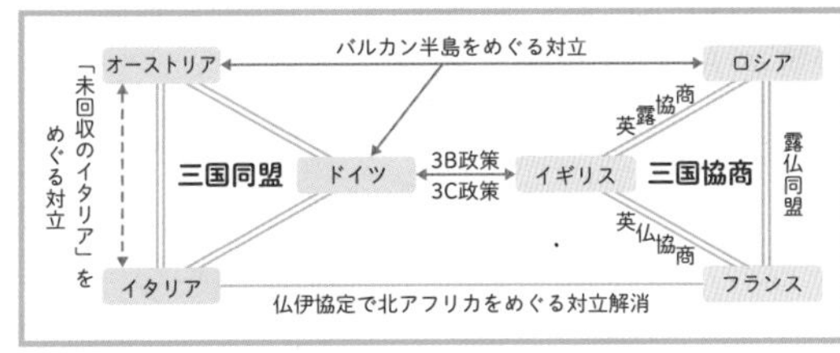

列強体制の二極化

THEME

3 アジア諸地域の民族運動

ここで働きめる!

- 清末に行われた諸改革とその特徴や、辛亥革命に至った背景を理解しよう。
- 日本の条約改正と、日清戦争・日露戦争が日本にどのような影響を与えたのかを理解しよう。
- アジア各地で起きた民族運動や反帝国主義運動を地域別に覚えよう。

1 中国(清末～辛亥革命期)と朝鮮

① 変法運動と列強の中国進出

日清戦争(➡P431)**に敗北した清**では、伝統的な支配体制を根本から見直す動きがあらわれました。**康有為**は、洋務運動の限界を痛感し、弟子の**梁啓超**とともに**清の支配体制を抜本的に変えていこうとする「変法」を主張**しました。

康有為らは、1898年に**光緒帝**に登用され、**戊戌の変法**と呼ばれる一連の政治改革に着手しました。この改革では、学校制度が整えられ、**日本の明治維新をモデルに憲法制定や議会の開設による立憲君主政への移行が目指されました**。しかし、急激な改革案に保守派だけでなく官僚内部でも反発が起き、**西太**

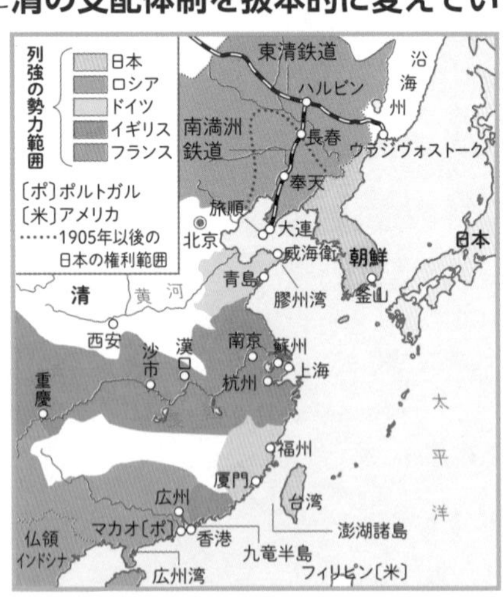

列強の中国への経済進出
(注：図中の大半の勢力範囲は、実効性がなく名目的なもの)

后は**戊戌の政変を起こして「変法」派を弾圧**し、**光緒帝を幽閉**しました。

一方、日清戦争後に遼東半島を獲得した日本に対し、ロシアとフランス、ドイツが三国干渉を行って清に遼東半島を返還させると、**ロシアは、領土返還の見返りとして東清鉄道の敷設権を清から獲得**しました。また、下関条約で清が日本に対して開港場での企業設立を認める（➡P431）と、これは、**片務的最恵国待遇によって列強にも適用**されました。すると、列強は1898～99年にかけて中国への経済進出を加速させ、清から鉄道敷設権や鉱山採掘権を獲得し、領土の**租借**（☞「借りる」という形式をとりますが、事実上の領土割譲）や**勢力範囲（勢力圏）**の画定が行われました。

● 列強の租借地と勢力範囲

国名	租借地	勢力範囲
ドイツ	**膠州湾**☞青島市を建設	山東半島（**山東省**）
ロシア	**遼東半島南部（旅順・大連）**	満洲・モンゴル
イギリス	**威海衛／九竜半島（新界）**	長江流域
フランス	**広州湾**	広東・広西・雲南
日本	1905年にロシアから遼東半島南部の租借権などを譲渡される	**福建省**：台湾の対岸

一方、アメリカは、中国市場への参入を狙い、国務長官の**ジョン=ヘイ**が**門戸開放宣言**を発して列強の中国進出を牽制しました。

こうした列強の進出に、清の知識人は亡国の危機を覚え、「変法」の失敗後に日本に亡命していた梁啓超は、列強の動きを「中国分割」と表現するとともに、**従来の「清」などの王朝名にかわって、国民国家としての「中国」という概念を創出**しました。

列強の中国進出にともない、宣教師が清を訪れてキリスト教の布教を行いますが、儒教秩序を重んじる人びとのあいだでは、**教案（仇教運動）と呼ばれるキリスト教排斥運動**が各地で発生しました。こうしたなか、宗教結社の義和団がキリスト教会や鉄道施設などを破壊し、**「扶清滅洋」**（☞「清を扶けて外国〈洋〉を滅ぼす」という意味）を掲げて1900年に北京に入城すると、**清は義和団を支持して列強に宣戦布告**しました。これを**義和団戦争**といいます。この戦争では地理的に清に近い**日本とロシアが中心**となり、**8カ国連合軍**が派遣されて義和団は鎮圧され、**1901年**に清は**北京議定書**（**辛丑和約**）を締結しました。この議定書により、**清は列強の北京駐屯権を認め、巨額の賠償金を支払う**ことになりました。

❷ 朝鮮の独立と日本の進出

それでは、次に**朝鮮の状況**をみていきましょう。

日清戦争の結果、**清が朝鮮の独立を承認した**ことを受け、朝鮮は1897年に国号を**大韓帝国**（☞便宜上「**韓国**」と呼ばれますが、現在の大韓民国ではないので注意してください！）と改称し、**主権国家であることをアピール**しました。その間、朝鮮内部で王妃を中心に親ロシア派勢力が拡大すると、日本は**閔妃殺害事件**を起こし、高宗はロシア大使館に避難するなど、朝鮮をめぐる日本とロシアの対立が明らかになってきました。

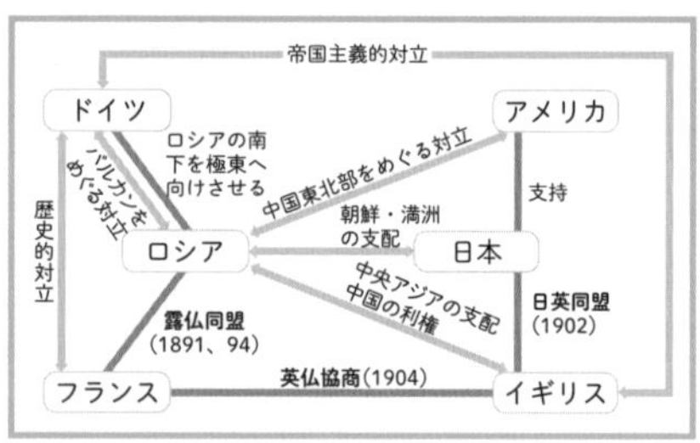

20世紀初頭の国際関係

中国で**義和団戦争が鎮圧**されたのち、ロシアは**満洲占領**（**東北地方駐留**）**を継続**して韓国への進出を画策したため、日本との対立が深まり、ついに**1904年**には**日露戦争**が勃発しました。

日本は**日本海海戦**でロシアに勝利したものの、戦争を続行する余力がなくなりつつありました。一方、ロシア国内では**1905年革命**（**第1次ロシア革命**）が発生したため、ロシアも戦争継続が困難になり、**アメリカのセオドア=ローズヴェルト大統領の仲介**によって1905年に**ポーツマス条約**が締結されました。

特徴の整理　～ポーツマス条約の内容～

- ロシアは、日本に対して**韓国の指導・監督権**を承認
- **遼東半島南部**（旅順・大連）の租借権を日本に譲渡
  ☞日本は、遼東半島南端部（旅順・大連）を関東州と命名
- 日本は、**南満洲鉄道**の敷設権と沿線の利権を獲得
- ロシアは、日本に**南樺太**を割譲

その後、日本は1907年に**日露協約**を締結し、**東アジアにおける両国の勢力圏を画定**させました。なお、日露戦争は日本の勝利として植民地支配を受けるアジア各地に伝わり、「立憲制国家は専制国家に勝つ」として広範な地域に影響を及ぼしました。

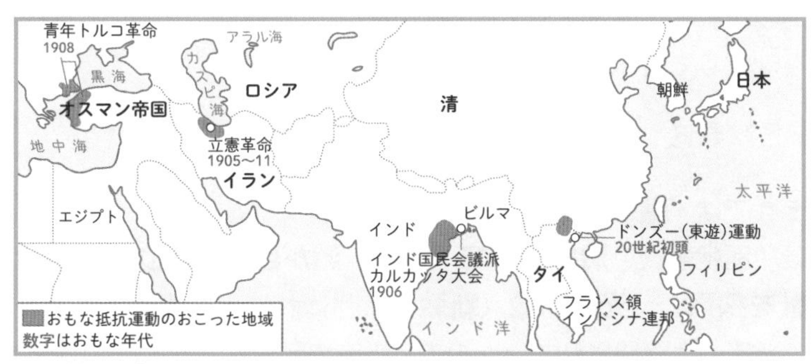

日露戦争の影響

さらに、日本は、1904～07年にかけて**韓国と3回にわたる日韓協約を締結**しました。日露戦争が終結した1905年に結んだ**第2次日韓協約**では、**外交権を奪って韓国の保護国化を行った**のち、韓国の外交事務を管理して内政を監督するために統監府を設置して、**伊藤博文**を初代**統監**（☞統監府の長官）とします。

韓国は、第2次日韓協約の不当性を訴えるべく、**オランダのハーグで開催されていた第2回万国平和会議に密使を派遣**しましたが、列強は日本を支持して密使の主張を受け入れようとしませんでした。

韓国併合後の東アジアの様子

これを**ハーグ密使事件**といいます。この事件を受け、日本は第3次日韓協約を締結し、**韓国の内政権を奪い、軍隊を解散**させました。

こうしたなか、**日本支配に対する義兵闘争が激化**し、**伊藤博文はハルビン駅で安重根によって暗殺**されました。その後、**1910年**に日本は**韓国併合**を実施し（☞これ以降、国号である「韓国」を廃して「朝鮮」と呼びます）、天皇直属機関である**朝鮮総督府**を設置しました。朝鮮総督府は、軍事力を背景とした**武断政治**を行い、**税収入を安定的に確保するために土地調査事業**を行って、土地の所有者を確定させて地税負担者としたほか、所有者不明な土地を没収して日本人に売却しました。

③ 光緒新政と革命派の台頭

それでは、**話を朝鮮から清に戻します**。

義和団戦争後、**清はかつて「変法」派が目指した立憲君主政の方針を採用**し、**光緒新政（新政）**と呼ばれる近代化改革（☞ただし、光緒帝は幽閉されていたので、当時の元号にちなんだ名称です）に着手します。

この改革では、新たな学校制度の整備が進められるとともに**科挙の廃止**が行われ、**各省には西洋式陸軍である新軍が整備**されたほか、**列強の企業に対抗するために国内実業が振興されて民族資本家が成長**しました。また、**大日本帝国憲法をモデル**にした君主権力の強い**憲法大綱**が発布され、**国会開設の公約**もなされました。この時期には**日本への留学生も増加**しましたが、留学生の多くは日本に亡命した**立憲派や革命派と交流するなかで次第に反清的な気風をもつ**ようになり、帰国後、その多くは新軍の将校となりました。

一方で、清の現状に失望し、清を打倒して新しい近代国家の建設を主張する革命派も台頭しました。**興中会**を結成した**孫文**は、清を打倒するための革命運動を展開し、1905年には**東京で革命諸派を統合して中国同盟会を結成**しました。孫文は、新しい国家の建設にあたって**三民主義を目標**に掲げました。

孫文

特徴の整理　～三民主義とは～

- **民族の独立**：満洲人国家の清を打倒し、漢人国家の建設へ
- **民権の伸長**：君主政を廃して主権在民の共和政を採用
- **民生の安定**：国家主導の土地改革により、社会問題を改善

④ 辛亥革命（1911～12）とその後の展開

光緒新政の実業振興のなか、清で成長した**民族資本家**は、列強に奪われた**鉄道敷設権や鉱山採掘権などを買い戻す利権回収運動を展開**しました。

こうしたなか、清は**1911年に幹線鉄道の国有化を宣言**し、**民族資本家らが利権回収した鉄道を担保にして列強から資金を借りよう**としました。この政策に反発し、民衆を主体とする**四川暴動**が発生すると、湖北**新軍内の革命派が武昌蜂起を行い**、湖北省の清からの独立を宣言して**辛亥革命**が勃発しました。

革命が全国に波及するなか、ほかの省もあいついで独立すると、1912年1月、南京で**孫文**を**臨時大総統**とする**中華民国の建国**が宣言されました。しかし、まだ清が滅亡したわけではなく、この時点で中国には清と中華民国が並立していました。

清は、**軍人の袁世凱を起用**して孫文らとの交渉を試みますが、**袁世凱は孫文と取り引き**を行って2月に**宣統帝**（**溥儀**）**を退位**させて**清を滅ぼし**、3月には**孫文から臨時大総統の地位を譲り受けました**。孫文らは国民党に集って議会政治の実現を目指しましたが、北京を拠点に中華民国の実権を掌握していた**袁世凱は、議会を無視して独裁色を強めた**ため国民党と対立し、1913年には**第二革命**が勃発しました。この闘争で袁世凱に鎮圧された**孫文は、日本に亡命して秘密結社的な中華革命党を組織**しました。

一方、**袁世凱は正式な大総統に就任**して権力を強化し、その後、1915年末には皇帝に即位して帝政の復活を目指しました。しかし、革命派の軍人らが第三革命を起こして**袁世凱の帝政に反対**し、列強の圧力もあり、**袁世凱は帝政の取り消し**を宣言してその直後に急死しました。

袁世凱の死後は、その**部下たちが各地に軍事的指導者として割拠**し、相互に抗争・協力し**軍閥を組織して北京政府の実権を掌握**したため、民主主義の実現にはほど遠い状況となりました。

⑤ モンゴルとチベットの独立気運

清では、非漢人が優勢なモンゴル・チベット・新疆などを藩部として自治を委ねていましたが、**光緒新政によって中央政府の権限が強化される**なか、中央から**漢人官僚が派遣されて藩部などを統括する**ようになりました。

従来、**清では漢人と非漢人は同等とされていたので、ここに漢人との上下関係が生まれる**ことになります。こうした事情から、モンゴルやチベットを中心に独立気運が高揚しました。

また、孫文が三民主義のなかで掲げた**「民族主義」では、「漢人国家の建設」がうたわれた**ため、辛亥革命が勃発して三民主義を理念とする中華民国が成立すると、漢人でない**外モンゴルの独立宣言**や**チベット独立の布告**がなされました。

外モンゴルは、その後中国内の自治領となりましたが、**チョイバルサン**らが主導したモンゴル人民党のもとで1921年に独立を実現しました。1924年には、ソ連（➡P497）の影響下で**国名をモンゴル人民共和国**へ、モンゴル人民党を**モンゴル人民革命党**へと改称し、**ソ連につぐ世界で２番目の社会主義国**となりました。

一方、**チベット**では、**ダライ=ラマ13世のもとで近代化が行われ**て独立の準備が進められましたが、正式な独立には至っていません。

2 〈歴史総合対応〉日本

❶ 不平等条約の改正

日本は、1890年代から**不平等条約の改正**に向けてのイギリスとの交渉を再開することになります。日本は1894年にイギリスと日英通商航海条約を締結して**領事裁判権の撤廃に成功**し、その後、イギリス以外の欧米諸国とも領事裁判権を撤廃することに成功しました。

また、**日清戦争**後に三国干渉を受けた日本では、ロシアに対する敵対感情が高揚し、**軍備拡張と産業育成を進める**ことになります。

❷ 日清戦争後の国内政治

軍備拡張を進める日本は、第３次伊藤博文内閣のもとで1898年に**地租の増徴案**が出されましたが、自由党や進歩党はこれに反対して否決し、その後、両党は憲政党を組織しました。伊藤内閣の退陣を受け、**初の政党内閣となる大隈重信内閣が発足**しましたが、憲政党の分裂によって短期間で退陣しました。

その後、第２次山県有朋内閣は、**軍部大臣現役武官制**を定めて、**陸軍・海軍の両大臣を現役武官から選出する**ことを制度として確立し、政党の影響力を弱めようとしました。憲政党は、政党政治に対して理解のあった伊藤博文に接近し、**伊藤博文を総裁とする立憲政友会を結成**しました。

③ 日本の産業革命

松方正義が、中央銀行である**日本銀行を設立する**と、安定した貨幣制度が確立されて**多くの株式会社が誕生**しました。こうして、1880年代後半には**紡績や綿糸などの軽工業を中心に産業革命がはじまります**。造船や鉱山は、政府との関係が深い三菱や三井などの政商が官営事業の払い下げを受け、やがて**三菱財閥**と**三井財閥**へと成長しました。

1890年代後半になると、**日本は欧米諸国と同じように金本位制を採用**したほか、**日清戦争賠償金**を用いて鉄鋼業や造船業などを育成しました。そのため、**重工業の分野も成長**し、1901年には北九州に建てられた官営の**八幡製鉄所**が操業を開始しました。また、海運では1885年に**日本郵船会社が誕生**し、日清戦争や日露戦争による船舶の需要拡大とともに、造船業が発達しました。

紡績業においては、**渋沢栄一**が設立した**大阪紡績会社**がインド産綿糸に対抗して生産力を向上させ、1890年代になると、**綿糸の生産量が輸入量を上回り**ました。その後、**1890年代末頃には輸出量が輸入量を上回り**、20世紀初頭には中国や朝鮮への綿織物の輸出が増加しました。一方、**製糸業**（**蚕糸業**）の分野では、器械製糸の普及によって農家は養蚕に専念できるようになり、**工場制による大量生産が可能**となりました。

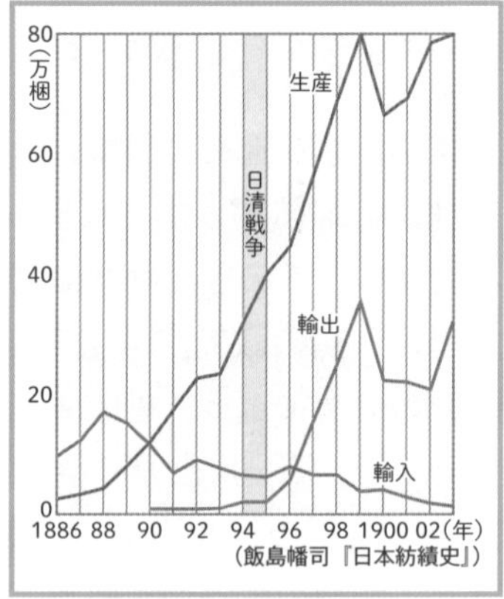

綿糸の生産量・輸出入量の推移

技術革新は農業にも及び、新たな肥料の開発などによって**米の生産量が増加**しましたが、**食料生産が人口増加に追いつかず**、日本は19世紀末から米の輸入国に転じました。

一方で、**工場労働者の低賃金や長時間労働が問題化**し、19世紀末に労働組合期成会(きせいかい)が結成されると、各地で労働者のストライキが発生しました。政府は、**治安警察法**を制定し、労働運動などを取り締まる一方で、労働者を保護するための**工場法**を制定しました。

産業革命と並行して**義務教育の整備**も進められ、小学校への就学率は上昇しました。また、高等教育の拡充も行われ、**国立の帝国大学では官僚や技術者を養成**しました。福沢諭吉(ふくざわゆきち)の慶應義塾(けいおうぎじゅく)や大隈重信の東京専門学校（☞現在の早稲田(わせだ)大学）など、私立の高等教育機関も次々と設立されました。

4 日露戦争

対外関係においては、19世紀末以降にロシアとの対立が深まり、内村鑑三(うちむらかんぞう)や**幸徳秋水(こうとくしゅうすい)**らが戦争に反対するなか、1904年には**日露戦争**が勃発しました。開戦後、**与謝野晶子(よさのあきこ)**は戦地に赴(おもむ)いた弟を思い、「君死にたまふこと勿(なか)れ」という詩を発表しました。

戦争は事実上、日本の勝利となりましたが**賠償金を得られなかった**ため、民衆の不満は高まりました。東京の日比谷(ひびや)公園では、講和(こうわ)反対国民大会が開催され、**条約の破棄(はき)を求めて一部の民衆が暴徒化する日比谷焼打ち事件**が発生しました。一方、日露戦争を通じて列強の一員となった日本は、**不平等条約の撤廃**を進め、1911年には**関税自主権(かんぜいじしゅけん)の回復に成功**しました。

3 東南アジア・南アジア・西アジア

1 東南アジアの民族運動

この時代の東南アジアを学ぶ際、必ず宗主国(そうしゅこく)とセットで具体的にどのような運動が発生したのかを覚えましょう。

● 東南アジアの民族運動

地　域	宗主国	主要な人物名（組織）・具体的な運動など
フィリピン	スペイン ↓ アメリカ	• **ホセ=リサール**：**政治小説**でスペイン支配を批判 ☞平和的な独立を目指したが、のちに銃殺(じゅうさつ)される • **アギナルド**：**フィリピン革命**を指導 ☞アメリカ=スペイン戦争中に帰国し、独立宣言 ☞**フィリピン（マロロス）共和国**の大統領へ ☞**フィリピン=アメリカ戦争**でアメリカに降伏(こうふく)
ベトナム	フランス	**ファン=ボイ=チャウ**：**維新会**(いしんかい)を結成（1904） ☞日本へ留学生を送る**ドンズー（東遊）運動**
インドネシア	オランダ	**イスラーム同盟（サレカット=イスラム）**

② 南アジア（おもにインド）の民族運動

中国産の茶に対抗して**スリランカやインド東部では茶プランテーション**が行われたほか、**インド人による綿紡績業が発展**し、工場制綿工業で安価な綿製品を製造するなど、民族資本家が成長しました。一方、イギリスは、**インドの伝統的な風習にも介入**し、夫の死後に残された妻が火葬(かそう)の際に殉死(じゅんし)する**サティー（寡婦**(かふ)**殉死）**と呼ばれる風習を19世紀前半に禁止しました。

イギリスは、インド人エリートを懐柔(かいじゅう)してインド支配に協力させようと、1885年に**インド国民会議を結成**しました。国民会議は**当初は、親英的な組織**でしたが、イギリスが1905年に**ベンガル分割令**を出して**ヒンドゥー教徒とムスリムの居住区を分けようとする**と、反英色が強くなりました。

ヒンドゥー教徒とムスリムを分けて住まわせようとした理由は何ですか？

宗教上の違いを強く意識させることで、民族運動の分断を狙ったんですよ。

国民会議では**急進派のティラクらが台頭**し、1906年には**カルカッタ大会を開催**し、**英貨排斥・英製品の不買**、**スワデーシ（国産品愛用）**、**スワラージ（自治獲得）**、**民族教育**（☞植民地支配を正当化するような教育を排除）の**4綱領を採択**しました。

こうして、国民会議は、**イギリス支配に抵抗する政治結社として国民会議派と呼ばれる**ようになります。一方、**インド内で少数派のムスリム**は、イギリスの支援のもとで政治的な権利を獲得しようと**全インド=ムスリム連盟**を結成し、ヒンドゥー教徒主体の国民会議派に対抗しました。

その後、イギリスはインドへの懐柔策を行いつつ、1911年には**ベンガル分割令を撤回**し、インド支配の拠点を**カルカッタからデリーに移して反英運動の鎮静化**を狙いました。

③ 西アジアの民族運動

思想家の**アフガーニー**は、**ヨーロッパの植民地支配に対抗するためには、宗派を問わず全てのムスリムが一致団結すべきである**と主張します。これを**パン=イスラーム主義**と呼び、西アジア各地の民族運動に大きな影響を及ぼします。地域ごとにその具体的な運動を押さえておきましょう。

地域	主要な人物名(組織)・具体的な運動など
エジプト	•**ウラービー運動**：「**エジプト人のためのエジプト**」 ☞指導者**ウラービー**：**立憲制**樹立と**議会開設**を要求 •イギリスが鎮圧☞**事実上エジプトを保護国化**（1882）
スーダン	**マフディー運動**（1881～98） ☞イギリス・エジプト連合軍が鎮圧し、**スーダンの制圧**に成功
イラン	•**タバコ=ボイコット運動**（1891～92） ☞国王がイギリスにタバコの独占的利権を与えたことに反発 ☞利権回収に成功／イギリスに賠償金を支払い、財政難へ •**イラン立憲革命**（1905～11）：憲法制定・国民国家を宣言 ☞**英露協商**の成立（1907）：イギリスとロシアの干渉を受ける
オスマン帝国	•「**青年トルコ人**」：憲法復活を要求／「**統一と進歩団**」が中心 •**青年トルコ革命**（1908）：**ミドハト憲法の復活** •「青年トルコ人」政府の発足（1913）：**トルコ民族主義**を採用

SECTION 17

第一次世界大戦と戦後の世界（1920年代中心）

THEME

1　第一次世界大戦とロシア革命
2　ヴェルサイユ体制と1920年代の欧米諸国
3　戦間期のアジア諸地域の民族運動

総力戦（そうりょくせん）とその影響、ロシア二月革命と十月革命の結果、ヴェルサイユ体制の特徴、1920年代のアメリカは頻出（ひんしゅつ）！

第一次世界大戦では総力戦が行われ、戦争の長期化で交戦国の国力は疲弊（ひへい）しました。大戦中、ロシアでは史上初となる社会主義政権が発足（ほっそく）。戦後にはヴェルサイユ体制が形成されました。

1

第一次世界大戦と
ロシア革命

第一次世界大戦は史上初となる総力戦となり、交戦国では労働力不足を補うために女性が工場労働力となりました。一方、ロシアでは、1917年に2度にわたって起きた革命を経て、社会主義政権が発足します。

ヴェルサイユ体制と
国際協調主義

大戦後には、ヴェルサイユ体制というヨーロッパの国際秩序（ちつじょ）が形成されたほか、国際連盟が発足して集団安全保障体制がとられました。また、1920年代には国際協調の気運が高まり、平和の維持と軍縮（ぐんしゅく）が進展しました。

1920年代の
欧米諸国の動向

アメリカは、大戦を通じて債務国（さいむこく）から債権国（さいけんこく）へと躍進し、空前の繁栄期をむかえました。一方、ヴェルサイユ体制に不満をもつイタリアではファシズムが生まれ、ドイツは賠償（ばいしょう）問題や大インフレに苦しみました。

トルコの世俗(せぞく)主義、イギリス・フランスの委任統治(いにんとうち)、アジア各地の大衆的民族運動は頻出！

戦間期のアジア諸地域では、独立を目指す民族運動が展開され、これは大規模な民衆を巻き込んで大衆運動へと発展しました。また、コミンテルンの影響により、各地で共産党が組織されました。

☐ 戦間期の西アジア

トルコ共和国は政教分離による国家の世俗化を目指しますが、アラビア半島ではイスラーム教を国教とする国家が成立しました。また、旧オスマン帝国領の多くは、イギリス・フランスの委任統治下に置かれました。

☐ 戦間期の南アジア・東南アジア

ガンディーの非暴力・不服従運動は、大衆運動へと発展し、イギリスは対応に苦慮しました。また、東南アジア各地では、民族運動に社会主義運動が合流し、宗主国(そうしゅこく)に対する独立闘争が過熱していきます。

☐ 戦間期の東アジア

朝鮮や中国では、大戦後に日本支配に対する大衆運動が展開されました。しかし、中国の場合、国民党と共産党の対立によって内戦が発生し、日本は大陸進出を画策して満洲(まんしゅう)における利権の拡大を狙うようになります。

第一次世界大戦中の総力戦を押さえ、これが戦後の欧米諸国にどのような影響を与えたのかを意識しましょう。また、第一次世界大戦後の欧米諸国やアジア諸国の動向は、国ごとにできごとを整理しよう！

THEME 1

第一次世界大戦とロシア革命

ここで畝きめる!

- 第一次世界大戦が勃発した原因にいたるバルカン情勢を理解しよう。
- 第一次世界大戦で初めて行われた総力戦とは何か、そして、その国内への影響を理解しよう。
- ロシア二月革命とロシア十月革命の特徴と、その後の展開を押さえよう。

1 バルカン半島の危機

① ドイツ・オーストリア・ロシアの思惑(おもわく)

ドイツは、**ヴィルヘルム2世**のもとで**「世界政策」**を推進するなかで、ドイツ系民族の連帯を説く**パン=ゲルマン主義**を掲げ、**オーストリアとともにバルカン半島への進出を画策**しました。一方、バルカン半島ではスラヴ人の民族意識が高揚(こうよう)し、スラヴ人の団結と統合により、オスマン帝国やオーストリア支配からの解放を目指した**パン=スラヴ主義**が高まり、**セルビアがその中心国**となります。**ロシアは同じスラヴ人の保護を掲げてパン=スラヴ主義を利用**し、バルカン半島への影響力拡大を狙っていました。

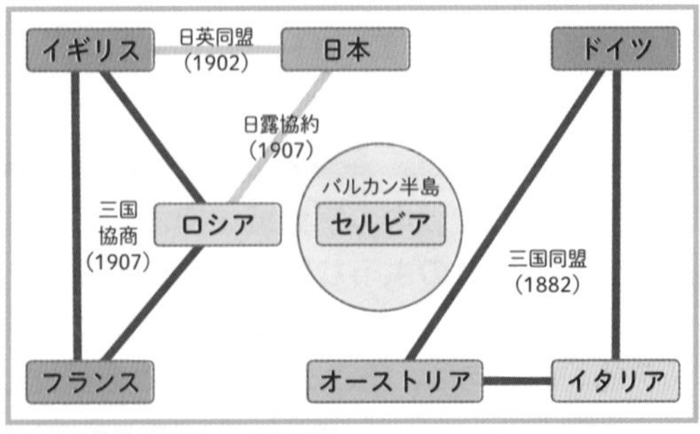

第一次世界大戦前の国際関係

② バルカン情勢の悪化

オスマン帝国で、1908年に**青年トルコ革命が起きる**と、この混乱に乗じて帝国内の自治領であった**ブルガリアが独立**し、オーストリアが**ボスニア・ヘルツェゴヴィナを併合**（へいごう）しました。これに対し、ボスニア内部のスラヴ人の統合を狙っていた**セルビアが反発**します。

また、イタリアはオスマン帝国に宣戦（せんせん）して**イタリア=トルコ戦争**を起こし、**リビア**を獲得しました。

③ バルカン戦争

セルビア・モンテネグロ・ブルガリア・ギリシアは、**ロシアの支援のもとでバルカン同盟を結成**しました。そしてバルカン同盟はオスマン帝国に宣戦し、**第1次バルカン戦争**が勃発（ぼっぱつ）しました。敗れたオスマン帝国は、バルカン半島領土の大部分を喪失（そうしつ）します。その後、領土の配分をめぐって**バルカン同盟内で対立が発生**すると、**第2次バルカン戦争**が発生してブルガリアが敗北しました。

バルカン戦争に敗北したオスマン帝国とブルガリアは、セルビアやロシアに対する反発からドイツ・オーストリア側に接近していきます。このように、バルカン半島をめぐる問題は**「ヨーロッパの火薬庫（かやくこ）」**といわれました。

2 第一次世界大戦（1914～18）

① 第一次世界大戦の開戦

1914年6月、**オーストリア帝位継承者夫妻**（ていいけいしょうしゃ）が、ボスニアで**セルビア人青年に暗殺されるサライェヴォ事件が発生**しました。翌月、オーストリアがセルビアに宣戦すると、ロシアは総動員令でセルビアを支援し、また、ドイツはロシアやフランスに宣戦しました。

フランスとロシアに挟まれる形となったドイツは、短期決戦をもくろんでフランスの攻略を急ぎ、**ベルギーの中立を侵犯**（しんぱん）してフランスの首都パリを目指しました。これを受け、イギリスがドイツに宣戦すると、**日本は日英同盟を口実に参戦**し、**ドイツ権益下の山東省や南洋諸島に侵攻**しました。

こうして、大戦はイギリス・フランス・ロシアを中心とする**協商国（連合国）**とドイツ・オーストリア・オスマン帝国・ブルガリアの**同盟国**が争う形になりました。

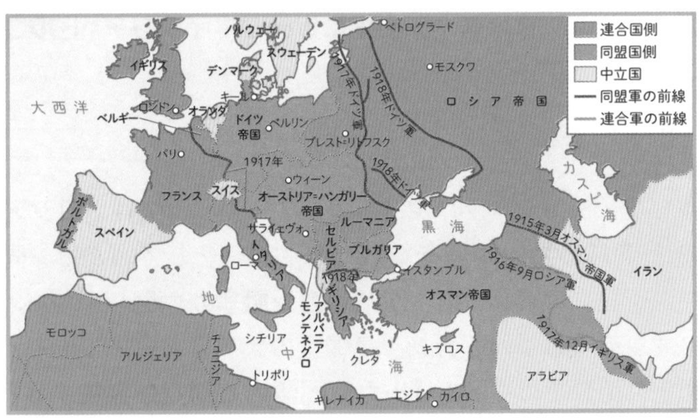

第一次世界大戦中のヨーロッパ

② 第一次世界大戦の特徴

開戦当初にドイツの短期決戦が挫折したこともあり、連合国の兵士たちは戦況を楽観視していました。ところが、**機関銃の軽量化と発達**にともない、みぞを掘って銃弾をさけながら交戦する**塹壕戦**がとられたため、**なかなか決着がつかずに戦争が長期化**してしまいました。戦線が膠着化するなか、交戦各国では**国民を総動員して戦う総力戦**が行われ、諸政党が一致団結して戦争を遂行する**挙国一致体制**がイギリスやフランスにみられました。

特徴の整理　～総力戦とは～

- 男性国民を徴兵：兵士として戦場に派遣
- 労働力として**女性の社会進出**が加速☞**女性参政権**の実現へ
- **国民生活の統制**：政府が生産を管理／必要物資の配給

また、大戦中、**戦車**や**潜水艦**、**毒ガス**、**航空機**などの新兵器が使用され、従来の戦術が一変しました。そのほかには、イギリスを中心にロンドン秘密条約をはじめとする**戦時外交**（**秘密外交**）が横行し、なかには、フセイン・マクマホン協定やサイクス・ピコ協定（➡P512）のように、のちのパレスチナ問題を生み出す原因となるものも結ばれました。他方では、汽船や鉄道の発達により、大量の兵士を迅速に輸送できるようになりました。これは「**スペイン風邪**」と呼ばれるインフルエンザを世界中に広め、パンデミックを引き起こす要因になりました。

③ 第一次世界大戦の経過

それでは、最後に大戦中のおもなできごとを年表で確認しましょう。中心となる戦いは、**西部戦線**（ドイツ⚔イギリス・フランス）と**東部戦線**（ドイツ・オーストリア⚔ロシア）です。

年	できごと
1914	**タンネンベルクの戦い**：ドイツがロシアを撃破
	マルヌの戦い：仏英軍がドイツ軍の進撃を阻止☞西部戦線の膠着化
1915	**ロンドン秘密条約** ☞**イタリア参戦**（連合国側）：「**未回収のイタリア**」を狙う
	ドイツが客船ルシタニア号を撃沈☞犠牲者にはアメリカ人が含まれる
1917	ドイツが**無制限潜水艦作戦**を発表☞アメリカでは対ドイツ感情が悪化
	ロシア二月革命（**三月革命**）の勃発☞ロマノフ朝の滅亡
	アメリカ合衆国の参戦☞連合国には豊富な軍需物資が投入
1918	アメリカの**ウィルソン大統領**が「**十四カ条**」を発表
	ロシア単独講和：ソヴィエト政権がドイツと講和☞東部戦線の終結
	ブルガリア降伏／オスマン帝国降伏／**オーストリア降伏**
	キール軍港の水兵反乱：**ドイツ革命**の勃発／**ヴィルヘルム2世退位** ☞**臨時政府がドイツ休戦協定**に調印：第一次世界大戦の終結

3 ロシア革命とソヴィエト政権の成立

第一次世界大戦のさなか、ロシアでは**1917年に2つの革命が発生**し、**世界初の社会主義政権が誕生**しました。その後、ソヴィエト=ロシアが中心となって近隣諸国とソ連を結成します。ロシア革命とその後の展開をみていきましょう。

流れの整理　~ロシア革命からソ連の成立まで~
ロシア二月革命→臨時政府の発足→**ロシア十月革命**→
ソヴィエト政権の発足→内戦と対ソ干渉戦争→**ソ連の成立**

① ロシア二月革命と二重権力の時代

第一次世界大戦が勃発すると、ロシアでは首都の名称がドイツ風の「**(サンクト=)ペテルブルク**」からロシア風の「ペトログラード」へと改称されました。大戦の戦況が悪化するなか、首都ペトログラードでは、食料難と生活苦に苦しむ民衆が1917年に蜂起して**ロシア二月革命**（**三月革命**）が勃発しました。

二月なのか三月なのか、どっちかにしてほしいです……。

ロシア暦は、**ユリウス暦**を使っていたので、**グレゴリウス暦**を使う国々と比べると、15日程度のズレがあったんです。

革命の鎮圧を拒否した反乱兵士が民衆に合流すると、**労働者と兵士の代表によるソヴィエト**（**評議会**）**が各地に成立**し、皇帝**ニコライ2世は退位**してロマノフ朝が滅亡しました。こうした事態を受け、**立憲民主党が中心となって新たに臨時政府を発足**させますが、臨時政府は、**戦争継続の方針**をとりました。

一方、**社会革命党（社会主義者・革命家党、エスエル）**や**メンシェヴィキ**は**各地に存在するソヴィエトを率いて**、即時講和に動くように臨時政府に圧力をかけました。このように、**ロシア全体を代表する臨時政府と、民衆の意思を代表するソヴィエトが併存する状態を二重権力**といいます。

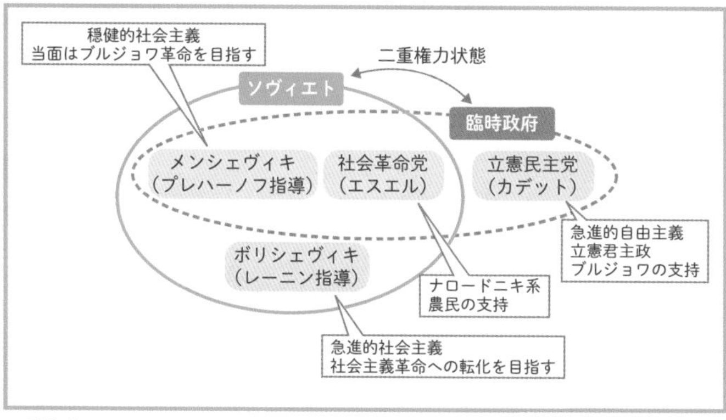

二重権力

戦争に疲弊した民衆が即時講和を求めるなか、**ボリシェヴィキの指導者であったレーニン**が亡命先のスイスから帰国しました。レーニンは、**四月テーゼ**を発表して「すべての権力をソヴィエトへ」と訴え、**臨時政府を打倒してソヴィエト政権を樹立する**ことや、**即時講和**を主張し、労働者を中心に急速に支持を拡大していきました。

レーニンの主張を警戒した臨時政府は、各地のソヴィエトを率いている社会革命党やメンシェヴィキを入閣させて連立政権をつくり、**社会革命党のケレンスキーを臨時政府の首相**としました。しかし、**ケレンスキーは戦争継続の方針を崩しませんでした**。

❷ ロシア十月革命（十一月革命）とその後の展開

ソヴィエト内部では、次第にレーニンが率いるボリシェヴィキの支持が拡大していき、レーニンと**トロツキー**に率いられた**ボリシェヴィキの武装蜂起**を皮切りに、**ロシア十月革命（十一月革命）**が勃発しました。

レーニンは、**臨時政府を打倒して史上初の社会主義政権となるソヴィエト政権を樹立**し、事実上の指導者となりました。ソヴィエト政権は、**「土地に関する布告」**を出して**地主の土地を没収**し、土地の私的所有権を廃止するなど社会主義化を進めました。また、**「平和に関する布告」**を出して、すべての交戦国に**無併合・無償金・民族自決**を呼びかけ**即時講和を訴え**ました。しかし、戦争の終結には至らず、ソヴィエト政権は、1918年に**ドイツとブレスト=リトフスク条約を結んで大戦から単独で離脱**しました。

民族自決とは、どういう意味ですか？

独立するもよし！　ほかの民族の支配下に入るのもよし！　これらは、各民族がみずから決めるべきだという考えです。

この間、レーニンは、国内で**憲法制定会議を開催するために男女普通選挙を行いました**。選挙の結果、人口の大部分を占める農民を支持基盤としていた**社会革命党が第一党**となり、レーニン率いるボリシェヴィキは第二党となりました。しかも、社会革命党に議席数を2倍差もつけられていたので、ボリシェヴィキは圧倒的に不利な状況となりました。

レーニンは、憲法制定会議を開催した直後に解散し、**ボリシェヴィキの一党支配を実現**しました。また、反ボリシェヴィキ勢力を撲滅するために設置した**チェカ**（**非常委員会**、☞秘密警察）のもとで、反革命派の取り締まりを強化しました。そのほかには、**ボリシェヴィキをロシア共産党と改称**し、首都を**モスクワ**に移しました。

③ 内戦と対ソ干渉戦争

ロシア内部の反革命派勢力は、反革命軍（白軍）を組織してソヴィエト政権の打倒を目指し、**内戦**が勃発しました。また、**列強はソ**

ヴィエト政権の打倒を目指して対ソ干渉戦争を行いました。

ソヴィエト政権は、革命政府軍（**赤軍**）を組織して対抗し、経済政策としては、**戦時共産主義**を採用して、**穀物の強制徴発**や**中小工場の国有化**などを行って、内戦と対ソ干渉戦争の対応に専念します。しかし、戦時共産主義下では**農民や労働者の生産意欲は減退し、極度に生産が低下**してしまいました。そこで、内戦末期には、新経済政策（ネップ）へと切り替え、穀物の強制徴発を廃止して、**小規模の私企業経営や余剰農作物の販売を認める**など、資本主義的な要素を一部導入します。すると、**生産意欲が刺激され、しばらくして戦前の水準にまで経済が回復**しました。

また、レーニンはモスクワで**コミンテルン（共産主義インターナショナル、第3インターナショナル）**を結成して各国の社会主義者に革命の起こし方を伝授し、**世界革命**（☞ロシア革命を世界各地に広めていくこと）を目指しました。

④ ソ連の成立

ロシア革命の影響は、旧ロシア帝国内にも及び、**ウクライナ・ベラルーシ（白ロシア）・ザカフカースの3つのソヴィエト共和国**が独立を達成しました。すると、**ロシア**はこれらの国々とともに、**1922年にソヴィエト社会主義共和国連邦（ソ連邦、ソ連）を結成**しました。

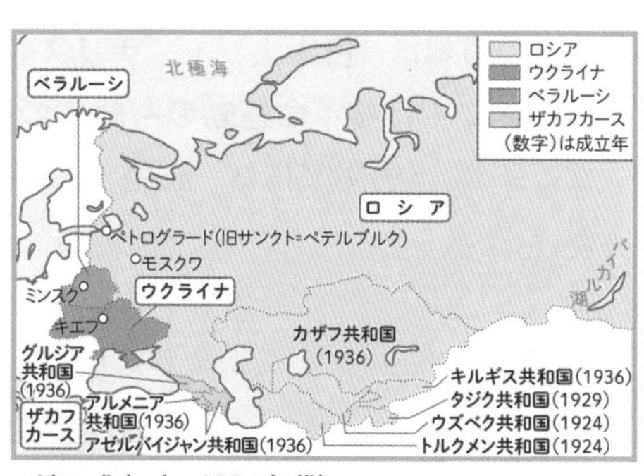

ソ連の成立（～1930年代）

ソ連成立の直前には、**ロシアはラパロ条約をドイツと締結**し、**初めて正式にヨーロッパの国と国交を樹立**しました。その後、1920年代には、**イギリス・イタリア・フランス・日本などの列強がソ連を承認**しましたが、**アメリカ**は1930年代になるまでソ連を承認しませんでした。

COLUMN 社会主義・共産主義・社会民主主義の違い

社会主義は、私有財産制を批判的に捉え、**私有財産の制限や生産手段の社会での所有化による富の均等な再分配を目指す**思想や運動をさすのに対し、**共産主義**は、**私有財産制の廃止を主張し、生産手段を完全に共有化して富の均等な分配を実現しようとする**思想や運動をさします。両者のあいだには共通点が多く、受験世界史ではしばしば同じ意味で使用されます。一方、**社会民主主義**は、民主的な資本主義国家において、**私有財産制や資本主義を前提**とし、**失業・格差・差別などの経済的・社会的不平等を是正しようとする**思想や運動をさします。

過去問にチャレンジ

次の資料は、日本人ジャーナリスト大庭柯公（おおばかこう）が19世紀以降のロシアにおける革命運動の展開について1919年に論評した文章である。（引用文には、省略したり、改めたりしたところがある。）

「農民の覚醒」については、［ア］もこれに注意し、［イ］もまたこれに留意した。則ち（すなわち）［ア］はこれが覚醒を促すに努め、［イ］はこれが覚醒を防遏（ぼうあつ）(注)するに苦心した。そして歴代の露国［イ］は、農民覚醒の防遏手段として、その手先に僧侶を使い、学校はなるべく建てずに、能う（あたう）限り寺を建てた。村里の児童を訓える（おしえる）のには小学教師によらず、僧官によって百姓の子供に祈禱（きとう）を教えた。しかもその間、独りアレクサンドル２世があって、農奴解放を行ったことは、旧政治下の露国において、ともかくも驚異の事実であった。いわゆる農奴解放は、ほとんど声のみに了った（おわった）かの観はあるが、しかし瞑々裡（めいめいり）に農民の理知に点火したことは確かであった。ⓐそこへ前世紀の半ば頃から盛んになった［ア］の事業は、ほとんど連続的に農民に対してその覚醒を促しつつあった。則ち［イ］は僧侶の力を借りて他力本願によることを強い、［ア］は彼らに覚醒を促して、自力によることを訓えた。

（注） 防遏 ― 防ぎとめること、防止。

問 上の資料中の空欄［ア］と［イ］に入れる語と、下線部ⓐの事業に際して用いられたスローガンとの組合せとして正しいものを、次の①～④のうちから一つ選べ。

	①	②	③	④
ア	官　僚	革命家	官　僚	革命家
イ	革命家	官　僚	革命家	官　僚
スローガン	「ヴ＝ナロード（人民の中へ）」	「ヴ＝ナロード（人民の中へ）」	「無併合・無償金・民族自決」	「無併合・無償金・民族自決」

（2021年度　本試験（第1日程）　世界史B）

問 資料にある「農民の覚醒（かくせい）」について、［ア］は「促すに努め」とあるのに対し、［イ］は「これが覚醒を防遏するに苦心した」とあります。そのため［ア］は、革命の手段として「農民の覚醒」を促そうとしたのに対し、［イ］は革命を防ぐために「農民の覚醒」を防ごうとしているので体制側であることがわかります。したがって、［ア］は「革命家」で［イ］は「官僚」となります。次に、下線部ⓐのスローガンですが、「農民の覚醒を促しつつあった」ものと関連するのは、「ヴ＝ナロード（人民の中へ）」です。これは、ナロードニキが農民を啓蒙（けいもう）して社会革命の基盤にしようとした際に掲げられたスローガンでした。「無併合・無償金・民族自決」はレーニンが第一次世界大戦中にすべての交戦国に講和のあり方として提示した「平和に関する布告」です。したがって、答え ②となります。

THEME

2 ヴェルサイユ体制と1920年代の欧米諸国

ここで働きめる!

- ヴェルサイユ体制とワシントン体制について、その狙いを理解しよう。
- 1920 年代におけるアメリカの政治・経済・社会について押さえよう。
- ファシズムの特徴を踏まえ、イタリアでファシズムが拡大した背景を理解しよう。

1 ヴェルサイユ体制の成立

① パリ講和会議

第一次世界大戦の終結後、戦勝国の代表者によって**1919年**に**パリ講和会議**が開催されました。この会議の主導権を握ったのは、アメリカの**ウィルソン大統領**、イギリスの**ロイド=ジョージ首相**、フランスの**クレマンソー首相**の3人です。一方で、**敗戦国とソヴィエト=ロシアは会議に招集されません**でした。

ウィルソン大統領は、大戦中に発表した**「十四カ条」**にもとづく講和のあり方を主張しました。しかし、大戦で犠牲者や被害を多く出したフランスは、ドイツへの復讐を強硬に主張し、ウィルソンは妥協せざるをえませんでした。

また、ロシア革命の混乱や影響を受けて、**ロシア帝国内で諸民族の独立の動きがあった**ことや、大戦末期に**オーストリア=ハンガリー帝国の解体**が進んだことを受け、講和会議では、**東ヨーロッパに限定して民族自決の原則を適用**し、その独立を承認した結果、**フィンランド**・**バルト3国**(☞エストニア・ラトヴィア・リトアニア)・**ポーランド**・**チェコスロヴァキア**・**ハンガリー**・**セルブ=クロアート=スロヴェーン王国(ユーゴスラヴィア)**が成立しました。

●「十四カ条」のおもな内容

おもな条項	内　容
民族自決	**各民族がみずからの帰属先や政治組織を決定**
植民地問題の公正な解決	植民地だけでなく、**宗主国の権利にも配慮**する
秘密外交の廃止	国民や国際社会に開かれた外交を行う
海洋の自由	戦時下でも公海の航行は自由である
関税障壁の廃止	開放的な国際貿易を行うべきである
軍備縮小	各国は、「必要最低限」まで軍備を縮小すべき
国際平和機構の設立	各国の利害を調整する国際機構の新設を主張

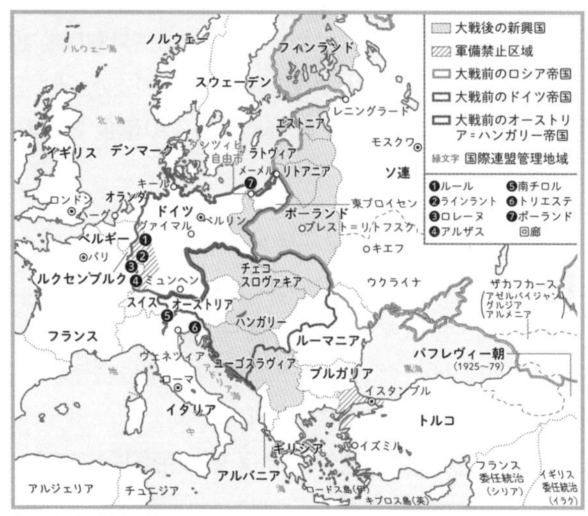

第一次世界大戦後のヨーロッパ

大戦後の新興国は、いずれもソ連の西側に、しかも縦長に展開していますね。

イギリスやフランスは、ソ連を警戒し、東ヨーロッパ諸国を「ソ連と西ヨーロッパ諸国の壁」としたんだよ。

② ヴェルサイユ条約の締結

講和会議の結果、ドイツは連合国と**ヴェルサイユ条約**を締結しましたが、その内容は、ドイツを厳しく圧迫するものでした。それでは、この条約の内容を確認しましょう。

項　目	ドイツに対する内容（その他を除く）
領土変更・植民地	•**アルザス・ロレーヌ**をフランスに割譲 •**ポーランド回廊**（バルト海に面する土地）をポーランドへ割譲 •**ダンツィヒ**と**ザール**は**国際連盟管理下の自由市**へ •**ラインラントの非武装化** •アフリカやオセアニアなどの**すべての海外植民地を放棄**
軍備制限	**徴兵制の禁止**／潜水艦の保有禁止など☞列強のなかで圧倒的劣勢
賠償金	賠償総額は未定☞1921年に総額は**1320億金マルク**に決定
その他	**国際連盟の発足**

その他の敗戦国も連合国と講和条約を締結し、オーストリアは**サン=ジェルマン条約**を、ハンガリーは**トリアノン条約**を、ブルガリアは**ヌイイ条約**を、オスマン帝国は**セーヴル条約**を締結しました。これらの講和条約には、ヴェルサイユ条約と同じように、**領土の削減や軍備制限などが規定**されていました。

一方、**旧ドイツ帝国植民地や旧オスマン帝国領については、戦勝国の委任統治が行われます**。これは、「国際連盟から統治を託された」という名目でバレないようにしていますが、**その実態は戦勝国による植民地支配**でした。

③ 国際連盟の発足

「十四カ条」やヴェルサイユ条約にもとづき、1920年には**国際連盟**（☞「国連」というと、現在の国際連合のことをさすので、面倒でも略さずに「国際連盟」といいましょう）が発足し、スイスのジュネーヴに本部を置きました。

国際連盟は、**「侵略戦争などを行って不当に平和を乱した場合、**

その国は加盟国すべてを敵に回すことになるぞ！」という**集団安全保障体制**を採用し、戦争の再発防止につとめようとしました。

●国際連盟

機　関	おもな特徴
総会	最高機関：全加盟国で構成☞**全会一致を原則**
理事会	• **常任理事国：英・仏・伊・日** ☞ドイツ（1926年加盟）／ソ連（1934年加盟） • 非常任理事国：総会で選出（設立当初は４カ国）
国際労働機関（ILO）	各国の労働問題の調整と勧告を行う ☞労働問題が社会主義革命に発展するのを防止
常設国際司法裁判所	国際紛争を裁定☞ただし、紛争当事国の同意が必要

一方で、**ドイツやソヴィエト=ロシア**（☞当時はまだソ連の成立前）**の参加は認められず**、また、提唱国のアメリカは**ヴェルサイユ条約の批准を拒否**しました。そのため、**国際連盟にアメリカは不参加**となります。

このように、国際関係に影響力をもつ列強が不参加であったことに加え、**侵略国に対して経済制裁しかできなかった**こと、総会が全会一致を原則としたので**各国の利害関係が衝突すると審議が進まない**などの問題点も存在しましたが、中小国間の紛争調停や難民支援などについては一定の成果を残しました。

❹ ヴェルサイユ体制の特徴

第一次世界大戦後のヨーロッパで、**敗戦国と結ばれた一連の講和条約を通じてつくられた新しい国際秩序をヴェルサイユ体制**といいます。

ヴェルサイユ体制下では、各国の議会主義化や、国際連盟主導による国際平和の維持などが目指されましたが、その実態は、**ドイツをはじめとする敗戦国の徹底した弱体化や、ソ連の締め出し、戦勝国の植民地支配の維持を狙った**ものでした。

そのため、世界恐慌による混乱や、ファシズム諸国の台頭と侵略戦争によってヴェルサイユ体制は崩壊していくことになります。

2 軍縮と国際協調主義

1920年代には、大戦を反省して列強間の**軍縮**(ぐんしゅく)が進展したほか、国際問題を当事国同士だけでなく多国間での協議・調整や国際協力を通じて解決に導こうとする**国際協調主義**が高まります。

① 軍縮の進展

アメリカのハーディング大統領は、1921～22年にかけて**ワシントン会議**を開催しました。ワシントン会議で締結された3つの条約を確認しましょう。

条　約	おもな内容
四カ国条約	**太平洋地域**の現状維持を確認☞(第3次)**日英同盟の解消**
九カ国条約	**中国の主権と独立の尊重**など ☞日本が中国に強要した二十一カ条の要求を一部失効
ワシントン海軍軍備制限条約	5大国間の**主力艦の総トン数の比率**を規定 ☞米：英：日：仏：伊＝5：5：3：1.67：1.67

こうして、**アメリカの主導で形成された戦後の東アジア・太平洋地域の国際秩序をワシントン体制といいます**。アメリカは、大戦で中国や太平洋地域への進出を加速させた日本を警戒し、国際会議を通じて**日本の過度な進出を抑え込もうと画策**したのです。

一方、第一次世界大戦期にみられた**列強の軍艦建造は「終わりのない競争」となっており、各国の財政を圧迫**していましたが、アメリカが軍縮を呼びかけたことで軍艦建造に歯止めがかかり、その分の資金を国内の**社会福祉**(ふくし)**政策などに転用する**ことができました。

また、1930年にはロンドン会議が開催され、補助艦艦艇(かんてい)の保有比率について、「米：英：日＝10：10：7弱」とされました。

② 国際協調主義

次に、欧米諸国を中心に拡大した国際協調主義を確認しましょう。

● 国際協調主義

条　約	おもな内容
ロカルノ条約（1925）	国境の現状維持や不可侵／**ラインラントの非武装化**を確認 ☞翌年、**ドイツの国際連盟加入**が実現
不戦条約（1928）	**ケロッグ**（アメリカ）と**ブリアン**（フランス）が提唱 ☞**戦争の違法化**／別名：ケロッグ・ブリアン条約

3 1920年代の欧米諸国の動向

① イギリス

イギリスでは、**1918年**に**第4回選挙法改正**が行われ、**財産資格が廃止**されたことにより、21歳以上の男性と30歳以上の女性に選挙権が与えられました。その後、**1928年**の**第5回選挙法改正**において、**21歳以上の男女に選挙権が認められ、ここに男女の権利が平等になりました。**

大戦後の不況(ふきょう)のさなか、生活苦に陥(おちい)った労働者らを中心に、**漸進(ぜんしん)的な社会改良を主張する労働党への期待が高まり**、選挙権の拡大もあいまって労働党の議席数は増加していきました。そして、1924年には自由党との連立によって**労働党内閣**が組織され、**マクドナルド**が首相をつとめました。**第1次マクドナルド内閣**は、**ソ連の承認**などを行ったものの、自由党が連立を解消したため短命に終わりました。

また、カナダやオーストラリアなどの自治領が、大戦に参戦して本国に対する発言力を強めたことを受け、**イギリスは本国と自治領の関係を「対等」**とし、1931年の**ウェストミンスター憲章で法制化**しました。こうして、「イギリス帝国」は**イギリス連邦**へと再編され、自治領は連邦内の事実上の独立国としての地位を得ました。

一方、**アイルランドではイギリス支配に対する独立戦争が発生**し、イギリスは妥協してアイルランドを**自治領**とし、1922年に**アイルランド自由国**（☞ただし、イギリス系住民が多く居住する北アイルランドのアルスター地方は除外します）が成立しました。アイルランドは、1937年に**独自の憲法を制定して共和政を採用**し、**国号をエールと改称**しました。

❷ フランス

フランスは、**ドイツの賠償支払いの遅れを口実**に、1923年にはベルギーとともに**ドイツの工業地帯であったルール地方を占領**し、そこで生産されるものを「差し押さえ」ようと画策しました。

しかし、フランスの外交姿勢に国際的な非難が強まり、ドイツの賠償金支払いの目処（めど）がたつと、ルール地方から撤退（てったい）しました。

❸ ドイツ

第一次世界大戦の末期、**キール軍港の水兵反乱**（➡P493）を機に**ドイツ革命**が発生すると、各地に**レーテ**（**評議会**、☞ドイツ版「ソヴィエト」のことです）が組織されました。皇帝ヴィルヘルム2世が退位して帝政は崩壊し、臨時政府が新たに発足しました。

スパルタクス団を中心に結成された**ドイツ共産党**が、1919年1月に、ドイツにおける**社会主義革命の実現を狙って蜂起（ほうき）を決行**しましたが、**社会民主党政権**は軍部の協力を得てこれを鎮圧（ちんあつ）しました。また、同時期に開催された**ヴァイマル国民議会**では、社会民主党の**エーベルト**が大統領に選出されたほか、「**当時もっとも民主的**」**と謳（うた）われたヴァイマル憲法が制定**されました。以後のドイツは**ヴァイマル共和国**と呼ばれます。

しかし、戦後のドイツに課された**1320億金マルク**（☞当時のドイツのGNP〈国民総生産〉のおよそ20年分の金額です）という天文学的な数字は、**現実的にドイツの支払い能力を超えた**ものであり、**賠償問題**が発生する要因となりました。

また、**フランスのルール占領**を機に、**大インフレーション**が発生し、ドイツ経済は深刻な危機をむかえました。大連合内閣を組織した**シュトレーゼマン**は、**通貨改革に着手し新紙幣（しへい）としてレンテンマルクを発行**し、1兆マルクを1レンテンマルクに交換して通貨の安定化を図り、**大インフレを奇跡的に終息させました。**

一方、賠償問題については、アメリカが中心となってドイツの賠償支払い方法と期限の緩和（かんわ）が計画され、**アメリカ資本の貸与、賠償金支払い、対米戦債（せんさい）支払いの仕組みが整えられました。**これを**ドーズ案**といい、1929年には**賠償支払い総額を大幅に減額したヤング案が出されました**が、同年発生した世界恐慌の影響により、ドイツ経済は危機的な状況に陥ることになります。1933年に成立したナチ党のヒトラー内閣は、賠償金の支払いを一方的に打ち切りました。（☞余談ですが、ドイツが第二次世界大戦に敗北すると、賠償金の支払い再開が決まり、最終的に2010年に支払いを完了しました。）

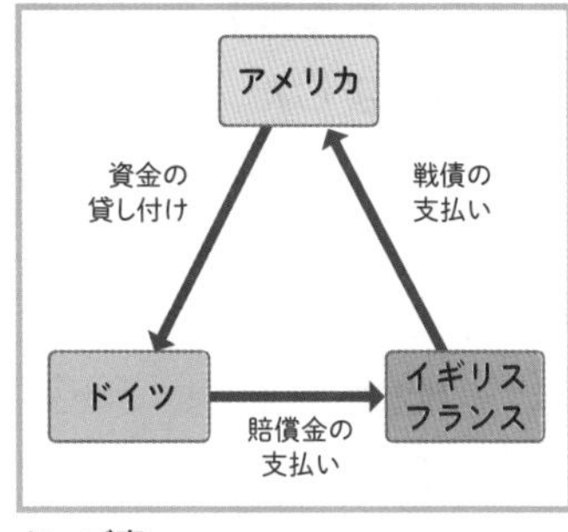

ドーズ案

④ イタリア

イタリアは、第一次世界大戦の戦勝国となって「未回収（みかいしゅう）のイタリア」を獲得し、それに加えて**フィウメ**の獲得を要求しましたが認められませんでした。また、大戦後の物資不足によるインフレで経済は混乱し、**国民のあいだではヴェルサイユ体制に対する不満の声が高まる**ようになりました。

1920年には**北イタリアのストライキ**が発生し、革命の気運が高まりましたが、最終的には政府が調停役に立って平和的に解決しました。

この事件を機に、国内では、革命に対する警戒心を強めた資本家や地主（じぬし）などの**富裕層（ふゆうそう）**が強力な保守政党を望むようになる一方、**労働者や失業者など**は現状の左派政党に失望し、行動力のある新たな政党を求めるようになりました。

大戦後に**ファシスト党**を結成した**ムッソリーニ**は、**反共産主義を掲げて革命の防止と打倒を主張**し、政策決断力に欠ける当時のイタリア情勢を踏まえて**議会制民主主義を否定**したほか、**ナショナ**

リズムを利用して労働者を含めた広範(こうはん)な国民統合を目指しました。こうしたイタリアで生まれた新たな政治運動を**ファシズム**といい、やがてヨーロッパ各地に拡大しました。

ファシスト党は、**資本家や軍部・中間層（中産階級）の支持を受けて急速に党勢を拡大**していき、1922年には**「ローマ進軍(しんぐん)」を行って政府に圧力をかけました。政権をとったムッソリーニ**は、1924年に**フィウメ併合(へいごう)**を強行してその行動力をアピールし、総選挙でファシスト党が第一党となり、1926年には**ファシスト党以外の政党を禁止**して**一党独裁(どくさい)体制**（☞**ファシズム体制**ともいいます）を確立しました。

ムッソリーニの「ローマ進軍」

ムッソリーニの外交アピールは続き、政権獲得後にアドリア海の対岸に位置する**アルバニアを保護国化**しました。また、1929年には**ラテラノ（ラテラン）条約をローマ教皇(きょうこう)と締結**し、**ヴァチカン市国**（☞教皇が支配する世界最小の独立国）の独立を承認しました。こうして、イタリア内部のカトリック教会の権威を復権し、19世紀後半以来の政府と教皇との対立に終止符を打ちました。

⑤ 東欧諸国

第一次世界大戦後に独立を認められた東ヨーロッパの国々の多くは、**権威主義体制**がしかれました。権威主義体制とは、指導者が独裁的な政治を行う支配体制ですが、**同じ独裁でも社会主義国やファシズムのように、明確な思想があるわけではありません。**

ポーランドでは**ピウスツキ**が実権を掌握(しょうあく)し、**ハンガリー**では**ハンガリー革命**と呼ばれる社会主義革命が発生したものの、これを**ホルティ**が鎮圧して事実上の独裁者となりました。また、**セルブ=クロアート=スロヴェーン王国**は、1929年に国名を**ユーゴスラヴィアと改称**し、国王による独裁的な支配体制を築きました。

一方、東ヨーロッパ諸国のなかで例外的な展開をみせたのが**チェ**

コスロヴァキアです。チェコスロヴァキアでは、**工業化に成功**し、**西欧的な議会制民主主義**が発達しました。

❻ ソ連

ソ連では、1924年に指導者であった**レーニンが死去**すると、後継者の地位をめぐって、**世界革命論**（☞「革命を各地に波及させて仲間を増やすべき」という理論）を説く**トロツキー**と、**一国社会主義論**（☞「社会主義建設はソ連一国で十分」という理論）を説く**スターリン**との争いが発生しました。

長年、レーニンの「右腕」として活躍したトロツキーが後継者になるものと思われましたが、**スターリンは支持を拡大して勝利し、トロツキーを国外へ追放**しました。

指導者となったスターリンは、1928年から**第１次五カ年計画**を実施し、**重工業に比重を置き**つつ、**農業の集団化**を実施して**コルホーズ**（集団農場）や**ソフホーズ**（国営農場）を整備しました。これにより、ソ連は一躍農業国から工業国へと転換し、**1933年にアメリカがソ連を承認する**と、**国際連盟に加入**して常任理事国となり、国際的な影響力を拡大しました。

❼ アメリカ

アメリカは、**第一次世界大戦中に連合国へ軍需物資を輸出**し借款を提供したことで巨利を得て、**債務国から債権国へと発展**し、戦後の国際社会に対して絶大な影響力をもつことになります。また、**ニューヨークのウォール街**は**国際金融の中心地**となりました。

1920年代のアメリカの繁栄

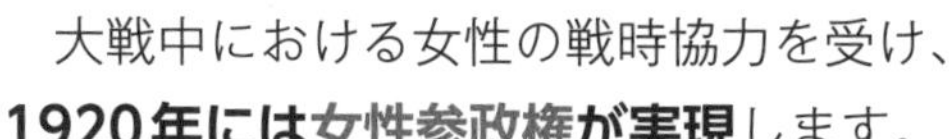

大戦中における女性の戦時協力を受け、**1920年には女性参政権が実現**します。

1920年代のアメリカでは、３代連続で大統領を輩出した保守的な**共和党政権**のもとで、**自由放任主義**や**保護主義関税**がとられました。また、「自動車王」の**フォード**は、**「組み立てライン」方式**（☞いわゆる「流れ作業」のことです）を導入して**生産作業を効率化し、自動車の大量生産と低価格化を実現**しました。

このような生産方式が他分野にも拡大したことに加え、新聞や雑誌などに掲載された**商品広告**が消費者の購買意欲をかきたて、**月賦（げっぷ）販売**（☞「1カ月〇〇円の△△カ月払い」という形で分割払いにする方式）の導入で、一般家庭の人びとでも高額商品を購入できるようになり、**アメリカでは大量生産・大量消費社会**が到来しました。

自動車や家庭電化製品が普及（ふきゅう）した一般家庭の生活は、「アメリカ的生活様式」と呼ばれ、アメリカの豊かさを象徴するものとしてヨーロッパや日本に伝わりました。また、**世界初のラジオ放送の開始**や**プロスポーツ観戦、ハリウッドなどの映画産業**の発達、**黒人音楽に起源をもつジャズ音楽**の流行など、**大衆文化が開花**しました。

しかし、こうした繁栄とは対照的に、**アメリカ社会は急速に保守化して排外（はいがい）主義的な傾向をもつ**ようになりました。アメリカでは、「White（白人）・Anglo-Saxon（アングロ=サクソン）・Protestant（プロテスタント）」の**ワスプ（WASP）**が社会の中心層とされ、1919年にはピューリタンの勤勉・禁欲的な価値観にもとづいて**禁酒法（きんしゅほう）**が制定されたほか、**1924年移民法（いみんほう）**の制定で、**東欧・南欧系移民の受け入れを制限しアジア系移民を全面的に禁止**しました。また、**クー=クラックス=クラン（KKK）の活動が再開**され、黒人やアジア系などの有色人種への不当な暴力行為が行われました。

THEME 3

戦間期のアジア諸地域の民族運動

ここで働きめる！

- 第一次世界大戦の前後で、アジア諸地域の民族運動がどのように変化したのかを理解しよう。
- 第１次国共合作以降、中国国民党と中国共産党がそれぞれどのような動きをしたのかを整理しよう。
- 第一次世界大戦から戦後にかけて、日本の経済がどのような状況になったのかを押さえておこう。

1 第一次世界大戦後の民族運動

第一次世界大戦の前後では、アジア諸地域の民族運動に大きな変化がみられました。

大戦前は、**植民地で欧米的な近代教育を受けた知識人などの一部の人びとが民族運動の中心**となっていましたが、**規模的に小さい**ものが多く、独立を勝ち取ることはできませんでした。しかし、大戦後には、**農民をはじめとする庶民(しょみん)も運動に参加する**ようになり、その規模が増していきました。また、ロシア革命後につくられた**コミンテルン**は、**アジア各地の民族運動を社会主義革命に発展させようと、こうした運動を支援**し、1920～30年代にかけてアジアでは広範(こうはん)な地域で共産党が成立しました。

一方、大戦中に**宗主国(そうしゅこく)が総力戦(そうりょくせん)体制のもとで軍需(ぐんじゅ)産業や重工業に特化**したことで衣類などの日用品が不足すると、**アジアなどの植民地では、宗主国に日用品を積極的に輸出して軽工業が発展**しました。その結果、**各地で民族資本家が成長する**とともに、彼らは宗主国に奪われた植民地の経済的利権を取り戻すため、**民族運動を金銭的に支援する**ようになりました。

さらに、20世紀初頭から、**女性が権利獲得のための運動を展開**し、女性を不当に扱う伝統や慣習を否定したほか、**女性参政権を要**

求しました。こうした運動は大戦後に拡大し、民族運動に合流したため、**アジア各地の民族運動は広範な民衆を含んだ大衆的運動へと発展**していったのです。

2 西アジア・インド・東南アジアの民族運動

① パレスチナ問題の発生

第一次世界大戦中、オスマン帝国と敵対したイギリスは、西アジアでの戦いを有利に展開しようと、**戦時外交（秘密外交）**を展開しました。その結果、次の３つの取り決めが行われました。

●第一次世界大戦中のイギリス外交

協定など	内　容
フセイン・マクマホン協定（1915）	イギリスはアラブ人に対して、オスマン帝国からの独立と引きかえに戦争への協力を要請。
サイクス・ピコ協定（1916）	英仏露の三国によるオスマン帝国領の分割協定。**パレスチナは国際管理**。
バルフォア宣言（1917）	イギリスは、ユダヤ系金融(きんゆう)資本の協力を得るために、**パレスチナでのユダヤ人国家建設を支援**することを約束した。

大戦後、イギリスは旧オスマン帝国領のアラブ人地域を、フランスとともに**委任統治**(とうち)下に置くことにし、**イラク**・**トランスヨルダン**・**パレスチナ**を**イギリス**が、**シリア**（☞のちに**レバノン**が分離）を**フランス**が管理することになります。

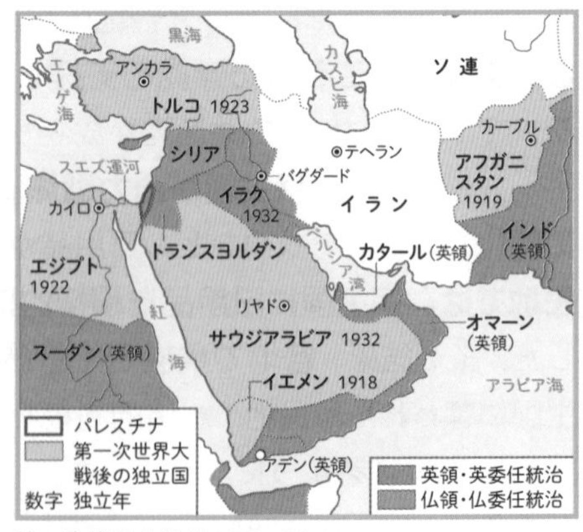

第一次世界大戦後の西アジア

② 西アジア

オスマン帝国は、第一次世界大戦で連合国に降伏(こうふく)したにもかかわらず、その後、**連合国の支援を受けたギリシア軍の侵攻**を受け、アナトリア西部の都市イズミルを占領されてしまいました。

また、オスマン帝国は、1920年に**連合国との講和(こうわ)条約であるセーヴル条約を締結(ていけつ)**しましたが、この条約によってイスタンブルとその周辺を除くヨーロッパ領土を喪失(そうしつ)したほか、**軍備の縮小や治外法権(ちがいほうけん)の存続など、事実上、主権(しゅけん)を制限**されてしまいます。

こうした事態にオスマン帝国内の人びとは危機感をつのらせ、**アンカラでトルコ大国民議会を開催していたムスタファ=ケマル**は、オスマン帝国にかわる**近代国家の建設を目指してトルコ革命を推進**しました。**1922年**には、イズミルを占領していた**ギリシア軍を撃退**し、**スルタン制を廃止**して**オスマン帝国を滅ぼしました。**

その後、ムスタファ=ケマルは、**連合国とのあいだに新しい講和条約としてローザンヌ条約を締結**し、イズミルの回復や不平等条約の撤廃(てっぱい)、主権の回復などに成功しました。そして**アンカラを首都とするトルコ共和国の成立を宣言し、初代大統領に就任**しました。

ムスタファ=ケマルは、**欧米的な近代国家への移行**を目指して様々な改革を実施し、とくに**政教分離による国家の世俗(せぞく)化に重点を置きました。**

特徴の整理　~トルコ共和国の近代化~

- **カリフ制廃止**／ハギア=ソフィア聖堂はモスクから博物館へ
  ☞イスラーム教信仰の「象徴」となるものを撤廃
- トルコ共和国憲法の制定：**大統領に強力な権限**を付与
  ☞のちに**イスラーム教を国教とする条項が削除**される
- **文字改革**：アラビア文字の使用をやめ、**ローマ字を採用**
- **太陽暦(たいようれき)の採用**：イスラーム暦の使用を廃止
- **女性解放**：一夫多妻(いっぷたさいせい)制廃止／宗教と関係の深い服装の禁止

こうして、トルコを近代国家へと脱皮させたムスタファ=ケマルに対し、トルコ大国民議会は、**アタテュルク**（☞「父なるトルコ人」の意味）の称号を付与しました。

しかし、**ムスタファ=ケマルは、トルコ民族主義による国民国家の創出を目指した**ため、クルド人などの非トルコ人に対しては高圧的な支配を行いました。

●トルコ以外の西アジア

地　域	おもなできごと
エジプト	• **エジプト王国**の成立（1922）：イギリスの保護権廃止 • イギリスの**スエズ運河地帯駐屯権**を承認（1936）
アラビア半島	• **フセイン（フサイン）**がヒジャーズ王国を建国 ☞イギリスの支援を受けた**イブン=サウード**に滅ぼされる • **サウジアラビア王国**の成立（1932）：首都リヤド
委任統治領	• イギリスの支配 ☞**イラク王国の独立**（1932）／**ヨルダンの独立**（1946） • フランスの支配 ☞レバノンの独立（1943）／シリアの独立（1946）
イラン	• **レザー=ハーン**が**パフレヴィー朝**を建国（1925） ☞ムスタファ=ケマルに倣った**欧米的近代国家の建設へ** ☞**石油の利権はイギリスが掌握** • 国号をペルシアから**イランへと改称**（1935）
アフガニスタン	第３次アフガン戦争の勃発☞**アフガニスタン独立**（1919）

③ インド・東南アジア

第一次世界大戦のさなか、イギリスは、**インドに対して戦後自治の約束**を交わし、民族運動の停止とイギリスへの戦争協力を要請しました。そこで、インドの人びとは、兵隊をメソポタミアなどの西アジア戦線に送り込んでイギリスに協力しました。

しかし、大戦後、**イギリスはローラット法を制定し、インドにおける反英運動の弾圧**を試みました。また、**1919年インド統治法**が制定されましたが、州行政の一部をインド人に委ねただけで**重要決定権などはイギリス側が掌握**したので、形式的な自治となり、インドでは激しい抵抗運動が発生しました。

こうしたなか、**国民会議派のガンディーは、非暴力・不服従を展開し、イギリスの理不尽な支配に徹底して抵抗**しました。ガンディーの運動には、**ムスリムを含む多くの人びとが参加し、やがて大衆運動へと発展**しました。

ガンディー

非暴力・不服従ってどういった点が民衆を魅了したのでしょうか？

合法的かつ平和的な運動という点です。老若男女が参加できるので運動が大規模化したのです。

1929年には、国民会議派の急進派であった**ネルー**らが中心となって**プールナ=スワラージ**（☞**「完全独立」の意味**）の方針を採択し、イギリス支配からの完全脱却を目指すようになります。

また、この頃、イギリスがインドにおける塩の専売を行うようになると、ガンディーは海岸まで歩き、海水から塩をつくる**「塩の行進」**（☞**第2次非暴力・不服従**）を展開します。この運動は多くの人びとから支持され、反英独立運動はさらに高まりをみせました。

インドの反英独立運動への対応に苦慮したイギリスは、**英印円卓会議を開いて、ガンディーら国民会議派を説得して懐柔しよう**としましたが、うまくはいきませんでした。そこで、イギリスは**1935年インド統治法**を制定し、州レベルでの自治を認めることにしました。これを受け、**インド各州では地方議会選挙が実施されましたが、各地の選挙でムスリムが惨敗**すると、**全インド=ムスリム連盟**は国民会議派への対決姿勢を強めるようになりました。**指導者であったジンナー**は、**ヒンドゥー教徒主体のインドに対するムスリム国家の分離・独立を主張**しました。

●東南アジアにおける民族運動の展開

地 域	おもなできごと
ビルマ（ミャンマー）	**タキン党**の成立（1930）：ビルマ人の完全独立を目指す ☞**アウン=サン**が書記長をつとめる
タイ	**タイ立憲革命**（1932）：憲法制定と議会開設を国王が承認
ベトナム	**ベトナム青年革命同志会**の結成（1925） **インドシナ共産党**の結成（1930） ｝指導者 **ホー=チ=ミン**
フィリピン	アメリカは**フィリピン独立法**を制定：**フィリピン独立の約束** **フィリピン独立準備政府**の発足（1935）：自治政府の発足
インドネシア	**インドネシア共産党**の結成（1920）☞アジア初の共産党 **インドネシア国民党**の結成（1920年代後半）：指導者**スカルノ**

過去問にチャレンジ

オーストリアの貴族クーデンホーフ=カレルギーは、1923年に『パン=ヨーロッパ論』を著し、ヨーロッパ統合運動を展開した。彼は、世界が五つのブロックに分かれて統合されていくと考え、ヨーロッパも「パン=ヨーロッパ」として統合されるべきだと主張した。その際、欧米諸国の持つ世界中の植民地も、それぞれのブロックに統合されると考えた。次の図1・2は、『パン=ヨーロッパ論』所収の地図を加工したものであり、縦線や横線、斜線、点などで地域がブロック別に示されている。このうち、黒く塗り潰した部分が「パン=ヨーロッパ」としてまとまるべき領域を指している。

図1

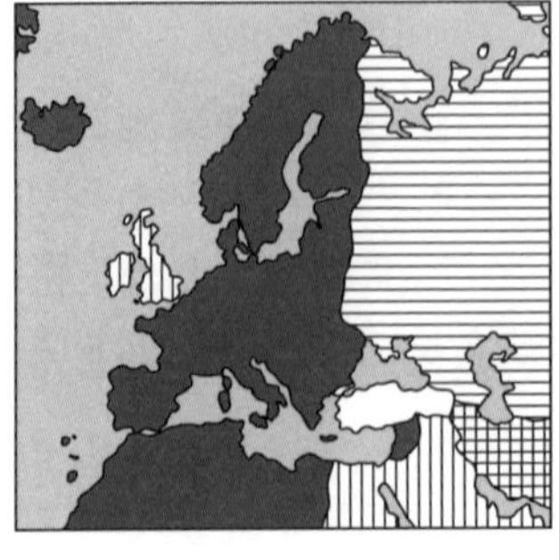

図2
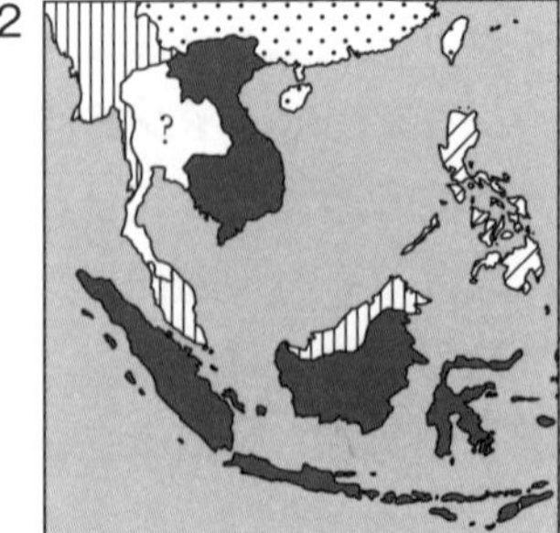

問1　図1中のある国が「パン=ヨーロッパ」に含まれていない理由を述べた文として最も適当なものを、次の①～④のうちから一つ選べ。

① コミンテルンを結成し、他のヨーロッパ諸国と対立していたため。
② 革命によって、イスラームを国家の原理とする共和国になったため。
③ ソ連との間にラパロ条約を結んでいたため。
④ 国際的に永世中立国として承認されていたため。

問2　図2に含まれる地域や都市について述べた文として最も適当なものを、次の①～④のうちから一つ選べ。

① 日本領のビルマ（ミャンマー）は、「パン=ヨーロッパ」に含まれない。
② フランスとオランダの植民地は、「パン=ヨーロッパ」に含まれる。
③ クエスチョンマークが付けられている地域があるのは、その地域が宗主国からの10年後の独立を約束されたからである。
④ マラッカはイギリスの植民地なので、「パン=ヨーロッパ」に含まれる。

問3　クーデンホーフ=カレルギーは、南アジアについてもブロック別に示している。そのブロックの分け方について述べた文として最も適当なものを、次の①～④のうちから一つ選べ。

① 現在のバングラデシュに当たる地域は縦線のブロック、現在のスリランカに当たる地域は「パン=ヨーロッパ」に含まれる。

② 現在のバングラデシュに当たる地域は「パン=ヨーロッパ」、現在のスリランカに当たる地域は縦線のブロックに含まれる。

③ 現在のバングラデシュとスリランカに当たる地域は、ともに「パン=ヨーロッパ」に含まれる。

④ 現在のバングラデシュとスリランカに当たる地域は、ともに縦線のブロックに含まれる。

(2021年度 本試験(第2日程) 世界史B)

問1 リード文に「パン=ヨーロッパ」に含まれる地域は、「黒く塗り潰(つぶ)した部分」とあるので、**図1**の「パン=ヨーロッパ」に含まれていない地域は、「黒く塗り潰した部分」以外の箇所となります。①コミンテルンを結成し、他のヨーロッパ諸国と対立していたのは、ソヴィエト=ロシア(1922年以降はソ連)なので、「黒く塗り潰した部分」以外であることがわかります。②革命によって共和国になったのはトルコですが、トルコはイスラームを国家の原理としたのではなく、政教分離を図ったので誤りです。③ソ連とラパロ条約を結んでいたのはドイツで、「黒く塗り潰した部分」に含まれます。④国際的に永世(えいせい)中立国として承認されていたのはスイスで、「黒く塗り潰した部分」に含まれます。したがって、答え ①となります。

問2 ①ビルマ(ミャンマー)は、「1923年」時点では日本領ではなくイギリス領なので、誤りです。②フランスの植民地であるベトナム・カンボジア・ラオス、ならびにオランダの植民地であるインドネシアは「黒く塗り潰した部分」なので、「パン=ヨーロッパ」に含まれます。③クエスチョンマークが付けられている地域はタイですが、宗主国からの10年後の独立を約束されたのはフィリピンなので、誤りです。④マラッカはイギリスの植民地ですが、「黒く塗り潰した部分」ではないので「パン=ヨーロッパ」に含まれず、誤りです。したがって、答え ②となります。

問3 対象となっている南アジアの地域は、「バングラデシュ」「スリランカ」で、ともにイギリス植民地です。**図2**をみると、イギリス植民地のビルマ（ミャンマー）や、マレー連合州が「黒く塗り潰した部分」になっていません。したがって、イギリス植民地は、「パン=ヨーロッパ」に含まれないと判断できるので、答え ④となります。

3 東アジアの民族運動

① 朝鮮

日本の支配下にあった朝鮮では、**朝鮮総督府**が**憲兵や軍隊を利用した武断政治**を行い、**言論や出版、集会の自由などを大幅に制限**していました。そうしたなか、**1919年**には日本からの独立を求める**三・一独立運動**が発生しました。この運動は、朝鮮総督府によって鎮圧されましたが、これ以降、朝鮮総督府は、**憲兵警察制度を廃止し、新聞や雑誌の統制を緩和するなど「文化政治」を実施**しました。これによって、朝鮮の知識人を懐柔し、民族運動の分断化を図ったとされます。

一方、上海では**大韓民国臨時政府**がつくられ、日本支配からの独立を目標に掲げましたが、**列強から認知されず**弱体的で、独立運動に大きな影響を与えることはできませんでした。

② 中国

日英同盟を口実に、**日本の第一次世界大戦参戦**が決まると、日本は**ドイツ領南洋諸島**やドイツ権益下にある中国の山東省に進軍して、租借地であった**青島**や**膠州湾を占領**しました。

その後、**二十一カ条要求**を中国につきつけ、**袁世凱政府はその大部分を受諾**したため、中国における日本の権益は拡大しました。

この頃、**中国では知識人が主体となって民衆を啓蒙する新文化運動**が、**北京大学を中心に進展**しました。そのなかでも、文語体（☞いわゆる「書き言葉」）の文学を否定し、口語体（☞いわゆる「話し言葉」）による**文学革命**が起きました。

人物の整理　～新文化運動の中心人物～

- **陳独秀**：**雑誌『新青年』**を刊行☞**「民主と科学」**を掲げる
- **胡適**：**白話（口語）文学**を提唱☞広範な支持を集める
- **魯迅**：**『狂人日記』**（白話を実践）・**『阿Q正伝』**を著す
- **李大釗**：中国に**マルクス主義**を紹介

こうしたなか、**1919年**に開かれたパリ講和会議で、中国（☞袁世凱の死後は、**軍閥が実権を掌握**しました）が**二十一カ条要求の破棄**や山東省のドイツ権益の返還を要求したものの拒否されます。これを受けて**北京の学生たちが抗議デモを行い、市民や労働者も合流して五・四運動が発生しました**。この運動は、やがて全国に拡大して**軍閥政府に対する不満や日貨排斥などを主張する大衆運動へと発展**し、これを受け、政府は**ヴェルサイユ条約の調印を拒否**することになりました。

この動きをみた孫文は、これまで秘密結社的であった中華革命党を改編して、**中国国民党**（☞以下、「国民党」と表記します）という大衆政党をつくりあげます。一方、**コミンテルンの指導**によって1921年には**中国共産党**（☞以下、「共産党」と表記します）が結成されました。コミンテルンは、共産党と協力するよう孫文に積極的に働きかけ、孫文は、戦後の新しい革命の方針として**「連ソ・容共・扶助工農」**を掲げました。これは**「ソ連と提携し、共産党を容認して、労働者や農民の運動を支えて革命を推進する」**という意味です。こうして、国民党を率いた孫文は、共産党との協力体制（☞**第1次国共合作**といいます）を築き、国民革命を目指しました。

しかし、1925年に孫文は「**革命、いまだならず**」という遺言を残してこの世を去ります。**孫文の死去**を受けて、**蔣介石**が国民革命を引き継ぐことになります。

また、同年には、**共産党の主導のもとで労働者による大規模ストライキが発生し、やがてこれは五・三〇運動として全国に拡大**

しました。五・四運動以来の大規模な大衆運動が発生したことを受け、**国民革命軍**を組織した国民党は**広州国民政府**を設立し、列強の言いなりになり下がっている**北京の軍閥政府を打倒**して、中国統一の実現を目指します。

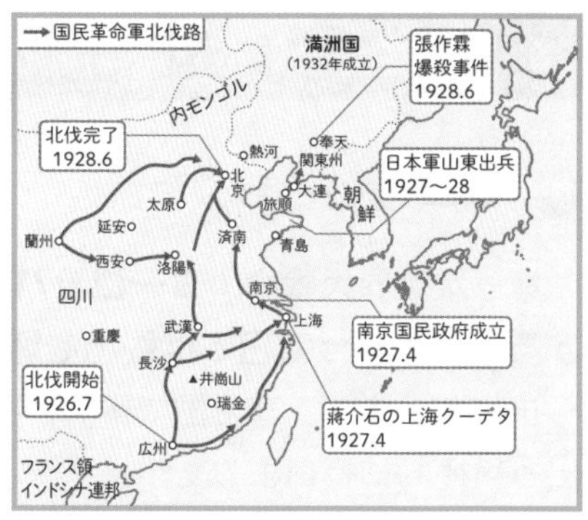

北伐の動き

国民革命軍は、**蔣介石**が率いた**国民党右派**（☞共産党との協力に反対していた**反共派**）を中心に**北伐**を開始します。しかし、北伐の途上、蔣介石は**浙江**・**江蘇出身の資本家**（☞日本では「**浙江財閥**」と呼びます）の支持を得て、**労働者や共産党員を多数殺害する上海クーデタを決行し、共産党との協力体制は崩壊**しました。

その後、**蔣介石は南京国民政府を樹立**し、やがて武漢を拠点としていた国民党左派（☞汪兆銘が率いた、共産党との協力を進める容共派）も合流しました。**共産党を排除した蔣介石は北伐を再開**しますが、**軍閥政権と結託していた日本**は、**山東出兵**を数回にわたって行い、北伐を妨害しようとしました。国民革命軍の主力は、日本との衝突を回避して北上を続け、ついに**北京を占領して軍閥政府を打倒**しました。軍閥の指導者であった**張作霖**は、奉天に退却しようとしますが、日本の**関東軍**は国民革命軍が張作霖を追って中国東北地方に進軍することを警戒し、**彼を列車ごと爆破して殺害する張作霖爆殺事件（奉天事件）を引き起こしました**。張作霖の死後、中国東北地方の実権を掌握した**張学良**（☞張作霖の子です）は、**日本と敵対して蔣介石側についた**ので、1928年、**国民政府の中国統一が実現**しました。

一方、**国共分裂**後、**共産党**は**都市部から農村部へと活動の拠点を移し、人口の大部分を占める農民を味方にしようとしました。**共産党は、国民党との対決に備えて**紅軍**を組織し、1931年には**瑞金**を拠点に**中華ソヴィエト共和国臨時政府**を樹立して、**毛沢東**が主席となりました。

4 〈歴史総合対応〉戦間期の日本

① 大戦景気から戦後恐慌へ

第一次世界大戦中、**ヨーロッパからアジア諸国への輸出が減少すると、かわって日本は輸出を増やし、事実上アジア市場を独占**しました。また、連合国で軍需が拡大すると、日本は連合国への輸出も積極的に行いました。

こうして、日本は**大戦景気と呼ばれる好景気をむかえ**、重化学工業が活況を呈し、工業生産額が農業生産額を抜いたほか、中国には**在華紡と呼ばれる日本の紡績工場が進出**しました。

日本は**日露戦争以来の債務国から、大戦景気を通じて債権国に成長しました**が、大戦後にヨーロッパ諸国が復興を遂げるなかで国際競争力を取り戻すと、日本の輸出は伸び悩み、**戦後恐慌**が到来しました。

② 大正デモクラシーの進展

第一次世界大戦末期から戦後にかけて、**欧米諸国で女性参政権が実現する**なか、大正時代に入った日本でも民主主義的な政治を求める気運が高まり、**政党を中心とした立憲政治を求める憲政擁護運動（護憲運動）が盛ん**になりました。

こうした民主主義的な風潮を大正デモクラシーといい、その理論的な支柱となったのは、**民本主義**（☞民衆の幸福こそが政治の最終目的であり、政策決定は民意に従うべきとする学説）を提唱した**吉野作造**や、**天皇機関説**（☞主権は国家にあり、天皇はその国家の最高機関として、統治権を行使するという学説）を説いた**美濃部達吉**でした。

1912年に第３次桂太郎内閣が発足すると、犬養毅や尾崎行雄らが「**閥族打倒・憲政擁護**」を掲げて桂内閣の打倒を主張し、民衆の支持を受けて**第１次護憲運動**が展開されました。こうして、桂内閣が退陣する**大正政変**を経て、山本権兵衛内閣が発足しましたが、海軍高官の汚職事件の責任を問われて退陣に追い込まれました。

その後、第2次大隈重信内閣が発足し、**日本は第一次世界大戦に参戦**しましたが、**中国につきつけた二十一カ条要求が国際的な非難を浴びる**と退陣を余儀なくされ、寺内正毅内閣が発足しました。

一方、大正デモクラシー下では、多様な解放運動が起こりました。**平塚らいてう**は雑誌『青鞜』を創刊し、**市川房枝**らと**新婦人協会を創設**して、**女性の政治参加を禁止していた治安警察法第5条の改正を実現**しました。また、**全国水平社**が結成されて部落解放運動が展開され、人びとは人間の尊厳や自由と平等を要求しました。一方で、労働運動や社会運動も活発化し、都市部では**労働争議**が、農村では**小作争議**がさかんとなり、1922年には**日本共産党が非合法のうちに結成**されました。

③ 本格的な政党内閣

寺内内閣の時期には、**シベリア出兵をみこした商人が米を買い占めたことで米価が高騰**し、米の安売りを求めて**米騒動という全国的な暴動**が発生しました。寺内内閣が責任をとって総辞職すると、かわって立憲政友会総裁の**原敬**が内閣を組織しました。

日本のシベリア出兵

原内閣の閣僚の多くが立憲政友会の議員であったことから、この内閣は**初の本格的政党内閣の誕生**といわれます。原内閣は、世論の支持のもとで諸改革を実施し、高等教育の拡充や産業振興策などを進めました。しかし、1920年からはじまる**戦後恐慌の打撃**を受け、翌年には東京駅で暗殺されました。

④ 関東大震災とその後

関東大震災直後の東京

1923年に**関東大震災**が起こると、政府は大量の手形を発行して経済の安定化につとめましたが、その多くは不良債権（☞これを震災手形といいます）となり、**日本経済は苦境に立たされました。**

関東大震災の翌年、清浦奎吾が貴族院の勢力を中心とする内閣を組織すると、これに高橋是清の立憲政友会、加藤高明の憲政会、犬養毅の革新俱楽部が反発し、「**憲政擁護・普選実現」を掲げて第２次護憲運動を展開**しました。

これにより、清浦内閣は総辞職し、立憲政友会・憲政会などの**護憲三派による加藤高明内閣が発足**しました。これ以降、**衆議院で多数派を占める政党の総裁が政権を担当する「憲政の常道」が確立**しました。また、加藤内閣は**男性普通選挙法**を制定して、**25歳以上の男性に選挙権を付与する**一方で、**治安維持法**を制定して「国体の変革」や私有財産制度の否認を目的とする結社を禁止するなど**社会主義革命の波及を警戒**しました。

⑤ 大衆文化の発展

日本では、**義務教育の就学率が100％近くに達した1910年頃から大衆化が進展**し、都市部を中心に企業や役所に勤務する**サラリーマン**が増えました。彼らが都市中間層（新中間層）を形成した一方、**女性の社会進出**もみられ、タイピストや電話交換手などの**職業婦人**や、**モダンガール（モガ）**が登場しました。

原内閣の時代には、大学制度が拡充されて大学生が急増すると、彼らは**欧米の文化や思想に刺激を受けて大正デモクラシーの担い手となりました。**

都市部には**文化住宅**が建設されたほか、東京や大阪を中心に**百貨店（デパート）**や**映画館**などの施設が建設されました。

1920年代には文化の大衆化が著しく進み、1925年には**ラジオ放送**が開始され、野球などのスポーツの中継やニュース速報、流行歌などの音楽が放送されました。出版では**1冊1円の円本**(えんぽん)や、**大衆娯楽**(ごらく)**雑誌の『キング』**、総合雑誌の**『改造』**(かいぞう)などが発刊されたほか、トンカツ・コロッケ・カレーなどの洋食が流行しました。

モダンガール（モガ）

大衆娯楽雑誌『キング』

SECTION 18

世界恐慌から第二次世界大戦へ

THEME

1　世界恐慌とファシズムの台頭
2　日本の中国進出と軍国主義化
3　第二次世界大戦と戦後の国際秩序

世界恐慌（きょうこう）における各国の対応、ファシズムの特徴、ドイツ・日本の侵略、第二次世界大戦中の独ソ関係は頻出（ひんしゅつ）！

世界恐慌が発生すると、アメリカ・イギリス・フランスはブロック経済を採用しました。一方、ドイツ・イタリア・日本は植民地の再分割を主張して対外膨張（ぼうちょう）を展開し、ついに第二次世界大戦に至ります。

1 世界恐慌とブロック経済	アメリカで発生した金融（きんゆう）危機が各国に波及して、世界恐慌が到来しました。アメリカ・イギリス・フランスは、植民地や従属地域とのあいだに特恵関税（とっけいかんぜい）をもうける排他的（はいたてき）なブロック経済を採用しました。

2 ドイツと日本の対外膨張	ドイツはヒトラー政権の発足（ほっそく）後、軍事力の増強につとめ、日本では軍部が中国大陸への進出を本格化して日中戦争を開始します。また、ドイツは「民族自決（じけつ）」を利用して領土を拡大しました。

3 第二次世界大戦	ヨーロッパ戦線は、独ソ戦開始前後の両国の関係を、アジア・太平洋戦線は、太平洋戦争開始前後の日本の動向を押さえましょう。また、ドイツ・日本の支配に対する抵抗運動を整理しましょう。

第二次世界大戦中のおもな会談と参加国、戦後の新しい国際秩序の特徴は頻出！

第二次世界大戦中に開催された諸会談では、戦争の方針や戦後の処理について協議が行われました。そして、戦後の新たな国際秩序がつくられました。

□ 第二次世界大戦中のおもな会談

大西洋上会談、カイロ会談、テヘラン会談、ヤルタ会談、ポツダム会談の参加国に注目しましょう！　また、各会談の内容は、詳細な情報よりも、その大枠をざっくりと押さえておきましょう。

□ 国際連合

国際連合の特徴を、国際連盟と比較して、「総会の議決」・「設立当初の参加国」・「制裁規定の有無」を押さえましょう。また、安全保障理事会の常任理事国がもつ権限にも注目しましょう。

□ 第二次世界大戦後の経済秩序

大戦後の新しい国際経済秩序として、アメリカを中心とするブレトン=ウッズ（国際経済）体制が形成されました。また、ブロック経済を反省し、各国の自由貿易を促すガット(GATT)が組織されました。

このSECTIONでは、「世界恐慌の発生」→「アメリカ・イギリス・フランスの対応」→「ドイツ・日本の動向」→「第二次世界大戦」という大きな展開を押さえよう！

THEME

1 世界恐慌とファシズムの台頭

ここできめる！

- 世界恐慌が発生した背景を理解し、欧米諸国がとった対応策を押さえよう。
- スペイン内戦における列強の対応を理解しよう。
- ドイツ・イタリアが、それぞれどのような対外政策を展開したのかを理解しよう。

1 世界恐慌の発生と諸外国の対応

① 世界恐慌(きょうこう)の発生

大量生産・大量消費社会を実現したアメリカでしたが、**過剰(かじょう)な生産**によって製品が余った結果、製品価格を下げてでも消費者に購入してもらおうとしたので、**物価が下落するデフレーション（デフレ）が発生**しました。デフレは、**企業収益の減少**につながり、**減給・解雇・倒産**などがあいつぐようになります。すると、**消費者の購買力が低下**するため、人びとはますます物を買わなくなり、ますます物が余る状態となります。

ということは、どんどん物価が下落していくじゃないですか!?

そう、一度発生したデフレは、さらなるデフレにつながる可能性があるのです。

こうして、アメリカは「デフレが次のデフレを呼び込む」という**デフレスパイラルに陥(おちい)っていた**のです。しかし、この時期には皮肉にも空前の株ブームが発生していました。「企業の株を買えば儲(もう)かるんだ！」という神話のもと、**株式ブームが過熱**していたのです。

そのため、デフレスパイラルに陥って企業は収益が減少しつつも、株価は上昇を続けました。

一方で、この時期には**農業不況が発生し、農民生活は圧迫され、農民の購買意欲も減少傾向**にありました。世界恐慌は、こうしたいくつもの事象が重なり合って発生したのです。

1929年10月24日の「**暗黒の木曜日**」、**ウォール街にあるニューヨーク株式市場で株価の大暴落**が発生し、アメリカは未曾有の金融危機をむかえ、**銀行や企業の倒産があいついで、街は失業者であふれかえりました**。アメリカは、ただちに諸外国に投下していた資本を引き揚げたため、**恐慌はヨーロッパをはじめとする諸地域に波及**し、**世界恐慌**が到来しました。

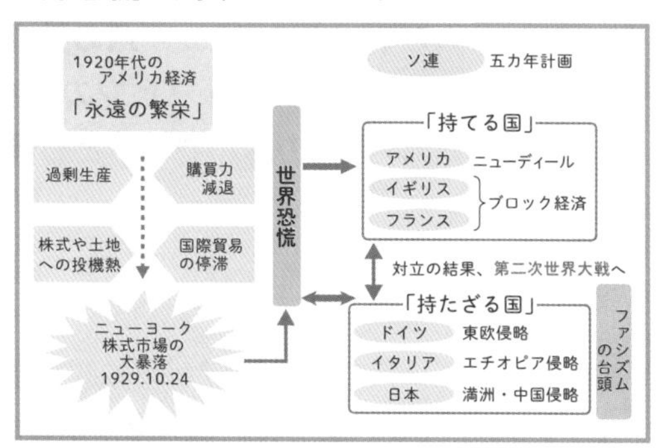

世界恐慌とその後の世界

② アメリカの国内情勢

世界恐慌の発生を受け、アメリカの**フーヴァー大統領**は**フーヴァー=モラトリアム**を発動し、**ドイツの賠償金支払いとイギリス・フランスの対米戦債支払いについて1年間の猶予**を宣言しましたが、効果は上がりませんでした。一方、経済政策では自由放任主義の姿勢を崩さなかったため、国内では失業者がさらに増大し、景気は悪化する一方でした。

1933年に就任した**民主党**の**フランクリン=ローズヴェルト大統領**は、従来の自由放任主義を一変し、**政府の積極的な経済介入によって、雇用や景気の回復を図るニューディールを掲げます。**

●ニューディール

おもな政策	内　容
農業調整法（AAA）	補助金と引き換えに作付けを制限 ☞**農作物価格の引き上げ**を図る☞1936年に違憲
全国産業復興法（NIRA）	企業のカルテル的な協定や**労働者の諸権利**を承認 ☞1935年に違憲
テネシー川流域開発公社（TVA）	大規模な公共事業を展開し、**失業者を吸収** ☞公営企業の電力生産へ（料金の引き下げに成功）
ワグナー法	**労働者の団結権と団体交渉権**を承認 ←

外交については、ラテンアメリカ諸国に対し、従来の高圧的な姿勢をやめ、**善隣(ぜんりん)外交を展開して介入と干渉(かんしょう)を排除(はいじょ)する友好政策へと転換**しました。アメリカが1934年に**キューバの独立を承認**したのは、その一例ともいえます。また、**フィリピンの10年後の独立を約束**したほか、1933年には**列強(れっきょう)のなかでもっとも遅くソ連を承認**しました。

3 ブロック経済の構築

世界恐慌のさなか、イギリスでは**労働党**が単独政権を獲得し、**第2次マクドナルド内閣**が成立しました。**失業者の増大を受け、政府は財政削減のために失業保険の削減を提案**しますが、失業者や労働者などを支持基盤(きばん)とする労働党はこれを受け入れず、マクドナルドは党を除名されて総辞職に追い込まれました。

しかし、**自由党と保守党は連立**して、首相候補にマクドナルドを指名したため、**マクドナルド挙国一致(きょこくいっち)内閣**が成立しました。マクドナルドは、**金本位制(きんほんいせい)からの離脱(りだつ)**を宣言すると、1932年には**オタワ連邦会議（イギリス連邦経済会議）**を開催し、イギリス連邦内における特恵関税(とっけいかんぜい)協定を結んで、事実上、**本国と自治領による貿易のみに切り替えるブロック経済を採用**しました。なお、イギリスがとったブロック経済を**スターリング=ブロック（ポンド=ブロック**、☞「スターリング」は「通貨としてのポンド」をさす）といいます。

これを受け、アメリカはラテンアメリカ諸国と**ドル=ブロック**を形成し、フランスは植民地を囲い込んで**フラン=ブロック**を形成しました。

こうして、**イギリス・アメリカ・フランスなどの国々は、自治領や従属地域、海外植民地とのあいだに保護関税による排他的な経済圏を形成**しました。しかし、これにより、自由貿易圏が崩壊するとともに、**ドイツ・イタリア・日本などの国々は植民地の再分割を求めて対外侵略を企図**し、軍国主義化が進むことになり、第二次世界大戦の遠因となります。

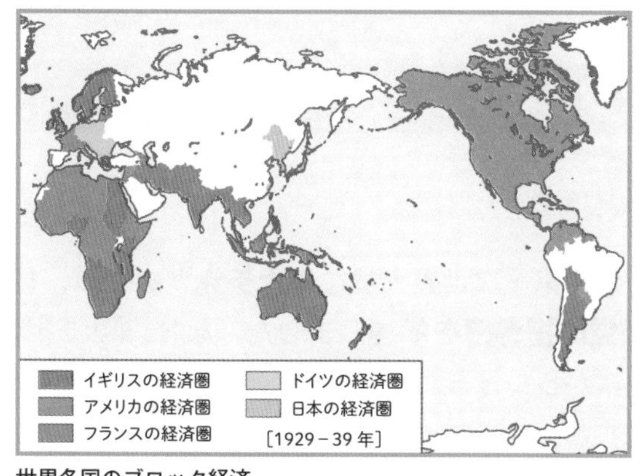

世界各国のブロック経済

④ ソ連

ソ連は、世界恐慌が発生する前年の1928年から**第1次五カ年計画を開始**して**重工業化と農業の集団化**を進めていましたが、ほかのヨーロッパ諸国やアメリカなどの国々との輸出・輸入を前提としていないので、**世界恐慌の影響をほぼ受けず**に順調に経済成長を実現しました。

1933年からは**第2次五カ年計画**に突入し、農業集団化の徹底とともに、消費物資生産のため**軽工業の発展にも注力**しました。

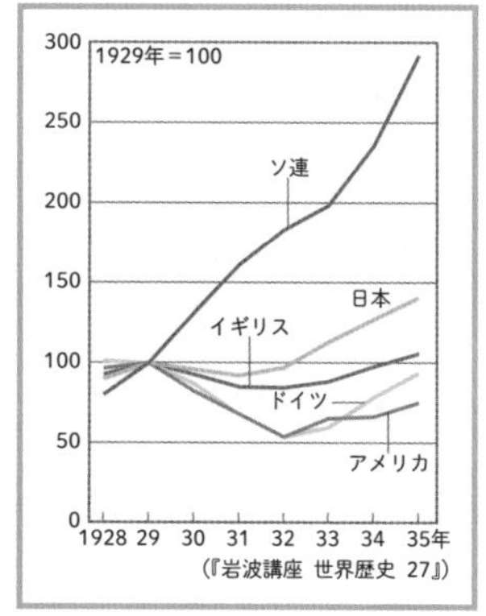

世界各国の工業生産の推移

SECTION 18 世界恐慌から第二次世界大戦へ

また、市民の自由や権利をはじめとする民主的な諸規定を盛り込んだ**スターリン憲法**が制定されましたが、**実際にはスターリンによる独裁体制のもとで人びとの人権は抑圧**されていました。

ソ連は、1930年代後半には**アメリカに次ぐ世界第2位の工業大国にまで躍進**しましたが、国内ではスターリンによる**粛清**が横行し、「反対派」のレッテルをはられた党幹部や軍部首脳をはじめ、一般の人びとを含む広範囲な迫害が実施され、**スターリンの完全独裁体制が強化**されました。

2 ドイツにおけるファシズムの台頭

① ナチ党とは？

ドイツでは、第一次世界大戦後に**ナチ党**が成立し、1921年には**ヒトラーが党の指導権を掌握**しました。なお、「ナチ」とは政敵や反ヒトラー派からつけられた蔑称で、正式名を「国民社会主義ドイツ労働者党」といいます。

ナチ党は、イタリアのファシズムの影響を受けて**反共産主義**を掲げ、階級対立の克服を狙いました。一方、ナチ党の場合、**ヴェルサイユ体制の打破**のほかに、国民を同質なドイツ民族だけの共同体にしようとする**民族共同体の建設**を主張し、ユダヤ人などの「敵」をつくることでその意識を強めようとしました。

こうしたナチ党の政治思想を、ファシズムと区別して「ナチズム」といい、ナチ党の党員や支持者を含めて「ナチス」という場合があります。

「国民社会主義」を掲げているのに、共産主義には反対なのですか？

これは労働者階級に支持を拡大するための宣伝みたいなものだったのです。

② ナチ党の一党独裁体制

ヒトラーは、ルール占領と大インフレの危機のさなか、弱体的なヴァイマル政府の打倒と政権獲得を掲げて1923年に**ミュンヘン一揆**を起こしましたが、これは即座に鎮圧され、投獄されてしまいました。この失敗を機に、**ヒトラーは合法的な手段での政権獲得を目指す**ようになります。

とくに、ヒトラーが武器としたのは**演説**（**大衆宣伝**）でした。その時間帯や話すトーンの強弱、発声の仕方、民衆が歓声をあげると即座に話すのをやめて全体が静寂を取り戻すまでは再開しないなど、空間を制圧する演説の力に民衆は魅了されました。こうして、**ヒトラーは演説を通じて、ヴェルサイユ体制や政府への不満をあおり、大衆運動をつくりあげました。**

また、ヒトラー支持者の多くは、農民や都市に住む**中間層**（**中産階級**）で、彼らは資本家のような財産をもたず、その生活はつねに景気に左右されました。そのため、行動力をアピールするヒトラーを支持するようになったのです。

こうしたなか、**世界恐慌の影響**を受けてドイツ経済は深刻な危機に陥り、**失業者数は600万人**にのぼったといわれます。**ヒンデンブルク大統領**は、非常大権を行使して危機を克服しようとしましたがうまくはいきません。**1932年選挙**では**ナチ党が第一党**となり、共産党が第三党の座を獲得すると、**共産党の台頭を恐れた資本家や軍部はナチ党を支持**し、これを受けてヒンデンブルク大統領は、**1933年**に**ヒトラーを首相に任命**しました。

首相となったヒトラーは、ただちに国会の解散を宣言して総選挙を実施しましたが、**国会議事堂放火事件が発生すると共産党の危険性を人びとに訴え、共産党を弾圧**しました。その後、ヒトラーは、**全権委任法**によって**議会がもつ立法権を政府に委譲**し、ナチ党以外の政党を解散させて**一党独裁体制を確立**しました。

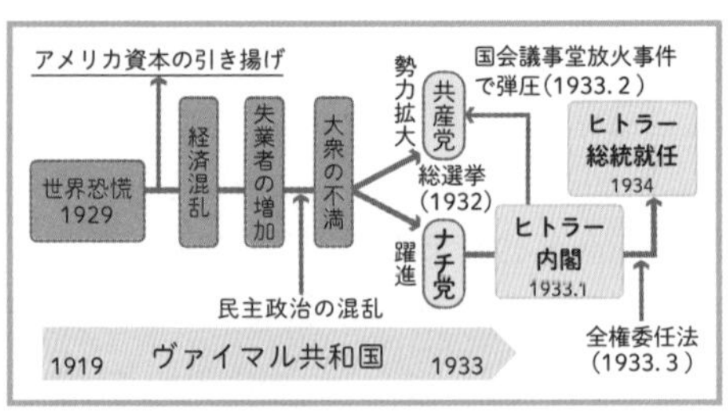

ナチ党の一党独裁体制

また、**ヒンデンブルク大統領が死去する**と、ヒトラーはその権限を自身に移して**総統**(そうとう)(**フューラー**)と称しました。国民生活は厳しい統制下に置かれ、反対派とされた人びとは、**秘密警察**(**ゲシュタポ**)や**親衛隊**(しんえいたい)(**SS**)によって処罰されたり、**強制収容所**に送られたりしました。

ヒトラーは、政権獲得後にドイツ民族主義を全面に押し出して**ユダヤ人排斥**(はいせき)を本格的に開始し、**ゲットー**(☞ユダヤ人の強制隔離(かくり)居住区のこと)などの襲撃(しゅうげき)事件が発生したほか、**ロマ**(☞ジプシーやジタンともいいます)と呼ばれる少数民族の迫害も行いました。一方で、ヒトラーやナチ党を批判して、小説『魔(ま)の山』で知られる**トーマス=マン**や、相対性(そうたいせい)理論を創始した**アインシュタイン**などはアメリカに亡命(ぼうめい)しました。

❸ ヒトラーの経済・福祉(ふくし)政策

ヒトラー政権の成立前から、**ドイツ各地ではアウトバーンという自動車専用道路の建設が進んでいました**が、ヒトラー政権の成立後は、**公共事業の一環**として建設計画が拡大したほか、**軍需**(ぐんじゅ)**工業を拡張**して**失業者を労働者として雇用**しました。

こうして、ヒトラーは失業者の救済と景気回復をアピールすることによってその支持を盤石(ばんじゃく)なものとしていきました。また、従来、労働者たちには手の届かなかった**団体旅行などのレクリエーションを提供**することで、階級をこえた国民の一体感を創出しました。そのほかには、子どもの多い家庭に補助金を出すなどの福祉政策を整備しました。

3 ドイツ・イタリアの対外進出

① ドイツのヴェルサイユ体制打破

ヴェルサイユ条約で課された軍備制限の撤廃要求が通らないことを受け、ヒトラー政権が発足した1933年に**ドイツは国際連盟を脱退**します。**1935年には**、ヴェルサイユ条約に従って住民投票が行われた結果を受けて**ザールを編入**し、**再軍備宣言を行って徴兵制を復活**させました。

一方、**ドイツの再軍備を警戒**したフランスは、ドイツの復讐を恐れて**仏ソ相互援助条約**を締結し、ソ連とともにドイツを挟み込みました。しかし、イギリスは、フランスがソ連と接近したことを受け、**ソ連や共産主義の影響力がヨーロッパに拡大することを警戒**し、**英独海軍協定を締結してドイツの再軍備を事実上容認**しました。ドイツは、仏ソ相互援助条約の締結に反発し、1936年に**ロカルノ条約を破棄**して**ラインラントに進駐**しましたが、イギリスはまたもやドイツの行動を実質的に容認しました。

また、ソ連では、ドイツの再軍備宣言を受けて**コミンテルン第7回大会**が開催され、**各国の共産党はすべての反ファシズム勢力との協力体制をとり、人民戦線を結成する**ように呼びかけられました。こうして、フランスでは**社会党（統一社会党）**や**共産党**などが協力して**フランス人民戦線内閣**を結成し、社会党の**ブルム**らが首相をつとめました。

② スペイン内戦

1930年代初頭に**ブルボン朝を廃して共和政に移行**したスペインでは、1936年に**人民戦線政府**が発足しました。しかし、教会の特権廃止や土地改革などが進められるなか、人民戦線政府に反発する保守派や軍部の支持を得た**軍人フランコ**が、スペイン領モロッコで反乱を起こし、**スペイン内戦**が勃発しました。

内戦に際し、**イギリス・フランスなどの国々は不干渉政策を実**

施しましたが、**ドイツ・イタリアは反乱軍を支援**し、**ソ連**やアメリカの作家**ヘミングウェー**などの知識人を含む**国際義勇軍**は人民戦線政府を支援しました。

内戦中、ドイツ・イタリア空軍は、バスク地方にある**都市ゲルニカに無差別爆撃**を行い、多くの犠牲者を出しました。画家の**ピカソ**は、これに抗議して「**ゲルニカ**」を描き、**国際社会に対してファシズムの非人道性と危険性を訴えました**が、イギリス・フランスなどは不干渉政策を維持し続けました。

1939年、反乱軍によって首都マドリードが陥落して人民戦線政府は倒壊し、**フランコによる独裁政権が樹立**されました。

③ ドイツ・日本・イタリアの提携

ムッソリーニ（左）とヒトラー（右）

ドイツの再軍備宣言に列強が対応を迫られるなか、**イタリアはエチオピアに侵攻**しました。**国際連盟がイタリアに経済制裁をとるものの、石油の輸出停止は行われなかったため実質効果はなく**、イタリアは1936年に**エチオピアの併合**に踏み切りました。

同年、ドイツ・イタリアはスペイン内戦においてフランコ支持側についたことで接近し、**ベルリン=ローマ枢軸**が結成されました。また、ドイツが、日本とのあいだで**ソ連とコミンテルンに対抗する**ために**日独防共協定**を締結すると、翌年には**イタリアが参加して三国防共協定**となりました。その後、**イタリアは国際連盟を脱退**してドイツ・日本との提携を強め、ここに**三国枢軸**が成立しました。

④ ドイツの侵略と第二次世界大戦の開始

ドイツは、1930年代後半になると「**民族自決**」**を口実に同じドイツ系民族の統合を目指して領土拡大**を積極的に行いました。1938年、ドイツは**オーストリアを併合**すると、チェコスロヴァキアに対して**ズデーテン地方の割譲を要求**しました。

チェコスロヴァキアがこの要求を拒否すると、イギリスの**ネヴィル=チェンバレン**、フランスの**ダラディエ**、ドイツの**ヒトラー**、イタリアの**ムッソリーニ**で、**ミュンヘン会談**が開催されました。結果、「これ以上の領土要求はしない」ことを条件に、ドイツの**ズデーテン地方併合**が認められました。こうした、**イギリスとフランスによる、ファシズム諸国に対する妥協的な対応を宥和政策といいます**。「ドイツに譲歩することで決定的な衝突を避けたかった」というのが建前です。

え？　建前ということは、本音は一体どういうものでしょうか？

ファシズム諸国が掲げる反共産主義です。三国防共協定のドイツ・イタリアは、地理的にイギリス・フランスとソ連のあいだにあるので、イギリス・フランスはファシズム諸国がソ連を倒してくれると期待しているんだよ。

しかし、フランスと相互援助条約を締結している**ソ連は、ミュンヘン会談に招かれず、イギリス・フランスに対する不信感を強める**ようになります。

一方、ドイツはミュンヘン会談での取り決めもお構いなしに、**1939年**には非ドイツ系国家の**チェコスロヴァキアを解体**しました。その後、ポーランドに対し、第一次世界大戦後に事実上ポーランド領となっていた**ダンツィヒの返還**と**ポーランド回廊における通行特権の付与**を要求しました。

ポーランドがイギリス・フランスの支援を期待してドイツの要求を拒絶すると、**ドイツはポーランド後方のソ連と独ソ不可侵条約を締結し、世界に衝撃を与えました**。これは、イギリス・フランスと対峙するにあたって後方の安全性を確保したかったドイツと、イギリス・フランスへの不信感を強めたソ連の利害が一致したことで締結されました。

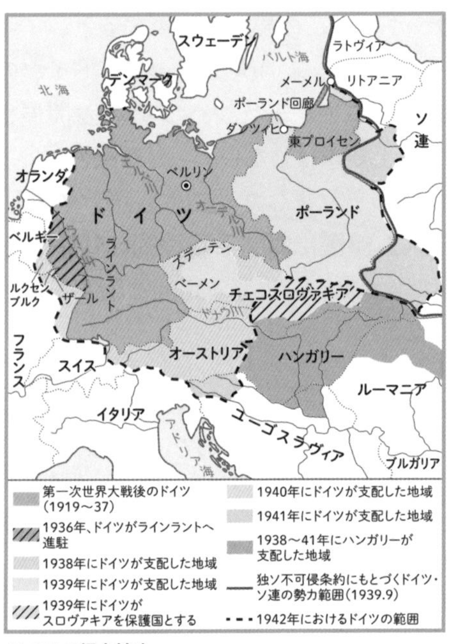

ドイツの領土拡大

THEME 2

日本の中国進出と軍国主義化

ここで 削きめる!

- 日本の中国進出と、それに対する国民政府と共産党の対応およびその変化について押さえよう。
- 1920年代から30年代にかけて、日本経済が直面した危機とその対応を押さえよう。
- 1930年代以降に日本の軍部が影響力を拡大していく過程について理解しよう。

1 中国国民政府の動向

① 満洲事変

南京国民政府（☞以下、「国民政府」と表記します）による中国統一が実現し、政治的・経済的な主権の回復が進むと、これに危機感を覚えた日本の関東軍は、**満洲を中国から切り離して日本の勢力下に置こうと画策**しました。

そして、1931年には**南満洲鉄道を爆破する柳条湖事件を起こし**、これを中国側の仕業であると主張して軍事行動を開始しました。この事件を契機にはじまった、日本の**満洲侵略のための軍事行動を満洲事変**といいます。これを受け、中国では抗日運動が高まり、1932年には**日本海軍が中国軍と衝突する上海事変が発生**しました。

こうしたなか、日本の軍部は1932年3月に**満洲国を建国**して、執政には清朝最後の皇帝（☞宣統帝）であった**溥儀**を据えました。一方、中国は日本軍部の侵略行為を国際連盟に提訴したため、**国際連盟からリットン調査団が派遣**されました。

リットン調査団は、満洲事変を「日本の自衛的行為ではない」とし、**事実上の侵略戦争であると国際連盟に報告**しました。この報告を受け、1933年に国際連盟の総会で満洲国の不承認が可決されると、反発した**日本は国際連盟を脱退**しました。

リットン調査団の視察

❷ 国民政府の諸改革と日本への対応

蔣介石が率いる国民政府は、1920年代後半から1930年代初めにかけて、**不平等条約の改正に着手**して**関税自主権の回復に成功**しました。また、世界恐慌の影響で中国経済が悪化すると、**イギリスやアメリカの支援**のもとで**幣制改革**を行って、中国の通貨を政府系銀行が発行する紙幣（**法幣**）**に統一**して経済の安定化につとめました。そのほかには、中国国民の生活様式と社会倫理の改革を目指した「**新生活運動**」を展開しました。

一方で、日本軍部の満洲事変に対して**停戦協定を締結**し、**事実上、満洲国を承認**しました。

えっ!?　どうして国民政府は、日本と停戦協定を結んだのですか？

国民政府は、日本よりも国内にいる共産党の殲滅を優先したんだよ。

❸ 共産党の動向と第２次国共合作

共産党は、瑞金を拠点に**中華ソヴィエト共和国臨時政府**を樹立し、中国国内の革命運動を継続しようとしましたが、国民政府軍の攻撃を受け、1934年には**拠点を華北方面に移す大移動を開始**しました。これを**長征**といい、共産党は約１万2500 kmを国民政府軍と戦いながら移動し、最終的に1936年に陝西省の**延安**に移りました。

この間、**毛沢東**が**共産党内部の指導権を掌握**したほか、コミンテルンの人民戦線戦術の影響を受けて**八・一宣言**を出し、**国民政府に対して内戦の停止と抗日民族統一戦線の結成を主張**しましたが、**蔣介石はこれに応じず、日本よりも共産党を敵とする姿勢を崩しません**でした。

ところが、**八・一宣言に共鳴した張学良**は、1936年に対共産党との戦況を確認するために西安を訪れた**蔣介石を監禁する西安事件**を起こし、**内戦の停止と抗日民族統一戦線の結成を要求**しました。しかし、蔣介石はやはりこれに応じようとはしません。すると、共産党の幹部であった周恩来が西安を訪れて蔣介石の説得に乗り出し、最終的に蔣介石は「もし、日本と戦闘がはじまれば共産党と抗日協力をする」と約束しました。

そして、**1937年**7月7日、北京郊外で**日本と中国が軍事衝突する盧溝橋事件が起きる**と、ついに**日中戦争**がはじまり、**国民政府は共産党と第2次国共合作を組織して協力体制を築き**ました。

❹ 日中戦争

日中戦争がはじまると、**日本軍は、国民政府の拠点であった南京を占領**し、そこで一般市民や捕虜を虐殺する**南京事件**を起こして国際的な非難を浴びました。

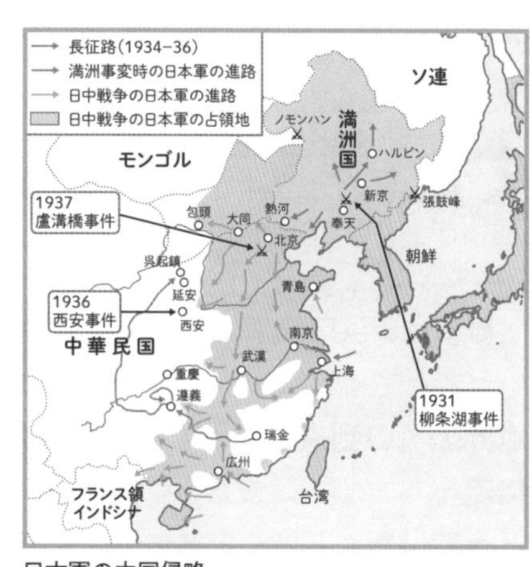

日本軍の中国侵略

国民政府は、南京を離れて長江を遡るように拠点を移し、最終的に四川省の**重慶を本拠地**としたことから、これ以降、1946年に**南京に戻るまでの国民政府を重慶政府といいます**。重慶政府は、**東南アジア**

に植民地をもつアメリカ・イギリス・フランスから物資や人員の援助を受けて日本軍と交戦しました。

これに対し、日本は重慶政府を脱出した**汪兆銘を首班**として、**日本の傀儡政権である「南京国民政府」を樹立**しました。そして、「汪兆銘の政府こそ、本物の中国政府である！」と主張し、講和を狙いましたが、**列強は重慶政府を支持**したため、日本の汪兆銘工作は失敗に終わりました。

2 〈歴史総合対応〉1920～30年代の日本の動向

❶ 恐慌の「連鎖」

第一次世界大戦を機に到来した大戦景気は、ヨーロッパ諸国の経済復興とともに終わりをむかえ、やがて日本は**戦後恐慌**にみまわれました。そこに、**関東大震災が追い打ちとなって不況は深刻化**しました。また、1927年には、震災手形の処理をめぐる政府閣僚の失言により、「銀行が倒産する!?」と慌てた人びとが銀行に殺到し、預金をすべて引き出そうとした取り付け騒ぎが発生しました。そのため、銀行や会社の倒産・休業が続発し、日本は**金融恐慌**にみまわれました。

金融恐慌を機に、預金は大手の財閥系の銀行に集中したので、財閥の政界への影響力が強大化します。

日本は、浜口雄幸内閣のもとで**金解禁**（☞金本位制に復帰したということです）に踏み切って経済の再建を図りましたが、不運にも**世界恐慌の到来によって輸出が大幅に減少したうえに、金が国外に流出**しました。また、この時期に**政府支出を抑える緊縮財政をとっていた**ことは、企業の倒産や賃金の引き下げを誘発し、日本は**昭和恐慌**に直面しました。

❷ 恐慌からの脱却

危機的状況に陥った日本経済でしたが、大蔵大臣に就任した**高橋是清**は、**積極的に政府支出を増大させる方針へと転換**し、**軍事関連工業の振興**を図り、農村向けの**土木公共事業**を推進しました。これによって**失業者の吸収に成功し、内需の拡大をもたらした**ため、日本経済は急速に回復しました。

また、高橋蔵相は**金輸出再禁止**に踏み切り、金と円の兌換を停止することで、**通貨供給量を政府の管理下に置く管理通貨制度へと移行**させました。この結果、円安が進行し、**日本の輸出量は増加**しました。一方、朝鮮や満洲国では重化学工業が成長し、軍需の増大は新興財閥の成長を促しました。こうして、1933年の時点で、鉱工業生産が世界恐慌前の生産水準に達し、**資本主義下の列強のなかで日本はいち早く世界恐慌からの脱却に成功**しました。

ところが、イギリス・アメリカ・フランスは、金本位制を停止してブロック経済へ移行し、日本は国際貿易圏の縮小に直面することになります。

❸ 幣原外交と軍部の台頭

日本は、1920～30年代にかけて、**外相であった幣原喜重郎**のもとで**列強との協調や中国への不干渉を軸**とする**幣原外交**を展開し、中国市場の拡大と満洲や内モンゴルにおける特殊権益の維持を目指しました。

田中義一内閣の時代には、蔣介石率いる北伐軍を妨害しようと**山東出兵を行って中国と軍事衝突を引き起こしました**が、1929年には両国の協議によって解決しました。しかし、**対中国強硬路線を主張する陸軍は、幣原外交を「軟弱外交」と非難**し、恐慌の「連鎖」に対応できない政府に国民の不満も高まっていました。

こうしたなか、1930年に開催された**ロンドン会議**で、補助艦の保有比率についての話し合いが行われると、海軍の一部の勢力は「想定していた補助艦の保有トン数が少ない！」と反発し、これは「**政**

府が天皇の統帥権を犯す行為だ」として統帥権干犯問題が発生しました。結果、当時の浜口内閣は、ロンドン海軍軍縮条約の調印に至り、昭和天皇もこれを批准したのですが、首相の浜口雄幸は右翼の青年に東京駅で狙撃されてしまいました。

④ 政党政治の終焉

満洲への日本軍の侵攻

日本の陸軍のなかで、中国大陸部への軍事進出によって日本経済を再生できるという主張が次第に強くなると、石原莞爾が主導した**関東軍**は**満洲事変**を開始し、中国では日本に対する反発が強くなりました。浜口内閣のあとを受けて成立した第２次若槻礼次郎内閣は、関東軍の暴走を止めることができずに引責辞任し、その後、**犬養毅が内閣を組織**しました。

関東軍は、**日本・漢・満洲・朝鮮・蒙古**（**モンゴル**）の５民族が協力し合い、平和な国を築くという**「五族協和」をスローガンに満洲国を建てましたが**、その実態は日本の傀儡国家でした。満洲事変に対する**列強の反発が強まったことを受け、犬養首相は満洲国の承認に消極的であった**ため、海軍の青年将校らは首相官邸を襲撃して**犬養首相を暗殺**しました。これを**五・一五事件**といいます。

この事件でマスコミが軍部に対して同調的な報道を行ったこともあり、世論は軍部を支持するようになりました。こうして、政治家や官僚は、軍部の暴力やテロを恐れたため軍部に対して妥協的になり、**ここに政党内閣の時代は終わった**といえます。

⑤ 国際的な孤立と軍部の政治主導

犬養首相の暗殺後、政府は、軍部の意向を抑えることができず、日満議定書を締結して**満洲国を承認**しました。

この頃、国際連盟から派遣された**リットン調査団**が、占領地から撤退するよう日本に勧告しました。これを受け、1933年に**国際連盟の総会で満洲国の不承認決議が出される**と、**日本は国際連盟を脱退**しました。日本の新聞は、満洲事変や国際連盟の脱退をあおる記事を書き、昭和恐慌にあえぐ国民は、軍部の対外進出に歓喜しました。関東軍は、日本から満洲国への移民を奨励し、満洲国の人口増加と開拓を促進しました。しかし、日本の景気の回復を受け、大蔵大臣の**高橋是清は軍備拡大方針を改めて次第に軍事費を抑制する**ようになりました。そのため、政府側と軍部・右翼勢力との対立が深刻化します。

一方、陸軍内では、天皇中心の国体至上主義を説く皇道派と、「高度国防国家」の建設を目指して軍事工業に力を注ぐ統制経済を重視する統制派の権力抗争が行われていました。劣勢に陥った皇道派の一部の青年将校らは、**1936年**に**軍事政権の樹立を目指して二・二六事件というクーデタを決行**し、高橋是清や斎藤実などの閣僚を暗殺して警視庁や新聞社も襲撃しました。その後、4日間にわたって東京の中枢部を占拠しましたが、昭和天皇の命を受けた陸軍統制派によって鎮圧されます。こうして**陸軍内の主導権を握った統制派は、政治への影響力を強化**しました。

⑥ 日中戦争・太平洋戦争期の国内情勢

日中戦争が1937年にはじまると、翌年には**国家総動員法**が制定され、1939年には国民徴用令や価格等統制令などが出されました。こうして、**すべての労働力や物資は戦争に徴用される**ことになりました。その後、日本はドイツのような強力な政治指導体制を目指して新体制運動を展開し、近衛文麿首相のもとで**すべての政党を解散して、大政翼賛会に結集**させました。

一方、戦争の長期化によって国民生活は窮乏化し、**戦時体制下において軍事部門が中心の重工業製品の生産量は伸びていました**が、1944年頃からは**鉄鋼・化学の生産量が大きく減少**しはじめました。食料品や繊維などの軽工業の生産量は、日中戦争以降、減少傾向にありましたが、さらに低下し、**米不足が深刻化**しました。政府は、米の配給を制限するようになり、食料・生活必需品の配給制・切符制を導入しました。

成人男性の多くは徴兵制によって戦地に動員され、1943年には20歳以上の学生も徴兵の対象とする**学徒出陣**がはじまります。また、中学生以上の学生や女性が勤労動員として軍需工場での労働に従事することになりました。しかし、アメリカ軍の本土空襲がはじまると、**都市部では小さい子どもたちを地方に避難させる学童疎開が行われました。**

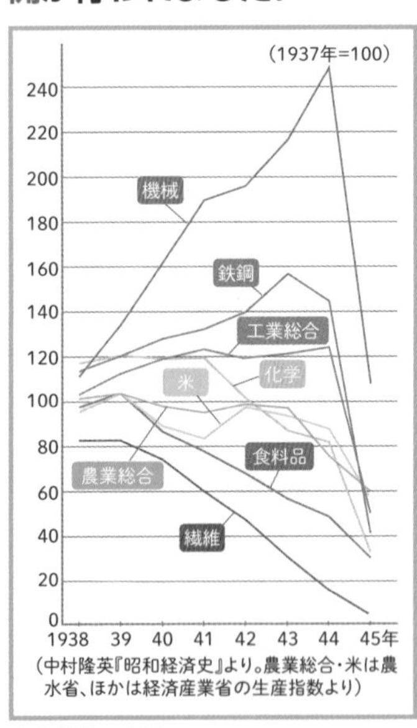

生産指数の推移

学童疎開の様子

過去問にチャレンジ

次の資料は、イギリス人作家ジョージ=オーウェルがスペイン内戦に人民戦線側で従軍した体験に基づいて著し、内戦のさなかに出版した書物の一節である。（引用文には、省略したり、改めたりしたところがある。）

資料

> 7月18日に戦闘が始まった時、ヨーロッパの反ファシストの人々は皆、希望に身震いしたことだろう。ついに、この地で民主主義がファシズムに対して、はっきりと立ち上がったからだ。この10年に満たない数年間、民主的といわれる国々は、ファシズムに負け続けるという歴史を歩んできた。例えば、日本人の望むままの行動が容認されてしまった。ヒトラーは権力の座に上りつめ、あらゆる党派の政敵の虐殺に手を付け始めた。そして、53ほどの国々が戦争の舞台裏で偽善的な言い合いをしている間に、ムッソリーニはアビシニア人を爆撃した。しかしスペインでは、穏健な左翼政府が転覆されかかった時、予想に違(たが)って、スペインの人々は立ち上がったのだ。それは潮の変わり目のように思えたし、恐らくはそうだった。

上の資料から窺(うかが)えるように、オーウェルは、ヒトラーやムッソリーニの政権と同様に、同じ時期の日本の政権をファシズム体制だとみなしていた。ⓐ世界史の教科書には、これと同様の見方をするものと、日本の戦時体制とファシズムとを区別する立場から書かれているものとがある。どちらの見方にも、相応の根拠があると考えられる。

問　下線部ⓐについて議論する場合、異なる見方あ・いと、それぞれの根拠として最も適当な文W～Zとの組合せとして正しいものを、後の①～⑥のうちから一つ選べ。

異なる見方

あ　スペイン内戦の時期から第二次世界大戦期にかけての日本の政権は、ファシズム体制だったと言える。

い　スペイン内戦の時期から第二次世界大戦期にかけての日本の政権は、ファシズムとは区別される体制だったと言える。

それぞれの根拠

W　ソ連を脅威とみなし、共産主義運動に対抗する陣営に加わった。

X　国民社会主義を標榜し、経済活動を統制した。

Y　政党の指導者が、独裁者として国家権力を握ることがなかった。

Z　軍事力による支配圏拡大を行わなかった。

① あ－W，い－Y　　② あ－X，い－W
③ あ－Y，い－Z　　④ あ－Z，い－X
⑤ あ－W，い－Z　　⑥ あ－X，い－Y

(2022年度　本試験　世界史B)

問　スペイン内戦の時期から第二次世界大戦期にかけての日本の政権を、**あ**.「ファシズム体制だった」というための根拠としては、W.「ソ連を脅威とみなし、共産主義運動に対抗する陣営に加わった」が適切といえます。日本は、スペイン内戦期にドイツと日独防共協定を締結し、のちにイタリアを加えた三国防共協定としてソ連やコミンテルンと対峙しました。こうした点から考えると、日本は「ファシズム体制だった」といえます。また、**い**.「ファシズムとは区別される体制だった」というための根拠としては、Y.「政党の指導者が、独裁者として国家権力を握ることがなかった」が適切といえます。イタリアではファシスト党のムッソリーニが、ドイツではナチ党のヒトラーが、それぞれ一党独裁体制をしき、政党の指導者として国家権力を掌握しました。しかし、日本の場合、五・一五事件をもって事実上政党政治は終焉し、二・二六事件を機に軍部の影響力が政治に強く反映されるようになるため、「政党の指導者が、独裁者として国家権力を握ることがなかった」といえます。したがって、**答え** ①となります。

なお、そのほかの根拠についてですが、X.日本は、「経済活動の統制」はしましたが、「国民社会主義」を標榜したのはドイツのナチ党です。また、日本は男性普通選挙制の実施と並行して治安維持法を制定しており、社会主義運動を全面的に禁止していたので、政府が「社会主義」を掲げることは断じてないという判断もできます。Z.日本は中国や東南アジアなどに軍事侵攻しているので、「軍事力による支配圏拡大を行わなかった」とはいえません。

本問のように、歴史総合や世界史探究では、「ある事象を異なる視点からみて比較する」問題が意識的に出題される可能性があります。こうした問題は、受験生の知識がどこまであるかを問うものではなく、基礎的な知識を踏まえたうえで、提示された資料や選択肢から吟味できるかどうかを試す問題です。そのため、知識で解こうとすると視野が狭くなり、かえって間違えることがあるので、慌てず落ち着いて読解するようにしましょう。

THEME

3 第二次世界大戦と戦後の国際秩序

ここできめる!

- ヨーロッパ戦線はドイツ・ソ連の関係、アジア・太平洋戦線は日本・アメリカの関係に注目しよう。
- 大戦中に開催された会談では、どのようなことが協議されたのかを整理して覚えよう。
- 戦後に敗戦国がどのように処理されたのかに注目し、また、新たに生まれた国際経済秩序を理解しよう。

1 第二次世界大戦(1939〜45)

① ドイツの動向

独ソ不可侵(ふかしん)条約を締結(ていけつ)したドイツが、**1939年**9月に**ポーランド侵攻**を開始すると、**イギリス・フランスはドイツに宣戦(せんせん)布告**し、ここに**第二次世界大戦が開始**されました。

ドイツは**ポーランド西部を制圧**すると、**デンマーク・ノルウェーに侵入**し、**北海(ほっかい)東岸一帯を制圧してイギリスを牽制(けんせい)**しました。また、**オランダ・ベルギーに侵入**して両国を占領すると、そのままフランスの首都パリを目指し、1940年6月に無血開城で**パリを占領**して**フランスを降伏(こうふく)**させました。この間、イギリスではヒトラーの暴走(ぼうそう)を止められなかったネヴィル=チェンバレンが辞職し、**チャーチル内閣が発足(ほっそく)してドイツに対する徹底(てってい)抗戦を開始**します。また、ドイツ軍の進撃を好機とみた**イタリアが参戦**し、エジプトやギリシアへ侵攻を開始します。

ドイツは、傀儡(かいらい)国家として**ペタンを首班とするヴィシー政府を樹立し、フランス南部の統治(とうち)にあたらせます**が、軍人**ド=ゴール**はロンドンに**自由フランス政府**を樹立して、フランス国民に**反ファシズム闘争であるレジスタンスを呼びかけました。**

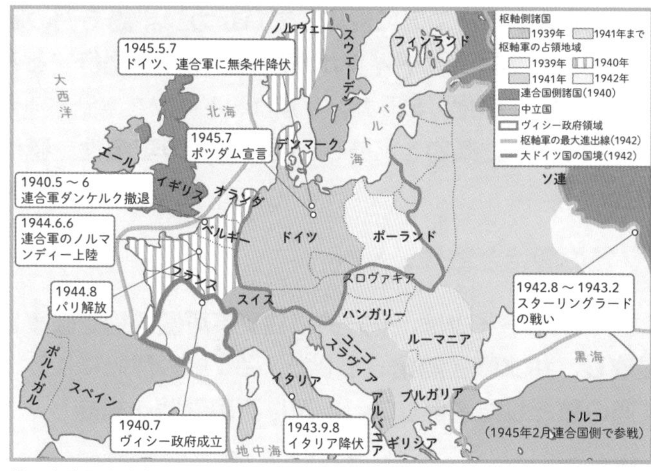

第二次世界大戦中のヨーロッパ

一方、ドイツはイギリスへの侵攻を試みますが、チャーチル率いるイギリスの強固な防戦によって苦戦します。**アメリカは1941年に武器貸与法(たいよほう)を制定し、イギリスに武器や軍事物資を提供**して支援しました。また、ドイツがイギリスと戦うイタリアを支援するため北アフリカに軍を送り、**ギリシアやユーゴスラヴィアなどに侵攻してバルカン制圧**に転じると、ユーゴスラヴィアでは、民衆がゲリラ戦を展開してドイツ支配に抵抗する**パルチザン**が展開されました。

❷ ソ連の動向

第二次世界大戦がはじまると、**ソ連はポーランドに侵攻**し、独ソ不可侵条約の秘密条項にもとづいて**ポーランド東部を占領**しました。その後、**バルト3国に侵攻**して北上し、**ソ連=フィンランド戦争（冬戦争）**を開始します。フィンランドは、ソ連の侵略を国際連盟に提訴し、これを受けて**国際連盟はソ連を除名**しましたが、ソ連の軍事侵攻を止めることはできず、ソ連は1940年に**バルト3国を併合(へいごう)**しました。

また、**ソ連はルーマニアに侵攻してバルカン半島方面の制圧を画策**したため、1941年に**ドイツがバルカン制圧を強行すると、両国の関係は次第に悪化**しました。ソ連は、ドイツを牽制するため、同年４月に**日ソ中立条約**を締結し、**極東方面の安全性を確保**しました。

③ 独ソ戦の開始と戦局の転機

1941年６月、**ドイツは、一方的に独ソ不可侵条約を破棄してソ連に侵攻し、独ソ戦を開始**しました。独ソ戦の開始により、**ドイツを共通の敵としたイギリスとソ連は軍事同盟を締結**し、アメリカの武器貸与法はソ連にも適用されました。

一方、ユダヤ人迫害を行うドイツは、ソ連などのスラヴ人地域にユダヤ人を追放しようとしていましたが、独ソ戦によってそれが困難になると、**ユダヤ人絶滅計画を本格化してホロコーストと呼ばれる大量虐殺を行いました**。ポーランド南部の**アウシュヴィッツ**（☞現在のオシフィエンチム）には**強制収容所**が建設され、ユダヤ人を含むおよそ150万人以上の人びとが虐殺されたといわれています。

ユダヤ人の迫害

アウシュヴィッツの強制収容所

写真提供：PIXTA

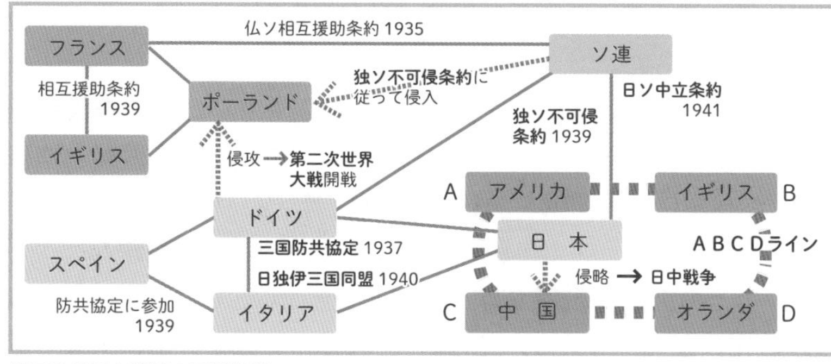

第二次世界大戦期の国際関係

❹ 日本の動向：アジア・太平洋戦争の開始

日中戦争のさなか、日本は1939年に満洲とモンゴル人民共和国との国境付近で**ソ連と衝突するノモンハン事件を起こしましたが、大敗を喫しました**。そのため、日本では、**ソ連との衝突を回避して東南アジア方面に勢力を拡大しようとする南進論が優勢**となりました。第二次世界大戦がはじまると、**フランスの降伏**を受けた日本は、蔣介石を支援する列強の物資供給ルート（☞これを「援蔣ルート」といいます）を断つために、**フランス領インドシナ北部へ進駐**しました。

しかし、1940年に**日独伊三国同盟**を締結すると、アメリカやイギリスとの関係は急速に悪化します。**日本は日米交渉を開始してアメリカとの軍事衝突の回避を試みます**が、交渉は難航しました。この間、**日ソ中立条約**が締結され、**北方の安全性を確保した日本**は、経済資源の確保を狙って**フランス領インドシナ南部へ進駐**しましたが、こうした日本軍部の行動は、アメリカをますます硬化させることになりました。

アメリカは、**日本への経済制裁を強化するために対日石油禁輸措置**をとり、東南アジアに植民地をもつイギリスやオランダもこれに同調しました。日本はこれを**「ABCDライン」**（☞A：アメリカ、B：イギリス、C：中国、D：オランダ）と呼び、対日包囲網が形成されたとして国民の危機感をあおり、**石油資源などを求めて東南ア**

ジアに進出することを、侵略戦争ではなく自衛のための戦争であると印象づけました。

一方、日本では近衛文麿内閣の総辞職にともない、**対米強硬論派の東条英機内閣が発足**しました。その後、**日米交渉が事実上決裂**すると、日本は対米開戦を決意し、**1941年**12月にはハワイにあるアメリカ海軍基地を狙って**真珠湾（パールハーバー）攻撃**を行い、アメリカとの**太平洋戦争**がはじまりました。しかし、これは、**日本の宣戦布告が遅れたため「奇襲」となり**、アメリカだけでなく国際社会から強い非難を浴びました。また、太平洋戦争の開戦を受け、**ドイツ・イタリアの対米宣戦**が行われ、**ここにヨーロッパの戦争とアジア・太平洋の戦争が一体化**しました。1942年には、アメリカ・イギリス・ソ連などが**連合国共同宣言**を出し、**大戦の目的を「ファシズム国との戦い」と位置づけた**ため、第二次世界大戦は、ドイツ・イタリア・日本とその同盟諸国による**枢軸国**と、アメリカ・イギリス・ソ連・中国などの**連合国**による戦いとなり、ソ連は1943年に**コミンテルンを解散**してアメリカ・イギリスとの協力を推進しました。

一方、真珠湾攻撃とほぼ同じタイミングで、**日本軍はマレー半島に上陸**し、「日本が中心となって、白人国家の支配からアジアを解放する」という**「大東亜共栄圏」**を大義名分に、1942年までに**東南アジアにある欧米植民地を占領**しました。

しかし、日本の軍政下では、**ホー=チ=ミン率いるベトナム独立同盟会（ベトミン）**や、**アウン=サン**が率いるビルマ（ミャンマー）の反ファシスト人民自由連盟などによる、**東南アジアの抗日運動**が盛んになりました。

また、日本は日中戦争の勃発後、支配下にあった**朝鮮や台湾の人びとに対して日本人への同化を進める皇民化政策を強化**し、神社の参拝、日の丸の掲揚、皇居遥拝などを強要し、**日本名を名乗らせる創氏改名**を行いました。また、不足する労働力を補うために**朝鮮人の徴用**を行い、兵力不足を解消するために**朝鮮・台湾において徴兵制を施行**しました。

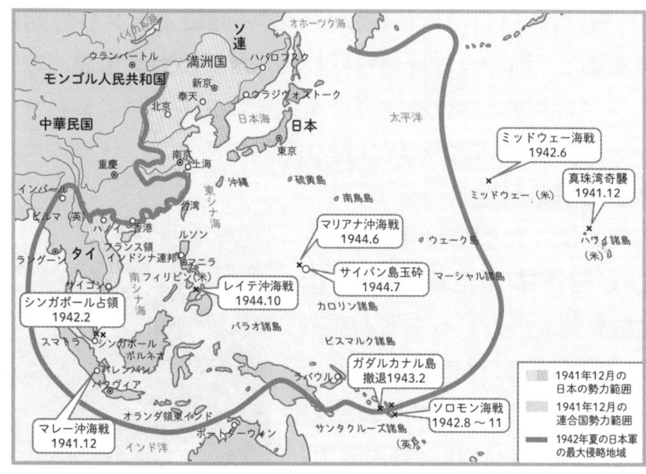

アジア・太平洋戦争

⑤ イタリア・ドイツ・日本の敗北

独ソ戦においては1942年から**スターリングラードの戦い**がはじまりました。当初はドイツが優勢だったものの、ソ連の猛反撃によって劣勢に陥(おちい)り、1943年にドイツは**ソ連に敗北**しました。その後、イタリアを狙って**連合軍がシチリア島に上陸**すると、ムッソリーニは解任されて**バドリオ政府**が発足し、この**イタリア新政府は無条件降伏**を受け入れました。

連合軍は、1944年に**ノルマンディー上陸**を決行し、北フランスを制圧しました。そして、ドイツの撤退(てったい)を受けて**パリ解放**が実現すると、ド=ゴールが凱旋(がいせん)して臨時政府を樹立しました。こうして、**西方からアメリカ・イギリス軍、東方からソ連軍に挟撃(きょうげき)されたドイツ**では敗戦色が強まり、1945年には、連合軍による**ドレスデンの夜間無差別爆撃(ばくげき)**を受けて２万５千人近くの死者を出しました。同年４月、ヒトラーはみずから命を絶ち、その直後に**ベルリンが陥落(かんらく)**して**ドイツは無条件降伏**を受け入れ、ここにヨーロッパ戦線が終結しました。

一方、日本は、1942年に**ミッドウェー海戦でアメリカ海軍に大敗を喫する**と、同年の８月から行われた**ガダルカナル島**の攻防戦にも敗北し、太平洋における主導権を完全にアメリカに奪われてしまいました。1944年に**サイパン島が陥落**すると、アメリカはここを**日本本土爆撃の基地**とします。

アメリカは、**大型爆撃機B29を使用して日本本土空襲を本格化**し、東京をはじめとする主要大都市への無差別攻撃を行いました。また、**1945年**４月には**アメリカ軍の沖縄本島上陸**が行われ、およそ10万人の日本守備兵が壊滅して**６月23日に沖縄戦は終結**しました。**この戦闘においては、沖縄県民も奮戦**したため、10万人近くの住民が亡くなったとされています。

東京大空襲後の東京駅

その後、**連合国は日本に無条件降伏を勧告するポツダム宣言を出しました**が、日本は応じようとしません。アメリカは、**8月6日**に**広島への原爆（原子爆弾）投下**を行い、**8月９日**には**長崎への原爆投下**を行って日本の降伏を急ぎました。なお、原爆の投下により、同年末の時点で、広島では約14万人、長崎では７万人以上が死亡したと推定されます。また、８月８日には日ソ中立条約を破棄して**ソ連の対日宣戦**が行われ、ソ連は満洲国や朝鮮・樺太・千島に侵攻しました。

日本は、８月14日に御前会議を開いて国体護持を条件に**ポツダム宣言を受諾**して（☞**日本の「無条件」降伏**）、翌15日には昭和天皇がラジオ放送（玉音放送）で、国民に終戦を告げました。９月２日、日本と連合国とのあいだで**降伏文書が調印**され、**名実ともに第二次世界大戦はここに終結**しました。

●第二次世界大戦中のおもな会談

会　談	出席者	内　容
大西洋上会談（1941）	**ローズヴェルト**（米） **チャーチル**（英）	**大西洋憲章**を発表 ☞戦後の平和構想を表明
カイロ会談（1943）	ローズヴェルト（米） チャーチル（英） 蔣介石（中）	**カイロ宣言**を発表 ☞対日処理方針などを協議
テヘラン会談（1943）	ローズヴェルト（米） チャーチル（英） **スターリン**（ソ）	第二戦線の形成 ☞連合軍のヨーロッパ本土上陸作戦
ヤルタ会談（1945）	ローズヴェルト（米） チャーチル（英） スターリン（ソ）	**ヤルタ協定** ☞独の無条件降伏と、英・米・仏・ソによる共同管理を決定 ☞秘密協定でソ連の対日参戦を決定
ポツダム会談（1945）	**トルーマン**（米） チャーチル →**アトリー**（英） スターリン（ソ）	•**ポツダム協定**☞対独処理 •ポツダム宣言 ☞日本への無条件降伏勧告

2　第二次世界大戦後の新たな国際秩序

①国際連合の成立

第二次世界大戦中、ローズヴェルトとチャーチルは1941年に**大西洋憲章を発表して戦後の平和構想を打ち出し**、大戦末期には**ダンバートン=オークス会議**が開催され、国際連合憲章の原案がつくられました。そして、1945年、**サンフランシスコ会議**で**国際連合憲章が正式に採択**され、同年10月に**国際連合**（☞以下、「**国連**」と表記します）が発足しました。

国連の**総会は全加盟国で構成され、議決は各国１票の多数決制**をとり、加盟国や安全保障理事会に勧告することができます。1948年には、すべての国家と人びとが達成すべき共通の人権に関する**世界人権宣言**が採択されました。

安全保障理事会は国連でもっとも強大な権限をもち、**国際紛争の解決に必要な経済的・外交的・軍事的制裁や諸措置を行う**ために、加盟国を法的に拘束する「決定」ができます。また、安全保障理事会の**常任理事国**は、大戦で連合国を主導した**アメリカ・ソ連**（☞現在はロシア連邦）・**イギリス・フランス・中国**（☞当時は中華民国をさします）の5カ国で、これらの国々には**拒否権が与えられ、5大国一致の原則が採用**されました。

そのほかの主要機関としては**経済社会理事会**があり、その専門機関として**国際労働機関（ILO）**や**ユネスコ（国際連合教育科学文化機関、UNESCO）**、**世界保健機関（WHO）**、国際通貨基金（IMF）、国際復興開発銀行（IBRD、世界銀行）が置かれました。また、国際連盟の常設国際司法裁判所を継承して**国際司法裁判所**が設置され、国連の関連機関としては、政治的理由で祖国を脱出した**難民**の保護を行う**国連難民高等弁務官事務所（UNHCR）**が1950年に設置されました。

② ブレトン=ウッズ体制

第二次世界大戦末、アメリカで**ブレトン=ウッズ会議**が開催され、戦後の国際経済を再建するために**国際通貨基金（IMF）**と**国際復興開発銀行（IBRD、世界銀行）**の設立が決まりました。

アメリカの**ドル**は金と交換（☞兌換ともいいます）できる唯一の紙幣となり、**ドルと各国通貨の交換比率を固定する金・ドル本位制**がとられました。こうした戦後の新しい国際経済秩序を、**ブレトン=ウッズ（国際経済）体制**といいます。

また、**「関税と貿易に関する一般協定」（ガット〈GATT〉）**が成立し、**国際的な自由貿易の拡大と維持**を目指しました。

③ 敗戦国の処理

ベルリン陥落の直後から、**アメリカ・ソ連・イギリス・フランス**による**ドイツ４カ国分割占領（分割管理）**と**ベルリン分割管理**が行われました。また、連合国によって**ニュルンベルク裁判**が開かれ、ドイツの戦争責任者が裁かれました。

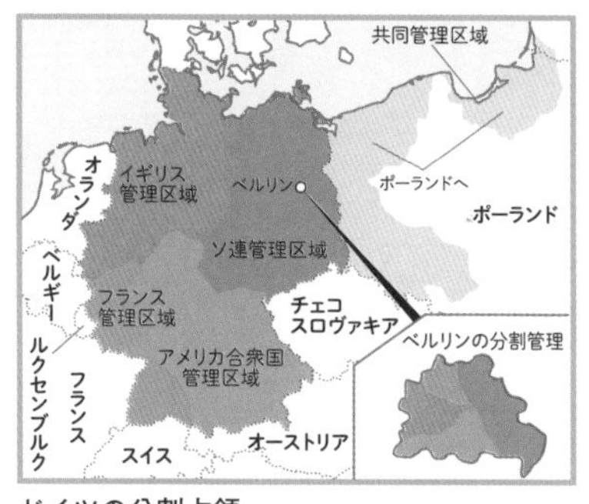

ドイツの分割占領

ニュルンベルク裁判

イタリアをはじめとするヨーロッパの枢軸国は、1947年に連合国とのあいだに**パリ講和（こうわ）条約**を締結し、賠償金（ばいしょうきん）の支払いや軍備制限などが課せられました。

一方、戦後の日本は、**アメリカによる単独占領**が行われ、**GHQ（連合国軍最高司令官総司令部）**が日本政府を通じた間接支配を行いました。

1946年に開かれた**東京裁判（極東国際軍事裁判）**では、天皇と財閥（ざいばつ）関係者は不起訴となり、**東条英機**をはじめとする戦争責任者の処罰が行われました。

SECTION 19
冷戦の時代

THEME

1　冷戦の始まりと展開
2　冷戦体制の動揺と冷戦の終結へ

米ソ両陣営の形成、1950年代後半の米ソ関係、キューバ危機、ド=ゴール外交、ゴルバチョフの諸政策は頻出(ひんしゅつ)!

第二次世界大戦の終結後、アメリカとソ連による冷戦対立(れいせん)が顕著(けんちょ)になり、この対立はヨーロッパやアジア諸国にも波及して多くの国々を巻き込みながら、1989年に終結しました。

1 冷戦の開始・「雪どけ」

1945〜1955年頃までに、アメリカとソ連は自陣営を強化して対立を深めました。しかし、ソ連でフルシチョフが指導者になると、1950年代後半には冷戦対立が緩和(かんわ)されました。

2 キューバ危機・冷戦構造の変化

1960年代前半、米ソ間での対立が再び激化し、キューバ危機では両国による核(かく)戦争の危機が発生しました。一方で、第三世界の台頭(たいとう)や、フランスのド=ゴール外交、中ソ対立の激化により、冷戦の構造は大きく変化します。

3 緊張緩和・「第2次冷戦」

1970年代には、ヨーロッパを中心に緊張緩和の気運が高まりましたが、70年代末に米ソは「第2次冷戦」に突入しました。しかし、1985年にゴルバチョフがソ連の指導者になると、米ソ関係は再び改善されていきました。

朝鮮戦争とインドシナ戦争、第五福竜丸事件や1960年代のベトナム戦争は頻出！

冷戦対立はアジア諸地域に波及し、また、各国の核開発を加速させました。1960年代後半に本格化したベトナム戦争は、アメリカを中心とする国際経済秩序の崩壊を引き起こす一因となりました。

□ アジアにおける米ソの代理戦争

中国では国民党と共産党の内戦が再開され、朝鮮では北朝鮮と韓国が軍事衝突を引き起こします。また、ベトナムでは、ベトナム民主共和国とフランスとのあいだでインドシナ戦争が勃発しました。

□ 核開発や反核運動・核軍縮

世界初の核保有国となったアメリカに対し、冷戦の開始期にはソ連も核の保有に成功します。以後、核保有国が拡大する一方で、1960年代から70年代には米ソが中心となって核軍縮の動きがみられました。

□ ベトナム戦争

アメリカは、北ベトナム爆撃を行い、ベトナム戦争に本格的に介入しました。しかし、戦争は泥沼化してアメリカ財政を逼迫させ、また、世界各地にベトナム反戦運動が拡大し、アメリカは国際的な威信を低下させました。

冷戦を学習するときは、「1945～55年頃」・「1950年代後半」・「1960年代」・「1970年代」・「1980年代」といった時期に分けて、米ソ両国の関係がどのように移り変わっていくのかを押さえよう！

THEME 1

冷戦の始まりと展開

ここで畝きめる!

- 第二次世界大戦の終結後から1955年まで、米ソ両国の対立がどのように展開したのかを理解しよう。
- アジアにおける米ソの代理戦争は、中国・朝鮮・ベトナムの3地域に注目しよう。
- 「雪どけ」から米ソ再対立にいたるまでの展開とともに、第三世界の動向を押さえよう。

1 東西ヨーロッパの分断

① 大戦直後のヨーロッパ世界

イギリスは、**労働党のアトリー内閣**のもとで**重要産業の国有化**や、**社会福祉(ふくし)制度の充実**を図りました。一方、**エールのイギリス連邦離脱(りだつ)**が決定し、エールは対外的に「**アイルランド**」を正式名としました。

フランスでは、**第四共和政**が成立しましたが、**フランス共産党**が幾度か第一党となり、また、国民投票の結果を受けて**王政を廃止**した**イタリア**では、**イタリア共産党**が勢力を拡大して西欧最大の共産党へと発展しました。

大戦中、**ソ連はドイツの占領下にあった東ヨーロッパ諸国の多くを解放**(☞そのうち、**ユーゴスラヴィア**とアルバニアは**自力で独立**を達成)し、また、枢軸国(すうじくこく)側で参戦した国々を占領したため、急速に影響力を拡大しました。これにより、**第二次世界大戦後の東ヨーロッパ諸国は、人民民主主義を標榜(ひょうぼう)したものの、結果的にソ連型の社会主義体制をとりました。**一方、フィンランドは社会主義国ではありませんが、ソ連寄りの外交をとらざるを得ませんでした。

こうした状況を受け、**イギリスの元首相チャーチル**は、アメリカで行った演説のなかで、バルト海のシュテッティンからアドリア海のトリエステを結ぶラインに**「鉄のカーテン」**がおろされたとして、**ソ連の影響力拡大を非難**しました。

② 冷戦(れいせん)の始まり

アメリカの**トルーマン大統領**は、ヨーロッパにおけるソ連の影響力拡大を警戒して、1947年に**トルーマン=ドクトリン**を出し、ソ連の**「封(ふう)じ込(こ)め政策」**を開始しました。

その後、国務長官マーシャルは、**マーシャル=プラン（ヨーロッパ経済復興援助計画）**によって、社会主義拡大を防止するために、**全ヨーロッパの経済復興を支援する計画**を発表しました。しかし、**ソ連と東ヨーロッパ諸国は、受け入れを拒否してコミンフォルム（共産党情報局）を結成**し、アメリカに対抗しました。

その後、**ユーゴスラヴィア**の指導者**ティトー**は、ソ連と距離を置く独自外交を展開したため、1948年に**コミンフォルムはユーゴスラヴィアを除名**しました。

このように、アメリカが主導する資本主義諸国と、ソ連が主導する社会主義諸国の分断と対立が本格化するなか、**米ソ両国の対立は直接戦火を交えることがなかった**ため、「**冷戦**」と呼ばれました。

③ ヨーロッパ世界の分断

ヨーロッパ諸国は、**1948年**にチェコスロヴァキアとドイツで起きた2つの事件を機に、**アメリカ派とソ連派への分断化**が進みました。

チェコスロヴァキアは、マーシャル=プランを受け入れようとしたところ、**ソ連の支援を受けた共産党がチェコスロヴァキア=クーデタを行って共産党政権を樹立**し、ソ連派の国となりました。これを受け、イギリス・フランス・**ベネルクス3国**（☞ベルギー・オランダ・ルクセンブルクの3国の総称です）は、**西ヨーロッパ連合条約（ブリュッセル条約）**を締結(ていけつ)し、**締結国が力を合わせて国防**

につとめる集団的自衛を図りました。

一方、アメリカ・ソ連・イギリス・フランスの占領下にある**ドイツ**で、**西側占領地区の通貨改革**が行われると、ソ連はこれに対抗し、**西ベルリンに至る交通路を全面的に封鎖する****ベルリン封鎖**を実行しました。西ベルリンを救済すべく、アメリカは封鎖が解除される1949年の5月までのあいだ、**必要物資を空輸して対抗**しました。この間、アメリカは、**西ヨーロッパ連合条約を発展させて****北大西洋条約機構（NATO）****を結成**しました。一方、ソ連は、東ヨーロッパ諸国とともに、**経済相互援助会議（コメコン〈COMECON〉）**を組織します。こうして**米ソは互いに陣営の結束強化を図りました**。また、1949年には**ソ連の核実験****が成功**し、アメリカの核の独占が打ち破られました。

1949年5月、**ソ連がベルリン封鎖を解除**すると、**西側占領地区は****ドイツ連邦共和国（西ドイツ）****として独立**し、同年10月には**東側占領地区は****ドイツ民主共和国（東ドイツ）****として独立**しました。また、西ドイツの**アデナウアー首相**は、経済復興に着手しつつ、1954年に**パリ協定**を締結して**西ドイツの主権回復**に成功し、翌年には**西ドイツのNATO加盟を実現**しました。しかし、これを受け、ソ連と東ヨーロッパ諸国は、東ドイツを集団的自衛下で保護するために**1955年**に**ワルシャワ条約機構（東ヨーロッパ相互援助条約）**を結成しました。

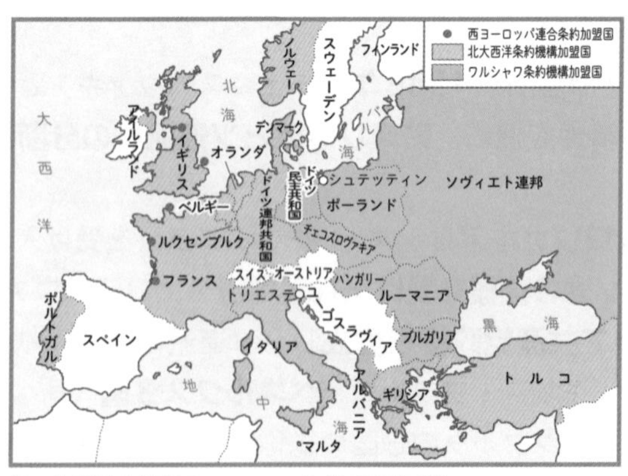

第二次世界大戦後のヨーロッパ（1950年代）

●アメリカとソ連の指導者（1940～50年代）

国名	指導者	国内でのおもなできごと
アメリカ	トルーマン	**核実験**(1945)：**原子爆弾**(**原爆**)の保有 ☞1952年には水爆実験に成功：水爆の保有 **マッカーシズム**(1950年代初頭) ☞上院議員**マッカーシー**が主導した「**赤狩り**」
ソ連	スターリン	**核実験**(1949)：世界で２番目に原爆を保有 ☞1953年には水爆実験に成功：水爆の保有

2 アジアにおける米ソの代理戦

① ２つの中国

日中戦争の終結後、中国（中華民国）では国民党と共産党による**内戦**（**国共内戦**）が本格化しました。内戦のさなか、**蔣介石の率いる国民党**は、**台湾の民衆の抗議デモを発端に起きた二・二八事件**ののちに、**台湾における戒厳令を布告**して国民党の独裁体制をしきました。しかし、戦後のインフレに対応できず、党幹部内での腐敗が横行するなど、次第に民衆の支持を失っていきました。

建国を宣言する毛沢東

写真提供：アフロ

共産党は、**日中戦争の時期に農村工作を展開して人口大部分を占める農民からの支持を拡大**し、内戦では次第に国民党を圧倒していきました。内戦の勝利を目前とした共産党は、**1949年**に**人民政治協商会議**を開催して事実上の勝利宣言を行いました。そして**中華人民共和国**（☞以下、「中国」と表記します）の建国を宣言し、**共産党の党主席**（**党主**）**であった毛沢東が国家主席に、周恩来が首相となり、首都を北京に置きました**。その後、ソ連とのあいだに、アメリカや日本を仮想敵国とする**中ソ友好同盟相互援助条約**を締結しました。

一方、**内戦に敗北した蔣介石**は、台湾に**中華民国政府**（☞以下、「台湾」と表記します）を移して中国本土に対抗しました。

❷ 朝鮮半島の分断

日本の敗戦後、**朝鮮半島は北緯（ほくい）38度線を境界線**とし、以北を**ソ連**が、以南を**アメリカ**がそれぞれ占領しました。米ソ冷戦の対立がはじまると、1948年には、南側に**李承晩（イスンマン）**を大統領とする**大韓民国（だいかんみんこく）（韓国）**が成立し、北側には**金日成（キムイルソン）**を首相とする**朝鮮民主主義人民共和国（北朝鮮）**が成立しました。

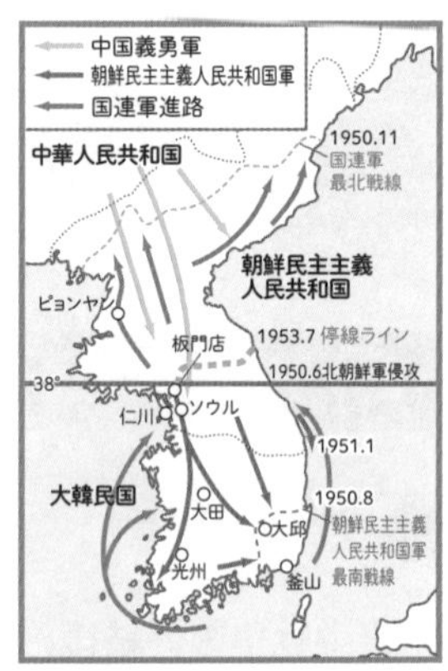

朝鮮戦争の関係図

1950年、北朝鮮は朝鮮半島の統一を目指して韓国に侵攻し、**朝鮮戦争**が勃発（ぼっぱつ）しました。**北朝鮮がソウルを占領**し、韓国を釜山（ふざん／プサン）まで追い込むと、アメリカを中心とする安全保障理事会（☞当時、ソ連は欠席中だったので**拒否権を行使できず**）は北朝鮮を侵略国と認定し、**アメリカ軍を主体とする「国連軍」を出動**させました。

「国連軍」の仁川（じんせん／インチョン）上陸作戦が成功すると、北朝鮮に対する反攻を本格化して中国国境付近の鴨緑江（おうりょくこう）まで追い詰めました。すると、**中華人民共和国の義勇軍派遣（ぎゆうぐんはけん）**が行われ、「国連軍」は北緯38度線まで後退しました。

戦線の膠着化（こうちゃくか）を受け、1953年には**北緯38度線を境界線**に**朝鮮休戦協定**が結ばれ、朝鮮の南北分断が固定化しました。また、アメリカは韓国とのあいだに**反共軍事同盟である米韓相互防衛条約**を締結しました。

③ 朝鮮戦争の影響

朝鮮戦争におけるアメリカの強硬な介入を目のあたりにした毛沢東は、**中国の社会主義化**を急ぐようになり、ソ連の支援のもとで、1953年に**第1次五カ年計画**を開始して**工業分野を発展**させました。一方、アメリカは当初、台湾と中国の問題に介入しない方針を示していましたが、朝鮮戦争の勃発を受けて台湾を軍事的に支援する方針へと転換し、**中国と台湾の分断**が決定的となりました。

日本に駐留（ちゅうりゅう）するアメリカ軍が朝鮮戦争に動員されることを受け、日本では**警察予備隊**（☞その後、保安隊に改編され、1954年には**自衛隊**となります）がつくられたほか、**1951年**には**サンフランシスコ平和条約が締結されて日本の主権（しゅけん）回復が実現**しました。また、平和条約の締結と同時に**日米安全保障条約**が結ばれ、**アメリカ軍に日本国内の基地を貸与する**ことが決まりました。

●戦後の韓国と北朝鮮

	おもな指導者やできごとなど
韓国	• 韓国の軍部クーデタ（1961）☞軍人の朴正熙（パクチョンヒ）が実権を掌握（しょうあく） • **朴正熙**：**開発独裁**を実施／日本やアメリカとの関係を強化 ☞**日韓基本条約**の締結（1965）：**日本と国交樹立** • **朴大統領の暗殺**（1979） ☞**民主化運動が高揚（こうよう）**するが、軍部が弾圧（だんあつ）する（**光州（こうしゅう）事件**） • **盧泰愚（ノテウ）**：**民主化**を掲げて大統領選挙に当選 ☞ソ連・中国との国交樹立／**南北朝鮮の国連同時加盟**（1991） • **金泳三（キムヨンサム）**：約30年ぶりの文民大統領となる • **金大中（キムデジュン）**：**南北首脳（しゅのう）会談**の実施（2000）
北朝鮮	**金正日（キムジョンイル）**：**北朝鮮の核開発**／日朝首脳会談で**日本人拉致（らち）**を認める **金正恩（キムジョンウン）**：核実験やミサイル発射を繰り返す

❹ ベトナムの分断

太平洋戦争中、**ベトナム独立同盟会（ベトミン）を率いて日本支配への抵抗運動を行ったホー=チ=ミン**は、日本の敗戦後に**ベトナム民主共和国の独立を宣言**しました。

すると、**旧宗主国であったフランス**は、これを認めずに軍事侵攻を行い、1946年に**インドシナ戦争**が勃発しました。その後、フランスは、阮朝最後の皇帝であった**バオダイを擁立してベトナム国を建国**して戦いましたが、**1954年**にフランス軍の拠点であった**ディエンビエンフーが陥落**すると、**ジュネーヴ休戦協定**を締結し、**北緯17度線を暫定軍事境界線**としてベトナムから撤退しました。また、フランスは、旧フランス領インドシナ連邦を構成するベトナム・カンボジア・ラオスの独立を承認しました。

1955年には、**東南アジアに社会主義国が誕生したことを快く思わないアメリカ**の支援を受けて、**ゴ=ディン=ジエムがバオダイを追放して南部にベトナム共和国**（☞以後、「南ベトナム」と表記します）**を樹立**します。南ベトナムはベトナム民主共和国（☞以後、「北ベトナム」と表記します）と対立したため、ベトナムは南北に分断されました。なおアメリカは、**東南アジアに社会主義が波及することを警戒**し、ジュネーヴ休戦協定が締結された1954年に、反共軍事同盟である**東南アジア条約機構（SEATO）**を結成しました。

●南アジア・東南アジアの独立

地　域	おもなできごとなど
南アジア	• インドの独立(1947)：**インド連邦**／ネルー首相 ☞ムスリムとの融和(ゆうわ)を説くガンディーの暗殺(1948) ☞**インド共和国**(1950)：イギリス連邦の自治領から離脱 • パキスタンの独立(1947)：国土は東部と西部に分かれる • 第１次インド=パキスタン戦争(印パ戦争)の勃発(1947) ☞カシミール帰属問題が原因／1960年代にも衝突 • スリランカ(セイロン)の独立(1948) • バングラデシュの独立(1971) ☞東パキスタンがインドの支援を受けて独立達成 • インドの核実験(核保有)成功(1974) ☞1998年に核実験を再開 • パキスタンの核実験(核保有)：インドに対抗(1998)
東南アジア	• インドネシア共和国の独立(1945)：スカルノ大統領 ☞旧宗主国オランダとの戦争を経て独立達成(1949) • フィリピン共和国の独立(1946) • ビルマの独立(1948) • **カンボジアの独立**(1953) • マラヤ連邦の独立(1957)

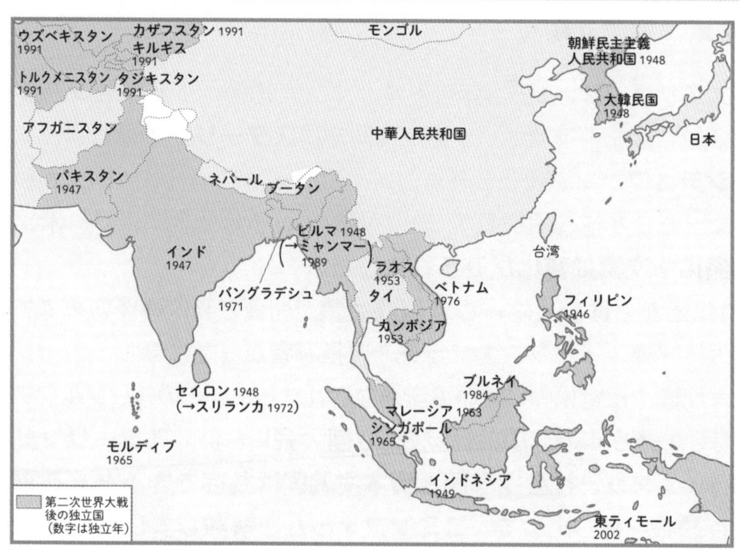

第二次世界大戦後のアジアの独立国

SECTION 19 冷戦の時代

⑤ アメリカの軍事同盟の拡大

アジアにおける米ソ代理戦争の拡大を受け、アメリカは1940～50年代にかけていくつもの反共同盟を結成し、軍事同盟網(もう)を拡大していきました。

アメリカは、ラテンアメリカ諸国の社会主義化を警戒して1948年に**米州機構**（OAS）を結成すると、1950年代初めには、オーストラリア・ニュージーランドと**太平洋安全保障条約**（ANZUS(アンザス)）や、東南アジア条約機構・米比相互防衛条約・日米安全保障条約・米韓相互防衛条約などを締結しました。また、**イギリスは中東(ちゅうとう)諸国とのあいだにバグダード条約機構**（**中東条約機構**、METO(メトー)）**を結成**し、イラクの脱退後は**中央条約機構**（CENTO(セントー)）へと改編してアメリカの反共政策を支えました。

3 「雪どけ」（1950年代後半）と再対立

① 米ソの対立緩和(かんわ)

アメリカでは、1953年にトルーマン大統領から**アイゼンハワー大統領**に政権が交代し、ソ連では同年に**スターリンの死**によって**フルシチョフ**が指導者となりました。冷戦をはじめた本人同士がいなくなったことや、朝鮮戦争・インドシナ戦争の休戦により、**米ソの関係にも次第に変化がみられました**。

1955年には**ジュネーヴ4巨頭(きょとう)会談**が開催され、戦後初めてアメリカ・ソ連・イギリス・フランスの指導者が一堂に会し、ドイツの統一問題や軍縮(ぐんしゅく)についての協議がなされました。その後、フルシチョフは、**1956年**の**ソ連共産党第20回大会**において**スターリン批判**を行い、また、**社会主義国と資本主義国は共存(きょうそん)できるとする平和共存政策**を打ち出して、**コミンフォルムを解散**しました。

このように、スターリンの死後、**ソ連に生まれた解放感や米ソの国際協調路線を「雪どけ」といいます**。

フルシチョフは、**西ドイツと国交**を樹立したほか、**日ソ共同宣言**によって**日ソ国交回復**を行い、これにより**日本の国連加盟**が実現しました。また1959年、ソ連の指導者として初めて**訪米**し、アイゼンハワー大統領と会談しました。

❷ スターリン批判の影響

フルシチョフの**スターリン批判の衝撃**は、東ヨーロッパの社会主義国にも及び、1956年には**ポーランド反政府反ソ暴動**（**ポズナニ暴動**）や**ハンガリー反ソ暴動**（**ハンガリー事件**）が発生しました。

ポーランドでは、**ゴムウカ**（**ゴムルカ**）が国内の自由化を進めることを約束して**自主的な解決に成功**し、ソ連の介入を受けることはありませんでした。しかし、ハンガリーでは、ワルシャワ条約機構からの脱退などを掲げた民衆を、首相となった**ナジ=イムレ**が支持したため、**ソ連軍の介入を受けて鎮圧（ちんあつ）されました**。

また、アメリカとの**平和共存政策を掲げたソ連に対して中国が猛反発**し、**中ソ対立**が発生しました。

❸ 米ソの再対立とキューバ危機

1950年代後半に米ソ関係は改善されたかのようにみえましたが、**フルシチョフ訪米**の翌年に、アメリカの偵察機（ていさつき）がソ連上空で撃墜（げきつい）される事件が起き、再び米ソ関係は緊張状態となりました。また、1961年に**東ドイツ政府が西ベルリンへの亡命（ぼうめい）者を防ぐために建設した****ベルリンの壁（かべ）**は、冷戦対立を象徴するものとなりました。

一方、カリブ海の国キューバでは、**バティスタ政権**が**アメリカ資本と癒着（ゆちゃく）した独裁体制をしき、民衆のあいだで貧富（ひんぷ）の差が拡大**していきました。こうした不満を背景に、**カストロ**と**ゲバラ**は、ゲリラ闘争を展開してバティスタ政権の打倒に成功しました。その後、**首相となったカストロ**は、アメリカ系企業を接収するなど**キューバ革命**を推進しましたが、アメリカとの関係は悪化し、アイゼンハワー大統領は**キューバと断交（だんこう）**しました。

これに対し、**キューバは社会主義宣言**を行ってソ連に接近しました。そして、**キューバ国内にソ連のミサイル基地が建設されました**が、これを察知したアメリカの**ケネディ大統領**は、**1962年**にキューバの海上封鎖を行ってソ連の船がキューバに立ち入れないようにしました。これは**キューバ危機**と呼ばれ、核保有国である米ソが戦争に突入するのではないかと危惧されました。

結果、**アメリカがキューバに干渉しないことなどを条件にソ連はキューバからのミサイル撤去に応じ**ました。また、こうした緊急事態を避けるために、米ソ両国の首脳が直接対話できるようにと、**直通通信（ホットライン）協定**が結ばれました。

第二次世界大戦後のラテンアメリカの情勢

❹ 反核運動と核軍縮の動き

アメリカの**ビキニ水爆実験**により、**日本のマグロ漁船の乗組員が被ばく**する**第五福竜丸事件**が起きると、日本を中心に原水爆禁止や核兵器廃絶を求める運動が行われました。

イギリスの哲学者**バートランド=ラッセル**は、アインシュタインや湯川秀樹など世界の科学者とともに**核兵器廃絶と戦争廃止を訴え**

る声明を発表しました。1957年には、科学者がカナダに集って**パグウォッシュ会議**を開催し、核兵器の脅威（きょうい）や科学者の責任についての協議が行われました。

アメリカ・ソ連・イギリス（☞イギリスは1950年代初めに**核を保有**）は、1963年に**部分的核実験禁止条約**（PTBT）を締結し、**地下実験をのぞく**すべての場所での核実験を禁止しました。1968年には、すでに核を保有したアメリカ・ソ連・イギリス・フランス・中国（☞フランスは1960年代初め、中国は1960年代半ばに**核を保有**）の**5カ国以外の国々の核の保有を禁止**する**核拡散（かくさん）防止条約**（**NPT**）が締結されました。

また、米ソ両国のあいだでは、1960年代末から1970年代にかけて**戦略兵器制限交渉**（**SALT**（ソルト））が行われ、1972年には**SALT Ⅰ**（第1次戦略兵器制限条約）が締結されました。その後、1979年には**SALT Ⅱ**（第2次戦略兵器制限条約）が締結されましたが、ソ連のアフガニスタン侵攻（➡P584）にアメリカ議会が反発したため**批准（ひじゅん）には至らずに失効**しました。

●アメリカとソ連の指導者（1950～60年代）

国名	指導者	国内でのおもなできごと
アメリカ	アイゼンハワー	ブラウン事件判決 ☞**公立学校における人種隔離（かくり）を違憲**とする
	ケネディ	•**ニューフロンティア政策**を掲げる •**公民権運動**（こうみんけん）の高揚：指導者**キング牧師**（ぼくし） •**ケネディの暗殺**（1963）
ソ連	フルシチョフ	•**大陸間弾道ミサイル**（だんどう）（**ICBM**）の開発（1957） •世界初の**人工衛星**打ち上げ成功 •世界初の有人宇宙飛行に成功（1961）

4 第三世界の台頭

① 1950年代

米ソ冷戦にともなうアジアの代理戦争によって、戦後の新興独立国のあいだで強い危機感が募りました。こうしたアジア・アフリカの国々は、**冷戦に対する中立外交を掲げ**て団結し、**第三世界**（☞**第三勢力**ともいいます）を形成しました。

1954年に開催された**ネルー・周恩来会談**では、**領土保全と主権の尊重・平和的共存・平等互恵・内政不干渉・相互不侵略**の**平和五原則**が掲げられ、これを国際関係にも適用すべきだとしました。

1955年には、インドネシアの**スカルノ大統領**が、バンドンで**アジア=アフリカ会議（バンドン会議）**を開催し、日本を含む29カ国のアジア・アフリカ諸国が参加しました。この会議では、平和五原則をもとにした**平和十原則**が採択されました。

② 1960年代

1960年は、ナイジェリアやコンゴなど**アフリカの17カ国が独立を達成**したことから**「アフリカの年」**と呼ばれました。独立したアフリカ諸国が国連に加盟したことで、**国連におけるアジア・アフリカ諸国が過半数**に達しました。

すると、ユーゴスラヴィアの指導者であった**ティトー**は、1961年に**ベオグラード**で第1回**非同盟諸国首脳会議**を開催し、国際社会に対する第三世界の結束をアピールしました。また、1963年に結成された**アフリカ統一機構**（**OAU**）には、30カ国以上のアフリカ諸国が参加し、米ソ冷戦に対する**非同盟主義を貫く**ことが確認されました。

●戦後のアフリカ諸国

時期	おもなできごとなど
1950年代	• リビアやスーダンの独立／モロッコ・チュニジアの独立 • ガーナの独立：指導者ンクルマ（エンクルマ）
1960年代	• 「アフリカの年」(1960)：17カ国が独立を達成 ☞コンゴ動乱：カタンガの独立問題に旧宗主国ベルギーが介入 • 南アフリカ共和国、イギリス連邦から脱退 ☞アパルトヘイト（非白人への人種差別的隔離政策）を継続 • アルジェリアの独立：**民族解放戦線(FLN)**が政権を掌握
1970年代	ポルトガルの民主化☞**アンゴラの独立**／モザンビークの独立
1980年代	ソマリア内戦(1988～現在)：事実上の無政府状態となる
1990年代	• アパルトヘイトの法的撤廃(1991) ☞総選挙で**アフリカ民族会議(ANC)**が勝利 ☞マンデラが大統領に就任 • ルワンダ内戦：フツ人の民兵がツチ人や穏健派フツ人を虐殺
2000年代	• アフリカ統一機構(OAU)がアフリカ連合(AU)へと発展 • チュニジアのジャスミン革命(2010年末)：独裁政権が崩壊 ☞「アラブの春」として北アフリカ諸国の民主化が進展 • **南スーダン共和国**の独立(2011)

アフリカ諸国の独立（国名は現在のもの）

SECTION 19 冷戦の時代

THEME 2

冷戦体制の動揺と冷戦の終結へ

ここで 働きめる!

- 冷戦対立のなかでみられた、米ソ両陣営の動揺について、それぞれ具体的に理解しよう。
- ベトナム戦争の経緯と、この戦争がアメリカに及ぼした影響について押さえよう。
- ゴルバチョフの内政や外交を把握したうえで、冷戦終結に至った経緯を理解しよう。

1 冷戦構造の多極化

1950～70年代にかけて、米ソ冷戦(れいせん)対立は大きく形を変えていきます。それまでアメリカ陣営にいた国がアメリカから離れたり、ソ連陣営にいた国がソ連から離れたりします。

また、米ソ両国は核(かく)開発に注力する一方で、財政難が深刻化していきます。

① アメリカ陣営の動揺(どうよう):フランスのアメリカ離れ

第四共和政下のフランスでは、インドシナ戦争が終結した1954年に、アルジェリアの**民族解放戦線(FLN)**が独立を求めて反仏武装闘争を開始しました。フランス政府はこれを鎮圧(ちんあつ)しようとしましたが、政府の方針をめぐってフランス国内の世論(よろん)が二分するなど苦境に立たされました。

こうした危機を受け、1958年に政権を得た**ド=ゴールは、大統領権限を強化した新憲法を公布**して**第五共和政**を樹立し、大統領に就任しました。

ド=ゴール大統領は、「フランスの栄光」を掲げて**アメリカ・イギリス・ソ連に対する独自外交を展開**しました。

特徴の整理　～ド=ゴールの独自外交～

- **アメリカに対する軍事的自立**
  ☞**フランスの核保有／フランスのNATO軍事機構脱退**
- **アメリカに対する経済的自立**
  ☞経済統合を推進し、**ヨーロッパ共同体(EC)**を設立
- **第三世界や中国への接近**
  ☞**アルジェリアの独立**を承認／**フランスの中国承認**

❷ アメリカ陣営の動揺：ベトナム戦争

インドシナ戦争後、**アメリカは南ベトナムの親米独裁政権を支援して北ベトナムに対抗していました**が、北ベトナムと結んだ**南ベトナム解放民族戦線**によるゲリラ闘争に南ベトナムが苦戦すると、直接介入を狙うようになります。

アメリカの**ジョンソン大統領**は、**1965年**に**北ベトナム爆撃（北爆）**を開始して**ベトナム戦争に本格的に介入**すると、アメリカ軍を主体とする約50万人規模の地上兵を派遣して南ベトナム解放民族戦線の掃討戦を行いました。しかし、南ベトナム解放民族戦線のゲリラ戦に苦戦し、ベトナム戦争は泥沼化しました。

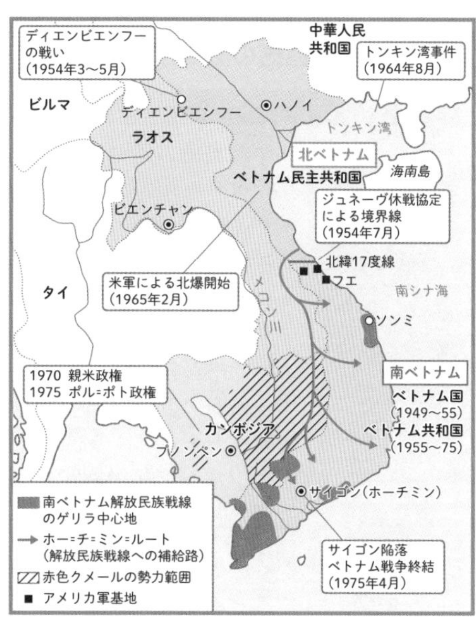

インドシナ戦争とベトナム戦争

　また、アメリカ兵がベトナムの民間人を虐殺する瞬間を捉えた写真が報道され、**国内だけでなく世界中でベトナム反戦運動が高揚**しました。こうして、アメリカは国際的な威信を低下させ、また、財政難が深刻化するなか、アメリカ経済に不信感を強めた各国がドルと金の交換を迫りました。

　アメリカの**ニクソン大統領**が、1971年に**突如ドルと金の交換停止を宣言**（☞これを**ドル=ショック**といいます）すると、主要各国は1973年までに**変動相場制へと移行**し、ここに**ブレトン=ウッズ体制は崩壊**しました。

　また、アメリカは米軍基地として使用していた**沖縄を返還**し、**1973年**には**ベトナム（パリ）和平協定**を結んで**米軍のベトナム撤退**を進めました。その後、北ベトナムと南ベトナム解放民族戦線は、1975年に**サイゴンを攻略**して南ベトナム政府を崩壊させ、翌年には**南北統一選挙が行われてベトナム社会主義共和国が成立**しました。

●東南アジア諸国の動向

国　名	おもなできごとなど
ベトナム	•**中越戦争**の勃発（1979） ☞ベトナム軍のカンボジア侵攻に中国が反発 •**ドイモイ（刷新）**の実施：**ペレストロイカの影響** ☞市場経済への移行／外国資本の導入など
カンボジア	•親米政権の成立（1970）☞カンボジア内戦の開始 •**ポル=ポト政権**の成立（1975）：**中国に接近** ☞都市から農村への強制移住、反対派の大量虐殺など ☞**ベトナム軍のカンボジア侵攻**を受けて崩壊 •親ベトナム政権の成立（1979） •**カンボジア和平協定**（1991）：カンボジア内戦の終結
インドネシア	•**九・三〇事件**（1965）☞共産党の壊滅 •**スハルト大統領**の就任（1968）：親米路線／**開発独裁** •**アジア通貨危機**の波及☞**スハルト退陣**（1998） •**東ティモール分離・独立**（2002）☞国連に加盟

フィリピン	マルコス大統領の就任(1965):親米独裁政権
マレーシア	•**マレーシア**の成立(1963) ☞マラヤ連邦を中心に構成 •**シンガポールの分離・独立**(1965)
シンガポール	リー=クアンユー首相による**開発独裁**で経済発展
ビルマ	•軍部左派政権による鎖国的な社会主義体制 •**スーチー**の民主化運動(1980年代後半以降)

❸ ソ連陣営の動揺:東ヨーロッパ諸国の自立、中ソ対立

1960年代になると、東ヨーロッパ諸国では、アルバニアの対ソ断交や**ルーマニアの対ソ独自外交**のように、ソ連と距離をとる国々が登場しました。また、1968年には、チェコスロヴァキアで**「プラハの春」**が展開され、**ドプチェク**のもとで自由化と民主化が進められました。しかし、ソ連の指導者であった**ブレジネフ**は、「**社会主義国全体の利益を優先することが優先である**」とし、ソ連軍を中心としたワルシャワ条約機構軍を動員して、**チェコスロヴァキアへ軍事介入**を行ってこれを弾圧しました。

また、フルシチョフ時代にはじまった中ソ対立は、1960年代初めには公開論争へと発展し、**1969年**に起きた**中ソ国境紛争**では双方に死者が発生するなど、中ソ関係はさらに悪化しました。こうした状況下で**ベトナム戦争に苦戦していたアメリカは、北ベトナムと友好関係にある中国を利用して和平を進めようと画策**し、中国に接近します。1971年には、**中国の国連代表権交代**により、台湾が追放されて中国が国連の正式な加盟国となり、**1972年**には**ニクソン訪中**が実現して**アメリカは事実上、中国を承認**しました。

その直後には、日本の**田中角栄首相が訪中**して**日中共同声明**を発表し、**日中国交正常化が実現**しました。さらに、日本は、1978年に**日中平和友好条約**を締結して、両国関係の発展と交流促進を目指しました。また、翌年には、アメリカの**カーター大統領**が**米中国交正常化**を実現し、アメリカは中国との関係を強化しました。

●アメリカとソ連の指導者(1950～80年代)

国名	指導者	国内でのおもなできごと
アメリカ	ジョンソン	•**公民権法**の制定(1964) ☞**人種差別を禁止** •**「偉大な社会」計画**:貧困解消と差別廃止へ •**ベトナム反戦運動**の高揚
	ニクソン	•アポロ11号、月面着陸に成功(1969) •**ウォーターゲート事件**(1972) ☞民主党本部に盗聴器の設置を指示 ☞ニクソンの辞任:後任はフォード大統領
	カーター	**スリーマイル島原子力発電所**の事故(1979)
ソ連	フルシチョフ	**フルシチョフの解任**(1964)
	ブレジネフ	ソ連の体制に反対する知識人を弾圧

2 緊張緩和(デタント)から「第2次冷戦」へ

① ヨーロッパにおける緊張緩和(デタント)

米ソ間で、**1970年代**に戦略兵器制限交渉(SALT)が行われるなか、ヨーロッパでも**緊張緩和(デタント)の動き**が盛り上がりました。

西ドイツの**ブラント首相**は、**社会主義諸国との和解を目指す東方外交**を展開して**西ドイツ=ポーランド国交正常化**を実現すると、その後、**東西ドイツ基本条約**によって、東ドイツ政府とともに相互の主権を確認しあい、両国の関係を正常化しました。そして、1973年には**東西ドイツの国連同時加盟**を達成しました。

このように、**1970年代は「対立をしない!させない!」雰囲気づくりがヨーロッパを中心に展開**され、南欧諸国を中心に民主化が進展した時代でもありました。

② 「第2次冷戦」(新冷戦)へ

ソ連の**ブレジネフ**は、アフガニスタン内の親ソ派社会主義政権を擁護するため、**1979年**に**アフガニスタンに軍事侵攻**を行いました。これにアメリカは反発し、**SALT Ⅱへの批准を拒否する**など、米ソ関係は「**第2次冷戦**」（**新冷戦**）と呼ばれる対立の時期に突入しました。

1980年代初頭には、アメリカの**レーガン大統領**が「**強いアメリカ**」を掲げてソ連との対決姿勢を強め、軍備拡大を推し進めました。しかし、当時のアメリカは、**財政赤字と貿易赤字という「双子の赤字」を抱えており**、財政的にはかなり厳しい状況に置かれていました。

一方、ソ連では、1985年に**ゴルバチョフが書記長に就任**しましたが、翌年には**チョルノービリ（チェルノブイリ）原子力発電所事故**に直面しました。ゴルバチョフは、国家体制変革の必要性を痛感し、**ペレストロイカ（改革）**を行って、ソ連の政治・経済体制の再建を目指しました。この改革により、**経済の自由化や市場経済への移行**が目指され、従来の秘密主義を廃して**グラスノスチ（情報公開）**が進められるなど、共産党支配体制を根底から見直す動きが進展しました。

また、ゴルバチョフは**「新思考外交」**を展開して軍縮を含むアメリカとの協調路線をとり、1987年にはアメリカのレーガン大統領と**中距離核戦力（INF）全廃条約**を締結し、1989年までに**アフガニスタンから撤退**しました。

●アメリカとソ連の指導者（1980～90年代）

国名	指導者	国内・外交のおもなできごと
アメリカ	レーガン	•**新自由主義（改革）**：市場経済と競争原理を重視 ☞物価上昇の抑制を企図するが改革は難航 •日米間の**貿易摩擦**が深刻化 ☞日本に輸出規制と農作物市場の開放を要求 •**プラザ合意**（1985）：米・英・西独・仏・日 ☞ドル高是正のための協調介入へ
ソ連	ゴルバチョフ	•訪中（1989）：中ソ関係の正常化 •**大統領制**の導入（1990）：大統領に就任

③ 冷戦の終結とソ連の崩壊

ソ連のゴルバチョフが、「今後、東ヨーロッパの社会主義国内で起きたことに、ソ連は干渉をしない！」と宣言したことが契機となり、**東ヨーロッパ諸国では1989年に自由化・民主化が進展**し、市場経済への移行が行われました。

ポーランドでは、戦後東ヨーロッパ初の自由選挙が行われ、**ワレサ**を指導者とする**非共産系の自主管理労組「連帯」が勝利して政権を獲得**しました。また、**東ドイツ**では、社会主義体制を堅持していた**書記長のホネカーが退陣**したのちに**ベルリンの壁が開放**され、**ルーマニア**では民主化運動が高揚して**独裁者のチャウシェスクが処刑**されました。こうした動きは、ハンガリー・チェコスロヴァキア・ブルガリアにもみられ、1989年に**東ヨーロッパ社会主義圏が消滅（東欧革命）**しました。

一方、ソ連のゴルバチョフは、アメリカの**ブッシュ（父）大統領**と**1989年にマルタ会談**を行いました。この会談後、ゴルバチョフが冷戦の終結について語ったため、**この会談をもって一般的に冷戦が「終結」したとされます。**

ベルリンの壁の開放

マルタ会談

1990年には、**西ドイツがコール首相のもとで東ドイツを併合**し、**ドイツ統一**を実現しました。一方、ソ連では**大統領制**が導入され、ゴルバチョフが大統領に就任しました。

ゴルバチョフ大統領は、アメリカのブッシュ（父）大統領と**第１次戦略兵器削減条約（START Ⅰ）**を締結し、米ソ両国は本格的な核兵器の削減に乗り出しました。また、冷戦の「終結」を受けて、**コメコン解消やワルシャワ条約機構解消に着手**し、ソ連の体制改革を推し進めました。

ソ連を構成する共和国が自立の傾向を強めると、**ソ連崩壊を危惧した保守派のクーデタ**により、ゴルバチョフは軟禁状態に置かれましたが、ロシア共和国（☞ソ連を構成する共和国の一つです）の**エリツィン大統領**によって鎮圧され、**ソ連共産党は解散**となりました。

また、**ソ連を構成していたバルト3国の独立回復が承認**され、国民投票を経てウクライナが独立を宣言すると、**1991年**12月には**ソ連を構成していた国々によって独立国家共同体（CIS）が組織され**ました。これを受け、ゴルバチョフは大統領を辞任し、ここに**ソ連は消滅**しました。なお、同じ頃、**ロシア共和国はロシア連邦と改称**し、国連の代表権や核の管理などをソ連から継承しました。

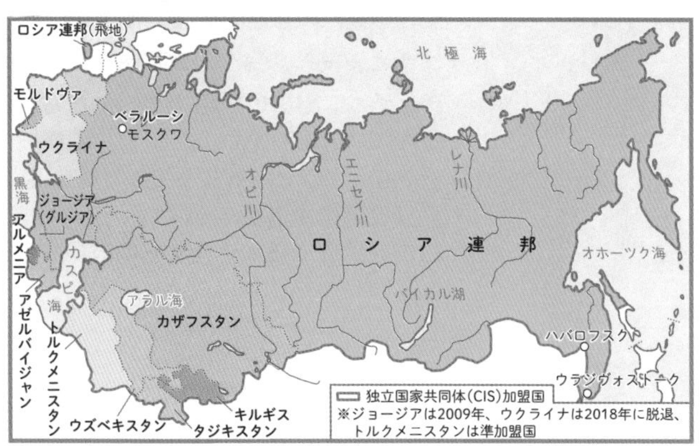

独立国家共同体（CIS）の成立（1993年時点）

●冷戦終結後のアメリカとロシアの指導者（1980～2020年代）

国名	指導者	国内・外交のおもなできごと
アメリカ	ブッシュ（父）	•イラクのクウェート侵攻 ☞米軍主体の多国籍軍を派遣（湾岸戦争） •START Ⅱの調印☞**発効には至らず**
	クリントン	•**北米自由貿易協定**（NAFTA）の発効（1994） ☞アメリカ・カナダ・**メキシコ**の自由貿易協定 •**包括的核実験禁止条約**（CTBT）に批准せず
	ブッシュ（子）	•同時多発テロ事件の発生（2001） ☞イスラーム武装組織アル=カーイダの犯行 •「対テロ戦争」を宣言：アフガニスタン攻撃 ☞ターリバーン政権の崩壊 •イラク戦争（2003）：フセイン政権の崩壊
	オバマ	•**核兵器廃絶演説**（**プラハ演説**、2009） •キューバとの国交回復（2015）
	トランプ	「アメリカ第一主義」を主張
	バイデン	対中国強硬路線を展開☞「米中新冷戦」へ
ロシア連邦	エリツィン	チェチェン紛争の激化（1994～96）
	プーチン	•**チェチェン紛争の終結**：独立派武装組織を制圧 •**NATOの東方拡大**（1999～）に直面 •メドヴェージェフ政権下では首相を担当 •クリミア半島併合（2014） •ロシア、ウクライナ全土へ侵攻（2022）

過去問にチャレンジ

冷戦期、ソ連はキューバにミサイル基地を建設しようとした。アメリカ合衆国は基地建設に反発して、キューバを海上封鎖し、米ソ間で一触即発の危機が発生した。米ソ首脳による交渉の結果、ソ連はミサイルの撤去に同意し、衝突が回避された。次の資料は、その出来事の翌年に、当時のアメリカ合衆国大統領が行った演説である。(引用文には、省略したり、改めたりしたところがある。)

資料

> 我々はジュネーヴで、軍拡競争の緊張を緩和し、偶発的な戦争の危険を軽減する軍備管理の第一段階について、交渉を進めてきました。これらの交渉のなかで、終わりは見えながらも新たな始まりを大いに必要とする一つの重要な分野が、核実験を非合法化する条約の交渉でした。当該条約は、最も危険な地域の一つで、軍拡競争の悪循環を抑えることになるでしょう。
>
> これに関して、私は二つの重要な決定について発表いたします。第一に、フルシチョフ第一書記とマクミラン首相並びに私は、包括的な核実験禁止条約に関する早期の妥結を目指し、間もなくモスクワでハイレベルの議論を始めることに合意しました。第二に、この問題についての我々の誠意と厳粛な信念を明らかにするために、アメリカ合衆国は、他国が行わない限り、大気圏内における核実験を自ら行わないことを宣言いたします。

この演説を行った大統領は、交渉の過程で妥協を強いられつつも、演説中で述べられている首脳との間で条約を締結した。

問　前の文章を参考にしつつ、この演説中で述べられている交渉相手の首相の国**あ**・**い**と、締結した条約の内容**X**・**Y**との組合せとして正しいものを、後の①〜④のうちから一つ選べ。

交渉相手の首相の国
あ　フランス
い　イギリス

締結した条約の内容
X　核実験の全面的な禁止
Y　核実験の部分的な禁止

①　あ — X
②　あ — Y
③　い — X
④　い — Y

(2022年度　本試験　世界史B)

問　前の文章の「次の**資料**は、その出来事(※キューバ危機)の翌年に、当時のアメリカ合衆国大統領が行った演説」や、**資料**の「核実験を非合法化する条約の交渉」や「大気圏内における核実験を自ら行わないことを宣言いたします」から、**資料**がキューバ危機の翌年にアメリカとソ連に、**い**. イギリスを加えた３カ国で締結された部分的核実験禁止条約に関連するものだと判断できます。この条約では、**Y**. 地下実験をのぞくすべての核実験が禁止されました。したがって、**答え ④**となります。なお、部分的核実験禁止条約の締結にあたっては、ド=ゴール大統領のもとで独自外交を展開するフランスや、中ソ対立を抱える中国は調印しませんでした。20世紀末には、すべての核実験を禁止する包括的核実験禁止条約が締結されましたが、アメリカをはじめとする核保有国で批准されず、いまだに発効には至っていません。

SECTION 20

第二次世界大戦後の重要テーマと地域史

THEME

ここが問われる!

4次にわたる中東(ちゅうとう)戦争とその結果、アラブ民族主義の高揚(こうよう)、石油戦略とその影響、中東和平の展開は頻出(ひんしゅつ)!

第二次世界大戦後、パレスチナをめぐるアラブ人とユダヤ人の対立が激化し、4次にわたる中東戦争が発生しました。ここではエジプト・イスラエル・PLOの関係に注目しましょう。

1　パレスチナ分割案とパレスチナ戦争

国連のパレスチナ分割案は、少数派のユダヤ人に有利な内容となりました。ユダヤ人がイスラエルを建国したのに対し、アラブ諸国は反発して第1次中東戦争が勃発(ぼっぱつ)し、多くのパレスチナ難民が発生します。

2　スエズ戦争・第3次中東戦争

スエズ戦争は、結果的にエジプトの勝利となり、アラブ民族主義が高まりました。しかし、イスラエルは、これを警戒して第3次中東戦争を引き起こし、占領地を拡大していきます。

3　第4次中東戦争と中東和平の行方(ゆくえ)

第4次中東戦争では石油戦略が発動され、親イスラエル国は石油危機にみまわれました。その後、1970年代後半から90年代初頭にかけて、中東和平が進展したかのようにみえました。

EUの成立、プロレタリア文化大革命、天安門事件は頻出！　国際社会における日本の立場を押さえることも重要。

ヨーロッパ統合と第二次世界大戦後の国際経済や、中国と日本、各地の民族紛争や地球環境問題など、第二次世界大戦後の重要テーマを整理しましょう。

□ ヨーロッパ統合と20世紀の国際経済

ECSC・EEC・EURATOMが統合されてECとなり、1970年代以降はEC加盟国が拡大し、EUへと発展しました。一方、ブレトン=ウッズ（国際経済）体制の崩壊、南北問題、南南問題など、国際経済は様々な課題を抱えます。

□ 第二次世界大戦後の中国と日本

中国は、「毛沢東」→「劉少奇」→「毛沢東（プロレタリア文化大革命）」→「鄧小平」→「現在」という流れと各時代のできごとを押さえましょう。また、日本の戦後の歩みは、経済成長やアメリカとの関係に注目しましょう。

□ 地球環境問題

現在、私たちが抱える世界的な問題の一つが地球環境問題です。「地球サミット」・「京都議定書」・「パリ協定」で目標に掲げられたことを押さえましょう。

パレスチナ問題の行方、現在のEUが直面する課題、大国化する中国、地球環境問題やSDGs、貧困問題や人種・民族・性差別などは、入試での頻度はさておき、いまを生きる私たちの課題として学んでおきたい内容です。

THEME 1

パレスチナ問題

ここで畄きめる！

- アラブ諸国が、パレスチナ分割案に不満をもった理由を押さえよう。
- 第2次中東戦争が、アラブ諸国にどのような影響を及ぼしたのかを理解しよう。
- 1970年代以降の中東和平の歩みについて理解しよう。

1 パレスチナ分割案と第1次中東戦争

① 第一次世界大戦後のパレスチナ

第一次世界大戦が終結すると、**パレスチナはイギリスの委任統治下に置かれました**。その間、多くのユダヤ人がパレスチナへの入植を行って開拓に乗り出しましたが、人口の大部分を占めるアラブ人はこれに不満を強めていきます。

そして、1930年代にヒトラーが政権を掌握すると、**ユダヤ人迫害が本格的にはじまり**、第二次世界大戦中には**ホロコーストと呼ばれる大量虐殺**が行われました。ヨーロッパにいたユダヤ人の多くは、迫害を逃れてパレスチナへと移住し、第二次世界大戦が終結した1945年の時点では、**パレスチナにおけるユダヤ人の人口は約30%に達した**といわれています。

大戦で疲弊したイギリスは、委任統治を放棄してパレスチナの処理を国連に委ねました。一方、1945年には、中東のアラブ諸国が、エジプトを中心に**アラブ連盟**（**アラブ諸国連盟**）を結成し、**パレスチナにおけるユダヤ人国家の建国を阻止**しようとしました。

② パレスチナ分割案

国連によるパレスチナ分割案（1947）

国連総会では、**パレスチナをユダヤ人居住地とアラブ人居住地に分割する案**が協議されました。このときアメリカは、**国内のユダヤ財閥（ざいばつ）の財政支援を期待し、分割案ではユダヤ人に有利になるように画策**しました。こうして、**人口約30%のユダヤ人に、パレスチナの56%の土地を割譲（かつじょう）**する**パレスチナ分割案が採択（さいたく）**されました。

分割案を受けたユダヤ人は、1948年に**イスラエルを建国**しましたが、アラブ連盟はこれを認めずにイスラエルに侵攻し、**パレスチナ戦争（第１次中東戦争、1948～49）**が勃発（ぼっぱつ）しました。当初はアラブ連盟が優勢でしたが、イスラエルは、アメリカやヨーロッパ諸国の援助を受けて劣勢を挽回（ばんかい）し、ついには**パレスチナ全域の約80%を支配下に置きました**。これにより、**イスラエル占領地から追放されたアラブ系の人びとは、パレスチナ難民**となってしまいました。

2 アラブ民族主義の高まりと中東戦争

① エジプト革命と第２次中東戦争

第二次世界大戦後のエジプトは、非同盟主義を掲げながらも、イギリスの経済的な影響下に置かれていました。しかし、1952年に**軍部の改革派グループがエジプト革命を引き起こし**、王政を廃止して翌年には**エジプト共和国**が成立しました。

この革命の指導者の一人であった**ナセル**は、1956年に大統領に就任するとエジプトの近代化を目指し、**アメリカやイギリスの援助によるアスワン=ハイダムの建設**を計画しました。しかし、ナセルがソ連や中国などに接近すると、アメリカ・イギリスはナセルへの援助計画を撤回(てっかい)して圧力をかけました。すると、ナセルは、**スエズ運河の国有化を宣言**し、ダムの建設資金を確保しようとしました。これに反発した**イギリス・フランス・イスラエルは、エジプトに軍事侵攻を開始**し、**スエズ戦争（第２次中東戦争、1956～57）**が勃発しました。これに対して**アメリカは、イギリスやフランスの行動をかつての植民地支配と重ねて痛烈に非難**し、ソ連もこれに同調しました。国際世論(よろん)の非難を浴びるなか、国連の即時停戦決議が出されて**イギリス・フランス・イスラエルは撤兵**しました。

1

パレスチナ問題

こうして、エジプトは、スエズ運河の国有化に成功して経済的な自立の道を歩むことになり、また、結果的に「イギリス・フランス・イスラエルの侵略を退けた！」と評価されます。**アラブ民族主義が各地で高まる**と、**ナセル大統領はアラブ世界のリーダー**として尊敬を集めました。

❷ 第３次中東戦争

スエズ戦争後にアラブ民族主義が高まるなか、1964年には、**反イスラエル武装勢力を結集したパレスチナ解放機構（PLO）が結成**され、イスラエルの打倒とパレスチナの解放を目指しました。

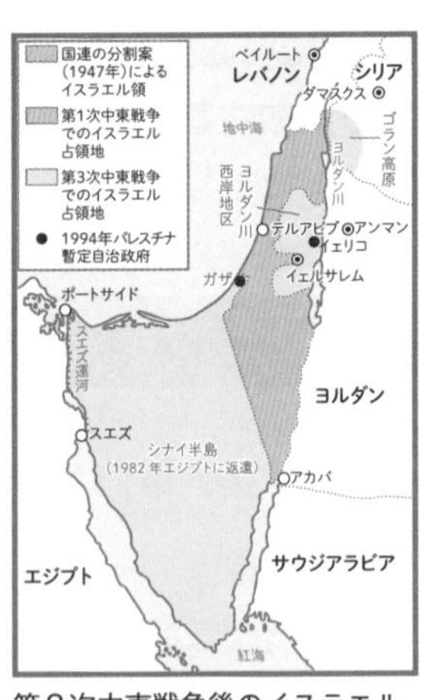

第３次中東戦争後のイスラエル

こうしたなか、**イスラエルはエジプト・シリア・ヨルダンに奇襲(きしゅう)攻撃をしかけ**、**第３次中東戦争（６日間戦争、1967）**が勃発しました。空軍を活用したイスラエルは圧勝し、エジプトから**シナイ半島**や**ガザ地区**を、ヨルダンからヨルダン川西岸を、シリアからゴラン高原を奪い占領しました。

戦争に敗北した**エジプトの威信は失墜(しっつい)し、アラブ民族主義は退潮**していきました。また、**PLOの議長にはアラファトが就任**し、イスラエルに対する武装闘争を呼びかけました。

③ 第４次中東戦争

エジプトでは、1970年にナセル大統領が急死して、**サダトが大統領に就任**しました。すると、失地回復を狙うサダト大統領は、シリアとともにイスラエルを奇襲し、**第４次中東戦争**（**1973**）を引き起こしましたが、**アメリカの武器援助を受けたイスラエルが巻き返し**、エジプトとシリアは撤退を余儀なくされました。

この戦争では、**石油戦略が発動**され、**アラブ石油輸出国機構**（**OAPEC**（オアペック））は親イスラエル派の欧米諸国や日本に対して**石油の禁輸策**をとり、**石油輸出国機構**（**OPEC**（オペック））は**石油価格の値上げ**に踏み切りました。これにより、**欧米諸国や日本では第１次石油危機（オイル=ショック）が発生**し、急激なインフレによる経済混乱に悩まされました。

一方で、サダト大統領は、外国資本を導入して国内の経済開発に着手し、アメリカに接近したほか、**従来の対イスラエル対決姿勢を転換**していきました。

3 中東和平の行方

① エジプトとイスラエルの接近

アメリカの**カーター大統領**は、エジプトの**サダト大統領**とイスラエルを仲介（ちゅうかい）して**中東和平に関する合意**を取り付けました。この合意により、エジプトはイスラエルを承認して国交を結ぶことや、**イスラエルが占領しているシナイ半島をエジプトに返還**することが決まりました。そして、**1979年**に**エジプト=イスラエル平和条約**が締結（ていけつ）され、**エジプトはアラブ諸国で初めてイスラエルを正式に承認**しました。

しかし、**アラブ諸国とPLOはエジプトのこの行為を裏切りであると捉え、エジプトと断交**し、また、**アラブ連盟からエジプトを除名**しました。エジプト国内でもサダト大統領に対する反発はあり、

1981年、一部の急進的なイスラーム主義者によって**サダト大統領は暗殺されてしまいました。**サダトが暗殺された翌年、**イスラエルはエジプトにシナイ半島を返還**しました。

❷ PLOとイスラエルの接近

PLOを率いたアラファトは、1980年代になると**イスラエルとの対決姿勢から両者共存の方針へと転換**していきました。

一方で、イスラエルの占領地では、1987年に**パレスチナ人がデモや投石などでイスラエルに対抗するインティファーダを展開**しました。泥だらけになりながら、必死にイスラエル兵に抵抗を続ける民衆の姿が、メディアを通じて全世界に報道されると、次第に**国際世論はパレスチナ人に対する同情を強める**ようになりました。こうしたなか、新たにパレスチナ解放を目指す急進派組織のハマースが台頭しはじめました。

混迷するパレスチナ情勢でしたが、**ノルウェーの仲介**（☞交渉はノルウェーの首都オスロで行われました）によって、**1993年**にPLOの**アラファト議長**とイスラエルの**ラビン首相**が相互承認を表明した**パレスチナ暫定自治協定（オスロ合意）**が成立しました。

そして、同年、両者の調印式は、アメリカのホワイトハウス前で行われました。**クリントン大統領**を中央に、**握手を交わすアラファトとラビン**の姿は、全世界の人びとにパレスチナ問題が平和的な解決に近づいたかのように映ったことでしょう。実際に、この翌年には**パレスチナ暫定自治政府**（☞以後、パレスチナ政府と表記します）が発足し、**ガザ地区**やヨルダン川西岸のイェリコで**自治がはじまりました。**

オスロ合意（左からラビン、クリントン大統領、アラファト）

しかし、パレスチナ政府との和平に反対する一部の急進的なユダヤ教徒がこれに反発し、1995年、**ラビン首相は暗殺**されてしまいました。そして、ラビンの暗殺後に首相となったネタニヤフ（☞その後、何度も首相を歴任）は、パレスチナ政府との和平に消極的な姿勢を強めていきました。

また、2000年には、パレスチナ人による第２次インティファーダが行われ、このとき主導権を握ったハマースは、自爆攻撃やミサイルなどの武器を使った闘争へと転換し、やがてパレスチナ人の支持を集めるようになりました。

●戦後の西アジア

国　名	おもな指導者やできごとなど
アフガニスタン	•ソ連、アフガニスタンに軍事侵攻(1979) ☞**イスラーム主義勢力が反発**し、内戦へ •ソ連、アフガニスタン撤退(1988～89) •ターリバーン(政権)の成立：**イスラーム急進派** ☞同時多発テロ事件の実行犯をかくまう •アメリカのアフガニスタン攻撃(2001) ☞**ターリバーン政権崩壊** •ターリバーン政権の復活(2021)
イラン	**パフレヴィー朝**：国王パフレヴィー２世(親米・親英派) •首相モサッデグ（モサデグ）：イラン石油国有化（1951） ☞**英系石油会社を接収**：資源ナショナリズムの先駆 •国王派のクーデタ(1953)：モサッデグ失脚 •パフレヴィー２世の「白色革命」：**欧米的な近代化国家**へ ☞**脱イスラーム化(政教分離)**、女性参政権の付与など ☞**イスラームの価値観を重視する**イスラーム主義**が高揚** イラン=イスラーム共和国：反米・反ソの独自路線 •イラン=イスラーム革命の発生(1979) ☞**ホメイニを最高指導者**とし、イスラーム主義をとる •欧米系石油企業を追放☞第２次石油危機へ
イラク	•サダム=フセイン大統領の就任(1979) ☞**革命の波及を警戒**して侵攻：イラン=イラク戦争 ☞財政難へ •イラクのクウェート侵攻(1990) ☞**米軍を中心とする**多国籍軍の出動：湾岸戦争

THEME

2 戦後経済史と地域統合の進展

ここで動きめる!

- ヨーロッパ統合の背景を理解し、EU が成立するまでの経緯を押さえよう。
- 第二次世界大戦後の国際経済がどのような展開をみせたのかを理解しよう。
- 地域的経済統合の具体的な事例とその特徴を押さえよう。

1 ヨーロッパ統合の進展

① ヨーロッパ統合のはじまり

第二次世界大戦後、**フランス外相**シューマンは、**石炭と鉄鋼業の共同管理を含むシューマン=プランを提唱**し、国民国家の枠組みを超越した組織を樹立することで、各国間の紛争の要因を払拭しようとしました。シューマンの提案にもとづき、1952年には**フランス・西ドイツ・イタリア・ベネルクス3国**（☞ベルギー・オランダ〈ネーデルラント〉・ルクセンブルクの総称）によって**ヨーロッパ石炭鉄鋼共同体**（ECSC）が成立しました。

この6カ国（☞「インナーシックス」と総称することもあります）により、1958年には加盟国間の共同市場化と共通経済を推進するために**ヨーロッパ経済共同体**（EEC）が、原子力の平和利用と共同研究のための**ヨーロッパ原子力共同体**（EURATOM）が発足しました。

一方、**イギリス**は、オーストリア・スイス・ポルトガル・北欧3国とともに**ヨーロッパ自由貿易連合**（EFTA）を結成して**EECに対抗**しようとしました。

❷ ECからEUへ

1967年には、**ECSC・EEC・EURATOMが統合してヨーロッパ共同体（EC）となり**、ECは国際経済への影響力を強めていきました。**イギリスはECへの加盟を申請**しましたが、フランスの**ド=ゴール大統領によって拒否**されます。

しかし、**1970年代**になってヨーロッパで緊張緩和（デタント）の機運が高まるなか、1973年には**イギリス・アイルランド・デンマークが加盟**を果たし、**拡大EC**へと発展しました。

その後、1970年代にギリシア・スペイン・ポルトガルで民主化が進展すると、1981年には**ギリシアが加盟**し、1986年には**スペイン・ポルトガルが加盟**しました。

そして、1992年に**ヨーロッパ共通通貨の導入や共通安全保障政策などを規定したマーストリヒト条約が締結され、翌年にはヨーロッパ連合（EU）が発足**し、本部をベルギーの首都ブリュッセルに置きました。2002年からは**単一通貨ユーロ**が一般の流通を開始しました。

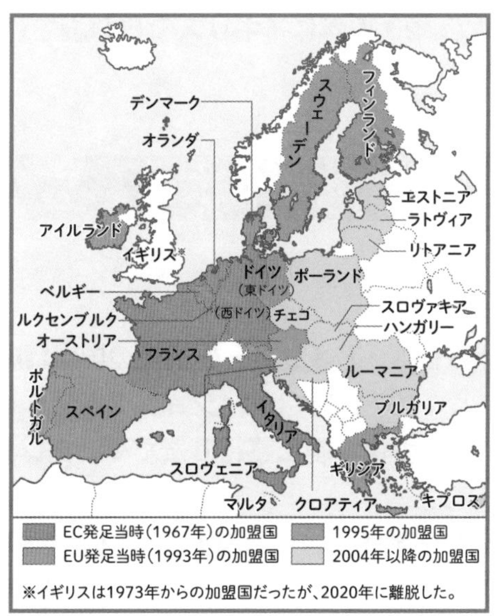

EU加盟国

③ 加盟国の拡大とEUの課題

1995年には、オーストリア・スウェーデン・フィンランドがEUに加盟し、2004年にはバルト3国やポーランドなどの**旧社会主義諸国を含む10カ国が加盟して東欧へのEU拡大**がみられました。2024年4月現在、トルコやセルビア、ウクライナなど計9カ国がEU加盟国の候補と認定されており、今後も加盟国は増える可能性があります。

一方、「アラブの春」（➡P579）の影響により**シリア内戦**が起きると、多数のアラブ系難民が発生して**難民問題**が深刻化しました。**EUは、難民の受け入れを積極的に行いました**が、宗教上の価値観の違いや、治安問題などをめぐって各地で社会問題が生じました。こうしたなか、**移民・難民の排斥など排外主義的な主張によって低所得層の不満をあおり、支持を獲得するポピュリズムと呼ばれる政治的手法**がヨーロッパに拡大し、フランスでは極右政党が台頭しました。難民の受け入れに難色を示していたイギリスでは、2016年にEU離脱についての国民投票が行われ、EU離脱派が勝利しました。これを受けて、2020年に**イギリスのEU離脱（ブレグジット）**が行われました。

2 第二次世界大戦後の国際経済

① 一極構造から三極構造へ

第二次世界大戦後は、**アメリカ一極構造**の国際経済秩序がつくられました。しかし、1971年に**ドル=ショック**が起きると、主要各国は1973年までに**変動相場制に移行**したため、**ブレトン=ウッズ体制は崩壊**しました。

また、**第4次中東戦争**によって**第1次石油危機（オイル=ショック）**が発生すると、フランスの提案によって、**先進国首脳会議（サミット）**が1975年に開催され、アメリカ・イギリス・フランス・

西ドイツ・イタリア・日本によって国際経済問題に関する協議が行われました。こうして、**国際経済は1970年代にアメリカ・EC・日本による三極構造をとる**ようになりました。その後も、サミットは定期的に開催され、20世紀末までにカナダやロシアが正式に参加し、サミット参加国はG８と総称されました（☞**ロシアが2014年にクリミア半島の併合を強行して以降、参加資格を停止**されたため、現在はG７と呼ばれます）。

❷ 世界経済の動き

第二次世界大戦後の資本主義諸国では、資本主義の存続を前提としながら、経済的・社会的な不平等の是正と民主主義の充実化を目指す**社会民主主義**という考え方が登場しました。各国では**福祉国家政策**に比重を置き、「**大きな政府**」**のもとで重要産業の国有化や公共事業・福祉の拡充が推進**されました。

しかし、こうした政策は、**財政支出の大きな負担となって財政難を招く**うえに、福祉に依存しすぎた国民が増えて**経済も低迷**するようになりました。1970年代末以降には、「やっぱり、経済は自由放任にして、政府が介入するのを極力避けるべきだ！」という**新自由主義（改革）**が登場しました。イギリスの**サッチャー首相**やアメリカの**レーガン大統領**、西ドイツの**コール首相**、日本の**中曽根政権**は、新自由主義にもとづき、**国営事業の民営化や社会福祉の削減、規制の緩和など、経済活動への介入を最小限とする「小さな政府」**を目指しました。

1990年代以降、市場経済やインターネットをはじめとする情報通信技術（ICT）が世界中に拡大し、**ヒト・モノ・資本・情報の移動が国境をこえて活発化**しました。これを、**グローバリゼーション（グローバル化）**といい、21世紀以降には**多国籍企業**が広範囲に展開するようになりました。一方で、グローバル化にともなう過度な競争は、地球規模での環境破壊や貧富の差を拡大するとして、**反グローバリズム**の考え方もあらわれました。また、**1997年に起きたアジア通貨危機**によって、韓国・インドネシア・タイなどは深刻な経済危機をむかえ、**2008年国際金融危機**（☞日本ではリーマン=ショックといいます）では、アメリカの金融危機に世界中の国々が巻き込まれました。今世紀には、中国の武漢から世界中に拡大した**新型コロナウイルス感染症**（COVID-19）の大流行により世界経済がマヒするなど、**グローバル化の進展にともなう経済上の危機にどう対応するかが課題**となっています。

③ 開発途上国の経済成長

　第二次世界大戦後、**国際的な自由貿易の維持と拡大を目的**に**「関税と貿易に関する一般協定」**（ガット〈GATT〉）が発足しました。ガットは数回の会議を経て、関税の引き下げや、各種の輸出入規制の撤廃の合意を実現し、1995年には**世界貿易機関**（WTO）**へと発展**して国連の常設機関となりました。しかし、**北半球に多いアメリカ・西ヨーロッパ諸国・日本などの先進工業国と、南半球に多い開発途上国のあいだの経済格差**（☞これを**南北問題**といいます）は、たんに自由貿易を促進しただけでは解消されません。

　このような格差解決のために、1960年代には**開発途上国の開発を目的とした国連貿易開発会議**（UNCTAD）**が開催**され、先進国から開発途上国への開発援助の促進や、開発途上国が輸出する一次産品の価格の安定化や公正な取り引きであるフェアトレードが目指されました。

　一方、1960年代以降、開発途上国のなかから、急速に経済成長を遂げた国々があらわれました。こうした国々では、経済発展政策を効率化するために**開発独裁**がしかれ、**外国資本の導入**や**安価な労働力**のもとで、**輸出型工業の育成に特化**した事例が多くみられました。1970～80年代になると、**新興工業経済地域**（NIES）と呼ばれるアジアやラテンアメリカで急速に経済成長を遂げた国や地域が登場しました。なかでも、**韓国・香港・台湾・シンガポールは「アジアNIES」と呼ばれ**、その経済成長は「東アジアの奇跡」とも呼ばれました。

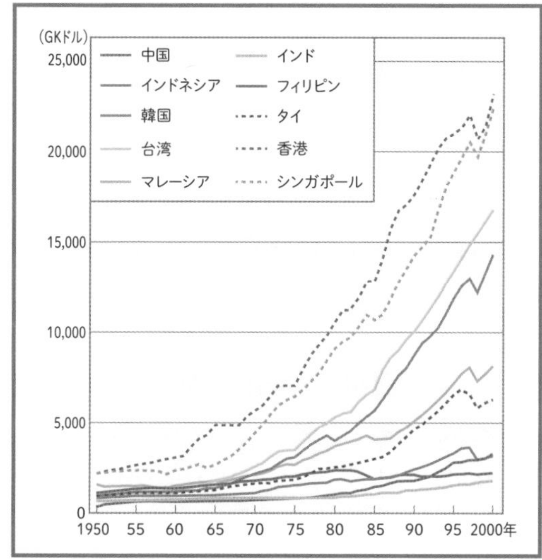

アジア諸国・地域のGDPの推移

また、2000年代以降、**ブラジル・ロシア・インド・中国・南アフリカ**は高い経済成長を続け**BRICS**（ブリックス）と総称されるようになりました。しかし、開発途上国グループのなかでも経済成長率が低迷している国々が存在し、**南南問題と呼ばれる開発途上国間の経済格差**が国際的な課題となっています。

❹ 地域的経済統合の進展

20世紀後半には、世界各地で地域的経済統合が進みました。

東南アジアでは、ベトナム戦争のさなか（1967年）にインドネシア・フィリピン・タイ・シンガポール・マレーシアの5カ国によって**東南アジア諸国連合**（**ASEAN**（アセアン））が結成されました。ASEANは、**当初、反共同盟的な性格**をもっていましたが、やがて政治的に中立な立場をとることを表明し、**ベトナム戦争後は地域紛争の自主的・平和的な解決と政治・経済協力を掲げ**、20世紀末までに東南アジアのすべての国々が加盟しました（☞2002年に独立した東ティモールは、2024年4月現在未加盟）。

20世紀末には、**アメリカ・カナダ・メキシコ**が、3カ国間の相互関税の撤廃を目指して**NAFTA（北米自由貿易協定）**に調印し、ラテンアメリカにおいては、ブラジル・アルゼンチンなどの国々によって**南米南部共同市場（MERCOSUR）**が発足しました。また、アフリカでは21世紀初めにアフリカ統一機構（OAU）を発展・改組して**アフリカ連合（AU）**が成立しました。（☞なおNAFTAは2020年に改定され、アメリカ=メキシコ=カナダ協定〈USMCA〉に移行しました。）

一方、1989年には、**日本や韓国、アメリカ、オーストラリアやASEAN諸国など広範囲な国々**が参加する**アジア太平洋経済協力（APEC）会議**が開催されました。この会議では、「開かれた地域主義」を掲げて貿易・投資の自由化を目指しており、**中国やロシアなどものちに加盟**しました。2016年にはアジア・太平洋地域の貿易自由化を推進するTPP協定が調印されましたが、**アメリカのトランプ大統領がTPP協定から離脱したため発効できず**、アメリカ以外の国々で2018年に**CPTPP（TPP11協定）**を発効しました。

THEME 3 第二次世界大戦後の中国

ここで きめる！

- 「大躍進」の特徴と、その失敗後にどのような経済再建策がとられたのかを押さえよう。
- プロレタリア文化大革命によって、中国社会がどのような状況に陥ったのかを理解しよう。

1 毛沢東の失脚と復権

①「大躍進」の失敗とその後

1950年代後半になると、**毛沢東**は**「大躍進」**を掲げ、**各地に人民公社を設立して集団生産活動と行政・教育活動の一体化を強力に推し進めました**。これは、農業・工業生産の急速な成長を目指したものでしたが、農村部では混乱が発生したうえに、ソ連から派遣されていた技術者を失いました（☞中ソ対立の影響で、ソ連が1959年に**中ソ技術協定を破棄**し、翌年には技術者の引き揚げを行いました）。また、大規模な自然災害が重なり、1959～60年にかけて**3000～4500万人の国民が餓死する**事態に陥りました。

こうしたなか、共産党内部では毛沢東に対する批判が高まり、**毛沢東は国家主席を辞任**しました。

国家主席となった劉少奇は、**鄧小平**とともに経済の再建策に着手し、次第に経済は回復傾向をみせはじめました。

② インドとの対立

中国は、建国後にチベットの領有を宣言し、**チベットの自治や宗教・風俗の保護などを約束して併合**しました。しかし、**中国で社会主義化が加速**すると、これを警戒したチベットの人びとは各地で反中国運動を展開し、1959年には蜂起を決行しました。

中国政府は、人民解放軍を派遣して**チベットの反中国運動を武力で制圧**しましたが、**チベットの指導者であったダライ=ラマ14世はインドに亡命**しました。インドのネルー首相は、ダライ=ラマ14世を支持して中国の軍事行動を非難したため、**両国の関係は悪化して中印国境紛争が発生**しました。

❸ プロレタリア文化大革命(1966～77)

国家主席を辞任したあと、**毛沢東**は党内における影響力を失っていきましたが、**密かに実権を奪回する機会をうかがっていました。**すると、毛沢東は、政権の中枢にいた劉少奇や鄧小平らに**実権派(走資派)**というレッテルをはり、「あいつらは、資本主義の道を歩む者だ！　きみたちの手で、社会主義革命を成功させるんだ！」と**北京の学生**らをたきつけ、**プロレタリア文化大革命(文化大革命**、☞以下、「文革」と表記します)を発動しました。

毛沢東に感化された学生らは、紅衛兵を組織して劉少奇や鄧小平らを激しく非難しました。こうした動きは、**全国に拡大して大規模な大衆運動となり**、毛沢東に批判的な者や、紅衛兵に同調しない者、比較的裕福な生活を送る者はつるし上げられ、ときには暴力で殺害されました。**文革のさなか、劉少奇と鄧小平は失脚**しました。

しかし、**首相の周恩来**は**鄧小平を復権させる**と、ともに文革によって混迷を極める中国経済の再建策に乗り出しました。その一方で、**江青**(☞毛沢東夫人)ら**「四人組」は文革を推進**しようとして、周恩来や鄧小平と対立しました。当時、周恩来は癌をわずらっていましたが無理を押して政務に携わりました。

1976年1月、建国から長きにわたって首相をつとめ、外交面において中国の国際的地位の向上につとめた**周恩来が死去**しました。周恩来という後ろ盾を失った**鄧小平は再度失脚**してしまいます。このまま「四人組」の影響力が拡大していくかにみえましたが、同年9月に**毛沢東が死去**しました。**毛沢東の後継者となった華国鋒**は、すぐさま**「四人組」の逮捕**に踏み切り、1977年には文革の終結が宣言されました。

2 鄧小平の時代と現在の中国

❶ 鄧小平の時代

鄧小平

「四人組」の失脚後、再び政界に復帰した鄧小平は**中国最高実力者**となりました。鄧小平は、かつて周恩来が提起した**農業・工業・国防・科学技術における「四つの現代化」**を、文革後の中国における新しい目標としました。そして、1978年以降は**改革開放政策と呼ばれる一連の経済改革**に着手しました。

鄧小平は、農業生産の請負制（うけおいせい）（生産責任制）を導入し、**余剰（よじょう）農作物の自由販売を許可**して農民の生産意欲を高め、また、**外国資本や技術を導入**した経済特区の設置や、**人民公社の解体**を行いました。

一方で、民衆は**共産党独裁（どくさい）体制を批判して民主化要求運動を活発化**し、**北京の天安門（てんあんもん）広場では学生や市民らによって座り込み運動が行われました**。同じ頃、ソ連のゴルバチョフ書記長が中国を訪問するということもあり、中国には日本や欧米諸国のメディアが滞在しており、連日、こうした座り込み運動が各国で報道されました。**1989年**6月3日の深夜から4日の未明にかけて、**人民解放軍が突如（とつじょ）、天安門広場に突入し、民衆の民主化要求運動を武力で弾圧（だんあつ）**しました。このできごとを**天安門事件**（☞日付をとって六四（ろくし）天安門事件と表記することもあります）といいます。

このように、**社会主義を掲げながらも、実質的に資本主義と同じ市場（しじょう）経済をとる経済体制を社会主義市場経済といい、共産党の独裁体制は維持**されました。

COLUMN 「無名の反逆者」というプロパガンダ

写真提供：アフロ

天安門事件（「無名の反逆者」）

天安門事件の翌日（1989年6月5日）、突如、戦車の前に立ちはだかる青年がいました。彼は「無名の反逆者」と呼ばれ、政府の弾圧に抵抗した勇気ある市民として、各国のメディアから称賛を受けました。しかし、この当時、天安門広場はすでに人民解放軍によって制圧されたあとで、広場およびその近隣は軍の監視体制がしかれていました。この場所は、天安門広場から数百メートル離れており、かつ、目前には各国のメディアが事実上軟禁されているホテルがありました。青年が戦車の進行を制止し、戦車が青年を轢かぬように避けようとするシーンはおよそ3分にわたり、映像は各国のメディアによって世界中で報道されました。その後、各国のメディアはこぞって青年を取材しようとしましたが、名前すら突き止めることができませんでした。

天安門事件からおよそ1カ月後、中国の国営放送は、「無名の反逆者」の映像を流して「軍隊は市民を殺さない」ことをアピールしました。このできごとは、天安門事件に直面した中国国民や外国メディアと、事件を報道で知った人とのあいだでは捉え方が大きく異なったのではないでしょうか。

② 鄧小平死後の中国

鄧小平が1997年に死去すると、**国家主席であった江沢民**は、鄧小平の経済政策を継承して中国の経済発展に注力しました。1997年にイギリスから**香港の返還**が完了し、1999年にポルトガルから**マカオの返還**が完了すると、中国はこれらの地域を特別行政区とし、**資本主義的な制度を並存させる一国二制度を導入**しました。

江沢民の退任後、**国家主席となった胡錦濤**(こきんとう)は、国内の経済発展を背景に国際社会における存在感を高め、在任中の**2008年には北京オリンピックが開催**されました。しかし、チベットやウイグルの反中国運動を武力で弾圧し、国際社会から非難を受けました。

胡錦濤のあとを受けて**国家主席となった習近平**(しゅうきんぺい)は、**アジア・ヨーロッパ・アフリカにまたがる経済圏構想として一帯一路**(いったいいちろ)**を掲げ**、地球規模での経済的な連携強化を目指しました。

●台湾(たいわん)とモンゴルの動向

	おもな指導者やできごとなど
台湾	• 蔣介石(しょうかいせき)の死去(1975) ☞子の蔣経国(けいこく)が総統(そうとう)を継承/**開発独裁** • **戒厳令解除**(かいげんれい)(1987):台湾における民主化のきざし • **李登輝**(りとうき)(国民党):総統に就任(1988)/**台湾の民主化を推進** ☞1990年代には初となる**総統直接選挙に当選** • **陳水扁(民進党)**(ちんすいへん):総統に就任/独立志向で中国と対立 • 蔡英文(さいえいぶん)(民進党):総統に就任(2016)/台湾初の女性総統
モンゴル	**モンゴルの社会主義体制離脱**(1992) ☞複数政党制と大統領制を導入し、国名をモンゴル国と改称

過去問にチャレンジ

山田さんと川口さんが、上野動物園で話をしている。

山田:あっ、パンダだ。そう言えば、この動物園は日本で初めてパンダを公開したと聞いているよ。

川口:そうだね。1972年の共同声明による日中国交正常化を記念して中華人民共和国から贈られたんだ。

山田:戦争が終わってから、随分たっての国交正常化のように思えるけど。

川口:戦後、[ア]を中心とした連合国軍によって占領された日本は、サンフランシスコ講和会議で、[ア]をはじめとするかつての交戦国と平和条約を結んだんだ。この条約で戦争状態の終結と日本の主権の回復が確認されたんだけど、中華人民共和国はこの会議には招かれていなかったし、［イ］は、参加したけど条約には署名しなかったんだよ。

山田：中華人民共和国が招かれなかったのは、どうしてかな。

川口：それは、当時の中華人民共和国を取り巻く国際環境が理由の一つだったと考えられるね。日本と［イ］とは、1956年に共同宣言を出して、戦争状態の終結と国交回復を宣言しているよ。

問1　次の資料X～Zは、中華人民共和国と、［ア］、［イ］及び日本との間の条約・共同声明の文言の一部である。資料X～Zを参考にしながら、会話文中及び資料中の空欄［ア］と［イ］に入れる国名の組合せとして正しいものを、後の①～④のうちから一つ選べ。（引用文には、省略したり、改めたりしたところがある。）

資料X　中華人民共和国と［ア］との共同声明

> ［ア］のリチャード=ニクソン大統領は、中華人民共和国の周恩来総理の招きにより、中華人民共和国を訪問した。
> ［ア］側は、以下のように述べた。［ア］は、インドシナ各国の民族自決という目標に沿うような形で、最終的にすべての［ア］軍を同地域から撤退させることになるであろうことを強調した。中華人民共和国と［ア］の間には、その社会体制と対外政策に本質的な相違が存在する。しかし、双方は、各国が、社会体制のいかんにかかわらず、平和共存の原則にのっとって、関係を処理すべきであるという点で合意した。

資料Ｙ　中華人民共和国と イ との条約

中華人民共和国と イ の間の友好と協力を強化し、日本帝国主義の再起、および日本の、あるいはいかなる形式にせよ侵略行為において日本と結託するその他の国家による新たな侵略を共同で防止する決意を持ち、極東と世界の恒久平和と普遍的安全を強固にしたいと念願し、あわせて中華人民共和国と イ の間の親善なる国の交わりと友誼(ゆうぎ)を強固にすることは、両国人民の根本的利益に合致すると深く信じる。

資料Ｚ　中華人民共和国と日本との共同声明

両国は、長い伝統的友好の歴史を有する。両国国民は、両国間にこれまで存在していた不正常な状態に終止符を打つことを切望している。戦争状態の終結と国交の正常化という両国国民の願望の実現は、両国関係の歴史に新たな一頁(ページ)を開くこととなろう。

①　アーアメリカ合衆国　　イーソ連
②　アーアメリカ合衆国　　イーインド
③　アーフランス　　イーソ連
④　アーフランス　　イーインド

問2　上の資料Ｘ～Ｚが年代の古いものから順に正しく配列されているものを、次の①～⑥のうちから一つ選べ。

①　X→Y→Z　②　X→Z→Y
③　Y→X→Z　④　Y→Z→X
⑤　Z→X→Y　⑥　Z→Y→X

（2021年度　本試験（第１日程）　世界史B）

問1　川口さんの会話文に「[ア]を中心とした連合国軍によって占領された日本」とあるので、[ア]は「アメリカ合衆国」であることがわかります。「フランス」も連合国の一員でしたが、第二次世界大戦後の日本は、事実上アメリカによる単独占領下に置かれました。次に、「日本と[イ]とは、1956年に共同宣言を出して、戦争状態の終結と国交回復を宣言している」とあるので、[イ]は「ソ連」であることがわかります。日本は、1956年の日ソ共同宣言を経てソ連と国交を回復したのちに、国連へ加盟します。したがって、**答え** ①となります。

問2　**資料X**は、中華人民共和国とアメリカとの共同声明で、「リチャード=ニクソン大統領は…中華人民共和国を訪問した」とあるので、これはニクソン訪中に関する内容だと判断できます。**資料Y**は、中華人民共和国とソ連との条約で、「日本と結託するその他の国家による新たな侵略を共同で防止する」とあるので、中国とソ連が締結した中ソ友好同盟相互援助条約だと判断できます。**資料Z**は、中華人民共和国と日本との共同声明で、「両国は…戦争状態の終結と国交の正常化という両国国民の願望の実現」とあるので、田中角栄首相の訪中による日中国交正常化に関する内容だと判断できます。それでは、最後に配列について考えましょう。まず、冷戦対立を前提に時代を大きく捉えると、**資料Y**．中国とソ連が日本やその同盟国（アメリカ）に対して共同防衛を掲げているので、これは冷戦のはじまりの時期だと推測できます。時期的には、1945年から「雪どけ」期よりも前の1950年代半ば頃までだと考えます。次に**資料X**（ニクソン訪中）と**資料Z**（日中国交正常化）のどちらが時系列的に先かを考えます。日本は、ニクソン訪中によるアメリカ・中国の接近を受け、アメリカに追随する形で中国との国交正常化を行っているので、**資料Z**は**資料X**の直後に該当すると判断できます。したがって、**答え** ③となります。

THEME 4

〈歴史総合対応〉第二次世界大戦後の日本

ここで 副きめる!

- アメリカの対日占領政策がどのように変化したのか、当時の国際関係と関連づけて理解しよう。
- 高度経済成長が、日本の経済や社会にどのような影響を及ぼしたのかを理解しよう。
- 日本経済が1970年代の危機にどのように対処し、1980年代以降、どのような問題に直面したのかを押さえよう。

1 占領政策から「逆コース」へ

① GHQの占領政策

日本の敗戦後、アメリカの軍人**マッカーサー**を最高司令官とする**GHQ**（連合国軍最高司令官総司令部、☞英語ではSCAPといいます）が、日本の**占領政策**を主導し、**事実上、アメリカ政府がGHQを通じて日本政府に具体的な指令を出す間接統治**（とうち）となりました。

GHQは、**日本の非軍事化と民主化**を目指し、日本政府に対して**軍の武装解除や軍需**（ぐんじゅ）**生産の禁止**などを命じました。また、人権指令によって治安維持法下で逮捕（たいほ）された**共産党員などの政治犯を即時釈放**させ、天皇に関する自由な議論を奨励（しょうれい）しました。

その後、**GHQは民主化実現のために五大改革を指令しました。**五大改革とは、女性参政権の付与、労働組合の結成奨励、教育の民主化、秘密警察や圧政的司法制度の撤廃（てっぱい）、経済機構の民主化を指したものです。

GHQの指令のもとで、衆議院議員選挙法が改正されると**女性参政権**が規定され、**新しく実施された選挙では39人の女性議員が誕生**しました。また、経済面では**財閥解体**にともない、独占禁止法が制定されたほか、**農地改革によって自作農が創出**されました。

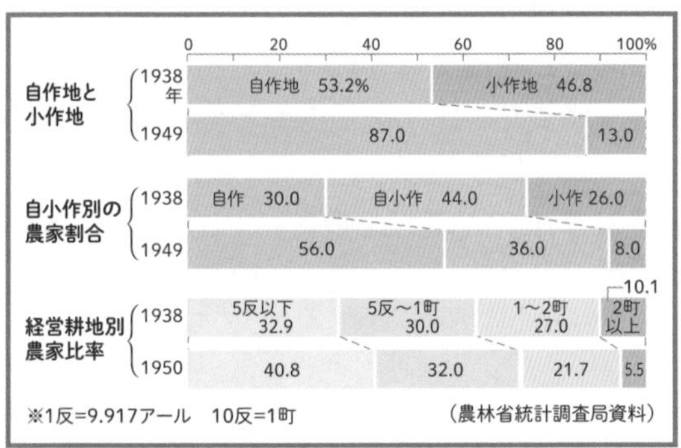

農地改革による変化

一方、**労働者に対しては、団結権や団体交渉権、労働争議権を保障する労働組合法が制定**され、8時間労働制などを規定する労働基準法も制定されました。また、教育改革においては、男女共学の原則など新しい教育の理念が明示された教育基本法が制定されました。

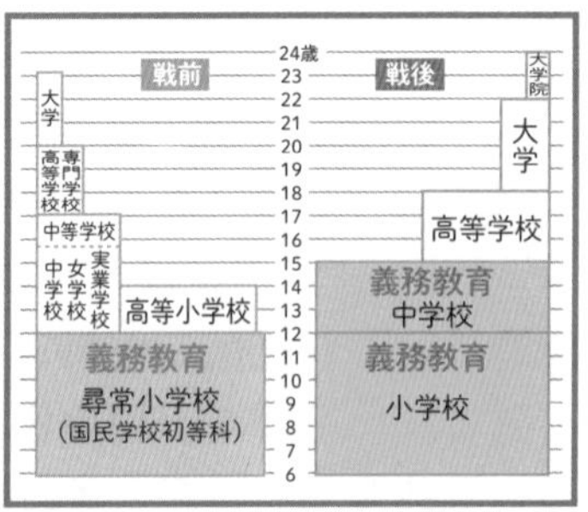

学制の変化

1946年1月には、**昭和天皇が「人間宣言」を行ってみずからの神格を否定**し、また、公職追放も行われ、戦争に協力した国民は政財界や言論界から除外されました。

❷ 日本国憲法と戦後直後の日本経済

GHQは日本政府に対して憲法の改正を命じましたが、政府の出した憲法改正要綱は、天皇の統治権を認めていたため、マッカーサーはこれを退けました。

日本政府は、天皇制を維持するためにマッカーサーの要請を受け入れ、第１次吉田茂内閣のもとで1946年11月３日に**日本国憲法を公布**しました。**日本国憲法は、象徴天皇制、国民主権、戦争放棄、基本的人権の尊重などを規定**し、1947年５月３日に施行されました。また、日本国憲法にもとづいて、様々な法律の制定あるいは改正が行われ、男女同権を定める新民法や、首長の公選を定める地方自治法などが整備されました。

一方、敗戦後の日本は、**満洲など外地からの引揚げによる人口増加、生産力低下による物資の不足、戦後処理のための通貨増発などによってインフレが激化**しました。食料不足も深刻化し、国民は配給・買出し・闇市にたよる生活を余儀なくされました。こうしたなか、政府は1946年２月に金融緊急措置令を出してインフレの抑制につとめたほか、石炭や鉄鋼などの重要生産分野に必要な資金と資材を優先的に投入する**傾斜生産方式を導入して生産力の回復につとめました**。

❸ 占領政策の転換と日本の独立

米ソ冷戦のさなか、アメリカは日本をアジアにおける「**反共の防壁**」にしようとし、**戦後日本の非軍事化・民主化方針から経済復興優先に占領政策を転換**しました。

GHQは、第２次吉田茂内閣に対し、経済安定九原則を示すとともにそれを具体化したドッジ=ラインを実施させ、**１ドル＝360円**の**固定相場制**（単一為替レート）の設定などを行い、**傾斜生産方式から集中生産方式への転換**を促しました。こうした結果、日本のインフレは収束し、**輸出が回復**しました。

1950年に**朝鮮戦争**が勃発すると、官公庁や民間企業において、

共産主義者やその同調者を追放するレッド=パージが実施され、また**アメリカ軍による軍需品の調達により、日本には朝鮮戦争特需（特需景気）がもたらされ**て、実質国民総生産（GNP）が戦前の水準に回復しました。

主権回復直後の日本の領土

アメリカは、日本を資本主義陣営の一員とするため主権の回復を急ぎ、**1951年**には**サンフランシスコ平和条約**が調印されました。これにより、**日本は主権を回復**し、また、条約締結国の日本に対する賠償請求権の放棄や朝鮮の独立、台湾・南樺太・千島列島の放棄などが決定しました。しかし、**沖縄・奄美群島・小笠原諸島は継続してアメリカの施政権下**となります。

また、平和条約と同日に結ばれた**日米安全保障条約**や、翌1952年に結ばれた日米行政協定により、**日本はアメリカ軍へ基地を提供するとともに駐留費用を分担する**こととなりました。

❹ 政治・外交の変化

主権回復後の日本は、**アメリカの再軍備要求に応じて治安維持体制を強化するとともに、警察への国家統制を強化**しました。こうした動きは、民主的な改革に逆行するということから**「逆コース」**と呼ばれ、これに危機感を抱いた人びとは米軍基地反対闘争や再軍備に反対する運動を展開しました。

1954年、鳩山一郎が内閣を組織し、憲法改正と再軍備を掲げると、分裂していた日本社会党（社会党）が再統一して鳩山内閣の方針に反発しました。これに対抗した日本民主党と自由党は、合同して**自由民主党（自民党）を結成**し、以後、1993年まで政権を担当しました。こうした保守一党優位のもとで、**自民党と社会党が形成**

した保守対革新の体制を55年体制といいます。

第３次鳩山内閣は、1956年に**日ソ共同宣言**で**ソ連と国交を回復**（☞ただし、北方領土問題は未解決のまま）すると、ソ連の支持を得て**日本の国連加盟を実現**しました。また、1957年に成立した岸信介内閣は、アメリカとの対等な関係を目指し、アイゼンハワー大統領と1960年に**日米安全保障条約改定**（☞**日米新安全保障条約**の調印）を行いました。この条約では、アメリカの日本防衛義務が明文化されたほか、米軍駐留継続・共同作戦などが規定されました。

一方、革新勢力は、日本が戦争に巻き込まれる危険性が増大するとして反対し、一般市民も連日国会前でデモを行うなど、**60年安保闘争が高揚**しました。これを受けて**岸内閣は、参議院の議決を経ないまま日米新安保条約を成立させたのちに総辞職**し、池田勇人内閣が発足しました。

2 高度経済成長と日本の経済大国化

日本は、**1950年代半ばから1970年代半ばにかけて高度経済成長をむかえた**ことで、国内経済や社会に大きな変化が生じるとともに、国際社会における立場も変わっていきます。一方、国内では、様々な社会問題も抱えることになります。

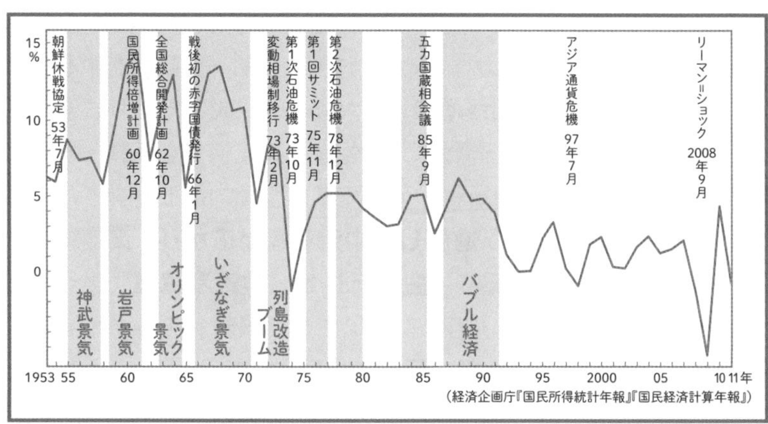

第二次世界大戦後の実質経済成長率の推移

❶ 高度経済成長

朝鮮戦争特需のあとも、日本は好景気（神武景気）をむかえ、**高度経済成長が本格化**します。1956年版『経済白書』は「もはや戦後ではない」と宣言しました。

岸内閣の退陣後に成立した池田勇人内閣は、10年間でGNP（国民総生産）を倍増させるという「**所得倍増計画**」を打ち出しました。また、**中東の石油が安価であったこと**や、１ドル＝360円という**輸出に有利な為替相場であったこと、大企業の設備投資が活発化したこと**、1964年に経済協力開発機構（OECD）に加盟して**資本の自由化（外国資本の流出入）が行われたこと**などは、**高度経済成長を支えた要因**といえます。

高度経済成長って、およそ20年も続いたんですね！　なんか夢があるなぁ。

そうですね。1970年代に第１次石油危機が到来するまで、日本は年平均約10％という驚異的な成長をみせました。

高度経済成長の時期、鉄鋼や造船、自動車、電気機械、化学などの重化学工業が成長し、1968年には**GNPがアメリカに次ぐ資本主義国第２位**となりました。また、鉄鋼・船舶・自動車を中心にアメリカ・アジアへの輸出が増加して大幅な貿易黒字となりました。

日本は、欧米先進国と同様に大量生産・大量消費を基調とする消費社会へ転換しました。所得・消費水準が全国的に上昇すると、**生活様式や意識の均質化が進展して中流意識が広がり**、高度経済成長の前半期には**電気洗濯機・白黒テレビ・電気冷蔵庫**という「三種の神器」が普及し、1966年に「いざなぎ景気」をむかえると、**自動車・カラーテレビ・クーラー**（☞通称「３Ｃ」）という「新三種の神器」が民衆の人気を集めました。こうした日本の経済成長は、1964年の**東京オリンピック**や1970年の**大阪万博**を通じて国内外に誇示され、東京オリンピックに合わせて東海道新幹線が開通しました。

❷ 社会問題

高度経済成長の時期には、様々な社会問題も発生しました。地方からの人口移動によって東京や大阪などの**大都市の過密化**が進み、交通渋滞や通勤ラッシュなどが問題となりました。一方、人口が流出した**地方の農村・漁村では過疎化・高齢化が問題**となりました。

また、国土開発や工場の地方進出の結果、**公害**が発生しました。とくに**水俣病・四日市ぜんそく・イタイイタイ病・新潟水俣病の四大公害**は深刻な被害を出し、これらに関する裁判では、公害を引き起こした国や企業の責任を問う判決が出されました。こうした事態を受け、政府は、1967年に公害対策基本法を制定し、1971年には環境庁（☞2001年に環境省に昇格）を設置して対応しました。

❸ 高度経済成長の終焉と産業構造の転換

1970年代前半には、ドル=ショックを受けて主要各国は**変動相場制へ移行**します。経済成長を実現した日本の円の信用度は高く、日本は**円高が進むことになり輸出に不利**な状態となっていきます。

また、**第4次中東戦争**を機に**石油価格が急騰して第1次石油危機が起きる**と、日本では激しいインフレ（☞これを「狂乱物価」といいます）が発生し、1974年には日本の経済成長率が戦後初のマイナスとなり、**高度経済成長は終焉**しました。

こうして、第１次石油危機により、日本や欧米諸国は**不況にみまわれ、不況下でも物価上昇が止まらないというスタグフレーション**に陥りました。

世界経済が停滞するなかで、日本企業は**省エネルギー化（省エネ化）**・効率化を進め、人員の削減やパート労働への切り替えなどの減量経営で対応し、また、政府はエネルギーの供給にあたって火力発電から原子力発電への転換を図りました。そのほかには、**コンピュータを使ったハイテクノロジー産業（ハイテク化）やオートメーション化も加速**させました。こうして、日本の産業構造は、鉄鋼・石油・化学などから、知識集約型の高度なマイクロエレクトロニクス産業や情報産業などへと移行していきました。

やがて日本経済は立ち直りをみせ、1979年に起きた**イラン=イスラーム革命**を機に発生した**第２次石油危機**をなんとか乗り切りました。そして、**1980年には世界のGNPに占める日本の割合が約10％に達して日本は「経済大国」となり**、その後、日本の政府開発援助（ODA）の供与額も世界最大規模となりました。

円の対ドル相場の推移

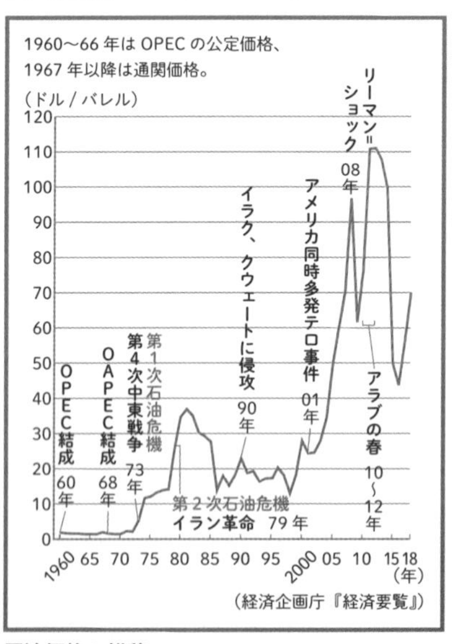

（経済企画庁『経済要覧』）

原油価格の推移

3 1980年代以降の日本

① 貿易摩擦の深刻化

1980年代に安定成長を維持した日本は、欧米諸国への輸出を増やして貿易黒字を拡大しましたが、とくに自動車をめぐって**日米間の貿易摩擦が深刻化**しました。

財政赤字と貿易赤字に苦しむアメリカでは、自動車や電化製品など日本製品を排斥するジャパン=バッシングが激しさを増しました。また、アメリカは日本に対して輸出の規制や農作物市場の開放を迫り、日本は、妥協策として**牛肉・オレンジの輸入自由化**に踏み切りました。しかし、アメリカは日本の閉鎖的な商慣行の見直しを要求するなど、なお圧力をかけてきました。

一方、国内では、**中曽根康弘内閣**が「戦後の総決算」を掲げて、**国営企業**であった電電公社（☞現在のNTT）・専売公社（☞現在のJT）・国鉄（☞現在のJR）の**民営化を進めました**。

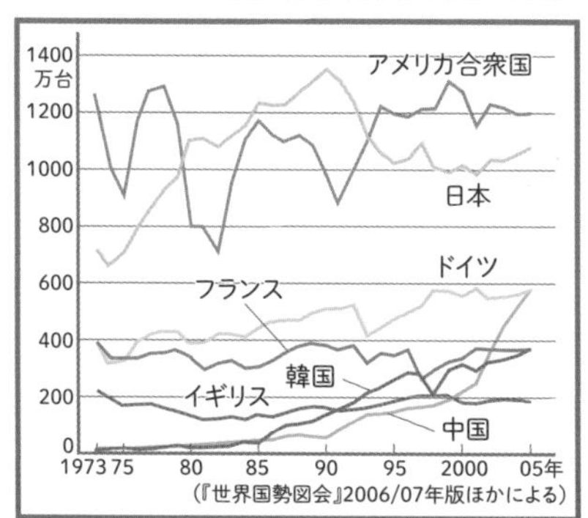

おもな国の自動車の生産

② プラザ合意とバブル経済

アメリカは、**レーガン大統領**の時代に債務国に転落すると、1985年に主要先進5カ国（☞アメリカ・日本・西ドイツ・イギリス・フランス）の蔵相（財務大臣）と中央銀行総裁による会議を開催しました。

会議では、経済危機に瀕しているアメリカを救済すべく、**参加国によってドル安に誘導するための外国為替市場への協調介入**が合意されました。これを**プラザ合意**といいます。各国は、自国で保有しているドルを放出して日本の円を求めたため、**急激な円高が進行**しました。これにより、自動車や電気機械など輸出型の製造業が打撃を受け、日本は**円高不況に陥りました。**

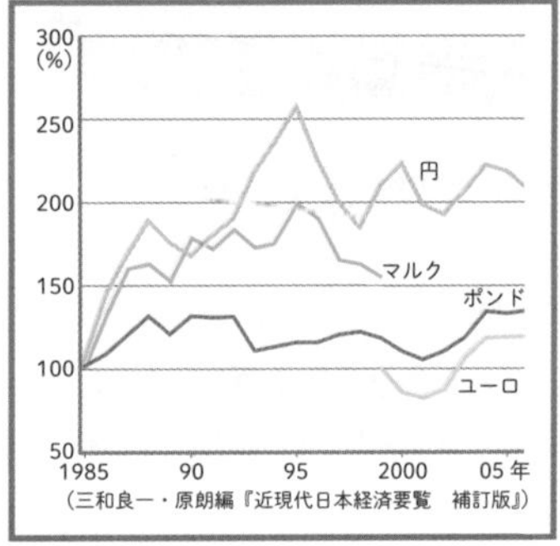

主要通貨の対ドル変動率

すると、企業は「輸出しても売れないのであれば、いっそのこと人件費の安い海外でつくり、そこから輸出すればよいのでは？」と考えるようになり、**生産拠点を国内から海外へ**と移しました。しかし、これは、同時に日本国内における生産活動の低下を招き、**「産業の空洞化」と呼ばれる現象**を引き起こしました。

一方で、政府が内需拡大策と低金利政策を進めると、不動産や株式への投資・投機が増大して大型景気がおとずれました。この好景気は、**地価・株価が実体経済からかけ離れて暴騰し、のちにバブル経済と呼ばれるようになります。**

③ 55年体制の崩壊と平成不況

1989年、昭和天皇の死去にともない、元号が「平成」になりました。また、同年末に冷戦が「終結」すると、日本では55年体制下の「保守 対 革新」という対立軸が揺らぎはじめました。

1993年の総選挙で、自民党の議席数が過半数を下回った結果、非自民8党派による**細川護熙内閣が成立**しました。こうして、**55年体制が崩壊**しましたが、細川内閣は短命に終わり、1994年には自民党・社会党・新党さきがけによる連立政権が成立して**社会党の村山富市が内閣をつくりました。**

一方、**日本銀行が金融を引き締めたことで1990年代初頭にバブル経済は崩壊**し、日本経済は**平成不況**に陥りました。また、1995年には阪神・淡路大震災によって6000人以上の犠牲者を出し、同年には新興宗教団体オウム真理教による地下鉄サリン事件（☞朝の通勤ラッシュ時の電車内でサリンを散布するテロ事件）が起きるなど、社会不安が拡大しました。

❹ 現在の日本

2001年、**自民党・公明党・保守党の連立による小泉純一郎内閣が成立**すると、小泉内閣は「聖域なき構造改革」を掲げて景気回復を目指し、**郵政事業の民営化**や社会保障制度改革、公共事業費の削減など広範囲な規制緩和に着手しました。しかし、景気の回復は限定的で、非正規雇用者の増大や経済格差の拡大などをもたらしました。また、対外的には**アメリカのブッシュ（子）大統領に協力的**で、イラク戦争の復興支援にあたり、自衛隊の海外派遣を行いました。

小泉内閣の退陣後は自民党・公明党の短命政権が続きましたが、2009年には**民主党政権**が発足しました。しかし、2011年に起きた東日本大震災や**福島第一原子力発電所の事故**への対応と、震災処理にあたってその指導力の限界が露呈しました。2012年には**自民党・公明党の連立による安倍晋三内閣**（第２次）**が誕生**し、その後、2020年に安倍が首相を辞職するまで、日本の内閣発足以来、最長期間にわたる政権をつくりました。しかし、安倍は2022年7月、衆議院議員選挙中に奈良県で街頭演説を行っているさなかに銃弾を受けて暗殺されました。

THEME 5

様々な課題

ここで きめる！

- ユーゴスラヴィア内戦の背景を宗教的視点から理解しよう。
- 地球環境問題に国際社会がどのように取り組んできたか、その経緯を理解しよう。
- 国際社会で起きた差別問題の事例を押さえよう。

1 地域紛争

① ユーゴスラヴィア内戦

ユーゴスラヴィアは、**6つの共和国で構成**されており、そのうち**セルビア**（☞**ギリシア正教**を信奉（しんぽう））が指導的な立場をとっていました。1991年には、**カトリック**を奉（ほう）じる**クロアティア・スロヴェニア両共和国の独立宣言**が出され、独立を認めないセルビアとのあいだで武力衝突が発生しました。なお、同年にはマケドニア（現在の北マケドニア）も独立を宣言しています。

翌年、**ボスニア=ヘルツェゴヴィナ**（☞住民はムスリム、クロアティア系、セルビア系で構成されます）**が独立を宣言**すると、**独立賛成派のクロアティア系住民・ムスリムと、独立反対派のセルビア系住民とのあいだでボスニア内戦**が発生し、クロアティアとセルビアが干渉（かんしょう）しましたが、1995年に**アメリカの仲介（ちゅうかい）によって停戦**が成立しました。

② コソヴォ問題

ユーゴスラヴィアを構成する国々が独立を達成するなか、セルビア南部の**コソヴォ自治州**は、**人口の9割近くをアルバニア系住民が占めており、セルビアからの独立を求めました。**

コソヴォ自治州の独立に反対したセルビアは、軍隊を動員してコソヴォのアルバニア系住民を弾圧(だんあつ)します。しかし、1999年に**NATO(ナトー)軍がセルビアを空爆(くうばく)**すると、まもなく和平が成立してセルビアはコソヴォから撤退(てったい)し、コソヴォは2008年に共和国として独立しました。

ユーゴスラヴィア連邦の民族分布

❸ その他

それでは、最後に、世界各地ではどのような紛争が起きているのかを地図を使って確認してみましょう。

20世紀後半以降のおもな地域紛争

2 地球環境問題や差別問題

① 地球環境問題

先進国が中心となって生産活動を行うなか、様々な**環境問題**（**環境破壊**）や**公害問題**が引き起こされました。排出された温室効果ガスは**地球温暖化**を進行させ、また、フロンなどにより有害紫外線を吸収する**オゾン層が破壊**され、過放牧や森林伐採によって**砂漠化**が進行しました。

こうした事態を受け、1970年代初めには、スウェーデンで**国連人間環境会議**が開かれました。この会議では「**かけがえのない地球**」**をスローガン**に、環境問題を人類共通の問題として提起しました。

1992年にブラジルの**リオデジャネイロ**で開かれた「**環境と開発に関する国連会議**」（**地球サミット**）では、環境保全と開発を両立させる「**持続可能な開発**」を国際協力のもとで推進することが協議されました。また、各国政府だけでなく**非政府組織**（**NGO**）の役割も重要視されました。

1997年には、**二酸化炭素などの温室効果ガス削減の数値目標**と取り組みに対する法的拘束力を定めた**京都議定書**がつくられました。日本やEUは批准しましたが、**大量排出国であるアメリカが批准を拒否**したため、発効条件に必要な参加国を満たせませんでした。その後、2004年に**ロシアが批准**したことを受け、ようやく京都議定書は発効しました。

2015年に採択された**パリ協定**では、**21世紀後半に温室効果ガスの排出量を実質ゼロにする**ため、主要排出国を含むすべての参加国が削減目標を５年ごとに更新することとしました。また、同年の国連サミットでは「**持続可能な開発目標**（**SDGs**）」が掲げられ、「誰一人取り残さない」をスローガンに、2030年までに**貧困の克服**や、**経済成長と地球環境保護を両立**することを目指しています。

「持続可能な開発目標（SDGs）」

② 難民問題・差別問題

シリア内戦をはじめとする中東諸国の政情不安から、2010年代半ば以降、**ヨーロッパへのアラブ系難民が増大すると、各地で排外主義が高揚**し、難民や移民の受け入れ拒否を主張する極右政党が各地で台頭しました。また、アメリカでは、たびたび**黒人に対する差別が問題化**することがありましたが、2020年にミネソタ州で黒人男性を白人警官が死に至らしめる事件が発生すると、**「BLM（ブラック・ライヴズ・マター）運動」**がアメリカ全土に拡大しました。

一方、性別上の差別も存在します。**産業革命以降、工業化が進展するなかで「男性は工場で働くもの、女性は家を守るもの」という性別役割分業が社会に浸透**し、男性普通選挙が普及しても、女性の社会的な権利は認められませんでした。

19世紀以降、**女性参政権獲得運動**が高まりをみせ、第一次世界大戦における**総力戦で女性の社会進出が進む**なか、**欧米諸国では女性参政権が実現**しました。

社会的権利においては男女の平等が実現したものの、「女性はこうあるべきだ」という**男性中心の価値観が依然として存在**し、第二次世界大戦後の世界では、こうした価値観からの脱却を目指す**女性解放運動**が高まりました。その一つとして1960年代に**フェミニズム**が盛んになり、**女性が主体的に生きるための意識変革や女性を束縛するあらゆる制度の改変や撤廃**が目指されました。

1979年には、国連総会で**女性差別撤廃条約**が採択され、締約国には女性差別を禁止する立法や適切な措置をとることが求められました。これを受け、日本は、1985年に**男女雇用機会均等法を制定**したうえで同条約を批准しました。

日本だけでなく、世界中の様々な国々で宗教的・社会的・文化的な価値観や慣習によって「男性はこうあるべき」「女性はこうあるべき」というレッテルをはられることがあります。私たちが住む世界は、こうした偏見や固定観念から個性を解放し、多種多様な価値観とともに生きることが求められているのではないでしょうか。

[写真協力]
株式会社アフロ（写真そばに記載）
PIXTA（写真そばに記載）
学研写真資料室（写真そばに記載）

https://commons.wikimedia.org/wiki/File:West_and_East_Germans_at_the_Brandenburg_Gate_in_1989.jpg、Lear21、CC BY-SA 3.0〈https://creativecommons.org/licenses/by-sa/3.0/〉、via Wikimedia Commons(P.586)

[著者]

新里 将平　Shohei Shinzato

1987年6月5日生まれ。沖縄県出身。昭和薬科大学附属高校から東京学芸大学教育学部B類社会科に進学。大学卒業後、首都圏の複数の学習塾や予備校で教鞭をとり、2016年に代々木ゼミナールの講師となる。現在は、新潟校・本部校・名古屋校で東大をはじめとする国公立大学の論述対策を中心に、私立大学や共通テスト対策講座なども担当。授業以外では、東大・京大などの大学別模試や記述・マーク型模試や複数のテキスト作成を担当。「主要科目の学習を邪魔しない、省エネ世界史」をモットーに、入試問題研究をふまえて覚えるべき知識を抜粋する。「必ずすべるギャグ」をおりまぜながら緩急つけて行う授業は、生徒から好評だと本人は思っている。

きめる！　共通テスト　歴史総合＋世界史探究

カバーデザイン	野条友史（buku）
カバーイラスト	北澤平祐
本文デザイン	宮嶋章文
本文イラスト	かざまりさ、ハザマチヒロ
編集協力	稲葉友子
校正	佐藤玲子、佐野秀好、高木直子、林良育、牧屋研一、株式会社 かえでプロダクション
データ制作	株式会社　四国写研
印刷所	株式会社 リーブルテック
編集担当	留森桃子

①

きめる! KIMERU SERIES

別冊の特長

本冊でも紹介した共通テストの形式やSECTIONごとのポイントをまとめています。また、「読むだけで点数アップ！　文化史マスター集」では、共通テストで頻出の文化史の重要事項を一覧で整理しました。流れで覚えにくいような文化史の事柄は、この別冊を活用して覚えてください。

もくじ

知っておきたい共通テストの形式

試験概要

地理歴史・公民について

全体の出題科目は「地理総合，地理探究」、「歴史総合，日本史探究」、「歴史総合，世界史探究」、「公共，倫理」、「公共，政治・経済」、「地理総合／歴史総合／公共」（☞3つのうち、2つを選択して組み合わせる）の6科目となり、最大2科目の選択が可能となります。

ただし、「地理総合／歴史総合／公共」を選択する場合、残り1科目は同一名称を含む科目の組み合わせが不可となります。下の表を確認しておきましょう。

地理総合／歴史総合	「地理総合，地理探究」、「歴史総合，日本史探究」、「歴史総合，世界史探究」は**選択不可**
地理総合／公共	「地理総合，地理探究」、「公共，倫理」、「公共，政治・経済」は**選択不可**
歴史総合／公共	「歴史総合，日本史探究」、「歴史総合，世界史探究」、「公共，倫理」、「公共，政治・経済」は**選択不可**

要check!
「歴史総合，世界史探究」で受験する場合、「地理総合／歴史総合」と「歴史総合／公共」は選択不可！

「歴史総合，世界史探究」について

「歴史総合，世界史探究」の大問は５つで構成されています。

第1問………歴史総合(約９問)
歴史事象の内容や歴史的概念(がいねん)などを中心に出題
内容や因果関係を踏まえて問題を解く

第2～5問…世界史探究(約25問)
資料の読み取りなど「思考力・判断力」を試す出題
第５問は主題そのものを推測する出題

要check! **資料を読み取る力とスピードが重要！**

配点

歴史総合(第１問)：25点満点
世界史探究(第２～５問)：75点満点

要check! **歴史総合は、全体の1/4の配点を占めるので対策は必須！**

試験時間

社会１科目の場合：60分
社会２科目の場合：130分
(解答時間は120分、あいだの10分は答案回収などの時間)

要check! **資料を素早く丁寧(ていねい)に読み取る訓練をしないと、時間が足りなくなることがある**

対策のPOINT 語句ばかり覚えようとしないこと。具体的な語句よりも、できごとの内容や背景、ほかの歴史的事象との関係などが出題されやすい！

教科書に掲載されている語句をいきなり覚えようとするのではなく、そのできごとがどういう内容なのかを確認しましょう。また、**なぜそのようなできごとが起きたのか**、さらにその**結果や影響にも注目**しましょう。

対策のPOINT 重要なのは、各時代や地域の全体像を捉えること！　歴史の大きな展開を踏まえて因果関係や年代配列（年表問題）を出題してくることがある。

まずは、各単元の大きな歴史展開を優先的に把握(はあく)しましょう。また、他地域との関係性が深い王朝や国家を学ぶときは、**「○○と同時代のときに△△があった」という形でヨコのつながりを意識**してください。

対策のPOINT 資料読解に王道なし！　目の前にある資料や説明文をすべて丁寧に読み込んで、教科書で学んだ知識とリンクさせるべし！

各大問の設問導入文からはじまり、資料や説明文、生徒の会話文など目の前にあるすべての情報を丁寧に読み込むように意識しましょう。読み取れた情報と、教科書で学んだ知識を照らし合わせて考えるとよいでしょう。

SECTION別「分析」と「対策」

SECTION 1 で学ぶこと

古代文明の出現と地域ごとの特徴

古代オリエント世界は、地域ごとの歴史が頻出！　ごっちゃにならないように、地域ごとに流れを整理しよう。

1　メソポタミアとエジプト

メソポタミアは、開放的な地形をもつため多くの民族が興亡しつつ、合理的な統治体制がつくられます。一方、エジプトは、閉鎖的な地形をもつため、古代エジプト人の王国が展開します。

2　シリア・パレスチナ

フェニキア人は海上貿易に、アラム人は内陸貿易に従事します。一方、ヘブライ人は苦難の歴史のなかで、一神教のユダヤ教を生み出しました。

3　オリエントの統一

オリエントを初めて統一したアッシリアは、被征服民に高圧的な支配を行ったため、短期間で崩壊し、メディア・リディア・新バビロニア・エジプトの４王国が分立します。

文明ごとの特徴を問われることがあるので、地域を意識しながら各文明の特徴を押さえるべし！

□ 南アジアの文明

南アジアでは、インダス文明の崩壊後にアーリヤ人が進入します。アーリヤ人は、先住民を征服するなかで、バラモン教やヴァルナといった独自の宗教や観念にもとづく社会を形成していきます。

□ 東アジアの文明

東アジアでは、黄河や長江流域を中心に文明が成立しました。やがて、黄河流域の集落が連合して殷や周を形成します。しかし、春秋・戦国時代に大きな社会変化に直面します。

□ アメリカの文明

アメリカの文明には、鉄器や牛・馬などの大型家畜は存在しませんが、トウモロコシやジャガイモ栽培を中心に、各地で独自の農耕文明が形成されます。

SECTION 2 で学ぶこと

中央ユーラシアと東アジア世界

始皇帝と武帝の業績、魏晋南北朝の王朝変遷、唐の支配体制は頻出！　語句よりも、時代の概観を重視せよ！

1 秦・漢

秦の始皇帝の業績と前漢の武帝の業績を入れ替えた正誤問題は頻出です！　また、交易大国である後漢を学ぶ際は、「2世紀の世界」を意識しながら同時代のユーラシア各地の国家に注目しましょう。

2 魏晋南北朝

諸王朝が興亡するなか、九品中正や均田制など、のちの隋・唐に影響を与えた諸制度が登場します。また、儒教にかわって仏教や道教などの宗教が流行するようになります。

3 隋・唐

隋や唐では、政治の中心となった貴族が主体となって国際色豊かな文化が生まれます。唐代までに確立された支配体制や諸制度とともに、それらは周辺諸地域に大きな影響を及ぼします。

中央ユーラシアの騎馬遊牧民や、中国の諸制度は、中国王朝との組合せで出題されやすい！

□ 中央ユーラシアの騎馬遊牧民

匈奴（✕秦・漢）→鮮卑（✕後漢・魏）→柔然（✕北魏）→突厥（✕隋・唐初）→ウイグル（✕唐）。このように騎馬遊牧民の変遷と中国王朝をセットで覚えましょう。

□ 中国王朝の諸制度

郡県制（秦）、郡国制（漢）、九品中正（魏で開始）、均田制（北魏・北朝・隋・唐）。まずは組合せを覚えて、それぞれの制度の内容を理解するようにしましょう。

□ 中国王朝の文化

漢代の文化（儒学の興隆）、魏晋南北朝の文化（仏教や道教の流行）、唐の文化（貴族が担い手となる国際色豊かな文化）。このように、各時代を象徴する文化は、語句よりも時代の概観を優先的に理解しましょう。

SECTION 3 で学ぶこと

南アジア世界と東南アジア世界

南アジアで生まれた宗教の特徴や、北インドの諸王朝の変遷、インド古典文化は頻出！

ガンジス川流域に成立した都市国家間の交易活動や抗争によって、クシャトリヤやヴァイシャが台頭し、バラモン支配に対して不満が強まります。こうしたなか、誕生した新宗教が仏教やジャイナ教でした。

マウリヤ朝やクシャーナ朝では、国家が積極的に仏教を保護します。クシャーナ朝の時代には従来の仏教とは異なり、新しく大乗仏教が生まれたほか、仏教美術も発展しました。

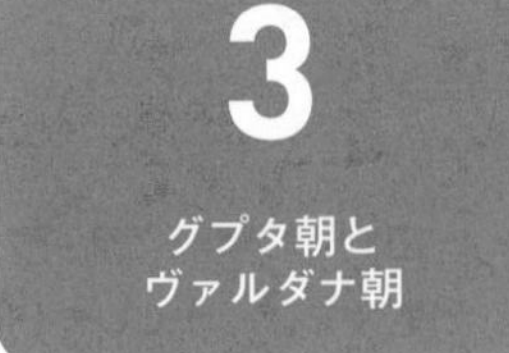

グプタ朝の時代には、純インド的な仏教美術やサンスクリット文学などのインド古典文化が開花しました。また、バラモン教に各地の民間信仰が融合したヒンドゥー教が社会に定着します。

東南アジアは、王朝とその位置（河川・半島・島など）の組合せや、おもに信仰された宗教が出題される！

□ ２世紀頃の東南アジア

２世紀頃、南アジア世界と東アジア世界を結ぶ交易は、マレー半島を陸路で横断するルートが主流でした。メコン川下流域やインドシナ半島の東部では、こうした交易の要衝として港市国家が繁栄します。

□ ７世紀頃の東南アジア

７世紀以降、マラッカ海峡を通過する交易ルートが主流になると、マラッカ海峡周辺のスマトラ島やジャワ島を中心に新しい港市国家が興隆します。

□ 東南アジアの宗教

東南アジアでは、南アジア世界から伝わった仏教やヒンドゥー教が浸透します。とくに、仏教は、インドシナ半島などの大陸部に上座部仏教が広まり、ジャワ・スマトラなどの諸島部に大乗仏教が浸透します。

SECTION 4 で学ぶこと

西アジア世界と地中海世界

アテネ民主政治とローマ身分闘争の展開、ギリシア文化とローマ文化の比較は頻出！

1
古代ギリシア・ヘレニズム

アテネでは平民の政治参加が進むなか、ペルシア戦争を経て民主政治が完成します。その後、ギリシア世界の混乱から台頭したマケドニアは、オリエント世界とギリシア世界を一つに統合した時代を築きます。

ローマでは、身分闘争を経て貴族と平民の法的な平等が実現しました。しかし、ポエニ戦争をはじめとする対外戦争によって、ローマ社会は変質し、やがて共和政から帝政へと移行していきます。

3

帝政ローマ・キリスト教の成立

ローマの帝政は、共和政の伝統を尊重する元首政(げんしゅせい)からはじまりますが、「3世紀の危機」を経て専制(せんせい)君主政へと移行します。また、皇帝はキリスト教を利用して皇帝権力の正統化を図ろうとします。

アケメネス朝とササン朝、それぞれの時代のできごとを入れ替えた正誤問題が頻出(ひんしゅつ)!

□ アケメネス朝の支配

広大な領土を整備したアケメネス朝の支配体制は、中央集権体制のモデルとして、広範囲な地域で模倣(もほう)されます。また、支配下の諸民族に対する寛容(かんよう)な支配は、アッシリアの支配とは対照的です。

□ パルティアとササン朝の繁栄

イラン高原を中心としたパルティアやササン朝は、「オアシスの道」による交易で繁栄します。そのため、両王朝を学ぶときは、この交易に関する情報を中心に整理しましょう。

□ ササン朝の文化

ササン朝で国教化されたゾロアスター教や、マニ教などの宗教、新たに誕生したササン朝美術は、東西交易によって東アジア世界や地中海世界に伝わり、各地の文化形成に大きな影響を及ぼします。

SECTION 5 で学ぶこと

イスラーム世界と中世ヨーロッパ世界の成立

6世紀のビザンツ帝国、フランク王国のカール大帝の業績、ノルマン人の大移動は頻出！

1 東西分裂後のローマ

ゲルマン人の大移動の影響を強く受けた西ローマ帝国が短期間で滅亡したのに対し、東ローマ（ビザンツ）帝国は1000年以上存続します。西ローマ帝国滅亡後の世界には、ゲルマン諸国家が乱立します。

2 フランク王国の台頭

アタナシウス派に改宗したクローヴィス、イスラーム勢力の侵入を防いだカール=マルテル、教皇に接近したピピン、そして、「西ローマ皇帝」として戴冠されたカール大帝など、フランク王国の歴史は人物に注目しましょう。

3 ノルマン人の移動

9世紀にフランク王国が3つに分裂するなか、ノルマン人が海上や河川を移動して各地に分散していきます。こうした第2次民族移動は、中世西ヨーロッパ社会の形成に多大な影響を及ぼしていきます。

イスラーム教の特徴や、アラブ帝国からイスラーム帝国への変遷は頻出！

□ ムハンマド時代

ムハンマドは、７世紀前半にイスラーム教を創始し、やがてアラビア半島をゆるやかに統一します。イスラーム教が生まれた背景や、その特徴を押さえ、イスラーム教がなぜ民衆に支持されたのかを理解しましょう。

□ 正統カリフ時代とウマイヤ朝

正統カリフ時代からウマイヤ朝にかけて征服戦争が積極的に行われ、イスラーム勢力は広大な領土を形成します。税などの面でアラブ人が優遇されたことから、これらの時代を「アラブ帝国」といいます。

□ アッバース朝

ムスリム（イスラーム教徒）の社会的な平等を実現したアッバース朝を「イスラーム帝国」といい、その支配は後世のイスラーム王朝に継承されます。しかし、10世紀にはブワイフ朝やファーティマ朝などのシーア派王朝の圧力を受け、アッバース朝カリフの権威は低下していきます。

SECTION 6 で学ぶこと

イスラーム世界の拡大

セルジューク朝時代のできごと、地域ごとの王朝のタテの変遷、イスラーム社会と文化は頻出！

1　西方イスラーム世界

「イベリア半島・マグリブ地方」では、後ウマイヤ朝・ムラービト朝・ムワッヒド朝・ナスル朝が興亡し、「エジプト」では、ファーティマ朝・アイユーブ朝・マムルーク朝が興亡します。

2　東方イスラーム世界

「中央アジア・西アジア」では、支配層がイラン系・トルコ系・モンゴル系と変遷することを踏まえましょう。また、「アフガニスタン・西北インド」では、ガズナ朝・ゴール朝・デリー=スルタン朝が興亡します。

3　イスラーム社会と文化

ムスリム商人の活動により、各地でイスラーム都市が発展し、スーフィー（神秘主義者）の布教活動も盛んになります。また、ギリシア世界や南アジア世界の知見がもたらされ、高度なイスラーム文化が繁栄します。

東南アジア・アフリカでイスラーム教を受容した王朝や国家と、その地図上の位置は頻出！

□ 東南アジアのイスラーム化

ムスリム商人が、マラッカ海峡を航行して南シナ海に進出するなか、海峡の周辺地域ではイスラーム教が浸透します。マレー半島のマラッカ王国を中心に、スマトラ島やジャワ島にもイスラーム教が浸透します。

□ アフリカのイスラーム化

ニジェール川流域には、ガーナ王国・マリ王国・ソンガイ王国が興亡します。一方、アフリカ東岸部では、アラビア語などの外来語の影響を受けてスワヒリ語が生まれます。

SECTION 7で学ぶこと

中世東西ヨーロッパ世界の動向

荘園における農奴の負担や教皇権の伸張、十字軍運動の影響、中世ヨーロッパの商業圏は頻出！

1 封建社会の成立

中世西ヨーロッパ世界では、領主が個人の土地や財産を守るために封建的主従関係をつくりあげました。また、領主の荘園で暮らす農奴には、様々な負担がのしかかりました。

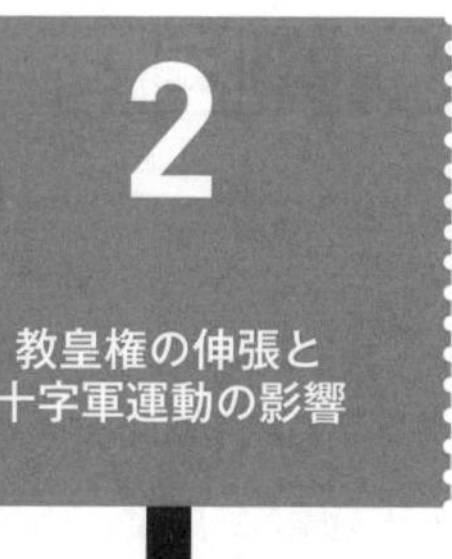

聖職叙任権をめぐる世俗君主と教皇の対立を経て、教皇権は絶頂期をむかえます。また、教皇の呼びかけによってはじまったおよそ200年にわたる十字軍運動は、中世西ヨーロッパ社会に大きな影響を及ぼしました。

中世都市は、自治権を獲得して領主の封建的な支配から自立しました。また、中世都市を主体とする遠隔地貿易により、地中海商業圏や北ヨーロッパ商業圏、内陸商業圏が形成されました。

東西教会の分裂、ビザンツ帝国の統治体制の転換、各地のスラヴ人が受容した宗教は頻出！

□ 東西教会の東西分裂

ゲルマン人への布教に際し、ローマ教会は聖像を使用しましたが、ビザンツ皇帝が聖像禁止令を出したことで東西教会の対立が顕著になりました。最終的には、東西教会が双方を破門するかたちで分裂しました。

□ ビザンツ帝国の衰退・滅亡

イスラーム勢力の圧迫を受け、ビザンツ帝国は11世紀に統治体制を転換して帝国の防衛につとめましたが、最終的にオスマン帝国によって征服されます。一方、文化においては、教会建築に代表されるビザンツ文化が開花しました。

□ スラヴ人と周辺諸民族

西スラヴ人やマジャール人はカトリックを、東スラヴ人やブルガール人はギリシア正教を受容します。一方、南スラヴ人の場合、クロアティア人はカトリックを受容しますが、セルビア人はギリシア正教を受容しました。

SECTION 8で学ぶこと

中世西ヨーロッパ世界の変容

イギリス・フランス両国の王権の推移やドイツ・イタリアの分権化は頻出！

1

中世のイギリス・フランス

当初、イギリスの王権は強く、フランスの王権は弱体的でしたが、その後、イギリスでは王権が制限され、フランスでは王権が強化されていきます。最終的に、15世紀末には両国ともに中央集権化が進みました。

2

中世のスペイン・ポルトガル

中世のイベリア半島では、カトリック勢力がイスラーム勢力を駆逐するレコンキスタ(国土回復運動)が展開されます。そして、この過程で誕生したスペインやポルトガルでは、中央集権化が進んでいきました。

3

中世のドイツ・イタリア・北欧３国

神聖ローマ帝国では諸侯の自立化が進み、イタリアでは北部を中心に都市国家が乱立するなど、両地域では分権化が進みました。また、北欧３国は同君連合によってバルト海貿易の利権を狙います。

14世紀は中世西ヨーロッパ世界の転換期。農民解放の動きと教皇権の失墜は頻出！

封建社会の崩壊

14世紀には、貨幣経済の発達にともなって農民解放が進展しました。また、ペスト（黒死病）の流行で農民人口が激減したことによる領主の農民に対する待遇改善、各地で発生した農民一揆などにより、領主層の没落が加速しました。

教皇権の失墜

14世紀に起きたアナーニ事件や「教皇のバビロン捕囚」、教会大分裂を通して教皇の権威は低下します。また、この時期には教皇や教会の批判が行われるなど、宗教改革の先駆的な動きが発生しました。

中世ヨーロッパ文化

イスラーム世界から中世西ヨーロッパ世界に伝わった様々な知見は、「12世紀ルネサンス」として現れ、その影響は神学や教会建築、大学や騎士道文学など多岐にわたってみられました。

SECTION 9で学ぶこと

東アジア世界の変質

王安石の新法、金と南宋の関係、大モンゴル国の形成過程と元の中国支配は頻出！

1 五代十国と北宋

唐の滅亡後、五代と総称される節度使らの短命な王朝が続きました。北宋は文治主義をとって皇帝独裁体制を築き、中国を統一します。一方で、膨大な官僚の維持費が北宋の財政を圧迫し、王安石は新法による改革を試みました。

2 金と南宋

金が北宋を滅ぼすと、宋の一族は南宋を建て、中国は金と南宋に二分されます。南宋では、金に対する和平派が主戦派を抑えて和議を結びました。

3 大モンゴル国とティムール朝

モンゴルは、ユーラシア大陸の大部分を統合した広大な領域を形成します。この時代には、人・モノの移動が活発化し、東西世界の交流が活況をむかえました。大モンゴル国の崩壊後は、中央アジアでティムールが台頭します。

北宋と同時期の東アジア世界、キタイや金の支配体制、宋代に興った朱子学は頻出！

□ 北宋と同時期の東アジア世界

朝鮮半島では高麗が興り、日本では鎌倉幕府が成立します。いずれの地域でも、文人を抑えて武人が政権を掌握しました。また、雲南では大理が勢力を拡大し、北ベトナムでは李朝が成立しました。

□ キタイ・西夏・金

キタイと金は、領内に居住する漢人などの農耕民を中国式の統治体制で支配したのに対し、遊牧民には部族制で支配する二重統治体制を実施します。漢化政策によって漢人への同化を試みた北魏とは対照的な支配です。

□ 宋代に興った新儒学

北宋では、哲学的な要素の強い宋学が誕生し、南宋の時代に朱熹（朱子）によって大成されたことから朱子学ともいいます。経典として、唐代までは五経が重視されましたが、朱子学は四書を重視します。

SECTION 10で学ぶこと

大交易時代と「世界の一体化」の到来

洪武帝の業績、永楽帝の南海諸国遠征、明代の社会経済と宋代の社会経済の入れ替え正誤問題は頻出！

1 洪武帝と永楽帝の時代

洪武帝の時代には、中央や地方の制度改革が行われ、皇帝独裁体制が確立されます。この時期の諸改革を押さえましょう。また、永楽帝期からの南海諸国遠征で、鄭和一行が訪れた地域を地図で確認しましょう。

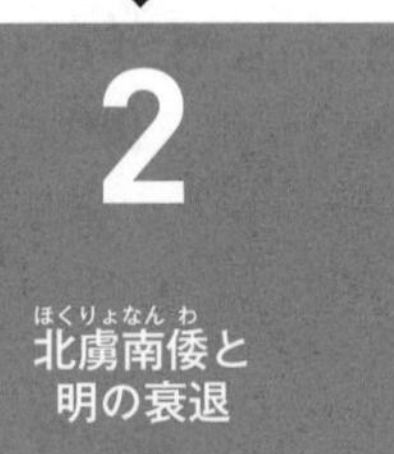

2 北虜南倭と明の衰退

明は北方からオイラトやモンゴル（タタール）の圧力を受け、中国東南の海岸部一帯では中国人商人を主体とする後期倭寇の活動が盛んになります。また、明は16世紀後半に海禁政策を緩和して民間貿易を容認しました。

3 明の社会経済

海禁政策の緩和にともない、ヨーロッパ商人との交易が盛んになると、中国には日本銀やメキシコ銀が流入しました。また、江南では商品作物の栽培が行われ、穀倉地帯は長江中流域へと移動しました。

ポルトガルのインド航路開拓やスペインのラテンアメリカ進出、ヨーロッパ諸国の海洋進出がもたらした影響は頻出！

□ ポルトガルの海洋進出

ポルトガルは、アフリカを廻航してインドに至る航路を開拓しました。また、インドのゴアに総督府を置き、東南アジアや中国に進出して交易圏を拡大し、香辛料貿易や日中中継貿易によって繁栄しました。

□「新世界」の発見とスペインの支配

スペインは、おもにラテンアメリカへの進出を本格化して、その大部分を植民地としました。植民地で、ヨーロッパからもたらされた伝染病によって先住民の人口が激減すると、西アフリカから黒人奴隷がもたらされました。

□ 新旧両世界への影響

ヨーロッパ諸国が中心となって、南北アメリカ大陸やアジア・アフリカ世界をつなぐ「世界の一体化」が促進されるなか、「新世界」と「旧世界」では経済や社会において様々な変化がみられるようになります。

SECTION 11で学ぶこと

ユーラシア諸帝国の繁栄

康熙帝・雍正帝・乾隆帝の業績、清の中国支配の特徴、清の社会経済、清と朝鮮王朝の関係は頻出！

1

清の中国支配と反清運動

明の滅亡後、満洲人国家の清が中国を支配し、協力的だった漢人武将を藩王に任命しました。一方で、「反清復明」を掲げる鄭成功ら、清の支配に抵抗する勢力が登場しました。

2

康熙帝・雍正帝・乾隆帝

康熙帝から乾隆帝までのおよそ130年間は、清の安定と繁栄の時期で、現在の中国に相当する広大な領土が形成されました。康熙帝・雍正帝・乾隆帝の業績を、それぞれ分けて整理しましょう。

3

清の社会経済・清と朝鮮王朝の関係

清の地丁銀制は、人口増加の一因となり、18世紀末までに清の人口は3億人に達しました。また、朝鮮王朝は満洲人国家の清を「夷狄」とみなし、みずからが中華文明の継承者であると主張するようになります。

オスマン帝国・サファヴィー朝・ムガル帝国は、主要な皇帝とその業績が頻出！

□ オスマン帝国

メフメト2世はビザンツ帝国を滅ぼし、セリム1世はマムルーク朝を滅ぼしてシリア・エジプトを征服します。そして、スレイマン1世の時代にオスマン帝国は最大領土を形成し、また、地中海の制海権を掌握します。

□ サファヴィー朝

アッバース1世の時代に全盛期をむかえ、都となったイスファハーンは東西交易の要衝として繁栄します。なかでも、イラン産のペルシア絨毯と絹糸はヨーロッパに輸出され、高値で取り引きされました。

□ ムガル帝国

アクバルは、人頭税（ジズヤ）を廃止して多数派のヒンドゥー教徒への懐柔策をとりました。一方、アウラングゼーブは人頭税を復活させ、また、ヒンドゥー教徒やシク教徒を弾圧しました。

SECTION 12 で学ぶこと

近世ヨーロッパ世界の展開

ルネサンス期のできごとの年代配列、宗教改革とカトリック改革、西欧と東欧の君主政の比較は頻出！

1 ルネサンスと宗教改革	ルネサンスは、キリスト教的な価値観から脱却し、人間中心の価値観を肯定的に捉えました。また、宗教改革は、キリスト教をヨーロッパ諸国の海洋進出により変化する社会に対応したかたちにかえていきます。

スペイン・イギリス・フランスは、君主名に注目しながらそれぞれのできごとを押さえましょう。また、プロイセン・オーストリア・ロシアで登場した啓蒙専制君主が、どういう支配を行ったのかを整理しよう。

3

イギリスの立憲君主政

17世紀のイギリスでは、ステュアート朝の国王と議会の対立が深まり、ピューリタン革命と名誉革命が発生します。これらの背景や経緯・結果を押さえ、イギリスで生まれた議院内閣制について理解しましょう。

17世紀のオランダの海洋進出、イギリス・フランスがインド・北米に建設した拠点、大西洋三角貿易は頻出！

□ オランダの海洋進出

オランダは、東インド会社が中心となり、17世紀前半までにアジアや北米に進出しました。また、オランダは、交易の拠点となる地に植民地を建設し、香辛料貿易や中継貿易などで繁栄します。

□ イギリスのインド・北米進出

イギリスは、アンボイナ事件でオランダに敗れると、インド経営に比重を置き、各地に拠点を確保します。また、北米に13植民地を建設しましたが、同じようにインド・北米進出をもくろむフランスと対立します。

□ フランスのインド・北米進出

フランスは、インド・北米に進出してイギリスと対立します。すると、両国は、ヨーロッパで起きた戦いに便乗して互いに敵国同士の関係となり、植民地での争奪戦を展開しました。

SECTION 13 で学ぶこと

環大西洋革命

イギリス産業革命の背景と影響、アメリカ独立宣言、国民議会と国民公会、フランスの人権宣言は頻出！

1 イギリス産業革命

イギリスでは、資本・市場・工場労働力の3つが揃ったことが一因となり、産業革命が本格的にはじまりました。しかし、産業革命は都市への人口集中や労働問題、社会問題などの弊害を生み出しました。

↓

2 アメリカ独立革命

七年戦争後、財政難に苦しむイギリスは、13植民地への課税を強化しようと画策しましたが、13植民地は反発します。その後起きた独立戦争に13植民地は勝利し、アメリカ合衆国として独立を達成しました。

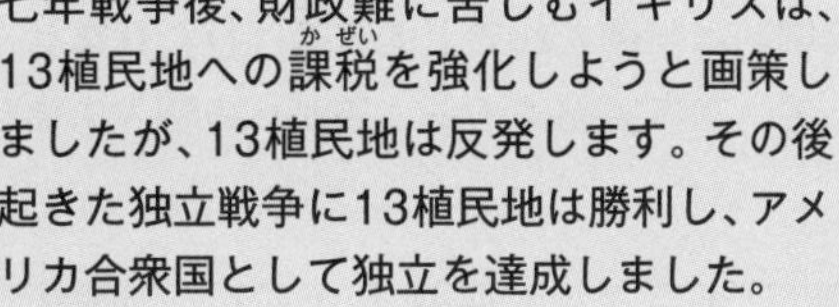

↓

3 フランス革命とナポレオン時代

「国民議会」→「立法議会」→「国民公会」→「総裁政府」→「統領政府」→「第一帝政」という流れを押さえたうえで、それぞれの時代に起こったできごとを整理しましょう。

ハイチ革命の影響、ラテンアメリカ諸国の独立の担い手、独立後の政治・経済状況は頻出！

□ ハイチの独立

ハイチの黒人奴隷がフランス支配に対して蜂起すると、19世紀初めに独立を達成して世界初の黒人共和国となりました。ハイチの独立は、イギリスの奴隷制廃止に影響を与えました。

□ 一般的なラテンアメリカ諸国の独立

ハイチとは異なり、ラテンアメリカ諸国の一般的な独立の担い手は、植民地生まれの白人であるクリオーリョです。また、イギリスやアメリカが独立に好意的であったため、ラテンアメリカ植民地の多くが独立を達成しました。

□ 独立後の政治・経済状況

独立の主体となったクリオーリョの多くは地主でした。そのため、独立後も大農園制は継続されて土地改革は行われません。結果、経済はモノカルチャー化して、工業製品はイギリスからの輸入に頼らざるをえませんでした。

SECTION 14で学ぶこと

19世紀の欧米諸国～国民国家の形成を目指して～

フランス七月革命・二月革命とそれらの影響、クリミア戦争とロシア=トルコ戦争、アメリカ南北の対立は頻出！

1 ウィーン体制の成立と崩壊

ウィーン体制は、正統主義と勢力均衡を原則とし、自由主義とナショナリズムの抑圧を目指しました。しかし、二月革命とその影響（1848年革命）や、クリミア戦争を通じてウィーン体制は消滅します。

2

19世紀後半における ヨーロッパ諸国の再編

イタリアとドイツでは国家統一事業が進展し、ロシアでは近代化に向けた改革が行われます。また、イギリスでは選挙権が拡大し、フランスでは第二帝政下で工業化が大いに進展しました。

3

19世紀の アメリカ合衆国

アメリカは、19世紀前半に経済的な独立を達成し、白人男性普通選挙制を実現しました。また、奴隷制をめぐる南北の対立が激化しますが、南北戦争を経て奴隷制を廃止します。そして、アメリカは工業大国へと成長します。

各地の自由主義運動の展開、イギリスの自由主義改革は頻出！　文化は、ロマン主義を優先的に押さえよう。

□ 社会主義思想

産業革命にともなう格差の拡大や労働問題を背景に、19世紀のヨーロッパでは、格差を是正して平等な社会の実現を目指そうとする社会主義思想が生まれました。

□ 19世紀の欧米文化

19世紀の欧米諸国では、国民意識の形成にあたって、それぞれの地域や民族の固有な言語や歴史文化を見直すことで、民族の精神や起源を見出そうとするロマン主義が文学や絵画、音楽などの幅広い分野で盛んになりました。

SECTION 15で学ぶこと

アジア諸地域の動揺

欧米諸国による植民地化の過程やアジア諸地域でみられた反応（反乱や国内改革など）は頻出！

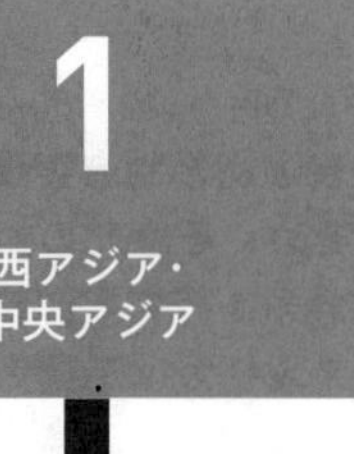

オスマン帝国やその宗主権下にあるエジプトなどは、イギリス・フランスをはじめとするヨーロッパ諸国の経済的な支配を受けます。また、イランや中央アジアには南下政策を狙うロシアが進出しました。

2

南アジア・
東南アジア

インドでは、イギリスによる植民地支配が進み、東南アジアでは、イギリス・フランス・オランダなどの進出がみられます。一方、タイは、東南アジアで唯一独立を維持しました。

3

東アジア

中国（清）は、アヘン戦争に敗北して以降、不平等条約を通じて欧米諸国の干渉を受けます。一方、日本では江戸幕府が倒れて新たに明治政府が発足し、近代国家への移行が目指され、対外的には朝鮮半島への進出を開始します。

タンジマートとミドハト憲法、インド大反乱の背景とその結果、清の洋務運動は頻出！

オスマン帝国の改革

オスマン帝国では、欧米諸国のような国家体制への移行を目指してタンジマートが行われ、帝国内の人びとを「オスマン人」という国民意識のもとで統合しようとし、19世紀後半にはミドハト憲法が制定されました。

インドの植民地化

イギリス東インド会社は、征服戦争を展開し、また徴税制度などを実施してインドの植民地化を進めました。しかし、こうした支配に各層の不満は高まり、インド大反乱が発生します。この反乱を経て、インド支配は東インド会社からイギリス本国へと移行しました。

清の動向

対外的には「アヘン戦争」→「不平等条約の締結」→「第２次アヘン（アロー）戦争」、国内では「太平天国の乱」という危機にみまわれた清では、西洋諸国の軍事・産業技術を導入する近代化改革（洋務運動）が行われました。

SECTION 16で学ぶこと

帝国主義の時代とアジアの民族運動

欧米諸国の社会主義運動、日露戦争とその影響、清末から辛亥革命までの中国国内の動きは頻出！

1 帝国主義時代の欧米諸国の動向

第２次産業革命と、1870年代以降の世界的な不況は、欧米諸国の経済体制を大きく転換させました。植民地を求めて対外膨張の気運が高まるなか、国内では労働運動や社会主義運動が高揚します。

2 清末から辛亥革命期の中国

「日清戦争」→「列強の経済進出」・「変法」→「義和団戦争」→「光緒新政」と「革命派の台頭」→「辛亥革命」→「袁世凱の独裁」という流れを押さえたうえで、それぞれの具体的な展開を整理しましょう。

3 アジア諸地域の民族運動

アジア諸地域では、19世紀後半から20世紀初頭にかけて、一部の知識人を主体とした民族運動が展開されます。なかでも、日露戦争における日本の勝利は、アジア各地の立憲運動に大きな影響を及ぼしました。

アフリカ分割やメキシコにおける民主化の展開、三国協商成立までの経緯は頻出！

□ アフリカ分割とオセアニア分割

アフリカ分割は、イギリスとフランスの動きを中心に整理しましょう。また、オセアニアはドイツの支配下に置かれた地域を大まかに押さえましょう。

□ メキシコ史

ラテンアメリカ諸国の多くは、軍部の独裁体制下にあり、経済的には欧米諸国に従属していましたが、メキシコでは、19世紀後半から20世紀前半にかけて民主化が進展しました。

□ 列強の二極化

ドイツの「世界政策」に対抗した、フランス・ロシア・イギリスは、個別に協力関係を築きあげ、三国協商を形成します。この間、ロシアの極東進出を警戒した日本は、日英同盟を締結してイギリスに接近しました。

SECTION 17 で学ぶこと

第一次世界大戦と戦後の世界（1920年代中心）

総力戦とその影響、ロシア二月革命と十月革命の結果、ヴェルサイユ体制の特徴、1920年代のアメリカは頻出！

1

第一次世界大戦とロシア革命

第一次世界大戦は史上初となる総力戦となり、交戦国では労働力不足を補うために女性が工場労働力となりました。一方、ロシアでは、1917年に２度にわたって起きた革命を経て、社会主義政権が発足します。

2

ヴェルサイユ体制と国際協調主義

大戦後には、ヴェルサイユ体制というヨーロッパの国際秩序が形成されたほか、国際連盟が発足して集団安全保障体制がとられました。また、1920年代には国際協調の気運が高まり、平和の維持と軍縮が進展しました。

3

1920年代の欧米諸国の動向

アメリカは、大戦を通じて債務国から債権国へと躍進し、空前の繁栄期をむかえました。一方、ヴェルサイユ体制に不満をもつイタリアではファシズムが生まれ、ドイツは賠償問題や大インフレに苦しみました。

トルコの世俗（せぞく）主義、イギリス・フランスの委任統治（いにんとうち）、アジア各地の大衆的民族運動は頻出！

戦間期の西アジア

トルコ共和国は政教分離による国家の世俗化を目指しますが、アラビア半島ではイスラーム教を国教とする国家が成立しました。また、旧オスマン帝国領の多くは、イギリス・フランスの委任統治下に置かれました。

戦間期の南アジア・東南アジア

ガンディーの非暴力・不服従運動は、大衆運動へと発展し、イギリスは対応に苦慮しました。また、東南アジア各地では、民族運動に社会主義運動が合流し、宗主国（そうしゅこく）に対する独立闘争が過熱していきます。

戦間期の東アジア

朝鮮や中国では、大戦後に日本支配に対する大衆運動が展開されました。しかし、中国の場合、国民党と共産党の対立によって内戦が発生し、日本は大陸進出を画策して満洲（まんしゅう）における利権の拡大を狙うようになります。

SECTION 18 で学ぶこと

世界恐慌から第二次世界大戦へ

世界恐慌における各国の対応、ファシズムの特徴、ドイツ・日本の侵略、第二次世界大戦中の独ソ関係は頻出！

1

世界恐慌とブロック経済

アメリカで発生した金融危機が各国に波及して、世界恐慌が到来しました。アメリカ・イギリス・フランスは、植民地や従属地域とのあいだに特恵関税をもうける排他的なブロック経済を採用しました。

2

ドイツと日本の対外膨張

ドイツはヒトラー政権の発足後、軍事力の増強につとめ、日本では軍部が中国大陸への進出を本格化して日中戦争を開始します。また、ドイツは「民族自決」を利用して領土を拡大しました。

3

第二次世界大戦

ヨーロッパ戦線は、独ソ戦開始前後の両国の関係を、アジア・太平洋戦線は、太平洋戦争開始前後の日本の動向を押さえましょう。また、ドイツ・日本の支配に対する抵抗運動を整理しましょう。

第二次世界大戦中のおもな会談と参加国、戦後の新しい国際秩序（ちつじょ）の特徴は頻出！

□ 第二次世界大戦中のおもな会談

大西洋上会談、カイロ会談、テヘラン会談、ヤルタ会談、ポツダム会談の参加国に注目しましょう！　また、各会談の内容は、詳細な情報よりも、その大枠をざっくりと押さえておきましょう。

□ 国際連合

国際連合の特徴を、国際連盟と比較して、「総会の議決」・「設立当初の参加国」・「制裁（せいさい）規定の有無」を押さえましょう。また、安全保障理事会の常任理事国がもつ権限にも注目しましょう。

□ 第二次世界大戦後の経済秩序

大戦後の新しい国際経済秩序として、アメリカを中心とするブレトン=ウッズ（国際経済）体制が形成されました。また、ブロック経済を反省し、各国の自由貿易を促すガット(GATT)が組織されました。

SECTION 19 で学ぶこと

冷戦の時代

米ソ両陣営の形成、1950年代後半の米ソ関係、キューバ危機、ド=ゴール外交、ゴルバチョフの諸政策は頻出！

1
冷戦（れいせん）の開始・「雪どけ」

1945～1955年頃までに、アメリカとソ連は自陣営を強化して対立を深めました。しかし、ソ連でフルシチョフが指導者になると、1950年代後半には冷戦対立が緩和（かんわ）されました。

2

キューバ危機・冷戦構造の変化

1960年代前半、米ソ間での対立が再び激化し、キューバ危機では両国による核戦争の危機が発生しました。一方で、第三世界の台頭や、フランスのド=ゴール外交、中ソ対立の激化により、冷戦の構造は大きく変化します。

3

緊張緩和・「第２次冷戦」

1970年代には、ヨーロッパを中心に緊張緩和の気運が高まりましたが、70年代末に米ソは「第２次冷戦」に突入しました。しかし、1985年にゴルバチョフがソ連の指導者になると、米ソ関係は再び改善されていきました。

朝鮮戦争とインドシナ戦争、第五福竜丸事件や1960年代のベトナム戦争は頻出！

□ アジアにおける米ソの代理戦争

中国では国民党と共産党の内戦が再開され、朝鮮では北朝鮮と韓国が軍事衝突を引き起こします。また、ベトナムでは、ベトナム民主共和国とフランスとのあいだでインドシナ戦争が勃発しました。

□ 核開発や反核運動・核軍縮

世界初の核保有国となったアメリカに対し、冷戦の開始期にはソ連も核の保有に成功します。以後、核保有国が拡大する一方で、1960年代から70年代には米ソが中心となって核軍縮の動きがみられました。

□ ベトナム戦争

アメリカは、北ベトナム爆撃(ばくげき)を行い、ベトナム戦争に本格的に介入しました。しかし、戦争は泥沼化(どろぬまか)してアメリカ財政を逼迫(ひっぱく)させ、また、世界各地にベトナム反戦運動が拡大し、アメリカは国際的な威信を低下させました。

SECTION 20 で学ぶこと

第二次世界大戦後の重要テーマと地域史

4次にわたる中東(ちゅうとう)戦争とその結果、アラブ民族主義の高揚(こうよう)、石油戦略とその影響、中東和平の展開は頻出！

1 パレスチナ分割案とパレスチナ戦争

国連のパレスチナ分割案は、少数派のユダヤ人に有利な内容となりました。ユダヤ人がイスラエルを建国したのに対し、アラブ諸国は反発して第１次中東戦争が勃発し、多くのパレスチナ難民が発生します。

2 スエズ戦争・第３次中東戦争

スエズ戦争は、結果的にエジプトの勝利となり、アラブ民族主義が高まりました。しかし、イスラエルは、これを警戒して第３次中東戦争を引き起こし、占領地を拡大していきます。

3 第４次中東戦争と中東和平の行方(ゆくえ)

第４次中東戦争では石油戦略が発動され、親イスラエル国は石油危機にみまわれました。その後、1970年代後半から90年代初頭にかけて、中東和平が進展したかのようにみえました。

EUの成立、プロレタリア文化大革命、天安門事件は頻出！　国際社会における日本の立場を押さえることも重要。

□ヨーロッパ統合と20世紀の国際経済

ECSC・EEC・EURATOMが統合されてECとなり、1970年代以降はEC加盟国が拡大し、EUへと発展しました。一方、ブレトン=ウッズ（国際経済）体制の崩壊、南北問題、南南問題など、国際経済は様々な課題を抱えます。

□第二次世界大戦後の中国と日本

中国は、「毛沢東」→「劉少奇」→「毛沢東（プロレタリア文化大革命）」→「鄧小平」→「現在」という流れと各時代のできごとを押さえましょう。また、日本の戦後の歩みは、経済成長やアメリカとの関係に注目しましょう。

□地球環境問題

現在、私たちが抱える世界的な問題の一つが地球環境問題です。「地球サミット」・「京都議定書」・「パリ協定」で目標に掲げられたことを押さえましょう。

きめる!
KIMERU SERIES
読むだけで点数アップ!
文化史マスター集

ギリシア文化をマスターせよ！

	人物名・事項名	特　徴
宗教	オリンポス12神	ギリシア神話の神々☞ゼウスを主神とする
文学・演劇	ホメロス	『イリアス』・『オデュッセイア』 ☞トロイア戦争を題材とする
	ヘシオドス	『労働と日々』・『神統記』
	サッフォー	女性の叙情詩人
	アイスキュロス	三大悲劇詩人の一人／『アガメムノン』
	ソフォクレス	三大悲劇詩人の一人／『オイディプス王』
	エウリピデス	三大悲劇詩人の一人／『メデイア』
	アリストファネス	喜劇／『女の平和』(ペロポネソス戦争反戦劇)
歴史	ヘロドトス	『歴史』（ペルシア戦争を物語的に叙述）
	トゥキディデス	『歴史』（ペロポネソス戦争を科学的に叙述）
哲学	イオニア自然哲学	タレス：万物の根源を「水」とする ピタゴラス：万物の根源を「数」とする デモクリトス：万物の根源を「原子」とする
	ソフィスト	弁論術の教師／相対的・主観的な価値観を重視 ☞プロタゴラス：「万物の尺度は人間」
	ソクラテス	普遍的・客観的な真理の存在を主張
	プラトン	ソクラテスの弟子／イデア論を主張 ☞哲人政治を理想とし、民主政治に懐疑的
	アリストテレス	プラトンの弟子／諸学を体系的・網羅的に集大成
医学	ヒッポクラテス	科学的な医療措置を実践／「西洋医学の祖」
芸術	パルテノン神殿	アテネのアクロポリスに建てられた神殿 ☞フェイディアスが再建工事に携わる
	「アテナ女神像」	フェイディアスの作品☞現存せず

ヘレニズム文化をマスターせよ！

	人物名・事項名	特　徴
哲学	ゼノン	ストア派を創始☞**禁欲**による心の平穏を重視
哲学	エピクロス	エピクロス派を創始☞**精神的快楽**を追求
自然科学	ムセイオン：エジプトのアレクサンドリアに建設された王立研究所	
自然科学	エウクレイデス	平面幾何学を集大成／『幾何学原本』を著す
自然科学	アルキメデス	浮力の原理やてこの原理などを発見
自然科学	エラトステネス	地球を球形とし、その外周（子午線）を測定
自然科学	アリスタルコス	太陽中心説（地動説）を主張
芸術	「ミロのヴィーナス」・**「ラオコーン」**など	

ローマ文化をマスターせよ！

	人物名・事項名	特　徴
ラテン文学	ウェルギリウス	『アエネイス』（ローマ建国の伝説をうたう）
ラテン文学	**ホラティウス**	『叙情詩集』
ラテン文学	**オウィディウス**	『転身譜』
ラテン文学	カエサル	『ガリア戦記』☞ゲルマン人研究の重要史料
ラテン文学	キケロ	共和政を擁護して**カエサルと対立**／**『国家論』**
歴史	ポリビオス	ポエニ戦争に参加☞アテネとローマの歴史を比較
歴史	リウィウス	『ローマ史』（『ローマ建国以来の歴史』）
歴史	タキトゥス	『ゲルマニア』☞ゲルマン社会を知る重要史料
歴史	プルタルコス	『対比列伝』（『英雄伝』）
自然科学	ストラボン	『地理誌』
自然科学	**プリニウス**	『博物誌』
自然科学	プトレマイオス	天動説（地球中心説）を主張 ☞中世ヨーロッパのカトリック教会が正式に採用
哲学	**ストア派**	セネカ：ネロ帝の師 **エピクテトス**：解放奴隷となったギリシア人 マルクス=アウレリウス=アントニヌス帝：『自省録』

暦	ユリウス暦	カエサルがエジプトの太陽暦を採用 ☞16世紀末頃に教皇が**グレゴリウス暦**を制定
法律	**市民法**	ローマ市民に適用される法☞十二表法など
	万民法	**すべての人間に対して適用**される法 ☞『ローマ法大全』（ビザンツ帝国の時代に編纂）
土木・建築	浴場	冷・温の浴室や図書館、運動場などを備えた施設
	凱旋門	コンスタンティヌス帝のものが有名
	コロッセウム	剣闘士（剣奴）の試合などが開催された
	フォロ=ロマーノ	ローマ人の生活の場であった広場の遺跡
	アッピア街道	ローマから南にのびた、ローマ最古の軍道
	ガール水道橋	南フランスに残る石造の水道橋

中世ヨーロッパ文化をマスターせよ！

	人物名・事項名	特　徴
スコラ学	**アンセルムス**	実在論：神や普遍は事物に先立って存在する
	アベラール	唯名論：普遍的なものは実在せず☞理性を重視
	トマス=アクィナス	**スコラ学を大成**／『神学大全』を著す
	ウィリアム=オブ=オッカム	唯名論を支持☞理性と信仰を分離
	ロジャー=ベーコン	イスラーム科学の影響☞実験と観察を重視
大学	ボローニャ大学	北イタリア／法学／ヨーロッパ最古の大学の一つ
	サレルノ大学	南イタリア／医学
	パリ大学	フランス／神学
	オクスフォード大学	イギリス／神学
教会建築	ビザンツ様式	**ドーム**とモザイク壁画が特徴 ☞ハギア=ソフィア聖堂／**サン=ヴィターレ聖堂**
	ロマネスク様式	石造天井を支える**厚い壁と小さな窓**が特徴 ☞**ピサ大聖堂**
	ゴシック様式	**高い塔**と尖頭アーチやステンドグラスが特徴 ☞ケルン大聖堂・シャルトル大聖堂・ ノートルダム大聖堂
文学	騎士道文学：口語の宮廷文学☞吟遊詩人（トゥルバドゥール）がうたう ☞『ローランの歌』・『ニーベルンゲンの歌』・『アーサー王物語』など	

ルネサンスをマスターせよ！

●イタリア=ルネサンス

	人物名	おもな作品や文化的事績など
文学	ダンテ	ルネサンスの先駆者 『神曲』☞ラテン語ではなくトスカナ語で記述
	ペトラルカ	**『叙情詩集』**／ラテン語古典の研究に専念
	ボッカチオ	『デカメロン』☞ペスト流行中のフィレンツェを題材
絵画・彫刻	ジョット	「聖フランチェスコの生涯」／ルネサンス絵画の先駆
	ボッティチェリ	「ヴィーナスの誕生」・「春（プリマヴェーラ）」
	レオナルド=ダ=ヴィンチ	「万能人」と称される☞人間の理想像とされる 「モナ=リザ」・「最後の晩餐」
	ミケランジェロ	**「最後の審判」**・「天地創造」・**「ダヴィデ像」**
	ラファエロ	多くの聖母子像を描く／「アテネの学堂」
建築	ブルネレスキ	**サンタ=マリア大聖堂**のドーム（大円蓋）を設計
	ブラマンテ	サン=ピエトロ大聖堂の改築の最初の設計者

●北方ルネサンス

	人物名	おもな作品や文化的事績など
ネーデルラント	エラスムス	『愚神礼賛』 ☞堕落したカトリック教会を批判
	ファン=アイク兄弟	油絵技法を確立
	ブリューゲル	「農民の踊り」☞農民の生活を写実的に描く
フランス	ラブレー	『ガルガンチュアとパンタグリュエルの物語』
	モンテーニュ	**『エセー（随想録）』**／ユグノー戦争の調停
ドイツ	デューラー	「四人の使徒」などの宗教画を残す
	ホルバイン	「ヘンリ８世像」・**「エラスムス像」**
イギリス	**チョーサー**	**『カンタベリ物語』**／14世紀に活躍
	トマス=モア	『ユートピア』☞第１次囲い込みを批判
	シェークスピア	悲劇**『ハムレット』**など／エリザベス１世期
スペイン	セルバンテス	『ドン=キホーテ』／レパントの海戦で負傷

17・18世紀ヨーロッパ文化をマスターせよ！

●自然科学・哲学

	人物名	おもな作品や文化的事績など
自然科学	ガリレイ	地動説を主張☞宗教裁判にかけられ自説を撤回
	ケプラー	惑星運行の法則を提唱☞地動説を理論的に証明
	ニュートン	**万有引力の法則**を発見☞『プリンキピア』著
	ラヴォワジェ	燃焼を理論化し、質量保存の法則を発見
	ハーヴェー	血液循環説を提唱
	ジェンナー	**種痘法**を開発☞天然痘の予防接種へ
哲学	フランシス=ベーコン	帰納法的な思考方法で実験と観察を重視
	デカルト	『**方法叙説**』／「われ思う、ゆえにわれあり」 数学的な論証によって真理を導く（演繹法）
	パスカル	『**パンセ（瞑想録）**』／「人間は考える葦である」
	カント	理性を軸に、経験論と合理論を総合
自然法	グロティウス	『戦争と平和の法』：三十年戦争を受けて執筆 『**海洋自由論**』：公海自由の原則を説く

●政治思想・経済

	人物名	おもな作品や文化的事績など
啓蒙思想	モンテスキュー	『法の精神』☞独裁防止のために**三権分立**を説く イギリス政治を理想とし、暗にフランスを批判
	ヴォルテール	『**哲学書簡**』☞カトリック教会を批判 フリードリヒ２世やエカチェリーナ2世と交流
社会契約説	ホッブズ	『**リヴァイアサン**』☞「万人の万人に対する闘い」 人間は自然権を政府にすべて委譲していると主張
	ロック	『統治二論』☞抵抗権を主張し、名誉革命を正当化 人間は自然権の一部を政府に委託しているだけと主張
	ルソー	自由や平等、人民主権を主張☞フランス革命に影響 『**人間不平等起源論**』、『社会契約論』などを執筆

経済	ケネー	**重農主義**の祖：農業を重視して重商主義を批判 ☞自由放任主義（「**なすに任せよ**」）を説く
	テュルゴ	フランス王ルイ16世のもとで財務総監をつとめる
	アダム=スミス	『諸国民の富（国富論）』／古典派経済学を創始 ☞「見えざる手」による市場経済の自然調和を説く

●文学・美術・音楽

	ジャンル	特徴や代表的な人物など
文学	ピューリタン文学	ミルトン：『失楽園』／バンヤン：『天路歴程』
	風刺文学	**デフォー**：『ロビンソン=クルーソー』 スウィフト：『ガリヴァー旅行記』
	古典主義	悲劇：コルネイユ・ラシーヌ ｝フランス王ルイ14世の時代 喜劇：モリエール
美術	バロック様式 （17～18世紀）	特徴：**カトリック改革**を契機に誕生☞躍動的で劇的 建築：ヴェルサイユ宮殿（フランス） 画家：ベラスケス・**エル=グレコ**（スペイン） **ルーベンス**（フランドル） レンブラント（オランダ）：「**夜警**」
	ロココ様式 （18世紀）	特徴：繊細・華麗・軽快さ・明るい色彩 建築：サンスーシ宮殿（プロイセン） 画家：**ワトー**（フランス）
音楽	バロック音楽	バッハ（ドイツ）：「近代音楽の創始者」
	古典派音楽	モーツァルト（オーストリア）：古典派音楽を確立

19世紀欧米文化をマスターせよ！

●文学

	作　家	国　名	おもな作品や事績
古典主義	ゲーテ	ドイツ	**『ファウスト』**
ロマン主義	グリム兄弟	ドイツ	『童話集』・『ドイツ語辞典』
	ハイネ	ドイツ	『歌の本』／七月革命に共感
	ヴィクトル=ユゴー（「国民的詩人」）	フランス	『レ=ミゼラブル』 ルイ=ナポレオンの独裁に反対
写実主義	スタンダール	フランス	**『赤と黒』**
	バルザック	フランス	『人間喜劇』（約90編の短編小説）
	ドストエフスキー	ロシア	**『罪と罰』**
	トルストイ	ロシア	『戦争と平和』
自然主義	ゾラ	フランス	『居酒屋』／ドレフュスを擁護
	イプセン（「近代劇の父」）	ノルウェー	『人形の家』☞女性解放劇

●美術・音楽

	ジャンル	代表的な人物や作品など
美術	古典主義絵画	ダヴィド：「ナポレオンの戴冠式（たいかんしき）」
	ロマン主義絵画	ドラクロワ：「民衆を導く自由の女神」 ☞七月革命を題材
	自然主義絵画	ミレー：「落（お）ち穂（ぼ）拾い」・「晩鐘（ばんしょう）」
	写実主義絵画	クールベ：「石割り」／パリ=コミューンに参加
	印象派	モネ：「印象・日の出」・「睡蓮（すいれん）」（晩年の連作） ルノワール：「ムーラン=ド=ラ=ギャレット」
	ポスト印象派	**セザンヌ**：「サント=ヴィクトワール山」 **ゴーガン**：「タヒチの女たち」☞原始的な美の追求 ゴッホ：「ひまわり」・「自画像」
	近代彫刻	ロダン：「考える人」
音楽	古典派音楽	ベートーヴェン☞古典派音楽を大成
	ロマン主義音楽	シューベルト：オーストリア出身 ショパン：ポーランド出身 ヴァーグナー：「ニーベルングの指輪」

●哲学・社会科学／探検

	人物名	おもな作品や文化的事績など
哲学	カント	ドイツ観念論哲学を創始 批判哲学：理性を吟味（ぎんみ）し、検討する手法
	ヘーゲル	ドイツ観念論哲学を大成☞弁証法哲学を提唱
	マルクス	史的唯物論を確立☞社会の構造と発展を分析
	ベンサム	**功利主義**：人生の目的は利益と幸福を得ること ☞**「最大多数の最大幸福」**
	ジョン=ステュアート=ミル	功利主義を修正☞**幸福の質を重視** 女性の参政権を提唱
	ニーチェ	「神は死んだ」☞無神論的実存主義を展開
経済学・歴史学	マルサス	『人口論』☞人口抑制の必要性を説く
	リカード	**古典派経済学を確立**
	リスト	保護関税（かんぜい）政策を主張 ☞**ドイツ関税同盟の結成**に貢献（こうけん）
	ランケ	史料批判にもとづく**近代歴史学**の基礎を確立
探検家	クック	オーストラリアなどの太平洋諸島を探検
	リヴィングストン	ナイル川の水源探査におもむく☞消息不明
	スタンリー	**リヴィングストンを救出**／コンゴ地方を探検
	ピアリ	北極点の初到達に成功
	アムンゼン	南極点の初到達に成功

●自然科学・技術

	人物名	国　名	おもな作品や文化的事績など
物理・化学	ファラデー	イギリス	電磁気学の基礎を築く
	マイヤー	ドイツ	エネルギー保存の法則
	ヘルムホルツ		
	レントゲン	ドイツ	X線の発見
	キュリー夫妻	フランス	ラジウムの発見
生物	ダーウィン	イギリス	『種(しゅ)の起源』☞生物の進化論を提唱
	メンデル	オーストリア	**遺伝の法則**を発見
医学	パストゥール	フランス	狂犬病(きょうけんびょう)の予防接種に成功
	コッホ	ドイツ	細菌学の基礎／結核(けっかく)菌などを発見
技術	ノーベル	スウェーデン	ダイナマイトの開発
	モース(モールス)	アメリカ	電磁石を応用した電信機を発明
	ベル	アメリカ	電話を発明
	マルコーニ	イタリア	**無線電信**の発明
	エディソン	アメリカ	蓄音機・電灯(でんとう)・映画などを発明
	ライト兄弟	アメリカ	動力飛行機の初飛行に成功

20・21世紀の文化をマスターせよ！

	人名・事項など	特徴・事績・おもな内容など
自然科学	アインシュタイン	相対性理論を発表
	フレミング	抗生物質を発見☞感染症の治療などに有効
	ワトソンとクリック	DNA構造の発見
	生命工学 （遺伝子工学、 バイオテクノロジー）	• ヒトゲノム（人間の遺伝子情報）の解読 ☞2003年に解読完了 • iPS細胞（人工多能性幹細胞） ☞心臓・神経・膵臓などの様々な細胞へ • クローン技術 ☞細胞から同じ遺伝子をもつ個体をつくる
宇宙開発	アポロ11号	アメリカ、人類初の月面着陸に成功
	宇宙ステーション	長期滞在や宇宙船による宇宙往還が可能
技術	コンピュータ	情報通信技術（ICT）革命
	パソコン	• パソコンやインターネットの普及 ☞社会や生活が急激に変化
	インターネット	• 開発途上国でもIT革命が起こる
	携帯通信端末	• 情報格差（デジタル=ディバイド）が発生
	人工知能（AI）	人間が行う知的活動をコンピュータが代行
思想	社会学	マックス=ヴェーバー ☞カルヴァン派と資本主義の関連を主張
	プラグマティズム	デューイ：進歩主義教育の理論を確立
	精神分析学	フロイト：深層心理に注目
	ポストコロニアル	（エドワード=）サイード：『オリエンタリズム』 ☞欧州のオリエントに対する偏見を指摘
	多文化主義	各民族が独自の文化を保持しつつ、他民族の文化を尊重すべき
芸術	立体派（キュビスム）	ピカソ：「ゲルニカ」
	ロック	黒人音楽と白人音楽の融合（1950年代） ☞ビートルズが世界的な大ブームとなる

春秋・戦国時代の文化をマスターせよ！

●諸子百家（一部）とその特徴

学派	人物	特　徴
儒家	孔子	仁（≒愛）とその具体行動・作法である礼の実践を主張
	孟子	性善説：力ではなく、君主の徳による支配を主張
	荀子	性悪説：君主による民の教化を容認（☞法家に影響）
墨家	墨子	儒家の「仁」を差別的と批判／兼愛と非攻を説く
道家	老子	儒家を人為的と批判／無為自然を説く
	荘子	道家の思想（老荘思想）を大成
法家	商鞅	戦国時代に秦で変法（改革）を実施／秦の富国強兵化に成功
	韓非	荀子の弟子／法と刑罰による社会秩序の確立を説く

漢の文化をマスターせよ！

	人物名・事項名	特　徴
儒学	武帝の時代から影響力が強まり、前漢末頃までに国家の学問とされる	
	董仲舒	武帝の時代／儒学理論によって皇帝支配を正統化
	五経（儒学の経典）	『詩経』・『易経』・『書経』・『春秋』・『礼記』
	訓詁学	経書に注釈を加える学問☞鄭玄が大成
歴史	紀伝体：本紀（帝王の業績）と列伝（それ以外の人物の伝記）が中心	
	司馬遷	『史記』（伝説上の皇帝～前漢の武帝まで）を編纂
	班固	『漢書』（前漢と新の時代）を編纂
宗教	道教の源流（後漢末頃）	太平道：張角が組織☞黄巾の乱を起こす
		五斗米道：張陵が組織
その他	『楚辞』	戦国時代の楚の作品を中心にまとめた韻文集
	木簡・竹簡	紙の普及以前には、書写材料として使用される
	製紙法	後漢時代の宦官の蔡倫が製紙法を改良
	仏教の伝来	紀元前後に西域を経由して中国に伝播☞普及せず

魏晋南北朝の文化をマスターせよ！

	人物名・事項名	特徴
思想・宗教	清談の流行	老荘思想にもとづく哲学的な談論
	仏教	仏図澄（西域僧）：五胡十六国時代の華北で布教
		鳩摩羅什（西域僧）：仏典の漢訳に注力
		法顕（東晋の時代）：**グプタ朝**を訪問／『仏国記』
		遺跡：雲崗・竜門の石窟寺院、敦煌**の莫高窟**など
	道教	民間信仰・老荘思想・神仙思想などが融合
		寇謙之（北魏）：道教を大成☞**太武帝**時代に国教化
文学	陶潜（陶淵明）	田園生活を心の楽しみとする／「帰去来辞」
	昭明太子	『文選』の編纂☞四六駢儷体などの華麗な文体
芸術	王羲之	格調高く調和のとれた美しい書体を確立
	顧愷之	肖像画や故事人物画に優れる／「女史箴図」

唐の文化をマスターせよ！

	人物名・事項名	特　徴
儒学	孔穎達	『五経正義』を編纂 ☞**五経の解釈を統一**し、科挙の国定基準書となる
宗教	仏教	玄奘：**ヴァルダナ朝**を訪問／『大唐西域記』 義浄：**分裂期**のインドを訪問／**『南海寄帰内法伝』** 禅宗（禅や坐禅による修行）の流行 浄土宗（阿弥陀仏信仰）の大成
	道教	唐の帝室の保護を受ける
	景教	ネストリウス派キリスト教／長安に教会を建立
	祆教	ゾロアスター教／各地に寺院を建立
	マニ教	ソグド人が中国にもたらす／各地に寺院を建立
唐詩	王維	自然を題材とする／山水画にも秀でる
	李白	自由奔放な生活を送る／阿倍仲麻呂と交友
	杜甫	安史の乱に直面／妻子とともに流浪の生活を送る
	白居易（白楽天）	「長恨歌」（玄宗と楊貴妃を題材）
文章	古文の復興	韓愈（韓退之）と柳宗元：「唐宋八大家」 ☞四六駢儷体を批判し、自由な表現を尊重
芸術	顔真卿	力強い書風を特徴とする書家／安史の乱に直面
	呉道玄	玄宗に召される／山水画や人物・神仏画などを残す
	唐三彩	副葬品としてつくられた陶器

宋の文化をマスターせよ！

	人物名・事項名	特　徴
儒学	周敦頤	道家思想や仏教哲学を導入し、宋学を創始
儒学	朱熹（朱子）	**宋学を大成**（朱子学） ☞知識重視（性即理）／**華夷の区別**／**大義名分論** ☞四書（『大学』・『中庸』・『論語』・『孟子』）重視
儒学	陸九淵（陸象山）	朱子学を批判☞行動重視（心即理）
宗教	禅宗	士大夫層に普及した中国仏教
宗教	浄土宗	庶民から士大夫層まで幅広く普及した中国仏教
宗教	全真教	金代に成立した**新道教**☞おもに華北で普及
文学	欧陽脩	唐宋八大家の一人／『新唐書』・『新五代史』
文学	蘇軾	唐宋八大家の一人／詩・文・詞に秀でる
文学	庶民のあいだでは、雑劇（☞古典演劇）や詞（☞歌謡文学）が流行	
歴史	司馬光	『資治通鑑』（戦国時代から五代末まで） ☞編年体：『年代記』として時系列に歴史を編纂
芸術	院体画	宮廷の画院で描かれた絵画／徽宗の「桃鳩図」
芸術	文人画	士大夫や文人などの非職業画家が描いた画
芸術	宋磁	青磁・白磁☞海上貿易で盛んに輸出される
他	火薬を用いた火器の開発／羅針盤の実用化／木版印刷の普及	

元(モンゴル)の文化をマスターせよ！

	人物名・事項名	特　徴
元曲	『西廂記』	宰相の娘と書生の恋愛を題材
	『漢宮秋』	匈奴に嫁いだ前漢の王昭君の悲劇を題材
文学	『水滸伝』	北宋末期の義賊の武勇を題材
	『西遊記』	玄奘のインド求法を題材
	『三国志演義』	三国時代の歴史を背景に英雄豪傑の活躍を描く
技術	郭守敬	**イスラーム天文学の影響**を受けて**授時暦**を作成 ☞江戸時代の日本に伝わり、**貞享暦**の基となる
芸術	**染付**	**イラン世界からコバルト顔料が中国に伝播**
	中国絵画が、イル=ハン国経由で西アジアに伝播し、**写本絵画**が発達 ※教科書によっては「細密画(ミニアチュール)」と表記	
使節	プラノ=カルピニ	ローマ教皇の命で訪問、**グユク**に謁見
	ルブルック	**仏王ルイ9世**が十字軍への協力要請のため派遣
	モンテ=コルヴィノ	元の大都を訪問し、**カトリックを布教**
旅行家	マルコ=ポーロ(13世紀)	ヴェネツィアの商人／**クビライに仕える**(？) **『世界の記述(東方見聞録)』**を口述筆記
	イブン=バットゥータ(14世紀)	モロッコ出身／**クビライ死後**に元の大都を訪問 **『大旅行記(三大陸周遊記)』**を口述筆記

明の文化をマスターせよ！

	人物名・事項名	特　徴
儒学	洪武帝が**朱子学を官学化**☞以後、清代まで継承される	
	王守仁(王陽明)	**陽明学**を創始☞心即理や**知行合一**を主張
編纂事業	**『永楽大典』**	当時の中国で最大の**類書（百科事典）**
	永楽帝の時代には、**儒学**に関する一大編纂事業が進展 ☞『四書大全』・『五経大全』・『性理大全』などを編纂	
文学	**『水滸伝』・『西遊記』・『三国志演義』**が現在の形に完成	
	『金瓶梅』	明末の新興商人層の色と欲に満ちた生活を描く
美術	**陶磁器**：**染付**(元代以降)の生産 ☞15世紀以降は、**景徳鎮**などで**赤絵**(明代で確立)の生産が増大	

実学	李時珍	『本草綱目』（薬物や医学の解説書）
	宋応星	『天工開物』（産業技術書☞図版入りで解説）
	徐光啓	『農政全書』（農業技術や農業政策の総合書）
イエズス会士	フランシスコ=ザビエル	日本でキリスト教普及の基礎を築く 中国布教を目指したが、中国上陸直前に病死
	マテオ=リッチ	「坤輿万国全図」：漢訳された当時の**世界地図** 『幾何原本』：**徐光啓の協力**で幾何学を紹介
	アダム=シャール	『崇禎暦書』：**徐光啓の協力**で西洋暦法を用いて編纂 ☞清にも仕えて暦の制定に助力する

清の文化をマスターせよ！

	代表的な文化人／作品	
儒学	**黄宗羲**	明末清初に活躍／著書『明夷待訪録』
	顧炎武	明末清初に活躍／著書『日知録』
	銭大昕	清で活躍／考証学的な史学を確立
小説	**『紅楼夢』**	満洲人の貴族などを題材にした長編小説
	『儒林外史』	科挙と士大夫を風刺した長編小説
	『聊斎志異』	短編の怪奇小説で構成
イエズス会士	**フェルビースト**	大砲を鋳造
	ブーヴェ	レジスとともに**康熙帝**に仕える **中国初の実測地図**である「皇輿全覧図」を作製
	カスティリオーネ	**康熙帝**・**雍正帝**・**乾隆帝**に仕える 西洋絵画の技法を中国に紹介 円明園（☞北京郊外の皇帝の離宮）の設計に参加

 イスラーム文化をマスターせよ！

学問	人物など	特　徴
法学	イスラーム法 （シャリーア）	『コーラン』とハディース（ムハンマドの言行録）をもとにした法解釈の集成
歴史学	イブン=ハルドゥーン （マムルーク朝で活躍）	『世界史序説』 （独自の歴史理論を打ち出す）
哲学 医学	イブン=シーナー （サーマーン朝で活躍）	ラテン名：アヴィケンナ アリストテレス哲学研究や**医学研究**
	イブン=ルシュド （ムワッヒド朝で活躍）	ラテン名：アヴェロエス **アリストテレス哲学の注釈**や医学研究
数学	**フワーリズミー** （アッバース朝で活躍）	インド数学を導入、代数学を発展させる
地理	イブン=バットゥータ （モロッコ出身）	14世紀の旅行家 『大旅行記（三大陸周遊記）』
文学	『千夜一夜物語』 （『アラビアン=ナイト』）	インド・イラン・ギリシア・アラビアなどに起源をもつ説話を集成
	ウマル=ハイヤーム （セルジューク朝で活躍）	『四行詩集（ルバイヤート）』 天文学研究でも活躍